조선총독부 중추원 연구

김 윤 정

숙명여자대학교에서 조선총독부 중추원을 주제로 박사학위를 받았다. 친일반
민족행위진상규명위원회와 국가보훈처 공훈심사과에서 일했고, 현재 가천대학
교 연구교수로 재직하며 일본 제국의회에서 논의된 식민지 조선 정책에 대해
연구하고 있다.

논문으로 「조선총독부 중추원 '지방참의'의 지역 활동과 전쟁 협력」, 「'노근
리사건'의 진상과 그 성격」, 「1930년대 초 범태평양노동조합계열의 혁명적 노동
조합운동」 등이 있다.

조선총독부 중추원 연구

초판 발행 2011년 10월 7일
초판2쇄 발행 2012년 7월 5일

저 자 김윤정
펴낸이 한정희
펴낸곳 경인문화사
편 집 신학태 김송이 김우리 김지선 문영주 맹수지 안상준
영 업 이화표
관 리 하재일

주 소 서울 마포구 마포동 324-3
전 화 02-718-4831~2
팩 스 02-703-9711
등 록 1973년 11월 8일 제10-18호
이메일 kyunginp@chol.com / kip1@mkstudy.net
홈페이지 www.kyunginp.co.kr / www.mkstudy.net

정 가 30,000원
ISBN 978-89-499-0816-8 93910

조선총독부 중추원 연구

김 윤 정

景仁文化社

책머리에

필자는 '조선총독부 중추원'하면 수많은 사람들이 떠오른다. 시류를 좇아 '성공'의 길로 나아간 여러 고위급 관료들, 일본 유학을 다녀와 조선재계의 1인자로 성장한 지방 토호까지 그 구성원은 다양하다. 이들은 하나같이 식민지 조선의 사회·교육·문화 등을 걱정했고 중추원 참의가 된 것은 불가피한 선택이었다고 말한다. 그 중에는 중추원 참의라는 '조선인이 오를 수 있는 최고의 자리'에 오르기 위해 지금처럼 뇌물을 건네다가 감옥에 간 사람도 있었다.

하지만 중추원을 바라보는 대다수 조선인들의 시선은 곱지 않았다. 중추원이 설치된 1910년, 언론에서는 '퇴물 관료와 친일분자의 집합소' 혹은 '쓰레기통'이라고 이를 비난했다. 또한 그 구성원들의 연령대가 높아서 '경로당'이라 부르기도 했다. 결국 3.1운동 직후 총독은 조선 민중의 거센 요구를 외면할 수 없어 이른바 '문화정치' 차원에서 중추원에 지방 유력인사 혹은 토호 세력들을 대거 영입했다. 이들이 '지방참의'로 선발된 기준은 총독정치에 대한 순응도, 재력, 지방에서의 영향력 등이 종합적으로 고려된 결과였다.

이 책은 필자의 박사논문 '조선총독부 중추원 연구'를 일부 수정하고 보완한 책이다. 필자가 지배계급의 역사에 관심을 갖게 된 것은 아마도 대학원 시절 일제의 지배정책사에 대해 대학원 학우들과 수업을 진행했던 때부터였으리라 생각된다. 일제강점기 관료에 대한 발표를 준비하면서, 정책사가 민중의 삶과 동떨어진 시정사가 되지 않기 위해서는 어떠한 부분을 극복해야 하는지에 대한 고민이 시작되었던 것 같다. 이후 친일반민족행위진상규명위원회에 근무하면서 그 전까지 피상적으로 알고 있던 식민지기 지배층 인물들의 면면을 살펴보게 된 것은 필자가 논문 주제로 중추원을 선택하게 된 획기적인 계기가 되었다. 총독부 지배 체제에 발맞추어 나아가는 조선인들의 면모가 가장 잘 드러나는 이 중추원이라는 기구에 대해 종합적으로 살펴본 연구가 아직 없는 것에 대해 의문이 생겼다. 일제 강점기 중추원이 식민지 조선에서 어떤 의미를 가지는가? 그들이 총독의 최고 자문기구 안에서 조선민중들을 위하여, 조선민중들의 입장에서, 조선민중들의 생각에서 어떤 일을 했는가? 쏟아지는 사료의 바다 속에서 이에 대한 답을 찾고자 했다. 결과물은 욕심만큼 만족스럽게 되지는 않았으나 미흡한 부분에 대한 질책을 달게 받아가며 보완하고 싶다.

이 책은 제2·3장에서 1910년~1945년까지 중추원의 설치, 운영, 인적 구성, 여러 번의 관제 개정 등을 시기별로 짚어보았다. 또한 구성원들의 정치적 배경, 경제적 원동력, 학력·경력 등을 추적했다. 이들은 조선에서 1%도 채 되지 않는 권력을 쥐고 총독과 타협·협력할 수밖에 없었던 '황국신민'이었다.

그러나 1910년 중추원 부찬의에 임명된 이시영은 곧 모든 재산을 정리하고 독립운동에 헌신한 사람이다. 이 대목은 모든 중추원 참의를 하나의 잣대로만 평가할 수는 없다는 고민을 던져준다.

일부 참의들은 중추원을 개혁하자고 총독에게 요구했다. 호남의 은행가 출신 현준호는 '조선의회'를 구성하자고 역설하기도 했다. 하지만 총독부와 일본인들은 조선인과의 정치적 헤게모니 투쟁을 우려해 반대하고 나섰다. 상당수 참의들은 회의 때마다 정성어린 답변 자료를 만들어 총독에게 바치고 각종 의견을 종합해 식민지 정책에 적극적으로 호응하였다. 이 내용은 제4장「중추원의 자문 활동과 정치적 입장」에서 확인할 수 있다.

중추원 참의들은 정치적으로 '사생아'라는 사실을 깨닫고도 해방 직전까지 중앙 혹은 지방에서 정치적·경제적·문화적 영향력을 행사하려고 노력했다. 이들은 일제의 전쟁협력에 적극적으로 나서서 자발적으로 강연·연설·국방헌금 기부 운동에 참여했다. 일례로 경상북도 참의 문명기는 비행기 헌납에 나서 '충성스러운 신민'이 되고자 했다.

빼앗긴 조국의 현실을 망각하고 징병제 강연이니 학병 연설에 참여한 최린을 비롯한 수많은 참의, 만주나 일본으로 떠나는 동포들을 바라보면서 총독부의 힘을 빌려 사업에 투자한 조선 재계의 자본가들까지 중추원은 하늘 높은 줄 모르는 권력욕을 단적으로 보여주는 집단이었다. 제6장「전시체제기 중추원 참여자들의 친일활동과 전쟁협력」에서 수많은 참의들의 일제에 향한 '애국심'을 목격하게 될 것이다.

마지막으로, 총독의 부름을 받고 지방에서 올라 간 참의들은 누구일까. 식민지 이전부터 지방의 토호세력 혹은 유력 자본가들은 총독 정치에 어떻게 협력하게 된 것일까. 그 해답은 제5장「중추원 지방참의들의 지역활동」에서 찾아 볼 수 있다. 3.1운동 전후 총독에 직접 찾아간 지방 유력자부터 시작하여 각종 구호사업과 교육·빈민구제·기관사업 등에 자신의 재산을 투자한 명망가들이 중앙권력에 진출하고자 노력하는 모습을 한 눈에 볼 수 있다. 이들은 지역의 애로점과 총독부에 대한 요구사항을 중추원 회의에서 피력하기도 하였다. 하지만 1930년 이후 지방참의는 각 지역을 순회하면서 시국강연이나 전쟁협력 기금, 자발적인 친일단체 조직에 나섰다. 이들은 지방에서 오랫동안 축적한 부와 명예를 토대로 중앙 정치권력에 가까이 다가서고자 했고 여기에 중추원 참의라는 직함은 플러스 효과를 주었다.

그러나 일부 지방참의들은 1회성 임기에 만족하거나 적극적인 활동을 보이지 않았다. 이들은 관료 경력도 확인되지 않고 지역에서의 활동도 뚜렷한 족적을 찾아볼 수 없었다. 이는 자료의 한계이기도 하고 필자의 능력 부족이기도 하다. 앞으로 더 연구가 진전되어야 할 부분이다.

미욱한 필자는 이 논문을 준비하면서 너무나 많은 분들의 도움을 받았다. 특히 이만열교수님의 은혜는 잊을 수 없다. 논문을 쓰는 방법부터 역사학을 하는 자세까지, 이만열교수님의 훈련과 채찍질이 없었다면 무지한 필자는 이 자리까지 오지 못했을 것이다. 논문 주제를 정한 후부터는 항상 옆에서 격려해주셨고 게으른 필자를 따끔한 질책과 충고로 이끌어주셨다. 부족하기 이를 데 없는 논문을 논문답게 만들고자 꼼꼼하게 지적해주신 서중석교수님과 정재정교수님, 미처 생각지 못한 부분을 지적해주신 한회숙교수님, 그리고 내용 뿐만 아니라 문장 하나하나까지 다듬어주신 허영란교수님께도 깊이 감사드린다. 또 학부 때부터 항상 옆에 있어주셨고 논문을 준비할 때는 격려를 아끼지 않으신 정병삼교수님과 박종진교수님께 감사드린다.

특히 숙명여대 대학원 동학들에게 감사의 마음을 드리고 싶다. 이순자, 박혜진, 김은경, 박정애, 윤은순, 천지명, 한지헌 등 선배와 후배들은 매달 이만열교수님과 함께 하는 세미나를 통해 필자의 논문 진행을 처음부터 끝까지 지켜보았고 애정어린 조언과 비판을 마다하지 않았다. 이들은 필자의 모범이자 같은 배를 탄 동지들이었다. 그 외에 가르침을 주신 여러 교수님들과, 여러 연구모임을 통해 필자의 좁은 시야를 한층 넓혀

준 연구자 분들께도 가슴깊이 감사드린다. 백지상태와 같이 무지한 필자를 이만큼 만들어주신 분들은 바로 이 분들이다.

그리고 잊을 수 없는 분들, 부모님이다. 여러 가지로 속을 썩여드렸음에도 불구하고 항상 우군이 되어주셨고 오로지 필자가 공부에만 전념할 수 있도록 배려해주셨다. 여지껏 철없는 딸을 한없이 보듬어주시기만 하는 부모님께 이 책을 드리고 싶다.

조선총독부 중추원의 전모를 가능한 한 입체적으로 분석하고자 노력했으나 미약한 부분이 많다. 많은 한계와 부족한 점을 가진 책을 세상에 내어놓고자 하니 걱정이 앞선다. 지적과 비판을 겸허히 받아들여 미흡한 부분을 보충하고자 한다. 앞으로 더 풍부한 사료의 발굴과 한 단계 더 나아간 연구가 진행되기를 진심으로 바란다.

2011년 9월

김 윤 정

목 차

책머리에

제1장 서론 ■ 1

1. 조선총독부 중추원 연구의 의미 ·· 3
2. 기존 연구 검토 ·· 6
3. 연구 방법과 자료 ··· 15

제2장 조선총독부 중추원의 설치와 운영 ■ 19

1. 조선총독부 중추원의 설치 ·· 21
2. 중추원 관제 개정과 운영 ·· 30

제3장 중추원 구성원의 변화과정 ■ 67

1. 중추원 초기의 인적 구성 ·· 70
2. 1921년 관제개정 이후 중추원 구성원의 변화과정 ··············· 81
3. 참의들의 출신 배경 및 주요 경력 ···································· 95

제4장 중추원의 자문 활동과 정치적 입장 ■ 119

1. 중추원의 회의 내용 ·· 122
2. 참정권·자치 문제에 대한 입장 ·· 177

제5장 중추원 지방참의들의 지역 활동 ■ 195

1. 지방참의의 발탁 배경 …………………………………………… 199
2. 지방참의의 지역 활동 …………………………………………… 213

제6장 전시체제기 중추원 참여자들의 친일활동과 전쟁협력 ■ 239

1. 시국강연회 활동과 국방헌금 헌납 …………………………… 242
2. '황군위문단'과 친일단체 활동 ………………………………… 258

제7장 결론 ■ 273

참고문헌 / 283
부록 / 295
찾아보기 / 415

제**1**장
서　론

1. 조선총독부 중추원 연구의 의미
2. 기존 연구 검토
3. 연구 방법과 자료

1. 조선총독부 중추원 연구의 의미

조선총독부 중추원은 대한제국기 중추원과 계승, 단절을 거치며 일제 강점과 동시에 총독의 자문기관으로서 설치되었다. 중추원은 비록 그 기능은 크지 않았으나 조선인이 총독과 마주앉아 자신의 의견을 제시할 수 있는 최고의 공식적인 기구 중 하나였다. 중추원 의관이 된다는 것은 식민지 시대 조선인으로서는 최고 대우를 받을 수 있는 위치에 오르는 것이었다. 따라서 조선인 가운데 총독부 정책에 동조하고 개인의 영달을 추구하는 사람들은 이 '중추원 참의'라는 직함을 얻고자 애를 썼다. 본연구는 조선총독부 중추원에 참여한 사람들이 어떠한 사람들이었고 이들의 활동이 어떠하였는지를 살펴봄으로써 중추원이 식민지 시기에 어떠한 의미를 가진 기관이었는지를 규명하는 데 목적이 있다.

중추원의 성격은 1910년대에는 대한제국 관료들에 대한 우대기관으로서의 성격이 강했고, 1920년대에는 명목상이나마 자문사항에 대해 회의에서 의견 개진을 하기 시작했으며, 1930년대 이후 전시체제기에 접어들면서는 일제의 전쟁 수행을 후방에서 돕는 선전 엘리트로서 존재 의의를 명확히 하였다. 일반 조선인의 입장에서 보았을 때 중추원은 퇴물 관료와 친일분자들의 집합소였고 하등 하는 일 없이 돈을 받아가는 '쓰레기통'에 불과하였으므로 중추원 참의는 비아냥의 대상이 되었다. 따라서 일제강점기 내내 중추원 개혁론, 무용론, 폐지론이 끊이지 않았다. 총독부도 이러한 여론을 잘 알고 있었기 때문에 이를 전면적으로 수용하진 않았어도 개혁을 진지하게 검토했고 운영에 변화를 보이기도 하였다. 그러나 그것은 인사의 부분적인 쇄신 정도에 그쳤고 중추원 개혁론자들의 요구사항인 중추원의 권한을 늘린다거나 의회의 모습을 갖게 하는 근본적인 개혁은 아니었다.

조선총독부가 기대한 중추원의 역할은 대체로 세 가지 특징을 지닌다. 첫째, 민중들에게 조선인의 의사를 총독부에서 반영하려고 한다는 모습을 보이는 것이었다. 형식상으로나마 총독의 자문기관으로서 조선인으로 이루어진 기관을 둠으로써 조선인의 의사를 존중하는 것으로 보이고자 했다. 둘째, 총독부는 각지 민심의 동향을 파악하고 조선의 현실에 대한 정보를 얻어 총독부 정책을 조선에 보다 원활히 펴기 위한 다양한 아이디어를 중추원에서 구하고자 하였다. 셋째, 총독부 정책을 절대적으로 지지하고 '황민'으로서의 자부심이 충만한 조선인 선전대로서의 역할이다. 이것은 주로 전시체제기에 들어서면서 명확히 드러나는데 중추원은 일제의 전쟁에 협력하기 위한 여러 가지 방법을 '자발적으로' 고안해내고 전쟁의 당위성을 민중에게 홍보하는 역할과 소임을 충실히 수행하였다.

총독부로서는 중추원 폐지론이 대두될 때마다 중추원이 골치아픈 존재이기는 해도, 효과적으로만 활용하면 식민정책을 펴나가는 데에 많은 도움이 될 것이라 판단했기 때문에, 중요한 기관은 아니나 없애지는 못하는 기관으로서 중추원을 유지할 수밖에 없었던 것이다.

중추원은 단순히 친일파를 우대하기 위한 기관만이 아니었고, 총독의 자문기관으로서만 활동했던 것도 아니며, 시기별로 총독부 정책에 따라 그 역할과 기능이 조금씩 변화를 보이며 활용되었다. 총독부는 중추원을 이용하여 식민지 초기의 '일선동화', 전시체제기의 '내선일체' 강화 등 식민지 정책을 조선 민중에 연착륙시키는 가장 중요한 목적을 달성하고자 하였다. 그러나 일제 강점기 전체를 관통하고 있는 이 기구에 대한 인식은 아직 '친일파의 대명사 중추원 참의'라는 인식에서 그다지 나아가지 못하고 있는 듯하다. 346명의 적지 않은 조선인들이 거쳐 간 이기구에 대한 실증적이고 종합적인 연구는 아직 없다고 해도 무방하다. 총독부가 통치를 위해 중추원을 어떻게 운용하였고 거기에 그 구성원들이 어떻게 발맞추어 나갔는가에 대해 전체적인 시각을 가지고 살펴보고 중추원의 역사적 위치와 성격을 규명할 필요가 있다.

본 연구의 문제의식과 논점은 다음 몇 가지로 요약할 수 있다.

첫째, 중추원 관제개편에 따른 중추원 구성원들의 변화 과정 추적이다. 대한제국 고위 관료들과 귀족들이 다수를 점했던 초기 중추원 단계와, 군수, 도지사, 도참여관, 지방유력자 등이 참의로 임용되기 시작한 1921년, 행정 간소화로 마지막 관제개편이 이루어지고 전시동원의 최일선 기관으로 정립되는 1942년 등, 관제개편에 따라 각 시기별로 중추원 구성원들의 특징적인 양상이 변화하는데, 이들의 출신 배경, 경력, 활동 등에 대한 분석을 통해 이 변화과정을 쫓아가보고자 한다. 중추원 참여자들에 대한 분석으로는 조범래의 연구가 있으나 이는 1910년대에만 국한되어 있다.[1]

둘째, 총독부 정책의 흐름과 변화 과정에 조응하는 중추원 구성원들의 활동 내용을 다각적으로 살펴보고자 한다. 이들의 중추원 회의 참여 등 의사 활동, 참정권 청원운동·자치운동에 대해 어떠한 입장을 보이고 있었는지를 살펴보고, 친일단체에서의 활동과 전쟁 협력의 실상을 규명해보고자 한다. 중추원 참의들의 개별적인 친일 활동에 대한 연구는 있었으나 그 종합적인 모습을 살핀 것은 아직 미비하다고 볼 수 있다.

셋째, 1930~40년대 '지방참의'들의 활동 양상에 대한 연구가 거의 전무하다. 이들은 지방의 지주, 자본가 등 재력가이자 학력도 있고 중앙 권력에 다가서려는 의욕도 넘쳤던 인물들로서, 대부분 도·부·읍·면 의원을 지냈거나 겸임했던 지역유력자였다. 이들은 총독부 정책을 지방에

---

1) 趙凡來, 1992,「朝鮮總督府 中樞院의 初期 構造와 機能」『한국독립운동사연구』 제6집, 독립기념관 한국독립운동사연구소.

서 선전하는 최일선의 사람들로서 대부분 친일단체나 총독부 외곽단체의 간부도 겸임하고 있었다. 이들 '지방참의'들은 이중적 성격을 가질 수밖에 없었는데, 그것은 총독부정책에 동조하면서 총독부의 지방통치를 보조하는 역할을 해야 하면서도, 지역 민중을 도외시할 수는 없는 이중성이었다. 이들은 지역명망가·유지로서 지역의 금융과 산업에 큰 영향력을 가진 사람들이었고 지역에서 육영사업이나 생활개선사업 등을 활발히 전개했으며, 지역 민중의 입장에서 이러한 부분의 미비를 총독부에 요구하고 비판하기도 하였다. 물론 이들은 총독부의 농촌진흥운동 등 각종 정책 선전을 지방에서 충실히 수행했으며 특히 전시체제기에 들어가면 국방헌금 모금, 지원병 모집을 위한 순회강연, 각종 친일단체 주도 등을 통해 침략전쟁을 원조하고 협력하는 데 최일선에 섰다. 이들의 출신배경, 경력, 활동 내용 등을 살펴보고자 한다.

2. 기존 연구 검토

식민지 통치기구에 대한 그동안의 연구들을 통해 식민통치기구의 구조와 본질, 성격, 총독부의 지배논리 등에 대해 많은 부분이 밝혀졌으나,[2] 각 기구의 기능과 역할, 그리고 총독부 관제개정을 통하여 이루어진 변화의 성격과 목적 등은 아직 상세히 밝혀지지 않고 있다. 특히 조선 최고의 친일 엘리트들이 집합하여 지배세력의 일부를 형성한 중추원을 종합적으로 살펴본 연구는 미진하다고 볼 수 있다. 중추원은 일제가 친일 조선인들을 어떻게 육성하고 보호했으며 총독 통치에 이용하려 했

---

2) 차기벽 엮음, 1985, 『일제의 한국식민통치』, 정음사 ; 김운태, 1986, 『일본제국주의의 한국통치』, 박영사 ; 손정목, 1992, 『한국지방제도·자치사연구』 상·하, 일지사 등.

는가를 구명할 수 있는 좋은 사례가 된다.

중추원과 관련한 기존의 연구는 크게 세 부문으로 나누어 살펴볼 수 있다. 첫째는 친일파에 대한 연구의 한 부분으로서 중추원과 그 구성원들을 다룬 연구이다. 둘째는 정책사나 제도사적으로 접근하여 본격적으로 중추원을 다루거나 부분적으로 중추원을 언급한 연구들이다. 셋째는 중추원의 구관조사와 조선사편찬에 대한 관심에서 진행된 연구이다.

첫째와 관련하여 가장 선구적인 업적은 임종국의 일련의 친일파 관련 저작을 들 수 있다. 그는 중추원과 관련한 최초의 연구[3]에서 중추원이 설치된 과정과 기능을 설명하고 중추원의사규칙과 1935년 제16회 중추원회의의사록을 이용하여 중추원회의가 어떠한 모습을 지녔는지 분석하였다. 그러나 중추원초기의 구성원들만을 주로 언급하며 중추원이 철저하게 명목뿐인 권위를 가졌다고 결론내림으로써 식민지시기 전체의 중추원의 다각적인 모습을 살펴보는 데는 한계가 있었다.

강동진은『일제의 한국침략정책사』에서 중추원 기구와 의사규칙 등에 대해 분석하고 초기 중추원이 총독정치의 간판으로서 유명무실한 기관이었음을 밝혔다. 또한『齋藤實文書』의 중추원의원 석차표와 중추원의관표 등을 이용하여 1921년 이후 중추원 개편에서 지방유력자가 등장한 과정과, 1927년 이후 당국과 지방대지주·자본가가 더욱더 밀착되는 과정을 증명하였다.[4] 그러나 이 연구는 중추원 기구와 제도의 측면에서는 1910년대에 국한되어 있고 인물의 측면에서는 1920년대까지만을 다루고 있기에 중추원의 전모를 살피기에는 부족한 감이 있었다.

임종국의 일련의 저작 중『일제침략과 친일파』에서는 친일의 유형을 직업적 친일분자, 친일지주, 예속자본가, 관료층 등으로 나누어 인물들을 분석하였고 이 가운데 상당수의 중추원 참의 경력자들이 포함되어 있

---

3) 임종국, 1973.5,「중추원참의」『월간중앙』62호.
4) 강동진, 1980,『일제의 한국침략정책사』, 한길사, 152~153, 216~218쪽.

다. 그의 유고라고 할 수 있는『실록 친일파』에서도 중추원 참의를 지낸 수많은 인물들이 언급되어 있으며 그들의 자세한 친일 행적을 다루었다.[5] 정운현 역시 대표적인 친일 인물들을 대한제국관리, 지주와 자본가, 지식인, 종교계, 직업적 친일파 등으로 나누어 분석을 하였는데 상당수의 중추원 의관들을 포함하고 있다.[6] 이러한 연구는 중추원 의관 개인의 친일 행적을 파악할 수 있는 귀중한 연구이나 이들이 중추원 의관으로서 어떤 활동을 했는가에 대해서는 자세히 다루어져 있지 않으며 이들을 친일파로서 도덕적으로 단죄하는 연구 범주에 든다고 할 수 있다.

중추원 의관 중 일부분인 특정 개인에 대한 연구는 상당히 축적되어 있다. 이완용, 최남선, 최린, 윤치호, 현준호, 김연수, 김성수, 한상룡, 조진태, 권중현, 이지용, 백인기 등에 대해 주로 연구가 많이 진행되었다.[7] 이 연구들은 이 인물들에 대해 참의로서가 아니라 유명한 친일파로서 또는 지주·자본가로서 친일 행적과 사회 활동을 분석한 것들이므로, 개인의 활동상을 자세히 파악하는 데 큰 도움을 주고 있으나 중추원의 위상

---

5) 임종국, 1982,『일제침략과 친일파』, 청사 ; 임종국, 1991,『실록 친일파』, 반민족 문제연구소 엮음, 돌베개.

6) 정운현, 1999,『나는 황국신민이로소이다 - 새로 밝혀 다시 쓴 친일인물사』, 개마 고원.

7) 윤덕한, 1999,『이완용평전』, 중심 ; 한철호, 2004.3,「이완용, 망국의 책임자에게 면죄부를 준 친일파의 거두」『내일을여는역사』제15호 ; 김경일, 1993.6,「韓相龍 - 친일 예속자본가의 전형」『韓國學報』71, 일지사 ; 한익교 정리, 김명수 옮김, 2007,『한상룡을 말한다』, 혜안 ; 이승렬, 2006,「한말 일제하 경성의 은행가 조진 태·백완혁 연구 : 전통적 상인의 부르주아지로의 전환에 관한 고찰」『한국근현대 사연구』제36집, 한울 ; 서영희, 2005,「권중현·이지용, 개화론자·한일동맹론자의 변신과 행로」『내일을여는역사』제19호, 서해문집 ; 오미일, 2005,「한국자본주의 발전에서 政商의 길 : 白南信·白寅基의 자본축적과 정치사회 활동」『역사와경계』 제57집, 부산경남사학회 ; 박인준, 2007,「현준호의 자본형성 과정과 친일행위」 『한국근현대사연구』제40집, 한국근현대사학회 ; 김인호, 2004.6,「김연수의 친 일, 자발적 강제(?)」『내일을여는역사』제16호 ; 장신, 2008.11,「일제말기 인촌 김성수 친일 논쟁의 재검토」, 한국독립운동사연구소 제248회 월례연구발표회.

과 역할을 파악할 수 있게 하는 것과는 거리가 있다고 할 수 있다.

둘째, 정책사나 제도사적으로 접근한 연구들로, 중추원에 대해 본격적으로 연구한 것과 식민지 지배관료나 도평의회 등의 연구에서 중추원을 부분적으로 언급한 연구로 나눌 수 있다. 전자로는 진덕규, 조범래, 이승렬 등의 연구가 있다. 진덕규는 중추원의 제도적 성격, 인적 구성을 분석하고 식민지 통치과정상에서의 기능과 활동을 3시기로 나누어 분석하였다.[8] 이 연구는 중추원에 대해 최초로 본격적으로 연구한 것이고 중추원의 실체를 더 상세히 파악할 수 있는 기초를 제공하였다. 그러나 중추원 구성원 전체에 대한 분석이나 시기별 회의의 내용 분석, 또 1920년대 이후 지방참의의 활동 등에 대하여 기술하는 데까지는 미치지 못했다.

소범래는 중추원의 설치기구와 조직기구, 고문.찬의.부찬의 등 인물 분석, 회의 내용, 자료조사 수집 편찬 등의 내용을 자세히 다룸으로써 중추원의 실태와 일제가 식민지 지배에 중추원을 어떻게 이용했는가를 기술하였다.[9] 그러나 주로 1920년까지의 분석에 그쳐 아쉬움을 남겼다.

이승렬은 1920년대 이전까지로 국한된 기존의 중추원 연구에서 벗어나 1920~1930년대 중추원 개혁안 논의 과정을 분석하고, 서울지역 중추원 참의, 부회의원, 정동총대 등 지역 사회의 최상층 한인들의 관계망이 지배기구와 함께 지역을 통제하고 관리하는 유력한 수단이 되고 있었다고 주장하였다.[10] 또한 강원도 지방참의 최준집의 사례를 통해 지역

---

8) 진덕규, 1987, 「일제식민지시대의 총독부중추원에 관한 고찰」, 진덕규.신형식.김현실, 『일본식민지 지배초기의 사회분석』 1, 이화여대 한국문화연구원.

9) 趙凡來, 1992, 「朝鮮總督府 中樞院의 初期 構造와 機能」 『한국독립운동사연구』 제6집, 독립기념관한국독립운동사연구소,

10) 이승렬, 2005, 「일제하 중추원 개혁 문제와 총독정치」 『동방학지』 132, 연세대 국학연구원 : 2006, 「일제하 식민통치의 구조-중추원을 통해 본 정치의 '식민지적 근대성'-」 『동양학』 39, 단국대학교 동양학연구소 : 2007.2, 「경성지역 중추원 참의들의 關係網과 식민권력의 지역 지배」 『鄕土서울』 제69호, 서울特別市史編纂委員會.

네트워크의 형성과 총독부가 식민 지배체제의 안정을 위해 그 네트워크를 흡수하는 과정을 설명하였다.[11] 이 연구들은 특정 지역의 일부 참의들에 초점을 맞춘 것이므로 지방참의 전체를 조망하는 데는 한계가 있다.

다음으로 중추원을 부분적으로 다룬 것으로는 김선미와 동선희 등의 연구가 있다. 김선미는 조선인 관료에 대한 연구의 일부분으로서 중추원을 비롯한 각 기관의 주임관 이상 조선인에 대하여 그들의 위상과 성격을 고찰하면서, 전통적 지배세력의 지속성과 위치가 대한제국, 통감부, 총독부 시기를 거치면서 어떠한 양상으로 변용되고 있는지를 살피고 있다.[12]

동선희는 도평의회·도회 의원들 중 중추원 의관 경력자의 비율을 밝혀내고, 도평·도회의원 중에서도 일제에 대한 충성도 면에서 검증된 사람들이 참의에 임명되었으며 관선의원이 민선의원보다 중추원 참의가 될 확률이 높았음을 증명하였다. 또 1921년 이후 도평의회·도회의원을 중심으로 한 '민간유력자'가 중추원에 진출하는 과정을 설명하였다.[13]

셋째, 중추원의 구관조사와 조선사편찬에 대한 관심에서 진행된 연구이다. 중추원의 구관조사에 대한 연구는 통감부와 총독부의 구관조사 연구의 일부분으로서 상대적으로 풍부한 편이다. 왜냐하면 중추원의 실체를 확인할 수 있는 가장 많은 서적과 자료가 남아있는 부분이 바로 이 부분이기 때문이다. 중추원은 1938년에 『조선구관제도조사사업개요』를 편찬하여 그 시기까지의 조선의 구관조사사업을 한국정부시대(1906~1910), 조선총독부시대(1910~1915), 중추원시대(1915년 이후)로 시기를 나누어 상세히 정리하고 있는데, 연구들은 조사사업의 내용에 대해서 거

---

11) 이승렬, 2009.10, 「1930년대 중추원 주임참의의 지역사회활동과 식민지배체제」, 『역사문제연구』 제22호, 역사문제연구소.

12) 김선미, 1992, 『日帝植民時代 支配勢力의 性格에 關한 硏究 : 奏任官 以上의 官職者를 中心으로』, 이화여자대학교 대학원 정치외교학과 석사논문.

13) 동선희, 2006, 「일제하 조선인 도평의회·도회의원 연구」, 한국학중앙연구원 한국학대학원 박사논문.

의 이 책에 전적으로 의존한 경향이 있었다.

박현수는 중추원의 민사·상사관습, 풍속조사를 문화인류학적 관점으로 바라보며, 중추원의 사회·문화 조사활동이 일제의 통치과정과 밀접한 관계를 가졌다는 점을 전제하면서 이 조사 실태에 대해 분석하고 있다.[14] 이후 1990년대의 연구는 주로 일본학이나 민속학의 관점에서 조선총독부의 사료편찬과 구관조사에 중추원이 어떠한 역할을 하고 있는지를 분석한 것들이다. 아오노 마사아키(靑野正明), 최길성, 여박동, 윤대성, 최석영, 김선풍, 남근우, 장철수 등의 연구가 있는데,[15] 특히 여박동은 중추원이 일제의 식민지 통치이념인 동화주의 정책을 수립하고 실천하는 데 필요한 자료조사와 그 이념의 계몽 선전기구로서 중요한 역할을 담당하였다고 주장하였다.

2000년대 이후 국사편찬위원회에서 중추원의 사료수집활동 관계 자료에 대한 데이터베이스를 구축하면서[16] 중추원 관련 연구와 중추원의

---

14) 박현수, 1980, 「조선총독부중추원의 사회 문화」『한국문화인류학』, 한국문화인류학회 ; 박현수, 1993, 「일제의 조선조사에 관한 연구」, 서울대 인류학과 박사학위논문 ; 박현수, 1998, 「일제의 식민지 조사기구와 조사자」『정신문화연구』21-3.

15) 靑野正明, 1989.9, 「舊朝鮮總督府中樞院と'儀禮準則'の制定」『일본학연보』제2집, 일본연구학회 ; 최길성, 1989, 「日本植民地統治理念の硏究」『日本學年譜』2, ; 여박동, 1992, 「조선총독부 중추원의 조직과 조사편찬사업에 관한 연구」『일본학연보』제4집 ; 윤대성, 1992.12, 「日帝의 韓國慣習法調査事業에 관한 硏究」『財産法硏究』9-1, 韓國財産法學會 ; 최석영, 1997, 「일제의 구관조사와 식민정책」『비교민속학』14, 비교민속학회 ; 김선풍, 1998.9, 「朝鮮總督府의 言語民俗調査硏究」『정신문화연구』제21권 제3호 통권 72호, 한국학중앙연구원 ; 김선풍, 1999.2, 「[資料篇] : 朝鮮總督府中樞院 ≪風俗調査≫(黃海道·江原道) 속의 俗謠·童謠·詩調資料」『韓國民謠學』제6집 ; 남근우, 1998, 「식민지주의 민속학의 일고찰」『정신문화연구』21-3 ; 장철수, 1998, 「조선총독부 민속 조사자료의 성격과 내용」『정신문화연구』21-3.

16) 장용경·허영란, 2001, 「일제의 식민지 '調査事業'과 朝鮮總督府 中樞院 조사자료」(국사편찬위원회 한국사데이터베이스 '중추원 조사자료' 해제) ; 이승일, 2002, 「자료해제 : 일제 식민지 시기 관습조사사업」(국사편찬위원회 한국사데이터베이스 '중추원 조사자료' 해제).

구관조사에 대한 연구가 보다 활성화될 수 있는 길이 열렸다.

허영란은 기존의 구관조사사업 연구들이 분석의 관점을 조사주체와 조사대상으로 다각화하거나 조사 활동의 구체적인 내용 및 성격을 분석하지 못하였다고 비판하며, 구관조사와 '시장조사'의 목적과 실태 검토를 통해 중추원, 총독관방, 식산국 등의 조사 주체에 따라 조사방법과 방향, 결과의 활용에 차이가 있었던 점을 밝혔다.[17]

중추원의 조선사 편찬과 관련해서는 김성민의 연구가 있다. 그는 일제가 1916년 중추원을 이용한 『조선반도사』 편찬계획을 세우고 1918년 중추원 내에 편찬과를 설치하여 『조선반도사』의 편찬을 전담케 하다가 이후 1922년 조선사편찬위원회, 1925년 조선사편수회를 설치하면서 『조선사』 편찬사업에 흡수시키는 일련의 과정에 대해 분석하고 그 의미를 밝혔다.[18] 최근에는 친일반민족행위진상규명위원회에서 『조선반도사』와 『조선사』 편찬에 관련한 자료를 새로 발굴한 것까지 포함하여 집대성함으로써[19] 이 분야에 대한 연구 폭을 더 넓혔다고 볼 수 있다.

한편 이승일은 「조선민사령」에 대한 세밀한 분석에서, 중추원 회의에 자주 올라온 조선 구관습과 관련한 자문사항이 중추원 회의에서 어떻게 논의되었고 이것이 조선총독부가 추진한 관습의 성문법화에 어떻게 작용되었는가를 밝혔다.[20]

2000년대 들어 과거사 청산논의가 진행되면서 친일청산 문제도 수면 위에 떠오르고, 중추원에 대한 연구도 보다 진전될 수 있는 여지가 생겼다. 2001년 12월 '친일인명사전편찬위원회'가 출범하고 2005년 친일인

17) 허영란, 2007.6, 「식민지 구관조사의 목적과 실태 - '시장조사'를 중심으로 - 」 『史學研究』 86호, 한국사학회.

18) 김성민, 1989, 「조선사편수회의 조직과 운용」 『한국민족운동사연구』 3, 한국독립운동사연구회.

19) 친일반민족행위진상규명위원회, 2008, 『친일반민족행위관계사료집Ⅴ - 일제의 조선사 편찬사업 - 』.

20) 이승일, 2008, 『조선총독부 법제정책-일제의 식민통치와 조선민사령』, 역사비평사.

명사전편찬위원회와 민족문제연구소가 '친일인명사전' 수록 예정자 명단
1차 보고회를 가지면서 여기에 중추원 279명이 포함되었다.[21] 친일반민
족행위진상규명위원회에서는 지속적으로 조사보고서와 사료집을 발간하
여 중추원 뿐만 아니라 친일행위 전반에 관한 이해의 지평을 넓혔다.[22]

또 이승렬과 허영란은 친일반민족행위자재산조사위원회가 2008년
"친일재산 국가귀속의 의의 및 일제강점기 친일반민족행위자 존재형태"
라는 주제로 개최한 출범 2주년 학술토론회에서 「중추원 중앙참의의 발
탁배경」과 「일제강점기 중추원 지방참의의 발탁배경에 대한 연구」를 각
각 발표했다.[23] 이승렬은 중앙참의만이 아니라 중추원 참의 전체를 대
상으로 하여 10년 단위로 그 특징과 사회적 기반을 통계를 통해 살폈으
나 전시체제기에 대한 분석이 없어 아쉬움을 남겼다. 허영란은 경기도
지방참의 박필병의 사례를 중심으로 하여, 지역사회에서 지방참의가 가
졌던 위상을 미시적으로 재구성함으로써 중추원 지방참의로의 발탁 배
경을 살펴보고자 하였다. 그러나 지방참의 전체를 대상으로 한 것이 아
니므로 지방참의가 등장하게 된 정치적 상황과 지방참의들의 활동을 전
체적으로 살펴보는 데에는 한계가 있었다.

이상의 연구들이 중추원에 대해 이해하는 데 많은 도움이 되고 있으
나, 아직 중추원의 전모, 특히 1920년대 이후의 모습을 파악하기에는 한
계가 있었다고 볼 수 있다. 1910년대와 달리 3.1운동 이후 총독부는 조
선의 실정을 파악하는 유효한 기관으로서 중추원을 다각도로 활용하게

21) 이용창, 2005.12, 「일제 식민잔재와 친일문제」『국학연구』제7집, 한국국학진흥원.
22) 친일반민족행위진상규명위원회, 2007.12, 「조선총독부 중추원 관제개정과 참의의
    활동」『2007년도 조사보고서』 1 : 2008.12, 『친일반민족행위관계사료집 4 - 조선
    귀족과 중추원』: 2008. 12, 『친일반민족행위관계사료집 5 - 일제의 조선사 편찬
    사업』.
23) 이승렬, 「중추원 중앙참의의 발탁배경」 ; 허영란, 2008.7.11, 「일제강점기 중추원
    지방참의의 발탁배경에 대한 연구」, 『친일반민족행위자재산조사위원회 출범2주
    년기념 학술토론회』.

된다. 거기에 참여하기 위해 애썼던 중추원 참의들의 의식구조와 그들이 생각하던 중추원의 위상, 그들의 활동이 구체적으로 어떻게 전개되었으며 총독부 정책에 따라 중추원이 어떻게 조응하고 변화해갔는지에 대해 보다 실증적으로 살펴볼 필요가 있다.

따라서 본 연구는 1910~1945년 중추원의 성립과 제도 변천, 중추원 구성원들의 특징과 변화, 중추원의 회의에서 나온 각종 의견과 정책제안, 참의들의 주요 친일활동, 1921년 중추원 관제 개정 이후 지방 유력자(토호)들이 '지방참의'로 임명된 배경과 역할, 주요 활동, 지방권력과의 관계에 대해 밝히고자 하였다. 기존 지방권력의 중심에 놓여 있던 토호세력들이 중추원 참의로 임명되면서 지역 내의 권력구조에서 이들의 위치에 어떤 변화가 생겼는지 파악하는데 주력하고자 하였다.

단 중추원의 구관조사사업과 조선사편찬사업, 조선역사지리조사에 대한 연구는 제외하였다. 중추원의 각종 조사자료와 편찬자료는 그 범위와 내용이 방대하며 이에 대한 철저한 분석은 식민지 문화정책의 본질과 역사적 의미를 규명하는 데 필수적이라 할 수 있다. 특히 중추원의 전체적인 활동을 놓고 보았을 때 구관조사와 조선사편찬이 부분이 매우 큰 비중을 차지함에도 불구하고 이 논문에서 제외하였다. 그 이유는 식민지 통치기구로서 중추원이 담당했던 정치 사회적 역할을, 중추원을 구성하고 있던 참의의 성격과 활동을 중심으로 살펴보는 데 이 연구의 목적이 있기 때문이다. 이 부분은 또 하나의 큰 주제로서 전문적인 연구가 필요하다고 생각되며 이후 과제로 남겨두고자 한다.

3. 연구 방법과 자료

이 논문의 구성은 다음과 같다.

제2장에서는 중추원의 조직과 운영을 살펴보도록 하겠다. 조선총독부 중추원의 설치 과정과 그 기구, 대한제국기 중추원과 조선총독부 중추원의 연속성과 차이점이 무엇인지 보고자 한다. 중추원 운영을 둘러싼 총독부의 의도는 일곱 번에 걸친 중추원 관제 개정에 반영되는데, 1915년 구관조사 업무를 추가시킨 관제 개정, 3.1운동 이후 지방유력자를 등용하는 1921년 관제 개성과 1942년의 행성 간소화를 위해 마지막으로 이루어지는 관제 개정 등 일련의 과정을 살펴봄으로써, 중추원의 임무와 성격이 어떻게 변화해가는지를 보고자 했다. 세부적으로는 중추원의 운영을 조직 운영과 議事 운영으로 나누어 살펴보고자 한다.

제3장에서는 중추원 구성원의 변동과 시기별 특징이 어떻게 나타나는지를 살펴보고, 그들의 학력, 경제적 기반, 주요 관료 경력 등을 짚어봄으로써 출신 배경과 사회적 위치를 보고자 하였다. 그리고 대한제국기부터 만주사변 이전까지의 친일단체에서 어떠한 활동을 하였는지를 파악하고자 한다.

제4장에서는 중추원의 가장 중요한 기능의 하나인 총독의 자문사항에 대한 답신을 살펴보겠다. 그러한 활동이 이루어진 중추원 회의내용을 검토하고 중추원 구성원들이 어떠한 발언을 하며 이것이 총독부 시정과 어떻게 맞물려가는가를 살펴보고자 했다. 구관조사 사업이 중추원의 주요 업무이던 때에는 사회관습에 대한 자문이, 지방의회가 만들어지고 농촌진흥운동이 진행되던 시기에는 지방 상황과 민심의 향배를 살피는 자문이, 침략전쟁이 본격화되는 시기에는 전력 증강과 '황민연성'을 위해 유

효한 방책을 묻는 방안을 구하는 자문이 회의에 올라오는데, 이 회의의 내용을 전체적으로 살펴봄으로써 중추원 의관들이 어떠한 의견을 개진하여 총독부 정책 시행에 기여하는지를 보도록 하겠다. 또 1920년대 이후 참정권 청원 운동과 자치운동의 흐름에 대해 중추원 의관들이 어떠한 의견을 개진하였고 이들 문제에서 중추원이 어떠한 위치에 있었는가를 보고자 한다.

제5장에서는 1921년 관제 개정 이후 지방유력자들이 참의로 발탁된 배경과 과정을 살펴보도록 하겠다. 또 이들의 활동을 지방의회 참여, 지역 기업과 경제단체 활동, 육영사업, 생활개선사업 등으로 나누어, 이들의 지역유력자로서의 성격과 위치가 어떠한지 살펴보고자 한다.

제6장에서는 중추원 의관들이 총독부의 입장에서 가장 유용하게 활용된 전시체제기 참의들의 전쟁 협력 활동에 대하여 살펴보고자 했다. 중추원 의관들은 침략전쟁이 개시된 시점부터 전국적으로 사회교화 강연과 시국강연을 나섬으로써 전쟁의 당위성을 홍보하였다. 전쟁이 가속화되자 '皇軍慰問團'과 국방헌금, 국방병기 헌납 등 협력의 방법을 자발적으로 고안해내어 활동하였으며, 각종 전쟁동원기구에서는 고문과 임원으로서 가장 적극적으로 활약하고 있는데 그 양상을 살펴보고자 한다.

이 연구의 분석대상은 중추원의 전 구성원이지만 중추원 議官 즉 고문과 찬의·부찬의(이후 참의로 통합)를 주 분석 대상으로 하였다. 중추원에 참여한 조선인은 346명으로[24], 그 중 부의장만을 한 김윤식을 제외하면 의관은 345명이며, 이 중 고문만 하고 참의를 하지 않은 사람은 23명이므로 참의는 총 322명이다.

논문에서 사용한 자료는 대략 다음과 같다. 첫째, 중추원에서 발간한 각종 자료이다. 『中樞院會議參議答申書』, 『中樞院會議議事錄』, 『中樞

---

24) 이는 부의장, 고문, 찬의, 부찬의, 참의의 숫자이며 서기관, 통역관, 속, 촉탁 등은 포함하지 않은 숫자이다.

院會議各局長演述』, 『中樞院會議總督訓示要旨』 등을 비롯하여 『中樞
院通信』, 『中樞院ノ沿革調查』, 『中樞院官制改正ニ關スル資料』, 『中樞
院官制改正ニ關スル參考的意見書』 등과 국가기록원 소장의 중추원 관
련서류들이다.

둘째, 관보와 명감류이다. 『官報』, 『朝鮮總督府官報』, 『朝鮮總督府及
所屬官署職員錄』를 활용하였고, 『全鮮府邑會議員銘鑑』, 『朝鮮功勞者銘
鑑』, 『朝鮮人事興信錄』, 『朝鮮總督府始政二十五周年記念表彰者名鑑』,
『京城市民名鑑』, 『(皇紀二千六百年記念)咸南名鑑』, 『朝鮮紳士寶鑑』 등
명감류는 한국역사정보통합시스템의 각종 명감과 인명록 등 데이터베이
스를 활용하였다. 이 외 지방자료로서 『釜山名士錄』(1935), 『慶尙南道
職員錄』(昭和8·13·16·17年) 등도 활용되었다.

셋째, 신문과 잡지류이다. 『東亞日報』, 『朝鮮日報』, 『時代日報』, 『朝
鮮中央日報』, 『中外日報』, 『신한민보』, 『朝鮮新聞』, 『每日申報』, 『京城
日報』, 『釜山日報』, 『朝鮮時報』, 『滿鮮日報』, 『滿洲日日新聞』 등과 『大
韓自强會月報』, 『大韓協會會報』, 『大同學會月報』, 『大韓學會月報』, 『기
호흥학회월보』, 『서우』, 『朝鮮』, 『朝鮮彙報』, 『半島時論』, 『三千里』, 『朝
鮮及滿洲』, 『朝鮮行政』, 『開闢』, 『동광』, 『별건곤』, 『警務彙報』, 『文敎
の朝鮮』, 『신민』 등이 활용되었다.

넷째, 『樞密院會議文書』 『御署名原本』 『公文類聚』 『陸滿普大日記』
『大日記乙輯』 등 일본국립공문서관과 방위성 방위연구소 자료이다.

다섯째, 일기와 회고록, 평전이다. 『윤치호일기』, 『撫松玄俊鎬』, 『秀
堂金秊洙』, 『淸巖金元根翁生涯와 業蹟』 등을 들 수 있는데, 윤치호일기
를 제외한 다른 책들은 주로 지역에서의 육영사업과 기부사업을 찬양하
는 일색이기 때문에 중추원을 비롯한 친일활동에 대한 이들의 속내를 들
여다볼 수 있는 부분은 그다지 많지 않다고 볼 수 있다.

여섯째, 친일인명사전편찬위원회와 민족문제연구소에서 발간한 『일

제협력단체사전』(2004), 친일진상규명위원회에서 발간한 『친일반민족행
위관계사료집』 I ~ Ⅶ(2007~2008) 등 지금까지 발굴된 친일관계 사료
들을 충실히 정리한 자료집을 이용하고자 한다.

제2장

조선총독부 중추원의 설치와 운영

1. 조선총독부 중추원의 설치
2. 중추원 관제 개정과 운영

이 장에서는 조선총독부 중추원의 설치 상황과 중추원이 어떻게 조직되고 운영되었는지를 보고자 한다. 먼저 조선총독부 중추원의 설치 과정과 그 기구를 살펴보고, 대한제국기 중추원과 조선총독부 중추원이 관제상 어떠한 차이점을 보이고 있는지와 그 성격의 차이를 살펴보겠다. 다음으로 중추원 관제 개정의 과정을 분석하였다. 1910년대 중추원은 구한국 고위 관료와 귀족들에 대한 우대 기관으로서의 성격이 강했으나 3.1운동 이후 1921년 관제 개정 이후 '지방유력자'를 등용하기 시작한다. 1942년에는 행정간소화로 마지막 관제개편이 이루어지고 중추원이 전시동원의 최일선 기관으로 정립된다. 이렇게 관제 개편에 따른 중추원의 성격 변화 과정을 추적하였다. 다음으로는 중추원이 어떻게 운영되었는지에 대해서 조직 운영과 議事 운영으로 나누어 살펴보고자 한다.

1. 조선총독부 중추원의 설치

1) 조선총독부 중추원의 설치와 조직

조선총독부 중추원은 1910년 10월 1일 칙령 제355호 조선총독부 중추원관제에 의해 설치되었다. 중추원 설치의 이유에 대해서는, "구한국시대 중추원의 직능 및 병합 당시의 사정, 또는 병합 후 중추원 직원에 임명된 자들의 면면 및 同院 운용의 실제 등에 의해 미루어 짐작하건대, 당시 중추원을 존치시킨 주된 이유는 일한병합의 공로자 우대 및 병합으로 인해 일단 관직을 잃게 된 구한국시대의 顯官 要職에 있던 자들에 대해 지위, 명망을 保持하게 하고 아울러 衣食의 방도를 주며, 관제에 명기된 바와 같이 조선총독의 자문에 응하는 것을 주목적으로 하여 설치되었다"[1]고 하고 있다. 즉 대한제국 시기에 일본의 조선 진출에 협력하였던 사람들 중 총독부 관료로 충원하지 못한 사람들을 중추원이라는 조직으로 아울러서 총독부 통치를 보조할 수 있는 일종의 장치로서 중추원이 설치된 것이다.

중추원 관제 발포 전인 1910년 9월 23일 추밀원의 심사보고에 의하면 '중추원'이라는 명칭에 대해서 "총독의 자문기관으로서 너무 무게가 있다는 불평이 있으나 주로 구한국의 고관이었던 자를 채용하는 방침이기 때문에 이러한 중요한 명칭을 붙여도 사정상 어쩔 수 없었던 것"[2]이라는 것을 보아 명칭에 대해서 이견이 있었던 것으로 보인다.

총 11개조인 중추원관제의 내용은 다음과 같다.

> 제1조 조선총독부 중추원은 조선총독부에 있고 조선총독의 諮詢에 응하는 바로 한다.
> 제2조 중추원에 다음과 같은 직원을 둔다.
>   의 장
>   부의장 1인 親任대우
>   고 문 15인 勅任대우
>   찬 의 20인 勅任대우
>   부찬의 35인 奏任대우
>   서기관장   勅任
>   서기관 2인 奏任
>   통역관 3인 奏任
>   屬 專任3인 判任
> 제3조 중추원 의장은 조선총독부 정무총감으로 한다. 의장은 院務을 총괄하여

---

1) 연도미상,『中樞院官制改正ニ關スル參考的意見書』, 미국하와이대학교 해밀튼도서관 소장 (2008,『친일반민족행위관계사료집』IV, 친일반민족행위진상규명위원회.)
2) 「朝鮮總督府中樞院官制」(A03033354700), 明治四十三年 九月 二十三日,『樞密院會議文書C(審査報告)』, 明治四十一年~明治四十三年.

중추원에서 나오는 일체의 공문에 서명한다.

중추원 부의장은 의장을 보좌하고 의장사고가 있을 때 그 직무를 대리한다.

제4조 고문은 院議를 審定한다.

제5조 찬의 및 부찬의는 원의에 참여한다. 단 결의에 加함을 得하지 못한다.

제6조 부의장, 고문, 찬의, 부찬의는 조선총독의 주청에 의하여 내각에서 임명
한다.

제7조 부의장 및 고문은 연액 2,500원 이내, 찬의는 2,200원 이내, 부찬의는 8백
원 이내로 조선총독이 정하는 바에 의하여 수당을 지급한다. 단 관리로서
부의장, 고문, 찬의, 부찬의를 하는 자에게 수당을 지급하지 않는다.

제8조 서기관장, 서기관, 통역관은 조선총독부 고등관 중에서 겸한다.

제9조 서기관장은 의장 감독을 받들어 원무를 掌理한다.

제10조 서기관은 서기관장의 명을 받들어 원무를 掌한다.

제11조 屬은 상관의 지휘를 받들어 원무에 종사한다.

부칙 본령은 明治43년 10월 1일부터 시행한다.[3]

위와 같이 조선총독부 중추원은 조선총독에 예속된 일종의 통치기관으로
서 '총독의 諮詢에 응하는 것'으로 되어 있다. 따라서 총독의 자의에 의해 얼
마든지 그 기능과 성격이 증대 또는 약화될 수 있는 조직이었다. 즉 초기 중
추원의 성격은 "순연한 자문기관으로서 특별히 법률상 부의해야 할 사항이
없는, 오직 조선인 일반의 休戚(안락과 근심걱정)에 관한 중요사건만으로 한
하여 부의하고 그 결의의 효력도 오로지 총독의 취사에 기다려야 하는 것"[4]
이었다.

<표2-1>은 1910년대 중추원 조직도이다. 이 표에서 알 수 있듯이 중추원
의 조직은 의사를 진행하는 의장, 부의장, 고문, 찬의, 부찬의의 기본 구조와,
행정사무를 수행하는 서기관장, 서기관, 통역관, 속의 구조로 되어 있다. 의장
은 정무총감이 당연직으로 겸임하고, 부의장은 칙임대우로 총독이 임명하며,
역시 칙임대우의 고문이 15인이 있었고, 20인의 찬의, 30인의 부찬의가 있었

---

3) 1910.9.30, 「勅令 第三百五十五號」 『朝鮮總督府官報』.
4) 1910.12.14, 「중추원의 권한」 『大阪每日新聞』.

는데, 찬의는 칙임대우고 부찬의는 주임대우였다. 부의장, 고문, 찬의, 부찬의는 조선인이었으나 실질적으로 중추원의 최고권력자인 의장이 총독부 정무총감이고, 의장의 명을 받아 실제적인 행정을 총괄하는 서기관장 역시 일제 강점기 내내 거의 일본인이었으므로, 총독부의 입장을 대변하는 기관으로서의 중추원의 성격은 이미 태생부터 예정되어 있었다고 볼 수 있다.

또 부의장, 고문, 찬의, 부찬의는 총독이 주청하여 일본 내각에서 임명하는 것으로 되어 있는 점, 중추원의 원의를 심정할 수 있는 자격은 고문만이 있었으며 찬의와 부찬의는 원의에 참가만 할 뿐 결의에는 참여할 수 없었던 점, 의안의 제출 방법에 대한 어떠한 규칙도 없는 점은, 중추원이 실질적으로 의안에 대해 논의하는 기관이 아니라 철저히 총독의 자문기관으로서만 위치지어져 있었다는 것을 보여준다.

그리고 중추원의 사무 행정은 서기관장과 서기관이 맡도록 했으며 그밖에 통역관이 배속되었는데 이들은 모두 조선총독부 고등관 중에서 겸임하도록 되었다.

대한제국 중추원이 내각의 자문에 응하면서도 의안의 부결 또는 수정에 대한 권한이 있었고, 법률과 칙령의 제정, 폐지 및 개정을 건의할 수 있는 권한이 있었던 데 비해, 조선총독부 중추원은 관제규정상 총독 개인에 대한 자문기구에 불과했다.

이러한 중추원의 설치는 대한제국의 국제나 행정기구를 그대로 지속 유지시킨다는 인상을 줌과 동시에 '조선민중의 의사를 표출하는 기관'인 것처럼 조작하고, 친일협력자에 대한 예우의 성격도 가졌으며, 총독부에 소속한 한국인 관리들에 대한 우대를 제도화한 측면이 있었다.[5] 그러나 단순히 예우 차원이나 보이기 위한 측면만은 아니었다. 중추원 회의가 정기적으로 이루어지기 전인 1910년대 초반에도 중추원의관들은 기원절이나 천장절 축하, 신무

---

5) 진덕규, 1987, 「일제식민지시대의 총독부중추원에 관한 고찰」, 『일본식민지 지배 초기의 사회분석』 1, 이화여대 한국문화연구원, 3~4쪽.

천황 祭日 기념식수, 황태후 요배식, 총독 훈시, 각종 봉송영 등으로 1년에도 10회가 넘게 끊임없이 모였다.[6] 이러한 행사 참여와 구제기금 갹출로 목배 등 포상을 받는 과정을 통해 중추원 의관들은 총독 정치의 일부분에 흡수되고 식민지 관료로서의 충성심과 정신을 체화하고 교육받았다. 즉 총독부는 대한제국 중추원 참여자를 비롯한 구 관료들에게 일정한 수당을 지급하면서 총독 정치에 끌어들이고 총독 체제의 절대적인 지지자 집단이자 후비부대로 활용하기 위한 기구로서 중추원을 설치했던 것이다.

〈표2-1〉 1910년 중추원 조직도

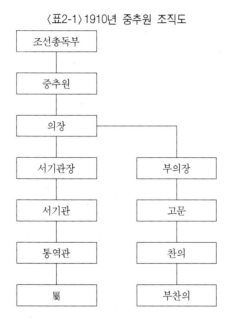

---

6) 예를 들어 1914년에는 7번, 1915년에는 11번 모임이 있었다. 金敎聲, 『中樞院書類』 참조. 『中樞院書類』는 金敎聲이 1914년 1월부터 1922년 12월까지 중추원 찬의·참의로서 중추원서기관장 등으로부터 받은 서류를 모아놓은 것으로 총 619쪽이다. 金敎聲은 1861년 4월 26일생으로 1897년부터 탁지부 재무관, 참서관, 서기관 등을 맡다가 1910년 10월 1일부터 중추원 부찬의, 1921년 4월 28일부터 1924년 4월 26일까지 중추원참의를 지냈다. 1937~1942년 同化藥局(주) 이사이자 주주였고 몰년은 불명이다.

2) 조선총독부 중추원과 대한제국기 중추원의 차이점과 연속성

대한제국기 중추원은 1894년 군국기무처의 정치제도 개편의 일환으로 설립되어, 제한적이기는 해도 의회의 기능이 어느 정도 부여되었다. 그러나 정치적 격동 속에서 그 권한이 점차 약화되어 1907년 이후에는 일제의 식민화를 위한 자문 내지 대신들의 명예직 또는 대기직으로 변질되었다. 이것은 조선총독부 중추원의 초기 성격으로 이어지게 된다.

대한제국기 중추원과 총독부 중추원은 주어진 권한이나 기능에 차이가 있었으므로 동일한 기관으로 파악할 수 없다. 여기서는 양 중추원의 제도적인 차이를 정리해보고 인적인 연결성 또는 단절성은 무엇인지 보고자 한다.

먼저 양자의 차이를 몇 가지로 정리하면 다음과 같다. 첫째, 대한제국기 중추원은 의정부의 자문 기능을 가졌으나 총독부 중추원은 총독의 자문에 응하는 기능을 가졌다. 대한제국기 중추원은 의정부에서 자문하는 법률 칙령의 제정, 폐지, 개정에 관한 사항을 심사 의정할 수 있었다. 물론 이는 때에 따라 변동이 있었다. 독립협회와 만민공동회의 세력이 강했던 1898년 11월과, 고종의 극일 의지가 적극적으로 나타나는 1905년 10월에 개정된 관제에서, 정부는 국정전반에 대하여 '반드시' 중추원에 자문하도록 규정이 되었지만, 1899년 황제권이 강화되는 시기에는 중추원의 자문을 거치지 않고 필요한 경우 의정부에서 직행할 수 있다고 규정하는 등, 중추원에 기대하는 역할은 시기에 따라 다르게 나타났다. 그러나 조선총독부 중추원은 오로지 총독의 자문에만 응할 수 있었고 그나마 1910년대에는 제대로 이루어지지 못했다. 그에 비하면 대한제국기 중추원은 적어도 규정상으로는 훨씬 적극적인 의회 기능을 가졌던 것을 알 수 있다.

둘째, 대한제국기 중추원은 법률 칙령 실시에 관해 중추원 스스로 의안을 건의할 수 있었으며, 인민헌의에 관한 사항을 심사 의정할 수도 있었다. 그러나 총독부 중추원은 이러한 기능을 가지지 못했다.

셋째, 대한제국기 중추원은 한때나마 의관의 반수를 인민협회에서 추천하는 인물로 천거하려는 시도도 있었고, 1905년 11월 개정에서는 부찬의를 한성판윤과 각도 관찰사가 추천할 수 있도록 규정하였다. 그러나 총독부 중추원은 부의장, 고문, 찬의, 부찬의 모두 조선총독의 주청에 의해 내각에서 임명하였다. 물론 총독부 중추원도 이후 지방참의가 등장하는 20년대 이후에는 도지사 추천 등으로 참의가 천거되기도 하였으나, 중추원회의에서의 자유로운 발언은 제약되어 있었고 결의권도 없었기에 대한제국기 중추원과는 차이가 있다.

넷째, 내한제국기 중추원은 구성원 모두가 의안의 심사 의정에 참여할 수 있었으나 총독부 중추원에서는 고문만이 의결권이 있고 찬의와 부찬의는 의결권이 없었다.

이상으로 살펴보았듯이 대한제국의 중추원은 비록 시기에 따라 역할과 기능수행에 제한이 가해지기는 했지만, 심의기관으로서 혹은 의정부에서 제정, 폐지, 개정하는 법률이나 칙령에 대한 심의나 자문, 인민이 헌의하는 사항 등 정치제도 전반적인 면에 걸쳐 자문할 수 있는 권한을 가진 기구였다. 이에 반해 조선총독부 중추원은 관제 규정상 조선총독 개인에 대한 자문기구에 불과하였다.[7] 1915년부터는 구관제도 조사 업무가 추가되었을 뿐 그 이상의 기능과 권한을 늘리는 관제 수정은 일제 말까지 행해지지 않는다.

그럼 대한제국기 중추원과 1910년 총독부 중추원 사이의 인적인 연속성 혹은 단절성은 어떠한지 알아보자. 1910년대에 총독부 중추원에 참여한 의장, 부의장, 고문, 참의 등 97명 중 대한제국기 중추원의 경력

---

7) 진덕규, 1984, 「대한제국의 권력구조 연구Ⅱ-중추원의 분석적 고찰-」『대한제국연구』Ⅱ, 이대 한국문화연구원, 17~19쪽.

이 있는 사람들은 42명으로 그 명단은 <부표1>과 같다. 조선총독부 중추원 부의장직을 맡은 김윤식·이완용 2인은 모두 대한제국기 중추원의 의장 및 의관을 하였고, 조선총독부 중추원 고문을 지낸 18명 중 10명이 대한제국기 중추원의 경력이 있으며, 찬의 31명 중 대한제국기 중추원 경력이 있는 자는 20명, 부찬의 46명 중 대한제국기 중추원 경력자는 10명이었다.

이는 대한제국기 지배세력이 식민지화 과정에서 어떠한 변화나 연속성을 보여주는가를 밝히기 위해 주의깊게 살펴볼 필요가 있다. 부의장과 고문은 1905년 이후 계속 식민화 과정에 적극적으로 협조하였고 경술국치에도 참여한 대한제국 최고위직 인사들이었고 일제로부터 작위를 받은 자들이다. 이들은 대한제국시기의 기구를 계승한다는 것을 보여주고 고관 예우를 하기 위해 일제가 만든 중추원에서도 역시 최고 위치를 이어나갔다. 찬의와 부찬의의 경우는 좀 다른 면이 있는데, 우선 찬의에서 부찬의로 즉 아래로 갈수록 대한제국기 중추원 경력자의 수가 현저히 떨어지는 것을 볼 수 있다. 대한제국기 중추원 찬의·부찬의들 중 일제가 협력자로서 솎아낸 수가 그만큼 적어졌다는 것을 의미한다. 특히 부찬의들 중에서 대한제국기 중추원 경력자가 적다는 점은, 대한제국기 중추원의 상층부가 아닌 부찬의들이 통감부와의 밀착도가 상대적으로 낮았다는 것을 의미한다.

1910년대 총독부 중추원 참여자 중 대한제국 중추원 경력자가 42명인 데 비해 1920년대 이후에는 9명으로 현저히 떨어지는데 그 명단은 <부표2>와 같다. 이들은 윤덕영, 민형식 등 작위를 받은 자들이거나 김명준, 한진창, 김관현, 조희문, 정난교, 이진호, 신응희 등 10년 이상 총독부 중추원에서 참의를 하거나 1910년대에 도참여관, 도장관 등을 역임하는 인물들이며 특히 이진호는 이후 중추원 부의장과 고문에 임명되기도 한다. 즉 철저히 친일적인 지향성을 보여주는 사람들이 1920년대 이후까지 중추원에 남아있는 사실을 알 수 있다.

다음으로, 조선총독부 중추원에 들어가지 않은 대한제국기 중추원 참여자들이 1910년 이후 어떠한 진로를 걷는가를 살펴보자. 1905년 11월 이후 대한제국기 중추원 의관이 찬의와 부찬의로 정립되는 시점부터 찬의와 부찬의를 하는 사람 총 79명(<부표3>참조)을 모집단으로 하여 조사해 보았다.

이들 중 1910년 이후 총독부 중추원에 참여하는 사람들은 34명이고 참여하지 않는 사람은 45명이다. 45명 중 작위를 받은 사람은 14명인데, 이 14명 중 2명은 작위를 반납하였다. 한규설은 1905년 제1차 한일협약 때 의정부 참정대신 등 관직을 그만두었고 1910년 남작을 수여받았지만 1912년 반환하였으며,[8] 이종건은 3.1운동 때 일제에 저항하는 의미에서 작위를 반납하였다.[9] 다음으로 45명 중 1910년대 이후 관료로 나아가는 사람은 2명(김규회 – 이왕직사무관, 이학규 – 강원도참여관)이며 29명은 한말 관리 이후 어떤 관리직도 맡지 않는 것으로 나타났다.[10] 즉 79명 중 48명이 중추원(34), 귀족(12), 관료(2)로서 총독부 정치에 참여했으며 이는 대한제국기 중추원 고문, 찬의, 일부 부찬의들은 총독 정치에 호응했다는 점을 증명한다.

1905년 이후 대한제국의 관료들 중 상당수가 총독부 통치체제의 지배집단으로 전환하는데, 중추원은 이들 중에서도 직접 총독부의 관료로

---

8) 1905.11.19,『官報』; 1912.12.10,『朝鮮總督府官報』.
9) 1926.7.10,「武官의 뜻과 맘, 男爵位 반납한 李鍾健氏」『東亞日報』.
10) 閔泳喆(1911.12.11, 상해서 사망), 沈相薰, 朴定陽, 李道宰(1909.9.23, 사망), 趙秉弼, 徐正淳(1908.9.29. 사망), 朴鏞和, 具永祖, 閔泳璇(상해거주), 閔丙漢, 朱錫冕, 李根洪, 李商在, 金在豊, 李忠求, 黃鐵, 李基東, 沈健澤, 黃耆淵, 李健榮, 尹吉炳, 申箕善(1909.2.15, 사망), 金達河, 鄭恒謨, 高永昌, 金澈龜, 金重演, 趙明根, 朴基駿 등이다. 이 29명 중에서 1910년 9월 29일 정항모 김달하 고영창 김중연 등은 일본으로부터 특별 하사금(恩賜金)을 받은 것으로 파악되었다(1910.9.29,『起案』<기안22>「일본정부로부터 특별 하사금을 받는 직원의 명단을 보내니 살펴줄 것」).

서 충원되지 못한 인사들을 선택적으로 선발하였다.[11] 이에 대한 보다 자세한 분석이 되기 위해서는 대한제국기 관리들 중 직접 총독부 관료로 충원된 인물들과 중추원으로 온 사람들을 비교 분석하는 작업이 필요할 것이다. 또 대한제국기 중추원 찬의 부찬의 중 총독부 중추원에 참가하는 사람들과 참가하지 않는 사람들의 면면을 비교해보는 작업 등이 필요하다고 본다. 이는 대한제국기 지배층 세력이 식민지화과정에서 어떠한 연속성이나 단절성을 갖는지 분석하는 데 도움이 되리라 생각한다.

2. 중추원 관제 개정과 운영

1) 중추원 관제 개정

중추원의 관제는 1910년 발포 이후 총독부 정책의 흐름에 따라 7번의 개정을 거쳤다.[12] 그 중 중요한 개정은 1915년과 1921년의 개정으로, 1915년의 개정은 중추원의 업무에 구관제도 조사를 추가시킨 것이고, 1921년의 개정은 3.1운동 후 전면적으로 중추원의 의관을 늘리고 수당을 늘리며 임기를 정함으로써 중추원을 보다 효율적으로 운영하기 위한 총독부의 의도가 반영된 개정이었다. 중추원의 관제 변천을 정확히 살펴보는 것은 중추원 구성원들 각각의 임무와 성격 변화를 살펴보는 데 가장 기초적 작업이라 할 수 있다.

---

11) 진덕규, 「대한제국의 권력구조 연구Ⅱ -중추원의 분석적 고찰-」『대한제국연구』 Ⅱ, 12~13쪽.

12) <부표4>참고. 기존의 연구에서는 중추원 관제가 1915, 1921, 1923, 1924, 1942 년 등 5회의 개정을 거쳤다고 보았으며, 1915년과 1921년 개정을 제외하고는 각 개정의 정확한 내용을 살피지 못하였다(조범래, 「조선총독부 중추원의 초기 구조 와 기능」, 93~96쪽). 그러나 1912년과 1943년의 개정이 더 있었던 것으로 확인 되었다.

1912년 3월 27일 1차 개정의 내용은 "제8조 중 '서기관장'을 삭제"하고, "제10조의 2 통역관은 상관의 명을 따라 통역을 관장한다"를 첨가하는 것이었다.[13] 통역관의 직무와 권한은 관제 중 당연히 기재되어 있어야 하는데 빠졌기 때문에 보충하여 이를 명기한 것이고, 주요한 것은 서기관장을 조선총독부 고등관 중에서 겸하게 하던 것을 專任으로 바꾼다는 것이었다. 이는 당시 총독부 인사국장 겸 중추원 서기관장을 하고 있던 고쿠부 쇼타로(國分象太郎)의 업무가, 이미 1911년 7월부터 취조국의 명을 받아 조선어에 관한 조사를 시작하고 1913년 6월 朝鮮辭書審査員으로 위촉되는 등[14] 조선어사전 편찬에 집중되면서 인사국장과 중추원 서기관장을 겸하는 것이 불가능해졌기 때문이라 추측된다. 그런데 서기관장은 1923년 5월 관제 개정으로 다시 조선총독부의 국장이 겸하게 하는 것으로 바뀌어서, 실제로 서기관장이 專任이었던 기간은 1912~1923년까지 약 11년 동안이다. 일제 강점기 대부분의 기간 동안 서기관장을 총독부 국장이 겸임했다는 것은 그만큼 총독부 행정과 중추원의 밀접한 연계를 말해주는 것이기도 하고, 한편으로는 중추원 자체의 독자적인 사업을 벌이는 것이 많지 않았다는 점도 보여준다.

2차 개정은 1915년 4월 30일의 칙령 제62호로 개정된 것이었다. 제1조에 "조선총독은 중추원으로 하여금 조선에 있어서 구관 및 제도에 관한 사항을 조사시킬 수 있다"라는 항목이 추가되고, 제2조 중 통역관 3인을 2인으로 줄이고 새로 통역생을 두어 屬 3인과 합하여 속·통역생 전임 8인으로 늘렸다.[15] 개정의 이유는 "조선에서 구관 및 제도 조사는

---

13) 「朝鮮總督府中樞院官制中改正」(A03020929100)『御署名原本』, 明治四十五年, 勅令第二十七號 ;『公文類聚』第三十六編 第三卷, 官職二. 官制二, 明治四十五年~大正元年.

14) 1911.7.6, 1912.4.13, 1913.6.24,『朝鮮總督府官報』;『朝鮮舊慣 및 制度調査 沿革의 調査』第2册 第1章 第5절.

15) 1915.5.1,『朝鮮總督府官報』號外.

종래 총독부 참사관이 담임했으나 중추원이 관장하는 것이 적당하다고
인정되고, 또 통역관 수는 과다하다고 인정되므로 이를 감원"[16]한다는
것이었다. 중요한 것은 중추원의 기능에 취조국의 업무였던 구관 및 제
도 조사를 추가시킨 것이다. 이 구관조사 사업은 그동안 유명무실했던
중추원이 주도적으로 맡은 첫 사업이라고 할 수 있다. 그러나 이 사업은
나중에 "중추원이 아니라도 학무국 같은 데서 넉넉히 할 수 있는 사무"
이므로 "본래부터 박약한 중추원의 존재 의의를 모호히 하는 일방편에
불과한 것"[17]이라는 평가를 받았다.

이후 1918년 1월 19일에 제정·공포된 '조선총독부 중추원 사무분장
규정'을 보면, 중추원에 조사과 및 편찬과를 설치하고(1조), 조사과에서
는 구관조사 및 타과의 주관에 속한 사항을 掌하며(2조), 편찬과에서는
사료의 모집 편찬에 관한 사항을 掌하는 것으로(3조) 되어있다.[18] 이렇
게 중추원은 그 이전에 1906년 통감부 시기의 부동산법조사회 → 1908
년 법전조사국 → 1910년 조선총독부 취조국 → 1912년 총독관방 참사
관실로 이어져 내려온 관습 조사를 관장하기 시작했다.

3차 개정은 1921년 4월 26일의 관제 개정으로, 조선총독부가 3.1운동
의 여파로 무단통치에서 이른바 '문화정치'로 변모하는 와중에 대폭적으
로 개정한 것이었다. 그 내용은 다음과 같다.

> 조선총독부중추원 관제 중 다음과 같이 개정한다.
> 제2조 중추원은 다음과 같은 직원을 둔다.
> 의　장
> 부의장　　　1인　　　親任대우
> 고　문　　　5인　　　親任대우

---

16) 「朝鮮總督府中樞院官制中ヲ改正ス」(A01200110000)『公文類聚』第三十九編 第
　　四卷 官職門三 官制三, 大正四年.
17) 1927.8.26, 「중추원의 존재의의」『中外日報』.
18) 1918.1.19, 『朝鮮總督府官報』 訓令 제3호.

참 의   65인   勅任대우 또는 奏任대우
서기관장   勅任
서기관   전임1인   奏任
통역관   전임1인   奏任
屬·통역생 전임10인   判任

제4조 중 '고문'을 '고문 및 참의'로 바꾼다.

제5조 삭제

제6조 중 '고문, 찬의 및 부찬의'를 '고문 및 참의'로 바꾸고 같은 조에 다음의 1항을 추가한다. 부의장, 고문 및 참의의 임기는 3년으로 하고 단 필요한 경우에는 임기중 해임해도 무방하다.

제7조 중 '및 고문에게는 연액 2천5백원 이내, 찬의에게는 천2백원 이내, 부찬의에게는 8백원'을 '에게는 연액 4천원 이내, 고문 및 참의에게는 3천원'으로, '고문, 찬의 또는 부찬의'를 '고문 또는 참의'로 바꾼다.

제8조 삭제

부칙 본령은 공포일로부터 이를 시행한다.[19]

이 개정은 중추원 제도에 대한 본격적인 개정으로서, 종래와 같이 단순히 중추원을 공로자 우대의 관청으로 삼는 데 그치지 않고, 총독정치의 성과를 널리 알리는 창구로서, 그리고 중추원 구성원을 보다 효율적으로 활용하려는 총독부의 의도가 반영된 것이었다.

우선 2조에서 의관의 명칭과 수의 변화를 볼 수 있다. 종래 의관은 고문, 찬의, 부찬의의 세 가지였는데 고문만 소수(5명)에 한하여 명칭을 존치시키고 나머지는 참의로 통일하였다. 총수는 고문 15인, 찬의 20인, 부찬의 35인이던 것을 고문 5인, 참의 65인으로 하여, 전체 숫자는 증감이 없었다. 대우면에 있어서는, 고문 및 찬의는 칙임대우, 부찬의는 주임대우였는데, 고문을 우대해야 할 필요상 친임대우로 올리고, 참의는 경력, 기타 사정을 참작하여 칙임대우 또는 주임대우의 두 종류로 나누었다.[20]

19) 1921.4.30, 勅令 제168호 『朝鮮總督府官報』.
20) 일제시기 관료 직제에서 고등관은 친임식으로 서임되는 친임관(총독, 정무총감)

4조에서는, 원의를 심정하는 권한이 고문에게만 있었으나 '고문 및 참의'로 확장되었고, '찬의와 부찬의는 원의에 참여하되 결의에는 참가하지 못한다'고 규정한 5조는 삭제되었다. 즉 종래는 고문만 표결권을 가지고 찬의, 부찬의는 단순히 의사에 참여하는 데 불과했으나 이를 고쳐 전원에게 표결권을 인정한 것이었다.

6조에서 부의장·고문·참의의 임기를 3년으로 제한하고, 필요한 경우 임기 중 해임해도 무방한 것으로 했다.

7조에서는 부의장·고문·참의의 수당이 인상되었다.

그리고 서기관 및 통역관은 종래 각 정원 2인으로서 조선총독부 고등관 중에서 이를 겸하게 했는데, 새로이 專任者 각 1인을 두고, 8인이던 속·통역생을 2인 늘려 10인으로 바꾸었다(제2조 개정 및 제8조 삭제).

이 개정의 가장 큰 특징은 우선 고문의 정원이 5명으로 대폭 줄어든 것인데, 이는 애초에 고문으로 임명된 인물들이 노령화하고 사망하기도 하여 더이상 식민지 통치에 이용할 가치가 없어졌기 때문이다. 그러나 총독부는 고문의 일부는 여전히 존치할 뿐 아니라 문벌이나 경력을 보아 한층 그 처우를 높일 필요가 있다고 인식하였기에 칙임대우를 고쳐 친임대우로 하였다.[21] 조선인인 고문의 대우를 높여 친임대우로 한 것에 대해 "일본의 여러 관직과의 균형을 볼 때 지나치게 높다는 혐의가 있다"는 의견이 추밀원 심사과정에서 있었으나 그냥 통과된 것으로 보인다.

총독부는 이전의 중추원이 고문을 중심으로 운영되었고 형식적이고

외에는 9등으로 나뉘어 칙임관과 주임관으로 구성되었다. 칙임관은 총독부 각 국장(대체로 고등관 1등), 도지사(고등관 2등) 등이었고 주임관은 도참여관(고등관 3등), 총독부 사무관, 도사무관, 도이사관, 군수 등이었다. 중추원 참의는 실질적으로 칙임과 주임의 대우를 받지만 형식적으로는 관료가 아닌 '대우관'에 속하였다. 박은경, 1999, 『일제하 조선인관료 연구』, 학민사, 23~26쪽 참조.

21) 1921.3.5, 「朝鮮總督府中樞院官制中改正ノ件」(A03033391300) 『樞密院會議文書 C (審査報告)』.

명목상인 기구였던 것을, 이제는 실질적으로 활용가치가 있는 기구로 변화시키려 한 것이었다. 자문사항의 범위에 대해서도, 총독부에서 추밀원에 제출한 중추원관제개정에 대한 설명자료에 의하면, "이를 미리 정할 수는 없으나 대체적으로 교육, 산업, 조세, 지방제도 등에 관한 사항 및 구관, 풍속에 관계한 사항을 주로 하고, 민사, 호적 등에 관한 법령의 제정 개폐에 대한 것도 포함"하는 것으로 하고 있었다.[22]

또한 고문의 정원과 권한을 줄인 반면 참의에게까지 중추원 회의석상에서 의결권을 행사할 수 있게 하고, 그러면서도 임기를 3년으로 제한하고 필요할 때는 해임할 수 있도록 하였다. 이는 1910년 이후 10여년간 근대식 교육을 받은 비교적 젊은 층을 참의로 끌어들여 식민지 지배정책에 석극적으로 이용함과 동시에 이들의 총독부에 대한 충성을 요구한 것이라 볼 수 있다. 또 총독부는 민의를 각지로부터 수렴한다는 기능을 부여하기 위해 "장래에는 경성과 각도로부터 참의를 채용하는 게 필요하다"[23]고 보고, 이에 따라 정무총감이 각 도지사에게 민간 유력자에서 참의를 추천하라는 지시를 내려서, 1921년 3월에 각 도지사가 도별로 적게는 6명, 대부분 8~9명씩 "상당한 자산을 갖고 있고, 학식 신망이 있으며, 총독정치의 취지를 잘 이해하고 있는 자이므로, 지역 인민을 대표하여 諮詢에 응하는 중추원 의원으로서 매우 적임이라고 인정"되는 자들을 이력서를 첨부하여 추천하고 있다.[24]

그러나 이 관제개정은 중추원을 실질적인 의결기관으로 만들거나 선거에 의해 대표를 구성하려는 것이 아니었다. 단지 중추원 참여범위를 관리만이 아니라 민간유력자에까지 넓혀 민의를 대변하는 기구라는 인

---

22) 「朝鮮總督府中樞院官制中ヲ改正ス」(A01200078000)『公文類聚』第四十五編 第
　　 八ノ一卷 官職七ノ一, 大正十年.
23) 1921.3.5, 「朝鮮總督府中樞院官制中改正ノ件」(A03033382400)『樞密院會議文書
　　 C (審査報告)』.
24) 1921.4, 「各道議員追薦ノ件」.

상을 강화하고, 안건 심의과정에서도 이들이 능동적으로 참여할 수 있게
한 개정이었다.

이러한 중추원 개편에 대한 시각은 냉소적이었고, 실상을 들여다보면
근본적으로는 그다지 달라진 게 없다는 의견이 지배적이었다. 각 도에서
한 사람씩 13명의 지방참의를 들인 것에 대해서도, "무슨 자리에든지 조
금만 주요한 곳이면 의례히 일본 사람을 들여앉히는 총독부에서 일본사
람은 한 사람도 임명치 아니한 것을 보면 이 중추원이라는 것이 여전히
무력하다는 것을 설명한다"고 하였고,[25] 참의 선임권이 민간에 있지 않
고 官命에 있는 이상 그들이 조선 각 계급의 의견을 진실히 표현할 수
없을 것이라 하고 있다. 일반 사회에서 중추원 개혁에 대한 태도는 그저
"모모가 참의가 되었나, 아 그런가" 정도로 냉담했고 일종의 양로원으로
생각하는 경향은 그다지 바뀌지 않았다.[26]

한편 1923년부터는 중추원 서기관에 조선인을 임용할 수 있게 되었
다. 1921년 칙령 제26호「조선총독부사무관 등의 특별임용에 관한 건」
으로 총독부 고등문관에 조선인을 임용할 수 있게 되었는데, 1923년초
여기에 중추원 서기관을 추가하게 된 것이다.[27] 1921년의 칙령 제26호
는 조선총독부 사무관 외 고등문관에 "조선의 사정에 정통하고 상당한
학식 경험있는 자 중에서 고등시험위원의 전형을 거쳐" 조선인을 특별
히 임용하는 것이 가능하도록 한 것으로, 1921년 현재 고등문관에 임용
된 조선인은 약 2백명에 달하고 있었다.[28] 여기에 중추원 서기관을 추가
했다는 것은, 중추원의 역할이 보다 실질적이고 다변화되면서 실무를 담

---

25) 1921.4.29,「食口를 增한 養老院 같은 중추원의 변개된 새관계, 식구가 늘고 월급
   이 부러」『東亞日報』.
26) 1921.5.1,「中樞院 改革에 對한 所感」『東亞日報』.
27)「朝鮮總督府事務官等ノ特別任用ニ關スル件中改正」(A03021431199)『御署名原
   本』·大正十二年·勅令第十七號·大正十年勅令第二十六号.
28) 1922.12.8,「朝鮮總督府事務官等ノ特別任用ニ關スル件中改正ノ件」大正一〇年
   勅令第二六号(A03033389500)『樞密院會議文書 C （審查報告)』大正十一年.

당하는 서기관의 역할도 한층 복잡해지는데, 부의장과 고문 및 참의가 전부 조선인인 상황에서, 이들과 상시 접촉하는 서기관도 조선인을 채용함으로써 편의를 도모하려 한 의도였다. 이렇게 임명된 첫 번째 조선인 서기관은 전남 광양군수와 전남 도이사관을 거쳐 1922년부터 중추원 통역관·서기관을 지내던 金東準[29]이었다.

그리고 앞서 1918년 1월 19일에 제정 공포된 '조선총독부 중추원 사무분장규정'은 1922년 10월 28일에 개정되었다.[30] 편찬과가 폐지되고 서무과가 신설된 것이다. 1921년 대폭적인 관제 개정과 구성원들의 인사이동이 단행되자 그에 따른 부수적인 업무처리를 위해 서무과가 새로이 설치되어 서무 및 회계에 관한 사항을 담당하게 되었고, 편찬과의 업무는 조사과로 이관되었다. 이에 따라 조사과에서는 구관 및 제도 조사 업무 이외에 사료수집과 편찬의 기능이 추가된 것이다. 1921년 개편된 조직을 표로 나타낸 것이 <표2-2>이다.

---

29) 金東準은 1912~1920년 전남 광양군수, 전라남도 지방토지조사위원회 임시위원, 1921년 전남도 도이사관, 1922~1925년 구관 급 제도조사위원회 위원 및 간사, 중추원 통역관 및 과장, 서기관, 1926~1928 경남도 학무과 이사관, 1929년 동래군수, 1934년 부산 迫間농장지배인, 1939년 육군특별지원병 부산후원회 부회장, 1940~1942년 관선 경남도회의원, 1940년 부산충령탑건설위원회 부회장 등의 경력을 가졌다. 1942년 5월 지원병 강연회를 하였고, 1945년 6월 중추원 참의를 지냈다.

30) 1922.10.28, 『朝鮮總督府官報』, 朝鮮總督府訓令 제54호 "제1조. 조선총독부중추원에 서무과 및 조사과를 설치한다. 제2조 서무과에서는 서무 및 회계에 관한 사항을 掌한다. 제3조 조사과에서는 구관 및 제도의 조사와 사료의 모집 편찬에 관한 사항을 掌한다."

〈표2-2〉 1921년 중추원 조직도

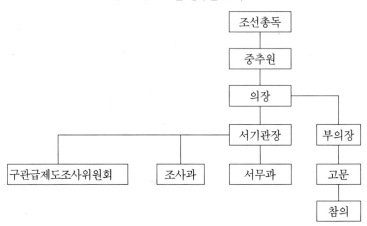

한편 이 조사과의 업무는 이후에 1925년 6월 8일에는 '사료 수집 편
찬'이 삭제되어 구관 및 제도조사업무만 하게 된다.[31] 이는 1921년 조선
사편찬위원회의 구성이 계획되면서(1922년 정식 발족), 『朝鮮半島史』
편찬 업무가 조선사편찬위원회로 이관되었기 때문이다.[32] 조선사 사료
수집과 편찬 업무가 편찬과 → 조사과 → 조선사편찬위원회로 이동한
과정을 알 수 있다. 또한 '구관심사위원회'의 업무를 이관받은 '舊慣及
制度調查委員會'[33]가 1921년 설치되었다.

---

31) 1925.6.8,「中樞院事務分掌規定 改正」『朝鮮總督府官報』號外, 訓令 제38호.
32) 김성민, 1989,「조선사편수회의 조직과 운용」『한국민족운동사연구』3, 130～131쪽.
33) 1921.4.30,『朝鮮總督府官報』"舊慣及制度調查委員會規程(訓令 第25號)을 다음
   과 같이 制定 公布하다. 第1條 朝鮮總督府에 舊慣及制度調查委員會를 置함. 舊
   慣及制度調查委員會는 朝鮮의 舊慣及舊制度에 關한 事項을 調查함. 第2條 舊慣
   及制度調查委員會는 委員長 1人, 副委員長 1人, 委員 若干人으로써 組織함. 委員
   長은 朝鮮總督府 政務總監, 副委員長은 朝鮮總督府 中樞院 書記官長으로써 此를
   充함. 委員은 朝鮮總督府, 同所屬官署의 高等官及學識經驗이 있는 者 중에서 朝
   鮮總督이 此를 命하며 又는 囑託함. 第3條 委員長은 會務를 總轄하며 議事를 整
   理함. 委員長이 事故가 있으면 副委員長이 其 事務를 代理함. 委員長, 副委員長

〈사진 1〉 1921년 조선총독부 중추원의 모습. 서울시 중구 정동에 위치했다.

중추원 관제 4차 개정은 1923년 5월 22일 勅令 제261호로써 이루어
졌다. 제2조 중 屬·통역생 '10인'을 '8인'으로, 제9조 중 서기관장은 의
장의 감독을 받아 원무를 장리하는 것은 그대로이나 '조선총독부 국장,
부장 또는 칙임 참사관으로 하여금 겸하게 한다'는 내용이 추가되었
다.[34] 개정한 이유는, "행정정리의 취지로 인해 소속직원의 정원을 감소
할 필요가 있어 조선총독부 중추원 서기관장은 총독부 칙임관으로 하여
금 이를 겸하게 하고 또 그 屬의 정원을 감소시킬 필요가 있어서"[35]였

　共히 事故가 있으면 委員長이 指定하는 委員이 其 事務를 代理함. 第4條 委員會
는 必要가 있다고 認定하면 委員중에서 特別委員을 選定하여 調査를 行함을 得
함. 第5條 委員會에 幹事 1人을 置하고 朝鮮總督府 中樞院 書記官으로써 此를
充함. 幹事는 委員長의 指揮를 承하여 庶務를 掌理함. 第6條 委員會에 書記를 置
하고 朝鮮總督府 又는 朝鮮總督府 中樞院 判任官 중에서 此를 命하며 又는 囑託
함. 書記는 委員長 及 幹事의 指揮를 承하여 庶務에 從事함."
34) 1923.5.28,『朝鮮總督府官報』, 勅令 제261호.
35)「朝鮮總督府中樞院官制中ヲ改正ス」(A01200509400)『公文類聚』第四十七 第七
　卷·官職六의一·官制六의一, 大正十二年.

다. 즉 중추원 서기관장은 원래 다른 고등관이 이를 겸하도록 했던 것을, 專任者를 두는 것으로 바꿨던 것인데, 경비 절약을 위해 이를 다시 원래로 돌려 조선총독부의 국장 부장 또는 칙임참사관 중에서 이를 겸하게 하는 것으로 바꾸고 속과 통역생도 감원하게 된 것이다.[36] 1920년대 전반까지는 구관조사사업이 중추원을 중심으로 진행되다가, '조선총독부 조사자료'가 간행되기 시작하는 1923년 이후에는 총독관방을 비롯한 다른 기관으로 이동해갔기 때문에,[37] 중추원 실무가 그만큼 줄어들었을 것이고 그래서 서기관장을 총독부 국장이 겸임하도록 다시 원래대로 돌아갔으리라 짐작된다. 屬의 정원을 줄인 것도 같은 맥락에서 이해된다.

5차 개정은 1924년 12월 25일의 개정으로, 제2조 중 '속·통역생 전임 8인'을 '7인'으로 축소했고, 9조의 서기관장의 자격에서 '부장 또는 칙임 참사관'을 삭제하여 조선총독부 국장만이 서기관장을 겸할 수 있게 했다.[38] 개정의 이유는 행정정리의 취지로 인해 직원의 정원을 감소할 필요가 있어서였다.[39] 이 시기 일본 경제의 부진으로 총독부는 예산을 대폭 삭감하면서 고등관 약 350명, 판임관 약 850명, 판임대우자 약 2,000명 합계 3,200명을 정리하고 이외에 雇員 약 10,000명 중 1/4을 해고하고 서무부와 토목부를 폐지하는 등 대폭적인 행정정리를 단행하고 있었으므로[40] 중추원 실무자의 수도 줄인 것이었다.

한편 1930년대 중추원에는 '水曜會'와 '施政硏究會' 등이 활동하고

---

36) 1923.5.9, 「朝鮮總督府中樞院官制中改正ノ件」(A03033391300) 『樞密院會議文書 C (審査報告)』樞密院審査報告·大正十二年 ; 1923.5.16, 「朝鮮總督府中樞院官制中改正ノ件」(A03033654700) 『樞密院會議文書D (會議筆記)』.
37) 허영란, 「식민지 구관조사의 목적과 실태 - '시장조사'를 중심으로」 『사학연구』 86호, 2007, 225~230쪽.
38) 1925.1.4, 『朝鮮總督府官報』 號外, 칙령 제412호(1924.12.25).
39) 「朝鮮總督府中樞院官制中ヲ改正ス」(A01200523100) 『公文類聚』第四十八編 第八卷 官職七 官制七, 大正十三年.
40) 1924년 12월 17일 도지사회의에서 정무총감 下岡忠治의 훈시요지(1924.12.19, 『朝鮮總督府官報』).

있었다. 수요회는 중추원 고문, 참의 등이 수요일에 모이는 예회로 추정
된다. 이 모임은 조선어철자법 조사위원회에서 제출한 '조선어철자법개
정안'을 놓고 갑론을박할 정도로 각종 현안문제에 대해 적극적으로 개입
하는 활동을 보였다.[41] 시정연구회는 1933년 7월 설치되었는데 경제, 상
업, 학예, 사회, 제도의 5부를 설치하여 중추원참의들이 위원으로서 각
부문에 소속하여 조사연구를 하고 결의사항은 중추원의장에게 보고하는
형식이었다.[42] 연구사항은 총독부로부터 제시된 사항만을 연구하였다.[43]

〈표2-3〉1935년 중추원 조직도

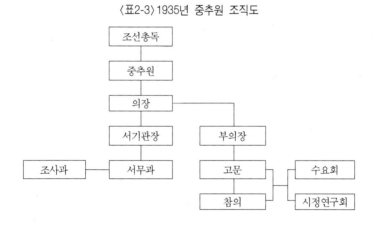

1930년대에는 중추원 관제 개정이 실시되지 않았으나, 우가키 가즈시
게(宇垣一成) 총독은 부임 이후 중추원을 개혁하려는 의사를 가지고 있
었다. 1932년 제13회 중추원회의가 끝난 후 우가키 총독은 "세상에서는

41) 1930.2.7,「印刷까지 着手한 綴字法 舊派反對로 一頓挫 일년을 끌은 노릇이 또
    평지파란」『東亞日報』; 1930.2.14,「猛烈한 反對도 一蹴 改訂綴字法通過」『東
    亞日報』; 1930.2.14,「中樞院 水曜會는 그간 猛烈히 反對하여 오던 朝鮮語綴字
    法 改訂案을 原案대로 通過시키다」『東亞日報』.
42) 1933.7. 6·14,『東亞日報』.
43) 1933.7.26,『東亞日報』.

중추원을 양로원이라고도 한다. 무용의 長物이면 폐지하여도 좋으나 상당한 고려 연구를 注하여 장래의 조선을 신장함에 존치할 절대적 필요가 있다고 생각한다"고 중추원 개혁의 의사를 밝혔다.[44] 중추원에 대한 제도 개혁은 실제로 총독부 내무국에서 진행되었다. 그러나 중추원을 결의기관으로 하자는 의견에 대해서는, 이는 곧 조선의회를 전제하는 것이고 총독정치를 근저로부터 개혁하는 것이기 때문에 실현할 수 없다는 입장을 명확히 하고 있었다. 자문기관으로 하는 것에는 변함이 없는 가운데 참의 선출 방법이나 정원 등의 개정을 연구했던 것이다.[45]

좀더 구체화된 중추원 개혁안의 내용은 우가키총독이 1933년 1월 11일에 한 시국담에서 드러났다. 참의정원 65인을 약 80명으로 늘리고, 일본인 유력자 8, 9인을 임명하며, 또 지방유력자와 경성의 인물을 약간 늘리는데 각계의 대표자를 망라하는 방식으로 하며, 중추원의 권한은 자문기관임엔 변함이 없으나 이를 조금 개선하여 건의를 할 수 있게 하고 또 제령을 발포하기 전에 필요한 것을 자문할 것이라 하였다.[46] 일본인 참의의 임명은 각 도에서 1명의 비율로 조선통치에 공적이 있는 자들에서 전형할 방침이라 하였다. 이러한 내용으로 마츠모토(松本) 중추원 서기관이 초안을 작성하고 1933년 1월 말까지 정리하여 2월 상순 하라(原) 문서과장이 동경에 가지고 가서 추밀원의 자문을 거치고, 새로 참의를 임명하는 4월부터 중추원의 진용을 바꾸는 것으로 계획되어 있었다.[47]

개혁안은 관제 제1조에 "중추원은 건의를 할 수 있다"는 1항을 더하고 제2조의 정원 수를 바꾸는 정도의 간단한 것이었으나, 종래 받지 않

---

44) 1932.9.22, 『東亞日報』.
45) 1932.9.28, 「諮問範圍內에서 中樞院을 改革, 내무국장의 중추원개혁설, 選出方法과 定員 擴張」 『東亞日報』.
46) 1933.1.12, 「宇垣—成總督時局談, 中樞院의 改革 四月부터 施行, 道制도 實施」 『東亞日報』.
47) 1933.1.14, 「日本人 參議任命 中樞院 改革案 實施期는 四月」 『東亞日報』 ; 1933.1.27, 「中樞院 改革案」 『東亞日報』.

았던 건의권을 부여하는 것은 종래의 단순한 자문기관에서 한 걸음 나아
가 간접적으로 참여권을 주는 것과 마찬가지로 중대한 정치적 의의를 가
지고 있었다. 또 관제에 참의를 조선인으로 한정한다는 명문이 없으므로
일본인 참의를 두는 것은 조문 개정과 관계는 없으나, 조선통치 정책에
대해 종래에는 발언권 기회가 없었던 일본인들의 의견을 듣는다는 의미
를 가지고 있었다. 일본인 참의는 각 도에서 1명, 경성에서 수명을 임명
하고 동시에 의관의 정원인 고문 5명 참의 65명도 증원하여 백명 내외로
개정될 계획이었다. 이에 수반하는 歲費豫算은 현행의 부의장 4천원 이
내, 참의 3천원 이내로 하고, 1인당 감액을 하는 것으로 계획되어 있었
다.[48]

　　그러나 이 개정안은 "관제 개정에 대하여 추밀원측을 비롯한 각 방면
의 의견이 구구하여 가벼이 개혁할 수 없는 형세"였기 때문에 4월 1일
시행은 없던 일로 되었다. 개정안이 연기된 이유 중 하나에는, 애초에
우가키총독은 일본인 참의를 7, 8인 정도로 그치려는 의사를 가지고 있
었으나, 일본인 참의를 임명한다는 소식이 전해지자 일본인 지원자가 많
이 생겨서 오히려 각 도에 1명씩 13인으로도 부족하다는 비난을 받게
된 상황도 있었다. 일본인측의 참의운동은 대단히 맹렬하여 동경 방면에
까지 自選운동을 하는 사람도 많았다고 한다.[49] 그러나 중추원 개혁이
실현되지 못한 근본적인 이유는 총독부 수뇌부가 일본 본국의 시기상조
론 내지 자중론과의 의견 조율에 실패했기 때문이라고 생각된다.

　　총독부 수뇌부는 1933년 6월 참의의 개임 이후에도 중추원의 철저한
개혁을 염두에 두고 있었으며 개혁의 요점은 다음과 같이 정리되었다.
"1. 일본인 참의를 入하기 위하여 현재의 정원 65인을 80인 전후로 증원
함. 1.참의 3분의 2 정도를 민선으로 함. 1.중추원의 직분을 명확히 하기

---

48) 1933.2.17, 「中樞院參議 百名 內外 增員 日本人도 十名 參議歲費 減額」『東亞日報』.
49) 1933.3.24, 「中樞院官制 改正延期, 日本人 參議運動 猛烈」『東亞日報』.

위하여 자문사항을 법령으로써 명시함. 1.자유롭게 의견을 토로케 하기 위하여 참의의 신분을 보장함(범죄 등의 경우를 제하고 官의 형편에 의하여 해직할 수 없도록 함). 1.건의권을 부여함."[50] 등이다. 그러나 이러한 개혁은 중추원을 자문기관으로 그치게 하려는 애초의 설치 목적에서 한참 벗어나는 것이었고 조선 통치 방법의 근본적인 전환이었다. 이후 1944년에 가서야 중추원 관제 개정안이 결실을 보지만 1945년 해방으로 실현되지 못하였다.

1936년 3월 9일 일본에서는 히로다(廣田)내각이 성립하여 인사의 쇄신과 행정기구의 개혁을 표방하고 있었다.[51] 이 기회에 총독부 내에서는 중추원 개혁과 관련하여 조선 문화를 종합적으로 조사 연구하는 연구소를 만들자는 안이 대두되었다. 즉 중추원의 일부, 조선사편수회와 이왕직의 일부, 총독부 문서과 사무의 일부 등을 분리하여 관립조선문화연구소를 창설하여, 조선역사 문학 미술 음악 기타의 조선 고래로부터 근대에 이르기까지의 정신문화 전체의 각 부문적 전문연구와 또 종합적 연구를 하는 기관으로 하자는 것이다. 이를 위한 예산 문제는, 중추원이 연 20만원, 조선사편수회는 연 10만원 정도의 경비를 쓰고 있는데 그 대부분이 인건비이므로 이것을 근본적으로 개혁하면 상당한 경비를 염출할 수 있으리라는 주장이었다.[52] 그러나 이 계획은 실현되지 않았으며 중추원 개혁은 그냥 인사를 쇄신하는 것으로 그쳤다.

1940년 초에 다시 중추원의 개혁 문제가 거론되었다. 구체적인 배경은 알 수 없으나 미나미 지로(南次郞)총독은 오오다케(大竹)서기관장을 시켜 중추원 개혁을 연구케 하였다. 그 내용은, 예산 편성의 중요 항목이

---

50) 1933.6.13,「中樞院 改革 早晚間 斷行 그 時期를 期待」『東亞日報』.
51) 1936.3.10,「廣田新內閣親任式」『東亞日報』; 1936. 4.24,「拓務省을 廢止하고 外務長官 總理에 直屬 廣田內閣 特別議會後 外地行政機構改革에 進出」『東亞日報』.
52) 1936.5.7,「綜合的 朝鮮文化의 硏究所設置計劃 - 中樞院改革等으로 經費捻出」『朝鮮日報』.

나 중요 법령의 제정, 중요정책의 결정에 있어서 반드시 중추원의 의향을 중요시하는 것으로 하고, 참의의 수를 백 명(1940년 현재 65명)으로 증원하여 그 인선에 있어서는 일본인도 임명시킬 것, 관리보다 민간인을 대다수 등용할 것, 정례와 임시의 회의 회수의 증가, 서기관장의 전임 등을 단행하여 "명실공히 반도통치의 최고익찬기관"으로서 "민의창달기관으로 개혁"한다는 것이었다.[53] 그러나 이것도 실현되지 않았다.

이후 중추원 관제는 1942년 11월 1일에 6차 개정이 있었다. 제2조 중 '통역관 전임 1인 주임, 속·통역생 전임7인 판임'을 '屬·通譯生 전임 6인 판임'으로 고쳤고, 제10조의 2항 '통역관은 상관의 명을 따라 통역을 掌한다'를 삭제한다고 되어 있다.[54] 이는 전시체제 이후 행정간소화 실시로 중추원의 직원도 감원할 필요가 있었기 때문이었다.

행정간소화란 중일전쟁 발발 이후 일제가 비약적으로 중대한 전시하 행정사무로 인해 관청기구가 복잡하게 되고 직원이 증가하자 이러한 상황이 국무 수행을 저해하고 있다고 보아 1942년 6월 각의에서 결정하게 된 것이다. 일제는 '동아 건설'의 진행에 수반하여 행정 등에 경험있는 인사를 확충할 필요가 절실하였다. 이에 따라 관청기구를 간소화하고 인원을 감소하여 그 인원을 확장된 '대동아' 전반에서 활약하는 인사를 보충하는 데 돌리고자 한 것이다. 행정간소화의 내용은 행정기구의 간소화, 행정관청 직원의 감원 및 그 대우 개선 등 세 가지를 큰 축으로 하였다. 행정기구의 간소화는 행정사무의 종합적인 조정을 위해 총무국을 신설하고 外局의 일부를 內局으로 하여 外部局의 폐합을 단행한 것이었다. 직원 감원은 일률적인 방식에 의하지 않고 내각, 각 성, 외지마다 전

53) 1940.1.25, 「中樞院機構一大改革, 익찬기관의 實을 擧揚, 극력 민의창달을 도모, 구체안 작성중 명년도에 실시」『每日新報』.

54) 1942.11.9, 『朝鮮總督府官報』 제4733호, 칙령 제764호(1942.11.1) ; 1942.10.28, 「行政簡素化實施ノ爲ニスル朝鮮總督府中樞院官制中ヲ改正ス」『公文類聚』 제66편, 昭和17年, 제42권, 官職 38, 官制38(朝鮮總督府7).

시 중점주의에 기반한 사무의 쇄신 및 기구의 간소화에 의해 감원하는
것으로 했다. 즉 1942년 6월 1일 현재로 칙임관, 주임관, 판임관, 촉탁
및 고용원마다 중앙관청은 3할, 지방관청은 2할, 작업청은 1할을 표준으
로 해서 감원을 행하였다. 또 대우개선에 대해서는 직원 전원에 대해 봉
급급료의 1할에 상당하는 금액을 전시근무수당으로서 지급하고 가족수
당의 1인당 금액은 현행 3원을 5원으로 해서 직원전부에게 지급하는 것
으로 했다. 아울러 직원의 공제조합에 대해 조합가입자의 범위 및 공제
급부를 확장함으로써 관리의 빈번한 경질을 억제하고자 했고, 숙달자를
우대하여 주임관, 판임관 또는 고원의 일정수를 칙임관, 주임관 또는 판
임관으로 끌어올리고자 하였다.[55]

이후 1943년 11월 30일 7차 관제개정에서는 제9조의 서기관장 자격을
'국장'에서 '칙임관'으로 바꾸고 있다.[56] 이는 행정기구 정비 실시를 위한
조선총독부 관제 개정에 따라 중추원 서기관장 자격을 보다 유연하게 할
필요가 있어서였다. 일제는 전시체제가 급박하게 진행됨에 따라 조선 및
대만에서도 정무 집행의 敏速化를 철저히 하고 군수생산의 증강과 해륙수
송의 일관적 운영 등을 도모하여 '결전행정수행의 태세를 정비'하기 위해
총독부 및 지방 기구를 정리, 통합, 간소화하고자 하였다. 즉 조선에서는
총독부 내의 총무, 司政, 식산, 농림, 철도 및 전매의 6국을 폐지하고 새로
이 광공, 농상 및 교통의 3국을 설치하여, 광공국에서는 군수생산관계사
무를, 농상국에서는 식량의 확보를 중심으로 한 국민생활관계사무를, 교
통국에서는 陸運, 海運, 항공 등에 관한 사무를 장리하게 하였다. 지방에
서는 세무감독국을 폐지하여 세무서를 도청의 소속으로 하고 기타 토목출
장소, 영림서 등을 도청으로 이관하였다. 이는 대만도 마찬가지로, 총독부

---

55) 1942.10.28, 「行政簡素化實施ノ爲ニスル朝鮮總督府中樞院官制中改正ノ件」(A03010019300)
  『樞密院會議文書C (審査報告)』昭和十七年.
56) 1943.11.30, 「朝鮮總督府中樞院官制中改正ノ件」(A03022878500) 『御署名原本』,
  昭和十八年,·勅令第八九二號.

의 총무, 국토, 식산 및 식량의 4국을 폐지하여 새로 광공 및 농상의 2국을 설치하는 등의 개폐가 있었다.[57] 이러한 총독부 기구개혁에 수반하여 종래 중추원 서기관장을 총독부 국장으로 하여금 겸하게 했던 것을, 칙임관이 겸하게 하는 것으로 고치게 되었던 것이다. 이 관제 개정 이후 서기관장에 임명된 사람은 慶北道知事를 하고 있던 武永憲樹(嚴昌燮)인데, 그는 1944년 8월 학무국장 겸 중추원 서기관장으로 임명되었다.[58] 그는 중추원 서기관장이 된 유일무이한 한국인이었다.

한편 전시체제에 들어와 전쟁이 오래 지속되면서 일본 뿐 아니라 식민지의 인적 물적 자원들도 무리하게 동원되는 상황 속에서, 1930년대 우가키총독 때부터 끊임없이 제기되었던 중추원 개혁안이 어느 정도 실현을 보게 된다. 일본 내무성관리국은 대만총독부평의회와 조선총독부 중추원에 대한 대수술을 감행하기 위한 준비를 시작하여, 중추원을 개조하여 '조선총독부 시정심의회'를 설치하자는 의견을 1944년 10월 내놓고 있다. 시정심의회를 설치하는 취지는 첫째, 중추원은 조선인만으로 조직하고 의관의 답신으로써 각 제반시책을 조선인생활에 적합하게 하도록 참고가 되게 했으나, 이를 바꾸어 내선인을 불문하고 조선재주민 가운데에서 적당한 인물을 선발하여 제반 중요시책에 대해 민의를 개진시키는 기관으로 한다는 것이다. 둘째, 종래 중추원 참의는 중앙에서 41인을 선발하고 지방에서는 도지사가 추천한 자 중에서 24인을 선발했는데, 이로써는 "지방의 민의를 듣는 것이 충분치 않은 감이 있으므로" 시정심의회에서는 고문 3인 외에 의원을 80인으로 증가하여 중앙에서 38인, 지방에서 42인을 선발한다는 것이다. 지방에서 선발하는 의원은 각 도지사 추천한 후보자 중에서 도회에서 적당하다고 인정한 자를 선거하는 방법을

---

57) 1943.11.19,「朝鮮總督府中樞院官制中改正ノ件」(A03033478600)『樞密院會議文書C (審査報告)』, 昭和十八年.
58) 1944.8.21,『朝鮮總督府官報』.

채용하여, 지방의 민의를 대표하는 취지를 철저히 한다는 것이다. 셋째, 중요한 제령과 제도의 창설 개폐 등 입법, 행정 각 제반의 구체적인 중요 시책에 대해 자문함과 함께 시정의 중요사항에 대해 건의하는 길을 열어 적극적 '시정익찬'의 방도를 강구한다는 것이다. 그리고 조선총독부위원을 설치하여 시정심의회 의원의 일부를 이에 임하게 하고 행정의 사찰, 민정 조사, 시정의 지방침투, 하의상통에 대해 국무를 보하게 하여 상시 시정에 참고하도록 한다는 것이다.[59]

이에 따라 1944년 11월 4일 내무성관리국에서 제시한 조선총독부 중추원 및 관제개정 요강(안)은 다음과 같다.

1. 명칭을 시정심의회로 개칭할 것
2. 참의를 의원으로 개칭할 것
3. 의원의 수를 상당수 늘리고 일본인도 선발(종래는 전부 조선인이었음)함과 함께 지방민간유력자를 다수 임명(종래는 대부분 퇴직관리였음)하는 것으로 할 것. 또한 관리는 의원으로 하지 말 것.
3. 매년 봄가을에 2회의 정례회의를 여는 것으로 할 것.(현재는 정례회의 제도가 없음)
4. 본 심의회에는 특히 중요한 제도의 창설, 변경 등 시정상의 중요사항을 자문함과 함께 이들에 관해 건의하는 것이 가능하도록 할 것
5. 위 이외 사항은 대체로 현행제도를 답습할 것. 즉
   (1) 본 심의회는 조선총독의 자문기관인 것
   (2) 회장은 정무총감으로써 충할 것
   (3) 의원은 조선총독의 추천에 의해 내각에서 명할 것
   (4) 부의장 및 고문은 친임, 의원은 칙임 또는 주임 대우를 받을 것
   (5) 의원에게는 일정한 임기를 둘 것
   (6) 의원에게는 일정한 수당을 지급할 것[60]

---

59) 「朝鮮及台灣ニ於ケル政治的處遇關係の３」(B02031288200) 『本邦內政關係雜纂』, 植民地關係 第三卷, 昭和１９年.
60) 管理局, 1944.11.4, 「朝鮮總督府中樞院及臺灣總督府評議會管制改定要綱(案)」, 위의 자료.

조선총독부시정심의회 설치요강은 다음과 같다.

제1. 권한
1. 조선총독부시정심의회는 조선총독의 감독에 속하여 그 자문에 응하고 조선시정의 중요사항을 조사심의한다. 자문사항은 대개 다음과 같다.
(1) 특히 중요한 제령안의 대강
(2) 특히 중요한 제도의 창설, 변경 및 폐지에 관한 안의 대강
2. 심의회는 조선시정의 중요사항에 대해 조선총독에 건의할 수 있다.

제2. 구성
1. 심의회는 회장 1인, 부회장 1인 및 의원 80인으로써 이를 조직한다. 위 외에 고문3인을 둘 수 있다.
2. 회장은 정무총감으로써 이를 충한다.
부의장, 고문 및 의원은 조선에 거주하는 학식경험있는 자 중 조선총독 의 주청에 의해 내각에서 이를 명한다.
3. 의원중 38인(일본인 8인, 조선인 30인이라 상정함)은 조선총독이 이를 선정하고 내각에 주청한다. 의원중 42인(일본인 7인 조선인 35인으로 상정함)은 이를 각 도에 할당하여 도지사가 추천하는 후보자 중에서 도 회에서 선발한 자에 대해 조선총독이 내각에 주청한다.
4. 부회장 및 고문은 친임대우, 의원은 칙임대우 또는 주임대우로 한다.
5. 부회장, 고문 및 의원의 임기는 이를 4년으로 한다. 단 결원보충을 위해 임명된 자의 임기는 전임자의 잔여임기간으로 한다. 부회장, 고문 및 의 원은 임기중 누구라도 특별한 사유있는 경우는 이를 해임해도 무방하다.

제3. 회의
1. 정례회의는 매년 춘추 2회 개최하며 임시회의는 회장이 필요하다고 인 정할 때 수시로 개최할 수 있다.
2. 회의는 회장이 회기를 정하여 소집한다.
3. 회장은 개회 1주간 전까지 자문사항 기타 필요한 사항을 부회장, 고문 및 의원에게 통지하는 것으로 한다. 단 긴급을 요할 때는 이에 한해 하 지 않는다.
4. 의원은 다수결에 의하지 않고 衆議 統裁의 방법에 의해 이를 결한다.
5. 조선총독은 필요에 의해 또는 회장이 청구할 때는 조선총독부 部內의 고등관 기타 적당하다고 인정되는 자를 회의에 출석하여 의견을 진술

케 할 수 있다.

제4. 기타
1. 부회장에게는 연액 5천원 이내, 고문 및 참의에게는 연액 4천원 이내를 조선총독이 정하는 바에 의해 수당으로서 지급한다.
2. 심의회에 사무처리를 위해 서기관장, 서기관 및 서기를 둔다. 서기관장은 조선총독부의 칙임관으로써 이를 겸하게 한다.[61]

즉 시정심의회의 특징은 다음과 같다. 첫째, 조선인에 국한되었던 의원 자격을 일본인에게까지 확대하였다. 둘째, 의원의 수를 65인에서 80인으로 늘리고, 지방에서 도지사의 추천을 받아 선발하는 의원수를 늘렸다. 특히 단순히 각도지사의 추천을 받은 후보자 중에서 선발하는 것이 아니라 道會에서 적당하다고 인정되는 자를 선거하는 방법을 채용하였다. 셋째, 입법 행정 각 분야에 대한 자문뿐만 아니라 시정의 중요사항에 대한 건의권을 부여하였다.

중추원의 시정심의회로의 전환은 정식 관제로서 공포되지 못하고, 일본 내무성이 이 안을 기획한 뒤 얼마 지나지 않아 일본이 패망하였기 때문에 구체적으로 시행되지는 못했다.

그러나 일제는 이러한 변화를 통해 시정에 대한 조선인들의 협력 확대를 기대했을 뿐, 그동안 꾸준히 제기되어온 중추원을 조선의회로 변모시키자는 주장을 받아들일 의도는 조금도 갖고 있지 않았다. 1945년 3월 6일에 작성된 외무성기록에 의하면, 조선총독부 중추원 및 대만총독부 평의회의 1945년 3월 이후 운영방침에 대하여, "행정 滲遂, 下意 上通기관으로서 활동시키는데 인적구성에 쇄신을 가해 각 방면의 지식경험자를 추가하고 유효한 활동을 행하게 할 방침이다. 단 이것이 조선의회, 대만의회화하는 경향은 엄히 이를 경계하는 방침"[62]을 고수하고 있

---

61) 「朝鮮總督府施政審議會設置要綱」, 위의 자료.
62) 1940.3.6, 「朝鮮及台灣在住民政治處遇ニ關スル質疑應答の 2」(B02031288100) 『本

음을 알 수 있다.

이상에서 살펴본 바와 같이 중추원 관제는 3.1운동과 같은 큰 사건이나 총독부 통치의 필요에 따라 변화를 겪었다. 이는 어디까지나 통치의 효율성 차원에서 중추원을 보다 효과적으로 이용하기 위하여 바꾼 것이었고, 중추원의 '조선의회화' 주장이나 근본적이고 철저한 개혁을 주장하는 목소리가 반영된 것은 아니었다. 애초에 중추원의 '조선의회화'는 중추원 의관이 민선이 아닌 이상 불가능한 것이었다. 1930년대 이후 총독부가 연구하는 중추원개혁안은 일본인을 중추원 의관에 포함시키는 안과 반드시 함께 제출되고 있는데, 이것은 중추원을 들러리 조직에서 탈피시켜 건의권이나 심사권 등 실질적인 기능을 부여하여 강화하는 방향을 모색한 것이긴 하지만, 그렇게 중추원의 위상을 변화시키기 위해서는 중추원에 일본인을 포함시킴으로써 조선 내의 일본인들의 발언권을 신장시키고 혹여나 중추원이 총독의 의중에 맞지 않는 방향으로 흘러가는 것을 제어할 필요가 있었던 것이다.

또한 일본 내무성이 중추원 관제개정 요강을 발표한 시기는 태평양전쟁이 막바지로 치닫는 시점이었고, 조선의 시정방침과 정책은 전쟁을 수행하기 위해 '총력전' 체제로 전환되어 있었다. 이 중추원 관제개정 요강은 1930년대부터 끊임없이 요구된 중추원 개혁에 대한 목소리를 수렴하겠다는 의지가 표현된 것이긴 하지만, 전쟁수행을 위해 내부의 불만을 잠재우고 조선인들을 독려하기 위한 형식적인 행동이었다고도 해석할 수 있다.

邦內政關係雜纂』, 植民地關係 第六卷.

2) 중추원의 조직 운영과 회의 운영

(1) 조직 운영

중추원의 조직은 기본적으로 의장 - 서기관장 - 서기관 - 통역관 - 속·촉탁으로 내려오는 중추원의 전체 사무를 총괄하며 행정 사무를 담당하는 구조와, 의장 - 부의장 - 고문 - 참의로 내려오는 의사 논의 구조로 나뉘어 있었다(<표2-3>참조). 의장은 정무총감이 겸임하였으며 중추원 회의를 진행하였다. 중추원의 운영을 실질적으로 담당하는 사람은 바로 서기관장으로 거의 조선총독부 국장이 겸임하고 있었다.

1910년대의 중추원은 총독의 자문에 응한다는 본래의 역할을 제대로 수행하지 못하였고 오히려 중추원 의관들이 총독부 행사에 '동원'되는 측면이 강했다. 매해 1월초에 열리는 服務心得 誦讀式, 2월 11일 紀元節과 10월 31일 天長節에 총독관저에 참집하여 축하하기, 4월 3일 신무천황제일을 기한 장충단에서의 기념식수, 매년 봄과 가을에 경학원에서 열리는 文廟春季釋尊과 秋季釋尊 등은 중추원 의원을 비롯한 고등관들이 반드시 참석해야 하는 행사였다. 또 1915년 4월 9일 용산연병장에서 열린 황태후 1주년 遙拜式 奉行, 같은 해 6월 16일 육군대학교 만주 전적지 시찰 일행들이 조선을 거쳐 갈 때 용산에서 열린 환송연, 일본 황족이나 주요인사가 경성에 오거나 들러갈 때 남대문역에서 열리는 봉송영 등에도 역시 의관들이 빠짐없이 참석토록 하였다.[63]

중추원 의관들은 시시때때로 각종 의연금을 냈는데 이는 주로 낼 금액을 수당에서 제하는 강제적 방식이었다. 예를 들어 1914년 2월 14일 동북 흉작과 구주지역의 재해에 대한 의연금에서는 고문은 8원, 찬의

---

63) 金敎聲, 『中樞院書類』, 8~10, 17~23, 31, 80~81, 120~121, 128, 136~137, 179, 181, 187, 194, 196, 206, 208, 221~225, 231, 247, 249, 253, 266, 268, 284, 287, 293, 310, 314, 347, 349, 358, 360, 523, 525, 587, 588, 607쪽.

〈사진 2〉 남산의 총독관저

중 연봉 천원인 사람은 5원, 8백원인 사람은 4원, 부찬의 중 연봉 8백원인 사람은 2원, 6백원인 사람은 1원 50전 등을 수당에서 제하였다.[64] 이외에 일본 태자에게 상품 봉정, 1917년 2월 23일 1차 세계대전에 참전한 연합국 상이병 위문 헌금, 1917년 6월 30일 명치신궁봉찬회에 기부금 1원 50전을 내기도 하였다. 이들은 1914년 4월 28일 동북구주재해민 의연금을 낸 것에 대해 구제회 총재로부터 감사장을 받기도 하였다.[65]

즉 1910년대 중추원의 조직 운영은 자문기관으로서의 역할조차 제대로 하지 못하고 주로 행정실무를 담당하는 서기관장을 비롯한 실무

---

64) 金敎聲, 『中樞院書類』, 1~7쪽.
65) 金敎聲, 『中樞院書類』, 14~16, 185, 210~217, 245쪽. 중추원 의관들은 이외에도 포상으로 1915년 11월 16일 경복궁에서 열린 대례봉축 원유회에 참석해 목배를 받고 1916년 4월 1일 대례기념장 등을 받았다(金敎聲, 『中樞院書類』, 124~125, 159쪽).

진들이 찬의·부찬의들에게 회의 등에 관련한 공문서를 발송하고 각종 행사 참여 공지라든가 의연금 납부 공지 등 행정업무를 하는 것에 조직 운영이 치중되었다. 따라서 1910년대 중추원은 '운영되지 않는 자문기관'으로서 연수당이나 받아가는 '경로당'이라는 비판을 받았다.

중추원 의관들이 받는 수당은 1910년대에는 "부의장, 고문은 연액 2,500원 이내, 찬의는 2,200원 이내, 부찬의는 8백원 이내"였다. 총독부의 다른 부처의 관직자가 겸직할 경우에는 수당을 지급하지 않는 것으로 규정하고 있다. 실제로는 1910년부터 1921년까지 부의장 2,000원, 고문 1,600원, 찬의 800~1,200원, 부찬의 600~800원을 받았다.[66] 부의장은 고등문관 2급, 고문은 4급, 찬의는 7급, 부찬의는 9~11급의 연봉에 해당한다.[67] 1912년 3월말 현재 공립보통학교 조선인 훈도의 월급 평균이 21원 95전임을[68] 감안할 때 이들이 받은 연봉은 적지 않았음을 알 수 있다.

1921년 관제개정 이후에는 "부의장에게는 연액 4천원 이내, 고문 또는 참의에게는 3천원 이내"로 수당금액이 늘어났다. 1922~1931년 직원록에 나타난 수당은, 부의장 3,500원, 고문 3,000원, 칙임참의 1,200~3,000원, 주임참의 600~1,200원인데 주임참의 중 지방참의들이 600원을 받았다. 즉 1921년 이후에는 고문과 참의에게 보통 1,200원 이상 3천원을 주었으나, 13도에서 추천된 지방참의들에게는 중앙참

---

66) 朝鮮總督府, 『朝鮮總督府及所屬官署職員錄』, 1910~1921년판. 하지만 1912년 12월 추가로 임명된 부찬의 鄭丙朝는 연수당이 400원으로 최하위로 책정되었다가, 1916년 이후 600원으로 인상 조정되었다(1913.12.13, 『朝鮮總督府官報』; 『朝鮮總督府及所屬官署職員錄』, 1917.1.1).

67) 조선총독부 고등관 연봉을 보면, "1級 2,500, 2級 2,000, 3級 1,800, 4級 1,600, 5級 1,400, 6級 1,200, 7級 1,000, 8級 900, 9級 800, 10級 700, 11級 600, 12級 500圓. 備考 : 道長官에게는 年俸 3,000圓"이라고 규정하고 있다(1910.10.1, 『朝鮮總督府官報』).

68) 1911년도, 『朝鮮總督府統計年報』, 831쪽.

의들에게 주는 최하급 1,200원의 절반인 600원을 주게 되어, 이들은 매달 50원씩을 받는 셈이 되었다.[69]

<표2-4> 중추원 의관 수당표

연도 \ 직위	부의장	고문	찬의(1910~1921) 칙임참의(1922~1945)	부찬의(1910~1921) 주임참의(1922~1945)
1910~1914	2000	1600	800, 1000	400, 600, 800
1915~1921	2000	1600	800, 1000, 1200	400, 600, 800
1922~1933	3500	3000	1500, 1800, 2000, 2500, 3000	600(지방참의), 1200(중앙참의)
1934~1944	3500	3000	1800, 2000, 2500	600(지방참의), 1200(중앙참의)
1945	3500	3000	2400, 2600	1200(지방참의), 1800(중앙참의)

참고문헌 : 1910~1931, 『朝鮮總督府及所屬官署職員錄』 ; 1933.6.9, 1935.4.25, 8.20, 1936.6.8, 1937.4.22, 1938.4.27, 6.29, 8.20, 1939.6.9, 1940.4.24, 8.8, 9.7, 1941.4.28, 6.28, 9.19, 1942.6.10, 1943.4.30, 8.13, 1944.2.17, 5.2, 5.3, 6.12, 8.18, 9.15, 1945.6.8, 『朝鮮總督府官報』

연액 30만원 이상이 되는 중추원 경비는 중추원 폐지 주장의 근거가 되기도 했다. 주요산업의 하나인 수산행정에 겨우 연액 20만원을 지출하

---

69) 1921년 5월 중추원회의 때 각 도에서 추천된 13명의 참의는 "우리 열세사람으로 말하면 총독부에서 일년에 육백원씩 주는 수당금을 받지 아니하면 생활을 경영할 수 없는 것도 아니오 또 중추원참의라고 별로 하는 일도 없이 이만한 돈이라도 받는 것은 재미도 적은 일인데 그러하다고 이 수당을 받지 않겠다 하는 것도 이상하게 생각될 터인즉 이 돈을 사회의 공익을 위하여 유효하게 쓰는 것이 좋겠다"고 의논하여, 그 돈을 각 지방으로부터 학비 없이 경성에 와서 공부하는 고학생의 학비로 보조하기로 하고, 매달 수당금을 받는대로 고학생단체인 '고학생갈돕회'에 기부하기로 의논을 했으나, 참의 두 사람이 응낙치 아니하여 당시에 결론 나지는 않았고, 이후 다시 간친회를 위해 경성에 모이는 기회에 확실히 결정하기로 했다고 한다(1921.5.17, 「고학생에 동정하여 13도 추천의 중추원참의가 수당금을 갈돕회에 기부코저」, 『東亞日報』).

는 총독부가 중추원을 위해 30만원을 지출하는 것이 과연 균형에 맞는 것이냐는 것이다. 중추원 하나를 희생하면 당장 800개의 보통학교에 400명의 교원을 둘 수 있고 혹은 다섯 개의 관립고등보통학교를 경영해도 오히려 여유가 있을 것이라며, 천박한 고등유민 정책 때문에 귀중한 큰돈을 낭비하지 말라고 일갈하고 있다.[70]

1915년에 중추원 기능에 구관 제도 조사가 추가되고 1918년에 중추원에 조사과와 편찬과가 설치되면서, 조사과 밑에 촉탁 8명을 두어 구관조사에 관한 사무를 보게 하였다. 촉탁은 1939년까지 존속했으며 시대 상황에 따라 숫자가 늘기도 하고 줄기도 하였다. 구관조사 사무를 보는 촉탁, 사료 수집 또는 조선사 편찬을 하는 촉탁, 사회사정 조사를 하는 촉탁 등으로 나뉘어 있었다. 전체적으로는 일본인보다 조선인이 많으나 각 부문에 일본인 1~2명이 반드시 배치되었으며 조선인은 조선사편찬보다는 구관조사 사무에 배치되었다. 일본인의 수당은 평균적으로 조선인보다 훨씬 많았는데 예를 들어 1923년의 구관조사 촉탁의 경우 일본인은 연수당 1,800~2,400원이나 조선인은 1,200~1,400원으로 조선인들은 당시 주임참의의 수당인 1,200원 정도를 받았다.[71]

중추원 조사과와 편찬과 밑에는 속과 통역생이 소속되었는데 1921년의 속 및 통역생 정원 10인 중, 속 겸 통역생 2인 중 1인은 總則을 담임하고 겸하여 통역 및 번역을 담임하였다. 나머지 속 8명에게도 각각 민사관습 중 物權 및 債權, 친족 및 상속, 商事 관습, 제도의 정리, 풍속의 정리, 朝鮮半島歷史 및 朝鮮人名辭書編纂 사무 등이 나뉘어 분장되어 있었다.[72]

한편 참의들에게도 구관조사를 분장시켰는데, <事務擔任參議成績

---

70) 1922.5.11, 「中樞院을 斷然 廢止하라, 財政上 見地로」 『東亞日報』.
71) 1923년판, 『朝鮮總督府及所屬官署職員錄』.
72) 「中樞院官制改正後及通譯生事務擔任表」(A01200194700) 『公文類聚』 第四十五編, 第八ノ一卷, 官制七ノ一 (朝鮮總督府一), 大正十年.

條>(1921년 5월 1일~1923년 12월 말일)를 보면, 참의 18명에게 구관 제도조사와 조선사 사료 수집을 분장시키고 각자의 근무기간과 결석일수를 기록하였으며 근무 성적을 特, 甲, 乙로 매겨 업무 평가를 하고 있다. 구관 제도조사를 맡은 참의는 趙羲聞, 劉猛, 徐相勛,[73] 魚允迪,[74] 金漢睦, 吳在豊, 鄭丙朝, 金顯洙, 朴箕陽, 玄櫽, 朴宗烈, 韓永源, 柳基浩 등이며, '반도사' 사료 수집을 맡은 참의는 朴勝鳳, 柳正秀, 宋之憲, 李恒稙, 李晩奎 등이다.[75] 근무 성적이 特으로 매겨진 유일한 사람은 유맹이며 그는 이후 1925년부터 1930년까지 조선사편수회 위원으로 활동하였다.

1919년 3.1운동은 중추원 운영 방식에 변화를 꾀한 계기가 되었다. 1920년 1월부터 중추원에서는 열람실을 설치하고 각종의 신문, 잡지, 관청과 민간의 보고서 등 인쇄물을 비치하여 의원이 수시로 열람할 수 있게 하였다. 주례 예회가 부활하고 1년에 한번씩 열리는 정례회의가 지켜진 것도 이 때부터이다.

중추원 서기관장은 3.1운동 후 중추원 의관들에게 「時局에 關한 注意事項送付의 件」(1919.4.4)을 발송하였는데, 여기서 총독은 3.1운동에 대하여 '경거망동'하지 말고 '호응'하지도 말라고 경고하고, '금일에 있는 제군의 事勢는 심히 곤란한 일이 있음은 깊이 양해하거니와 제군의 지위를 고려하여 가장 신중한 태도를 갖고 직책을 욕되지 않게 하기를' 바란다고 강조하고, 사회 질서 회복에 대한 의견이 있는 경우 항상 개진하고 자기도 1주 2,3회 출근할 터이니 언제든지 간담하라고 요청하였다.[76]

---

73) 徐相勛은 1916년 중추원 부찬의로서 조선인명휘고 조사주임을 했다(朝鮮總督府, 1916, 「朝鮮人名彙考編纂ノ順序」『朝鮮半島史編成ノ要旨及順序 朝鮮人名彙考編纂ノ順序』, 11~16쪽).

74) 魚允迪은 1916년 1월 '반도사'편찬의 조사주임이었고(朝鮮總督府, 1916, 「朝鮮半島史編纂ノ順序」, 8~10쪽) 1921~1925년 조선사편찬위원회 위원을 했다(朝鮮總督府 朝鮮史編修會編, 1938, 『朝鮮總督府朝鮮史編修會事業概要』, 123~125쪽).

75) 1999, 「事務擔任參議成績調 - 1921년 5월 1일부터 1923년 12월말」『齋藤實文書』第2卷 - 總督府行政關係(1), 高麗書林.

1921년 관제개정 후 회의의 정례화와 중추원 참의들을 보다 적극적으로 이용하려는 운영의 변화를 보이기는 하나, 중추원 자체의 조직 운영은 사실 1910년대와 큰 차이를 보이지 않고 있다. 중추원은 태생적으로 '자문기구'에 불과하기에 구관제도 조사 업무를 제외한 일반 사업은 없었고 행정말단기구인 面보다 단순한 조직운영의 형태를 지니고 있었다.

이처럼 중추원의 조직 운영은 서기관장이 모든 업무를 관장하고 집행까지 하는 형태로 단순화하였고, 서기관 등은 서기관장의 지시에 따라 회의 연락 등 단순한 업무에 종사하고 있었다. 총독부가 중추원 조직 운영의 핵인 서기관장을 專任이 아니라 거의 총독부 국장에게 겸임하게 한 점은, 중추원 운영에 있어서 독자적이고 특수한 목적을 별로 가지고 있지 않았다는 점을 반증한다. 특히 1944년 일본 내무성에서 제출한 중추원의 개혁안에도 인원과 위상 등이 달라졌다고 하나 서기관장 이하의 직원들을 사무처리에 필요한 인원으로 국한하고 있었다. 총독부는 이렇게 단순한 구조로 중추원을 운영하는 것이 오히려 관리 운영하는 데 효율적인 것으로 판단한 듯하다.

(2) 회의 운영

중추원의 기본 활동은 총독의 자문기구로서 총독이 부의한 안건에 대해 심의하고 의견을 개진하는 것이었다. 여기에서는 중추원 회의 운영에 대해 살펴보도록 한다.

<조선총독부중추원관제>에 명시된 중추원의 핵심 기능은 '조선총독의 자문'이었으나, 중추원 설치 초기의 경우 자문을 위한 정례적인 회의는 없었다. 또 "경복궁 내 前 의정부를 중추원으로 사용하기 위하여 목하 수리하는 중이니 畢役되기까지는 각기 휴무하라 하였다"[77]고 한 것

---

76) 金敎聲, 『中樞院書類』, 321~329쪽.
77) 1910.10.29, 「중추원 휴무」 『每日申報』. 중추원은 처음 설치되었을 때 옛 탁지부의

은, 1910년 10월 1일에 중추원이 설치되고 기본 구성원인 고문, 찬의, 부찬의 등이 이미 임명되었으나 중추원의 기능을 수행하기 위한 준비는 제대로 되어 있지 않았던 것을 보여준다.

기존 연구에서는 중추원 의관들의 첫 모임을 1912년 6월 5일로 보고 있으나,[78] 중추원 의관들의 첫 모임은 1910년 10월 10일, 중추원 관제가 공포된 지 열흘 후에 열렸다. 데라우치 마사타케(寺內正毅) 총독은 이날 10시 백작 이완용 이하 각

〈사진 3〉 야마가타 이사부로(山縣伊三郎, 1858~1927)는 1910년에 한국 부통감으로 부임, 국치 뒤 조선총독부 정무총감과 중추원 의장이 되었다.

고문, 찬의 부찬의 60여명(부의장 김윤식은 병으로 결석)을 모아 중추원 개설의 인사를 하고, 일일이 사령서를 교부한 후 의장인 야마가타 이사부로(山縣伊三郎) 정무총감을 소개했다. 야마가타 의장은 취임인사를 하고 정오에 산회했다. 이때에는 중추원 회의를 매월 2회 혹은 3회씩 개회할 예정이었다.[79] 그러나 회의가 지속적으로 이루어지지는 않았고, 다만

廳所에 두었다고 한다(1910.10.26, 『東京日日新聞』). 탁지부는 대한제국 수립 후 세종로에서 덕수궁 옆 중구 정동으로 이전했는데, 탁지부가 이전되어 사용한 건물은 고종이 讓位하기 전에 의정부 청사로 설계한 것으로 1907년 12월에 준공되었지만 한일신협약이 체결된 이후였으므로 탁지부 청사로 변경했다. 이 건물은 일제 침략기에 고등법원으로 사용되기도 했으나 1970년에 헐렸다(서울시 서울육백년사 http://seoul600.visitseoul.net/seoul-history/munwhasa/txt/text/4-3-1-3-20.html). 1924년 신문에는 중추원이 정동 1번지에 위치했다고 한다(1924.11.19, 「中樞院前變死, 타살은 아닌듯」 『東亞日報』).

78) 조범래, 앞의 글, 31쪽.

79) 1910.10.11, 『大阪每日新聞』.

〈사진 4〉 조선귀족 일본관광단 전원. 1910년 11월 3일 동경에서 촬영한 것이다.

의장이 때때로 고문과 찬의 부찬의를 모아놓고 훈시하는 방식으로 진행
되었다.[80] 중추원회의는 적어도 1911년초까지는 개최되지 못하였다.[81]
이 시기에 중추원 모임이 진행되지 못한 이유는 중추원의관들이 일본시
찰단에 소속되어 자주 일본에 왕래했기 때문이기도 했다.[82]
　　이후에 확인되는 중추원의 모임은 1912년 6월 5일 服務心得 서명식
이다.[83] 이날의 모임에서 이들은 중추원 구성원으로서의 기본 자세 및

---

80) 1910.10.26, 『東京日日新聞』.
81) "중추원설치 이래로 아직 회의를 開치 못하였으나 만사가 就緖된 금일에 그 회의
　　를 개할 필요가 起하여 불원간 제1회의 회의를 개할 터이라 하며 또 계속하여 사
　　건이 有할 時마다 회의를 개할 터이라더라"(1911.2.10, 『每日申報』).
82) 1910년 10월 30일부터 11월 11일까지 조선귀족관광단이 일본에 시찰을 갔고,
　　1910년 11월 28일부터 12월 1일까지 중추원 찬의 유맹 이하 16명이 '사회사업시
　　찰단'으로 大阪과 神戸 등지에 가서 境川公設市場, 시영주택, 府廳 및 市 役所,
　　砲兵工廠, 조폐국 등을 순람하였다(1910.10.30, 11.11, 『東京日日新聞』;『大阪每
　　日新聞』, 1910.11.30).
83) 1912.6.6, 「중추원의 서명식」『每日申報』.

조선총독부에 대한 충성을 서약하고, 또 총독으로부터 시정방침에 대한 훈시도 있었을 것으로 추정된다.[84]

1910년 중추원이 처음 설치될 때 의사규칙을 보면, 중추원 고문, 찬의, 부찬의는 의장 즉 정무총감이 지정한 기일에만 집회할 수 있었고, 회의 안건은 회의를 열기 이틀 전에 각 고문, 찬의, 부찬의와 관계 각국 장관에게 배부되었다. 즉 중추원 자체에서 의제나 안건 사항이 결정되는 것이 아니라 위에서부터 내려오는 사항만이 토의되는 구조였다. 회의는 고문 6명 이상이 출석하지 않으면 개회할 수 없었으며, 필요하다면 조선총독은 조선총독부 각부국장관 또는 대리자로 하여금 주관사항에 관해 회의에 출석하여 설명을 하게 했다. 회의시에는 먼저 서기관장이 회의의 안건을 설명하고, 고문, 찬의, 부찬의는 의장의 허가가 없으면 발언할 수 없었으며, 발언할 때에는 기립하여 의장에게 자기 이름을 말하고 의장의 허가를 얻어 발언해야 했다. 동일한 사항에 대해 발언을 1회까지만 할 수 있고 질의응답은 할 수 없었다. 오후 4시가 되어도 회의가 마무리되지 않으면 의장은 다시 시일을 정해서 再議하도록 했다. 표결을 할 때에는 可를 지지하는 자를 기립시켜 가부 결정을 했으며, 이 경우에도 출석한 고문의 과반수 이상이 찬성할 경우 통과되었으며 가부동수일 때에는 의장이 결정했다. 회의의 전말은 서기관장이 기초하고 의장의 검열을 거쳐 총독에게 보고되었다.[85] 즉 자유로운 토론은 불가했고 통제된 운영방식이었으며 중추원이 극히 제한된 기능만을 갖고 있었다는 것이 드러나고 있다.

그러나 1921년 관제 개정 후 중추원을 보다 적극적으로 활용하려는 총독부의 의도가 발현되고, 이는 1921년 5월 3일 개정된 조선총독부 중추원 의사규칙에서도 살펴볼 수 있다.[86] 우선 이전의 22개조에 달하던

---

84) 조범래, 「조선총독부 중추원의 초기 구조와 기능」, 117쪽.
85) 1910.11.12, 『朝鮮總督府官報』 제87호, 朝鮮總督府 訓令 제65호.

복잡한 의사규칙이 10개조로 줄어들었다. 회의의 개최는 그 전에는 고문 6명 이상이 출석하지 않으면 개회할 수 없었던 것에 비해, 고문과 참의 등 1/3 이상의 참석에 의해서 가능하게 되었다. 의사 결정 때에는 출석 고문의 과반수로써 정했던 것에 비해, 출석한 고문 및 참의의 과반수로 써 결정하는 것으로 되었다. 이전과 다름 없었던 점은 회의에 부쳐야할 사항은 미리 의장이 고문 및 참의에게 통지하는 것, 회의사항에 관계된 조선총독부 국부장, 소속관서장 또는 그 대리자가 필요에 따라 회의에 열석할 수 있는 것, 회의의 전말은 의장이 조선총독에게 보고하는 것 등 이었다. 이 의사규칙은 1921년 12월 중추원회의가 열리기 직전에 다시 한번 개정되는데, 그 내용은 "動議는 2인 이상의 찬성자가 있기를 기다 려야 의제로 삼을 것(제6조의 2), 의장은 발언을 구한 자가 다 끝나지 않은 경우라도 採決을 함이 충분하다고 인정할 때는 의사를 종결할 수 있음(제6조의 3)"이었다.[87] 회의 진행 상황에서 참의들의 권한을 다소 축소시키고 의장의 권한을 더 강화했다.

중추원의 회의는 1년에 1번 혹은 2번 총독이 소집하였는데 대개 1년 에 1번이었다. 1921년 회의부터는 '議員席次表'가 있는데, 의원이 발언 할 때는 자기 번호를 부르고 의장으로부터 "몇 번"이라고 지시가 있은 후에 발언할 수 있었다. 議場에서는 일본어 및 조선어를 임의로 사용할 수 있었는데 일본어는 통역관이 이를 조선어로 번역하고 조선어는 이를 일본어로 통역했다. 단 일본어로 의견을 진술한 의원은 다시 조선어로 동일한 취지를 진술하였다. 의사 採決 때에는 찬성자는 기립했다.[88] 그 러나 1937년 이후 회의에서는 일본어로만 회의가 진행되었다.[89]

---

86) 1921.5.3, 『朝鮮總督府官報』 제 2616호, 朝鮮總督府訓令 제26호 ; 1921.5.3, 『朝 鮮日報』.
87) 조선총독부훈령 제67호(金敎聲, 『中樞院書類』, 581~582쪽) ; 1921.12.14, 「중추 원규칙 개정」 『朝鮮日報』.
88) 金敎聲, 『中樞院書類』, 536~537쪽.

회의 며칠 전에 서기관장은 참의들에게 일정과 자문사항, 국장의 演述사항 등을 발송하였고[90] 참의들은 자문사항 등에서 오류가 있으면 정오를 표기하여 미리 송부할 수 있었다.[91] 서기관장은 회의 전에 각 국장으로부터 그 전년도 시설계획 중 중요 사항과 당해년도 시설사항에서 필요한 것을 演述 사항으로서 미리 받았고 자문사항으로 할 것을 미리 제의받기도 하였으며,[92] 회의에 앞서 의관이 참고해야 할 시정 관계 인쇄물을 의관 수에 맞추어 기증해줄 것을 각 국에 요구하기도 하였다.[93]

회의는 총독부 제1회의실에서 열렸으며, 일정은 2일 내지 3일간 일정으로 첫날 오전 9시에 개회하여 총독의 훈시, 의장 인사, 총독부 각 국장의 소관 사무에 대한 演述이 있고, 12시 휴게하여 1시에 재개하고, 오전에 이어 각 국장의 演述이 진행되었다. 3시쯤 첫날 회의가 끝나고, 제2일과 제3일에는 자문사항에 대한 참의들의 답신이 이어졌다.[94] 1921년 관제가 개정된 이후 첫 회의에서부터 처음으로 '지방참의'들이 회의에 참가하게 되는데 이 회의의 일정을 보면, 이들은 회의가 열리기 전날 경성에 도착하여, 회의 첫날 저녁에는 조선호텔에서 의장이 개최한 만찬에 참석했고, 회의 제2일과 3일 사이에 있는 일요일에는 경복궁박물관, 참사관분실서고, 창덕궁 창경원(동물원, 식물원, 박물관), 상품진열관, 성균관, 경성일보사, 경성우편국 등을 관람한 후 저녁에는 중추원의관들의 간친회[95]에 참석하였다. 다음날 제3일에는 오전에 회의를 끝내고 오후

89) 1937.2.13, 『朝鮮日報』.
90) 金教聲, 『中樞院書類』, 332~343, 365~396, 506~520, 530~531, 536~585쪽.
91) 金教聲, 『中樞院書類』, 339쪽.
92) 1937, 「中樞院會議ニ關スル件」『諸會議綴』(CJA0002472), 朝鮮總督府.
93) 1941.6.4, 「印刷物寄贈方依賴ノ件」, 朝樞秘 第十六號, 발신자 중추원서기관장, 수신자 경무국장, 『雜書綴』(CJA0002509), 1941년 1월~6월, 경무과.
94) 조선총독부중추원, 1930년 9월, 『第十回 中樞院會議ニ於ケル訓示·演述·說明及 答申要項』, 99쪽.
95) 간친회의 내용은 알 수 없으나 '중추원 내 발기인' 명의로 金教聲에게 보내온 공지로 보아 중추원 의원끼리의 간담회로 보여지며 장소는 조선호텔, 회비는 친임

〈사진 5〉 초기 조선총독부 건물

에는 총독부, 재판소, 감옥, 의원, 제생원, 학교 등을 임의시찰하였다.[96]

중추원에서는 1년에 한번 열리는 회의 외에도 例會라는 것을 개최했다. 1년에 한번씩 열리는 회의가 의장인 정무총감과 서기관장, 서기관, 통역관, 의관 등 중추원 전 구성원뿐 아니라 총독부 각 국부장도 참석하는 회의였다면, 예회는 중추원 의관들을 중심으로 정기적으로 모이는 모임으로, 주로 주례회의로 개최되었다.

기존의 연구에서는 1916년 6월 30일부터 예회를 개최했다고 되어 있으나[97] 최초의 예회는 1916년 2월 3일이었다.[98] 예회에서는 주로 총독의 훈시가 시달되었고 시달할 사항이 없을 때에는 자주 휴회되었으나 1916년 4월 28일, 6월 30일, 10월 30일까지 총 네 번의 예회가 개최되었

대우 20엔 칙임대우 15엔 주임대우 10엔이었다(金敎聲, 앞의 자료, 528쪽).
96) 金敎聲, 『中樞院書類』, 529~530 ; 1921.5.7, 『朝鮮日報』.
97) 조범래, 「조선총독부 중추원의 초기 구조와 기능」, 118쪽.
98) 「例會時刻 變更 通知ノ件」朝樞發 제37호, 발신인 중추원서기관장, 수신인 金敎聲. 1916.1.31, 金敎聲, 『中樞院書類』, 133~135쪽 ; 『每日申報』, 1916.2.4.

고,[99] 적어도 1917년 6월까지는 예회 제도가 지속되고 있었다.[100]

또 기존의 연구에서는 이 예회 이후 첫 회의가 1920년 4월 5일이라고 하고 있으나[101] 1919년 9월 15일에 묘지화장장, 매장 및 화장 취체규칙에 대한 자문을 위한 회의가 소집되었다.[102] 이후 1920년 4월 5일부터 6월 21일까지 매주 월요일마다 예회가 열렸다.[103] 이후 예회가 지속적으로 열렸는지 정확히 확인할 수는 없으나, 1932년 중추원회의에서 의장이 참의들의 황군 위문에 대한 보고는 수요 예회에서 하는 게 좋겠다는 답변이 있던 것으로 보아[104] 이 때에도 매주 열리는 예회가 지속되었음을 추측할 수 있다. 1937년에도 매주 목요예회가 있었고,[105] 1941년에는 7월부터 11월까지는 경성지역에 있는 의관들이 모인 목요예회가 열렸던 것도 확인할 수 있으므로,[106] 중추원의 주례 예회는 계속 유지되었던 것으로 보인다. 그러나 이 예회는 지방참의들은 배제된 모임이었고 경성 지역의 참의 10~20명씩이 모여 "1~2시간 동안 잡담과 흡연으로 시간을 보내는" 자리이기도 하였다.[107]

한편 중추원에서는 1933년 7월에 시정연구회를 두어 경제, 산업, 학예, 사회, 제도의 5부를 두고 참의들이 각각 소속 부 내에서 조사 연구를

99) 金敎聲, 『中樞院書類』, 164~177, 183쪽 ; 1916.5.2, 『每日申報』.
100) 「例會休會通知ノ件」朝樞發 제158호, 발신인 중추원서기관장, 수신인 부의장 고문 찬의 부찬의, 1917. 6. 28(金敎聲, 『中樞院書類』, 243쪽).
101) 조범래, 「조선총독부 중추원의 초기 구조와 기능」, 118쪽.
102) 金敎聲, 『中樞院書類』, 332, 340쪽.
103) 자세한 내용은 제4장에서 후술함.
104) 『中樞院沿革調査』 15, 제4편 조선총독부시대, 제3장 중추원회의, 제12절 제12회 회의(1932년 3월).
105) 1937, 『中樞院通信』 100~111호, 조선총독부중추원.
106) 「木曜例會 休會ノ件」(朝樞 제117호, 발신인 중추원서기관장, 수신인 在京城 각 의관, 1941.7.11), 「木曜例會休會ノ件」(발신인 중추원 서기관장, 수신인 농림국장, 1941.12.12), 「木曜例會 講演ノ件 通知」(朝樞 제180호, 발신인 중추원 서기관장, 수신인 농림국장, 1941.11.11), 『雜書類綴』 1941년 2호(CJA0011568).
107) 김상태 편역, 『윤치호일기』, 역사비평사, 2001, 499쪽(1943년 9월 23일).

하였는데 이는 1933년에 일시적으로 설치된 기구로서 중추원 개혁 문제가 한참 들끓던 뒤에 나온 것이라 중추원을 보다 실질적인 기구로 개조한다는 노력을 보여주기 위한 성격이 강했다고 생각된다. 또 1933, 1934, 1935년에는 자문사항 중 심도깊은 연구가 더 필요한 부분에 대해서 따로 위원회를 두어 약 12~17명씩의 참의가 배속되어 연구하고 이를 중추원 정례회의에서 발표하기도 하였다.[108]

중추원의 이러한 의사 운영은 기본적으로 의안을 참의들이 제출할 수 없고 위에서 주어지는 것만을 논의하는 구조였다. 그래서 "총독이 정치를 하는데 그 의견을 물어보는 곳인데 무엇무엇은 반드시 중추원에 물어라 하는 규정이 없고 다만 총독이 묻고 싶은 때에는 물어도 무방하고 묻고 싶지 아니한 때에는 아무리 중대한 일이라도 묻지 아니한다"[109]는 비판을 받았다. 중추원에게 어느 정도의 결의권과 건의권을 부여하고 자문범위를 확대하라는 중추원 개혁요구는 일제 강점기 내내 중추원 의관들과 일반 식자들의 주장이었다. 그러나 총독부의 입장에서는 중추원을 결의기관으로 하는 것은 조선의회의 성립을 전제로 하는 것이고 총독 정치를 근본적으로 개혁하는 것이기에 이러한 요구는 수용될 수 없었다.

---

108) 자세한 사항은 제4장에서 상술함.
109) 1921.4.29, 「食口를 增한 養老院 같은 중츄원의 변개된 새관계, 식구가 늘고 월급이 부러」 『東亞日報』.

제3장
중추원 구성원의 변화과정

1. 중추원 초기의 인적 구성
2. 1921년 관제개정 이후 중추원 구성원의 변화과정
3. 참의들의 출신 배경 및 주요 경력

조선총독부 중추원의 관제 공포 이후 총독은 중추원의 구성원들을 선임하여 천황에게 재가를 받아서 임명했다. 1910년 10월 1일 설치되고 1945년 9월 24일 미군정에 의해 중추원 관제가 폐지될 때까지 중추원 참여자들은 총독의 자문에 대한 답변을 이행하였다.

이 총독의 자문에 충실하게 응답한 사람들은 누구인지, 시기별로 그 구성원의 정원변동이 없는지, 어떤 사회적 배경을 지니고 있는지 등을 살펴보지 않을 수 없다. 이 장에서 집중적으로 다루고자 하는 내용을 몇 가지로 정리하면 다음과 같다.

첫째, 중추원의 초기 구성원과 1921년 관제개정 이후 인적구성원에 대한 변동을 살피고자 한다. 총독이 처음으로 선정한 1910년 초기의 중추원 부의장과 의관(고문·찬의·부찬의), 행정업무 담당자(서기관장·서기관·통역관·속)에 대한 정원 규모를 파악하고, 관제개정에 따른 정원변동을 살펴보고자 한다.

둘째, 중추원 의관들의 시기별 특징을 짚어보고자 한다. 중추원 구성원들이 시기별로 어떤 특징을 지니고 있는지, 중대 사건 – 3.1운동, 만주사변, 중일전쟁, 태평양전쟁 – 에 따른 구성원의 변화와 특징을 보고자 한다.

셋째, 중추원 의관들이 어떤 출신배경을 지니고 있는지 각 분야별로 정리하여 분석하였다. 중추원에 참여하고 있었던 인물들의 학력, 경제적 기반, 주요 관료 경력 등을 통해 사회경제적 배경을 짚어보고, 대한제국기에서 만주사변 이전까지의 어떤 친일단체에 활동하고 있는지 파악하여 중추원과의 관계를 분석하고자 하였다.

1. 중추원 초기의 인적 구성

1) 의사 논의의 인적 구성

조선총독부 중추원은 1910년 10월 1일 칙령 제355호인 <조선총독부 중추원관제>에 의하여 설치되었다. 이 관제에 따라 중추원의 조직은 의장(1인), 부의장(1), 고문(15인), 찬의(20인), 부찬의(35), 서기관장, 서기관, 통역관, 속 등으로 구성되었다. 중추원 의장은 정무총감이 당연직으로 임명되었다. 부의장, 고문, 찬의, 부찬의 등은 총독의 주청에 의하여 일본 내각에서 임명하는 형태였고, 모두 조선인으로 구성되었다. 고문에게는 의결권을 부여하였지만 찬의와 부찬의의 경우 회의에는 참가하되 의결권이 없었다.

중추원 의관은 의원면직, 사망 혹은 범죄행위 등이 없는 한 임기의 연한이 없었고, 궐석이 발생할 때마다 충원하는 방식을 취하였다. 따라서 1910년 중추원 관제가 설치될 때 중추원 의관이 된 자는 1921년 4월 관제개정 때까지 계속 의관 자격을 유지하였다.

최초 설치시기부터 해방까지 중추원 부의장과 의관의 인원수를 보면 다음과 같다.

〈표3-1〉1910~1945년 중추원 참여자 현황

| 임기연도 | 총 활동 인원 | 부의장 | | 고문 | | 참의 | | 비고 |
		정원	활동 인원	정원	활동 인원	정원	활동인원	
1910.10.1~1921.4.27	96	1	2	15	18	55	78	찬의28 부찬의50
1921.4.28~1924.4.26	77	1	1	5	9	65	67	
1924.4.27~1927.4.26	89	1	2	5	6	65	81	

임기연도	총 활동 인원	부의장		고문		참의		비고
		정원	활동 인원	정원	활동 인원	정원	활동인 원	
1927.6.3~1930.6.2	71	1	1	5	4	65	66	
1930.6.3~1933.6.2	78	1	1	5	6	65	71	
1933.6.3~1936.6.2	81	1	1	5	3	65	77	
1936.6.3~1939.6.2	65	1	1	5	3	65	61	
1939.6.3~1942.6.2	77	1	3	5	4	65	70	
1942.6.3~1945.6.3	79	1	2	5	2	65	75	
1945.6.6~1945.8.15	68	1	2	5	1	65	65	

참고문헌 : 『朝鮮總督府官報』(1910.10.1~1945.7.16) ; 內閣記錄保存部局, 內閣·總理府
太政官·內閣關係 第五類 『任免裁可書』(1910.10.1~1945.7.5, 일본 국립공
문서관 소장) ; 조선총독부, 『朝鮮總督府及所屬官署職員錄』(1910~1943).

(1) 부의장과 고문

조선총독부 중추원의 역대 부의장을 보면, 초대 부의장 김윤식이 의
원사직한 후 이완용이 1912년 8월 9일자로 부의장에 임명되었고[1],
1921년 4월 27일 중추원에 대한 대폭적인 관제 개정과 인사 개편 때에
면직되었다가, 다음날인 28일 재임명되었다.[2] 그 후 1926년 2월 11일
사망할 때까지 부의장직을 계속하였다.[3] 박영효는 이완용의 사후 1926
년 3월 12일 부의장에 임명되어, 1939년 9월 21일 역시 사망으로 부의
장직에서 물러났다.[4] 박영효의 사후에는 민병석이 1939년 10월 13일부
터[5] 1940년 8월 6일 사망할 때까지 부의장직을 맡았고, 윤덕영이 같은

1) 1912.8.13, 『朝鮮總督府官報』.
2) 1912.5.13, 『朝鮮總督府官報』.
3) 1926.2.16, 『朝鮮總督府官報』 ; 1926.2.12, 『東亞日報』.
4) 1939.9.24, 『東亞日報』.
5) 1939.10.19, 『朝鮮總督府官報』.

해 8월26일 부의장에 임명되었으나[6] 두 달도 못 채우고 1940년 10월 사망하였다.[7] 윤덕영의 사후에 이진호가 1941년 5월 12일자로 임명되어[8] 1943년 10월까지 부의장을 맡았고, 그 후 박중양이 1943년 10월 20일자로 임명되어[9] 해방될 때까지 부의장직을 맡았다.

〈사진 6〉 중추원 부의장들. 왼쪽부터 김윤식, 박영효, 민병석

다음으로 초대 중추원 고문으로 임명된 사람들은 총 15명(이완용, 박제순, 고영희, 조중응, 이용직, 이지용, 권중현, 이하영, 이근택, 송병준, 임선준, 이재곤, 조희연, 이근상, 민영기)이고,[10] 이후 한창수가 찬의에서 고문으로 격상되고(1912.8.9), 같은 날 장석주가 고문에 임명되었다.[11] 또 민영기가 고문에 새로 임명되었고(1911.3.6),[12] 이후 민상호가 찬의에서 고문으로 격상되었다(1918.12.6).[13] 따라서 1910~1921년 동

---

6) 1940.8.27, 『每日新報』.
7) 1940.10.19, 『每日新報』.
8) 1941.5.17, 『朝鮮總督府官報』.
9) 1943.10.29, 『朝鮮總督府官報』.
10) 1910.10.1, 『朝鮮總督府官報』.
11) 1912.8.13, 『朝鮮總督府官報』.
12) 1911.3.11, 『朝鮮總督府官報』.
13) 1918.12.11, 『朝鮮總督府官報』.

안 부의장과 고문에 임명된 자는 총 20명이다.

초대 중추원 고문에 임명된 인물 중 1921년 4월 27일 관제 개정까지 박제순, 고영희, 조중응, 이근택, 임선준, 이근상, 조희연 등이 사망하였다. 또 1910년부터 1945년까지, 고문직을 의원면직하거나 전보된 자는 송병준, 권중현, 이재곤, 이지용, 이용직, 민영기 등이다.

〈사진 7〉 왼쪽 위부터 박제순, 고영희, 조중응, 이근택, 이근상

1910년대 부의장과 고문을 맡은 인물 20명의 한말 경력 등을 살펴보면 <부표5>와 같다. 이들의 특징은 첫째, 모두 총독부에서 제정한 '조선귀족령'에 의해 작위를 받은 인물들이다. 둘째, 대한제국 시기 이후 일제의 비호 하에서 고위관직에 임명된 국가정책의 결정자 내지 참여자로

서 왕족 혹은 외척이거나 세습적 지배문벌에 속한 자들이다. 셋째, 대한
제국이 식민지화되는 과정에서 적극적으로 친일행각을 한 이른바 을사
오적, 정미칠적, 경술국적으로 불리는 인물들이 대거 포함되어 있다.[14]
넷째, 갑신정변·을미사변·아관파천으로 인한 김홍집 친일내각의 붕괴
등 일련의 정치적 사건과 관련되어 渡日·망명한 경험을 가진 사람들이
다. 예를 들면 장석주, 조희연, 조중응 등은 갑신정변에 연루되어 도일·
망명한 인물이다. 다섯째, 일본 유학 혹은 정부 관리로서 일본에 파견되
어 문물을 시찰한 경력이 있는 자들이다. 민상호는 유학생 출신이며, 권
중현·고영희·이지용·박제순·조민희·한창수·민영기·이하영은 칙명으로
문물 시찰을 위해 일본에 파견되었던 인물이다.[15] 여섯째, 대한제국 당
시 중추원에 참여한 자들이 대부분이다. 일곱째, 연령 분포를 보면, 초대
부의장 김윤식(75세)을 제외하면 대부분 임명 당시 40대에서 50대가 주
류를 이루었다. 이처럼 중추원 부의장·고문에 임명된 인물은 대부분 일
본 외유 경험 등을 통해 정치적으로 친일세력화할 수 있는 배경을 지니
고 있었다.

(2) 찬의·부찬의

찬의는 1910년 10월 1일 설립 당시 19명이고, 추가로 9명이 임명되어
총 28명이다. 민상호(1918.12.6)와 한창수(1912.8.9)는 찬의에서 고문으
로, 윤치오는 1911년 2월에 부찬의에서 찬의로 임명되었다. 부찬의는 설
립당시 34명이며, 이후 16명이 추가로 임명되었다.

---

14) 20명 중 '을사오적'은 권중현, 박제순, 이근택, 이완용, 이지용, '정미칠적'은 고영
    희, 송병준, 이완용, 이재곤, 임선준, 조중응, '경술국적'은 고영희, 박제순, 이완
    용, 조민희, 조중응 등이다.
15) 조범래, 「조선총독부 중추원의 초기 구조와 기능」『한국독립운동사연구』제6집,
    107~108쪽.

<찬의>
권봉수 김만수 김사묵 김영한 남규희 민상호 박경양 박승봉 염중모 이재정
이준상 한창수 홍승목 홍종억 유 맹 유정수 이건춘 정인흥 조영희(19명)[16]
강경희 김춘희 박제빈 박중양 이겸제 조희문 민원식 유혁로 윤치오(9명,
추가 임명자)

<부찬의>
고원식 구회서 권태환 김교성 김명규 김준용 김한규 나수연 민건식 박제환
박희양 서상훈 송지헌 송헌빈 신우선 신태유 어윤적 엄태영 오재풍 이도익
이봉로 이시영 이원용 정동식 정진홍 조병건 조제환 최상돈 한동리 허 진
홍우석 홍운표 윤치오 김명수 (34명)[17]
김낙헌 김필희 김한목 박해령 서회보 성하국 오제영 유홍세 이만규 이항직
정병조 조원성 조재영 민원식 김현수 홍재하 (16명, 추가 임명자)

따라서 1910년 10월 1일부터 1921년 2차 관제개정 이전까지 중추원
에서 부의장, 고문, 찬의, 부찬의로 활동한 자는 중복자 2명(한창수와 민
상호가 찬의에서 고문으로 격상)을 제외하면 총 96명이다.

〈사진 8〉 한창수(좌), 민상호(우)

---

16) 1910.10.1, 『朝鮮總督府官報』.
17) 1910.10.1, 『朝鮮總督府官報』.

1910년대 찬의들의 공통점은 첫째, 대한제국 시기에 점하고 있던 관직이, 중추원 고문에 임명되었던 자들보다 상대적으로 낮다. 그러나 통감부 시대에 들어와 적극적으로 친일관리로의 변신을 추구한 인물들로, 그 결과 많은 인물들이 판사(홍종억 등) 혹은 국장(김영한, 이건춘, 박경양, 이준상, 윤치오, 민원식 등), 관찰사(박승봉, 권봉수, 유혁로, 조희문 등)를 거쳐 찬의에 임명되었다. 또 一進會의 회원이나 간부 출신들도 있다(유맹, 염중모 등). 둘째, 고문에 임명된 자들에 비해, 찬의들은 세습적인 문벌 집안 출신들이 적은 편이다.

부찬의의 경우 첫째, 대한제국 시기의 관직이 고문, 찬의보다 대체적으로 낮다. 즉 고문에 임명된 자들은 대한제국 시기 이후 각부 대신을 역임했거나 재임 중이고, 찬의에는 각부의 국장급이 주로 임명되었으며, 부찬의에는 국장급들도 임명되지만 주로 각 부처의 參書官이나 서기관들 중 친일성이 두드러진 인물들이 임명되었다. 둘째, 연령이 고문이나 찬의의 경우보다 전반적으로 젊다. 30대~40대 초반이 주류이고 20대 후반도 있다(이항직 29세). 셋째, 근대식 학교에서 교사와 교장을 역임하거나(김한규, 이만규, 이환직 등) 일본 유학(어윤적, 신우선 등) 혹은 일본 문물시찰(정진홍, 정동식, 권태환, 송지헌, 민건식 등)의 경력이 있는 인물들이 많았다.

2) 행정 사무의 인적 구성

중추원의 행정 사무는 서기관장, 서기관, 통역관, 속으로 내려오는 구조 하에서 진행되었다. 서기관장과 서기관, 통역관은 모두 조선총독부 고등관 중에서 발탁되었다. 특히 서기관장은 1923년 이후에는 거의 조선총독부 국장 중에서 이를 겸임하였다.

중추원 서기관장의 주요 이력을 간추리면 <부표6>과 같다. 1,2대 서

기관장인 고쿠분 쇼타로(國分象太郎)
과 고마츠 미도리(小松綠)은 모두 일
본 외무성에서 근무하다가 統監府가
설치되자 조선에 들어와 이토 히로부
미(伊藤博文) 통감의 측근으로 활약하
였다. 특히 고마츠는 데라우치 마사다
케(寺內正毅) 총독이 일본 육군대신으
로 있다가 조선으로 들어올 때 함께
들어와 데라우치 총독 아래에서 외사
국장을 지냈다. 그는 문필력이 있어 총
독의 훈시, 諭告 등이 모두 그의 손으
로 쓰여졌다고 한다.[18]

서기관장을 거쳐간 일본인 16명 중
11명이 동경제국대학 법과대학 출신

〈사진 9〉고쿠분 쇼타로(國分象太郎,
1862~1921). 이토 히로부미의 통역
을 했고, 총독부 설치 이후 총독부 인
사국장 및 중추원 서기관장으로 승진
임명되었다.

이고, 이들은 외국 유학을 가거나 조선 근무 전에 외국에 파견된 사람들
이 많았다.[19] 이들은 대부분 20세 전후에 고등문관시험에 합격하고, 조
선에 와서 통감부 서기관으로 근무하다가 총독부의 서기관, 국장을 거치
거나, 일본 縣의 警視, 理事官, 部長, 知事 등을 하다가 조선에 와서 국
장에 취임하였다. 또 8명이 서기관장이 되기 전에 도지사로 근무하였
다.[20] 生田淸三郞은 40세도 되기 전에 평안북도지사가 되기도 했으며

---

18) 1935,『朝鮮功勞者銘鑑』, 27쪽.
19) 秋山雅之介는 일본 외무성과 영국, 러시아 등에서 근무했고 1906년 4월 스위스의
　　제네바에서 萬國赤十字會議 委員으로서 참가했으며 1910년 2월 미국 워싱턴에서
　　개최된 萬國赤十字社總會에서 日本政府 委員으로서 참가했다. 關屋貞三郞은 조
　　선 근무 전에 臺灣總督府와 關東都督府의 參事官 事務官을 거쳤고, 松永武吉은
　　1896년 헝가리국 부다페스트에 갔다가 萬國通信會議에 위원으로 파견되었고
　　1902년 9월 프랑스 파리에서 第六回 萬國鐵道會員開設 위원으로서 참여했다. 長
　　野幹과 大塚常三郞, 上瀧基, 新貝肇도 조선 근무를 전후해서 구미에 파견되었다.

서기관장과 내무국장 재임 후 해방 직전 경기도지사도 역임하였다. 이들
은 거의 국장 출신이거나 국장을 겸임하였는데, 1926년부터 1941년까지
의 서기관장은 모두 내무국장이 겸임하였으며, 내무국장과 중추원 서기
관장으로서 참여해야 하는 여러 위원회, 이를테면 조선사편찬위원회, 조
선사편수회, 조선귀족에 관한 심사위원회, 조선금융제도조사회, 토목회
의, 이왕직직원징계위원회, 세제조사위원회, 토목회의 등에 이름을 올리
고 있었다.

　일본인들로만 이어지던 서기관장의 마지막 대를 이은 사람은 武永憲樹(嚴
昌燮)이었다. 그는 李軫鎬와 함께 조선인으로서 총독부 국장과 도지사까지
지낸 입지전적인 인물로, 그가 얼마나 일제에 충성하고 신임을 얻었는가를
가히 알 수 있다. 그는 대한제국기 掌禮院과 宮內府에서 관직 생활을 시작하
여 병합 후 李王職 屬을 하다가 평안남도 군서기, 도서기 등을 거쳐 안주군수
를 지내다 중추원 서기관, 통역관으로 중앙무대에 발을 들여놓았다. 그 후 총
독부 사무관과 도참여관, 도지사, 학무국장까지 승진의 탄탄대로를 밟았다.
그는 전쟁 말기 학무국장을 하며 학도의 근로동원과 훈련 등을 총지휘하였
고, 일본전쟁을 원조하는 대화동맹의 조직을 주도하고 지시하기도 하였다.

　다음은 서기관이다. 중추원 서기관을 거쳐간 자들의 서기관 전후의
경력은 <부표7>과 같다. 서기관은 서기관장의 명을 받아 원무를 관장
하였으며 중추원 설립 초기에는 奏任으로서 2인을 두고 총독부 고등관
중에 겸하게 하였다가, 1921년 관제 개정에서는 專任으로서 1인을 두게
되었으며, 1923년부터는 조선인도 서기관에 임용될 수 있게 하였다. 서

---

20) 松永武吉은 1910~1916 평안남도장관, 1916~1919 경기도장관. 生田淸三郎은
　　1923 평안북도지사, 1945 경기도지사. 今村武志는 1925~1927 황해도지사. 大竹
　　十郎은 1935 평안북도지사. 上瀧基는 1937~1939 경상북도지사. 鈴川壽男은
　　1940~1941 경기도지사. 新貝肇는 1938~1940 全羅南道知事, 1940~1941 咸鏡
　　南道知事. 嚴昌燮(武永憲樹)는 1936~1937 慶尙南道 參與官, 産業部長, 1938~
　　1940 咸鏡南道 參與官, 1941~1942 全羅南道知事, 1944 慶北道知事를 역임하였다.

기관을 거쳐간 20명 중 조선인은 6명이고 나머지는 일본인이다. 일본인 서기관들은 거의 중추원 재임 전 총독부 각국이나 道에서 사무관을 하던 사람들이다. 일본에서 판사를 지냈던 조선에 들어온 오다 미키지로(小田幹治郞)나 深川傳次郞, 奈良縣과 愛知縣에서 理事官과 郡長을 했던 張間源四郞과 松本伊織을 제외하곤 모두 대학 졸업과 고등문관시험을 합격한 후 곧장 조선에서 관직 생활을 시작하였다. 서기관 이후의 이들의 이력은 화려한데, 이마무라 다케시(今村武志), 코우다키 모토이(上瀧基), 신카이 하지메(新貝肇)는 국장으로 승진하고 이마무라(今村武志), 오다(小田幹治郞), 코우다키(上瀧基)는 그 뒤 중추원 서기관장을 맡았으며, 부윤, 도지사가 된 사람들도 많았다.[21]

한편 조선인으로 서기관을 거쳐간 사람은 金東準, 鄭僑源, 李東鎭, 孫永穆, 嚴昌燮, 金大羽, 金秉旭, 朴富陽 등이다. 김동준은 1905년부터 일본군 통역관을 시작하여 병합 후 1912년부터 1920년까지는 전남 광양군수를 지냈다. 그 후 중추원 통역관과 서기관으로 활동하다 경남 학무과장, 경남 산업과장, 진주군수, 구례군수로 승진의 길을 걸었다. 그는 전시체제기에 부산경방단 부단장, 부산교화연맹 부회장, 국방의회 부회장, 총력부산연맹 부이사장, 부산특별지원병후원회 부회장 등을 역임했고 1945년 6월에는 중추원참의로도 임명되었다. 정교원은 거창군수와 경남 시학관 등을 거쳐 중추원 서기관을 지낸 후 황해도지사로 임명되고 중추원참의로도 임명되었다. 손영목은 경남 도서기를 7년간 하다가 고성군수, 동래군수, 울산군수를 11년 정도 역임하고 중추원 통역관 겸 서기관으로 발탁된 후 총독부 내무국 사무관을 거쳐 경남도참여관과 강원도지사를 해방 전까지 지냈다. 김대우는 중추원 서기관 후에 학무국 사회교육

---

21) 山崎眞雄은 대구부윤, 松本伊織은 전남지사, 上瀧基는 경북지사, 新貝肇는 전남지사, 함남지사, 柳生繁雄은 강원도지사, 筒井竹雄은 황해도지사, 渡部肆郞은 함북지사가 되었다.

과장으로서 1937년 황국신민서사를 입안하였고, 전남 참여관 겸 내무부장, 경남 참여관 겸 산업부장으로 승진하였다. 김병욱은 중추원 서기관이 되기 전에 봉화군수, 경북 산업과장 등을 거쳤고 1945년에는 중추원 참의에 올랐다. 박부양은 子爵 朴齊純의 爵을 습작한 인물로, 임실군수, 금산군수를 지내다가 중추원 서기관이 되었다. 이들은 모두 서기관이 되기 전 군수를 역임하였고 서기관 후에는 중추원참의, 도지사, 도참여관 등을 지냈다. 이들은 모두 식민지 정책을 적극적으로 충실히 수행한 결과로 일제 당국의 총애를 받아 단시일 내에 고관에 승진한 공통점을 보인다.

다음으로 중추원 통역관과 屬의 명단 및 주요 경력은 <부표8>과 같다. 통역관 중 서기관을 겸임한 자는 제외하였다. 屬은 총독부의 하위말단직 중 하나로 중추원의 서무와 회계 업무를 맡았고 일부는 조사과에 배속되기도 했다. 屬은 1910년~1945년 사이에 총 32명이며, 그 중에 조선인은 金容迪 玄陽燮 金東燦 申奭鎬(寺谷修三) 등 4명이다. 屬은 조사과와 서무과에서 업무를 담당하였는데 1915년 이후 특히 1918년부터 조사과에 배속된 屬은 구관제도조사를 담당하였다. 조선인 4명 중 김용적과 현양섭은 둘 다 중추원 서무과 屬 재임 당시 조선사편찬위원회 서기나 조선사편수회 서기를 겸임했다. 신석호의 경우 1930년부터 1943년까지 장기간 조선사편수회에서 修史官補, 修史官을 지냈고 1937년 잠시 중추원 조사과 屬을 지낸 경우다. 그는 해방 후 1946년 국사관 설립을 주도하고 1951년 국사관을 국사편찬위원회로 개편할 때 사무국장 등을 지냈다.

다음으로 촉탁은 전문계약직으로 필요에 따라 고용하였는데, 중추원의 경우 구관제도조사 등에 이용되었으며, 대우면에서 일본인의 경우 연수당을 최저 1,200원에서 최고 6,000원까지 받았으며 조선인의 경우 최저 600원에서 최고 1,800원까지 받았다.[22] 중추원 및 구관급제도조사위원회 촉탁의 명단 및 주요경력은 <부표9>와 같다. 촉탁은 1915년에 구관 제도 조사가 중추원

---

22) 자세한 내용은 제2장 3절을 참조.

의 업무에 추가되면서 조사 활동을 원활하게 하기 위해 외부에서 각 부문별 전문가를 끌어온 것으로, 1910~1939년까지 조선인 51명, 일본인 22명 총 73명이었다. 이들은 구관 및 제도조사, 조선역사·지리서 등을 편찬하는데 참여하였다. 이 조선인 촉탁 중에는 중추원 참의 출신 9명, 조선사편수회 위원·修史官 3명 등이 포함되어 있었다.

2. 1921년 관제개정 이후 중추원 구성원의 변화과정

1) 1920년대 중추원 구성원의 변화와 특징

1910년 중추원 참여자들은 "日韓倂合의 공로자 우대 및 병합으로 인해 일단 관직을 잃게 된 구한국시대의 顯官 要職에 있던 자들에 대해 지위, 명망을 保持"[23]하고자 발탁된 인물들이었다. 그래서 1910년대 중추원은 '양로원'이라는 비난을 면치 못하였다.[24] 실제로 1920년 이전까지의 중추원 의관들은 귀족과 관리로만 구성되어 있었다. 1910년대의 의관 구성 상황을 보면 다음 <표3-2>와 같다.

〈표3-2〉1921년 관제개정 전 議官의 출신별 현황[1]

시기별 출신별	1910	1911	1912	1913	1914	1915	1916	1917	1918	1919	1920
귀족	17	17	17	16	16	16	13	13	13	13	9
관리	51	51	50	47	47	49	49	49	48	52	51
민간유력자	·	·	·	·	·	·	·	·	·	·	·
합계	68	68	67	63	63	65	62	62	61	65	60

---

23) 1932년 이후, 「一. 中樞院設置ノ理由(最初ノ分)」 『中樞院官制改正ニ關スル參考資料』.
24) 1921.3.19, 「中樞院 改善」 『每日申報』.

그러나 1921년 4월 관제 개정 이후 지방의 민간유력자를 적극적으로 참의에 발탁하기 시작한다. 다음의 <표3-3>은 1921~1932년까지의 의관의 구성이 정리되어있는 것인데 민간유력자의 비중이 높아짐을 볼 수 있다. 귀족은 1921~1924년 6~8명 정도, 1925~1932년 10명 정도로 꾸준하게 임명되고 있다. 또한 관리 출신이 귀족보다 약 3배, 민간유력자의 약 2배 정도를 이루어 중추원 참의로서 선호도가 높은 것으로 나타났다.

〈표3-3〉1921년 관제개정 후 議官의 출신별 현황[1]

시기별 출신별	1921	1922	1923	1924	1925	1926	1927	1928	1929	1930	1931	1932
귀족	8	8	6	7	9	10	10	9	10	10	10	9
관리	49	49	48	42	40	38	33	33	30	37	38	36
민간유력자	14	14	14	21	20	22	22	25	25	24	23	22
합계	71	71	68	70	69	70	65	67	67	71	71	67

위 <표3-3>에 의하면 민간유력자는 1924년 이후 소폭 증가 추세를 보이고 있고 귀족과 관리들의 경우도 크게 줄어들지 않는 양상을 보이고 있다. 그러나 1923~1929년 사이 정원 71명 중 결원이 3~6명까지 있음에도 민간유력자들로 채우지 않고 있다. 민간유력자들이 1924년 이후 평균 20명을 유지하고 있는 반면에, 관리 출신자들은 평균 42명을 유지하고 있다. 그만큼 총독이 관리에 대해 더 신뢰하고 있고 충성도면에서 높은 점수를 주고 있음을 시사하고 있다.

조선총독부는 1919년 3.1운동을 기점으로 '문화정치'로 전환을 꾀하면서 "時勢의 進運과 시대의 요구에 맞게끔"[25] 지방자본가 등 지역유력자를 참의로 발탁하고자 하였다. 1921년 4월 26일 칙령 제168호에 의거하여 중추원은 관제 개정을 단행했는데, 15명에 이르던 고문을 5명으로 줄

---

25)「爾後同院官制改正ノ沿革(時期, 要旨, 改正ノ理由)」『中樞院官制改正ニ關スル參考資料』.

이고, 대신에 찬의와 부찬의 55명을 참의로 바꾸고 총 65인으로 증원하여 지방출신자들을 대거 등용하였다. 또한 고문은 親任待遇로, 참의는 경력 및 기타 사정을 참작하여 칙임대우 또는 奏任待遇로 각각 나누었다. 개혁적인 이미지를 주고자 이전보다 중추원 참여자들에게 표결권을 인정하였으며, 임기도 3년으로 更任하도록 개정하였다.[26]

이러한 대대적인 중추원 개정은 1919년 3.1운동과 국외 정세 변화에 따른 불가피한 선택이었다. 무단정치에서 '문화정치'로 넘어가는 과정에서 민중들의 반발을 무마시키고 지방 출신 유력자들을 대거 포용하는 정책으로 전환하고자 하였다. 또한 조선 내에서 언론·집회·결사 등의 극히 제한된 자유를 허용하고 지방자치제도를 개정하는 등 전향적인 정책 변화를 보였다.

1921년 관제 개정 이후 중추원 참여자들을 살펴보면 다음과 같다. 우선 관제개정 첫 시기인 1921년 4월 27일부터 1924년 4월 26일까지 지낸 참여자들을 보면, 부의장은 이완용이며, 고문은 권중현, 민상호, 민영기, 박영효, 송병준, 이재곤, 이하영, 장석주, 조민희 총 9명이다. 이 가운데 권중현이 조선사편찬위원회 고문으로(1922.12.28 임명), 민상호(1921.4.28 참의 임명)·조민희(1921.4.28 참의 임명)가 고문에서 참의로, 이재곤(1920. 5.12 고문 避免)·민영기(1923.3.1 고문 피면)가 피면되었고, 장석주가 廢職되었다(1921.4.27). 장석주는 고문에서 면직된 후 1921년 10월 2일에 사망하였다. 나머지 임기를 채운 사람은 박영효, 송병준, 이하영 등이다. 부의장 및 고문들은 모두 조선귀족 출신들이다. 부의장은 이완용이 1926년 사망하자 박영효가 뒤를 이었으며, 5명의 고문에는 을사오적 등이 포함되어 있음을 알 수 있다. 이를 표로 제시하면 다음 <표3-4>와 같다.

---

26) 「爾後同院官制改正ノ沿革(時期, 要旨, 改正ノ理由)」『中樞院官制改正ニ關スル 參考資料』. 이 지방유력자의 참의 진출의 배경과 과정 등에 대해서는 제5장 1절에서 상술하도록 한다.

〈사진 10〉 권중현(좌), 송병준(우)

〈표3-4〉 1921~1930년 부의장, 고문

직책 연도	부의장	고문
1921	이완용	박영효 송병준 이하영 민영기
1924	이완용	박영효 송병준 이하영
1927	박영효	이하영 민병석 윤덕영 이지용 고희경
1930	박영효	민병석 윤덕영 이윤용 권중현

참고문헌 : 1921~1930년, 『朝鮮總督府及所屬官署職員錄』.

다음으로 참의들을 살펴보면, 참의는 임명 당시 65명[27]이며, 그 명단
은 다음과 같다.

권태환, 김교성, 김기태, 김명규, 김명준, 김연상, 김영한, 김준용, 김춘희,
김필희 김한목, 김현수, 나수연, 남규희, 민건식, 민상호, 민영찬, 박봉주,
박승봉, 박이양, 박제빈, 박제환, 박종렬, 박희양, 방인혁, 서상훈, 선우순,
송종헌, 송지헌, 신석린, 신석우, 신태우, 이건춘, 어윤적, 엄준원, 염중모,
오재풍, 유기호, 유 맹, 유빈겸, 유성준, 유정수, 유혁로, 유흥세, 이겸제,
이도익, 이만규, 이병학, 이택현, 이항직, 장 도, 장인원, 전석영, 정동식,

---

27) 1921.5.3, 『朝鮮總督府官報』.

정병조, 정진홍, 조민희, 조병건, 조영희, 조희문, 천장욱, 최석하, 한영원, 허명훈, 현 은 (65명, 1921.4.28 임명)

뒤에 구연수(1923.4.12), 김제하(1922.6.15) 등 2명이 추가되었다. 따라서 1921년 4월 27일부터 1924년 4월 26일까지의 중추원 참여인원은 부의장 1명, 고문 9명, 참의 67명을 포함하여 모두 77명이다.

이 시기 참의들의 가장 큰 특징은 위에서 서술한 바와 같이 지방유력자를 등용한 것이다. 이 때 참의로 임명된 사람들 중 張燾 龐寅赫 金甲淳 崔錫夏 金濟河 등 5명이 1920년부터 도평의회원을 지내고 있었고, 千章郁은 1910년에서 1920년까지 11년간 임실, 여산, 무장, 고창 등지에서 군수를 지냈다. 李柄學은 대구의 대표적 실업가로 公立普通學校 消費組合 靑年會등에 기부를 많이 했다. 全錫泳은 황해도 은율군 長運面長 출신이었고, 許命勳은 함북 성진군 참사와 臨溟금융조합 감사를 지냈다.

1924년 4월 27일자로 임기만료된 후 새로 임명된 부의장과 고문은 총 8명이다. 부의장은 이완용이 1926년 2월 12일 사망하자 고문에 있던 박영효가 1926년 3월 12일 부의장에 임명되었다. 또한 고문은 송병준, 박영효, 이하영, 민병석, 이지용, 고희경, 윤덕영 등인데, 송병준이 1925년 2월 1일 사망하자, 윤덕영과 이지용이 1925년 7월 6일에, 민병석이 1925년 7월 26일에 각각 고문으로 임명되었다. 1924년 4월 27일 임명된 참의 63명은 다음과 같다.

민홍기 김한목 민상호 박승봉 서상훈 유 맹 이항직 조희문 현 은 피성호 한상봉 현기봉 김춘희 유기호 고원훈 박이양 전석영 정진홍 나수연 유성준 강병옥 권태환 김갑순 김기태 김명규 김명준 김영무 김영한 김정태 김현수 남규회 노창안 민건식 민영은 민영찬 민형식 박기순 박제환 박종렬 서병조 선우순 송종헌 송지헌 신응희 신태유 어윤적 엄준원 염중모 오재풍 유정수 유혁로 윤치소 이겸제 이근우 이동우 이만규 이택현 정병조 정순현 정재학

조영희 한영원 유홍세 (63명, 1924.4.27.임명)
홍종국 서병주 김창한 원응상 윤갑병 유승흠 김화준 홍운표 박기양 김희작
정건유 윤정현 신석린 박상준 한규복 김관현 정헌식 김윤정 (추가, 18명)

다음, 1927년 6월 3일에 신임 혹은 재임명된 인물들로 구성된 중추원
조직에는 부의장과 고문이 총 6명이다. 참의는 51명 이외에 추가로 임명
된 자를 포함하여 66명이다.

우선 부의장은 박영효, 고문은 고희경, 권중현, 윤덕영, 이하영 등이다.
참의는 다음과 같다.

강병옥 권태환 김갑순 김명규 김명준 김상설 노창안 민건식 민상호 민영찬 박희병
박종렬 박홍규 백인기 상 호 서상훈 선우순 송종헌 송지헌 신응희 신창휴 심선택
심환진 안병길 어윤적 엄준원 염중모 오재풍 오태환 원덕상 유 맹 이강원 이동우
이병렬 이택규 이항직 이홍재 이희덕 장상철 정란교 정순현 정태균 정호봉 조진태
조희문 최석하 한상룡 한영원 한진창 한창동 홍성연 (51명, 1927.6.3 임명)
김상섭 김윤정 김창한 김한목 박경석 박기양 박중양 원응상 유승흠 유정수 유홍세
윤갑병 윤정현 장헌식 정건유 (추가, 15명)

이 시기의 참의를 살펴보면, 백인기 한상룡 조진태 등 대표적인 친일
대자본가들이 등용되었다. 한상룡은 1940년대 고문으로 발탁되었다. 지
방참의에 지역 내 실업가 또는 지주들도 대거 발탁되었다. 대표적인 인
물은 충남 부호인 김갑순, 전남 부호 현기봉·현준호(부자), 경남의 부호
김기태·장응상, 충남부호 이기승 등이다.

지방참의들은 1921년 1기 때 14명에서 1924년 2기 때 19명으로 증가
하였다. 그만큼 지방참의의 비중을 높이고 있음을 알 수 있다. 또한 도평
의회 또는 도회 의원 출신들도 많았다.[28] 1921~1930년까지 재임한 참

---

28) 도평의원·도의원 경력자 1,376명 가운데 중추원 참의를 역임한 인물은 137명이며,
이 중 관선 출신이 92명으로 나타났다. 1920년 3월 3일 각 도지사들이 중추원 의
관을 추천하는 과정에서 지방의 도평의원들을 대거 천거하기도 하였다. 이 특징은

의 중 장도·방인혁·선우순·최석하·이택현·이근우·한창동·안병길·정태
균·정건유·홍성연·김희작·홍종철·진희규·박기동·양재홍 등이 도에서
발탁된 인물이다.

다음으로 참여관과 군수를 지낸 원덕상·유기호·김정태·전석영·신창
휴·이홍재·이경식·강필성 등도 있다. 종교단체인 조선기독교연합회 평
의원을 지낸 윤치소, 경학원 강사 심선택 등도 있다. 특히 3.1운동 때
자제단을 구성하여 독립운동을 방해한 정재학·서병조 등을 발탁한 것은
그 공로가 인정되었음을 알 수 있다. 그 외 수작자 박기양 등도 참여시
켰다. 대부분의 참여자들은 지방의 친일단체 간부로 활동하였는데, 1931
년 이후 국방의회 간부, 1939년 이후 국민정신총동원연맹(국민총력연맹)
간부 등으로 최일선에서 활동하였다. 또 지방참의들은 조선총독부 지시
에 따라 농촌진흥·갱생운동에 적극적으로 참여하여 지방 강연 등을 벌
이기도 하였다.

2) 1930년대 이후 참의

1920년대 말부터 사이토 총독은 중추원 개혁을 시도하고자 하였다.
이에 참의들은 참정권청원운동에 나서는가 하면 조선의회를 설치하자는
주장도 펼치면서 '제국신민'으로서 충성경쟁에 돌입하였다. 청원운동과
는 "조선에 참정권을 부여하는 시기를 분명히 밝혀 조선민족으로 하여
금 제국신민이라는 자각을 촉진시키는 것"이 필요하다고 강조하였다.[29]

1940년대까지 그대로 이어지고 있다(동선희, 2006년, 『일제하 조선인 도평의회·
도회의원연구』, 한국학중앙연구원 한국학대학원박사논문, 164~165 ; 1921.4, 『各
道議員 推薦 ノ件』).

29) 1928년 제8회 중추원 회의에서 이병렬이 주장하였고, 1927년 제7회 회의에서 선
우순, 1928년 제8회 회의에서 한영원·이동우, 1930년 제10회 회의에서 윤갑병,
1931년 제11회 회의에서 김명준·이택규·오태환 등이다. 『中樞院官制改正二關ス
ル資料』(1933) 참조.

조선의회 설치를 주장한 세력들은 현재 중추원은 총독의 자문에만 응하고 있다며 민중들과 전혀 교섭이 없는 상태에서는 중추원이 조선통치상 또는 국리민복을 위해 어떤 공헌을 하고 있는지 의심스럽다며 중추원을 바꾸어 '조선의회'로 하고 조선통치에 관한 주요사항은 모두 이 의회의 의결·협찬을 거쳐 시행할 것을 희망한다고 강력하게 주장하였다.[30] 결국 조선의회 설치는 실현되지 않았고, 총독은 지방제도를 개편하는데 그쳤다. 제6대 우가키 가즈시게(宇垣一成) 총독 부임 이후 중추원 개혁이 논의되었으나 실제적으로 이루어지지 않았다.

〈사진 11〉 1930년경 중추원 인물들. 앞줄 왼쪽부터 엄준원(중추원고문), 윤덕영(중추원고문), 민병석(중추원고문), 児玉秀雄(정무총감·중추원의장), 斎藤実(총독), 李王(李垠). 오른쪽 세 번째부터 박영효(중추원부의장), 이윤용(중추원고문). 이은의 뒤는 大村卓一(철도국장)

---

30) 1932년 제12회 회의에서 현준호가 주장하였다.

1930년 6월 3일부터 1933년 6월 2일까지의 중추원 참여자는, 부의장 박영효, 고문 고희경, 권중현, 민병석, 윤덕영, 이윤용 등으로 총 6명이며, 참의는 56명 외에 추가로 임명된 자를 포함하여 71명이었다.

> 강필성 김명규 김명준 김병원 김상설 김정태 김제하 민건식 민상호 민영찬 박기동 박승봉 박종렬 박중양 상 호 서상훈 선우순 송종헌 송지헌 신석린 심환진 양재홍 어윤적 엄준원 염중모 오재풍 오태환 원덕상 유성준 유익환 유정수 유혁로 유흥세 이겸제 이경식 이기승 이동우 이병렬 이충건 이택규 이항직 이희덕 장대익 장응상 장직상 정건유 정란교 정순현 조진태 조희문 진희규 한상룡 한영원 한진창 현준호 홍종철(56명, 1930.6.3 임명)[31]
> 김성규 김영진 김윤정 김창한 김한목 김한승 박기석 박기양 박상준 원응상 유승흠 유진순 윤갑병 이진호 장헌식 (추가, 15명)[32]

1933년 6월 3일부터 1936년 6월 2일까지 중추원 참여자는 부의장 박영효, 고문 민병석, 윤덕영, 이윤용 등이며, 참의 77명으로 총 81명이다.

> 김두찬 김명준 김병규 김상설 김영진 김종흡 김한규 민상호 박상준 박승봉 박영철 박용구 박종렬 박중양 박희봉 서병조 서상훈 석명선 선우순 송지헌 신석린 신희련 엄준원 염중모 오태환 원덕상 원응상 유성준 유정수 유태설 유혁로 이겸제 이경식 이근우 이기승 이동우 이명구 이병렬 이택규 이희덕 장대익 장직상 정관조 정란교 정석모 조성근 조희문 최양호 최연국 최창조 한규복 한상룡 한영원 한진창 현준호(55명, 1933.6.3 임명)
> 고일청 김관현 김사연 김상형 김서규 김영택 김윤정 김정호 남궁영 박철희 어 담 유진순 윤갑병 이교식 이선호 이진호 이충건 장헌식 정대현 최 린 최윤주 현 헌 (추가, 22명)

1936년 6월 3일부터 1939년 6월 2일까지 중추원 참여자는 부의장 박영효, 고문 민병석, 윤덕영, 이윤용 등이며, 참의 61명으로 총 65명이다.

---

31) 1930.6.9, 『朝鮮總督府官報』.
32) 1931.1.6, 1932.5.7·8·20·12.27, 1934.4.23, 1935.4.25, 『朝鮮總督府官報』.

강 번 김기수 김명준 김영진 노영환 박상준 박영철 박용구 박중양 박희옥
방태영 서병조 서상훈 석명선 성원경 손조봉 신석린 안종철 엄준원 원덕상
원응상 유정수 유태설 유혁로 이겸제 이경식 이근수 이기찬 이승우 이은우
이희적 인창환 장석원 장직상 정란교 정석용 조성근 조희문 최남선 최 윤
최준집 최지환 한규복 한상룡 현준호 홍종국 황종국(47명, 1936.6.3 임명)
김관현 김사연 김윤정 박두영 박철희 어 담 유진순 윤갑병 이범익 이진호
정대현 주영환 최 린 현 헌 (추가, 14명)

이상 1930년대 참의들 역시 지방참의들이 꾸준히 선임되었으며, 이들
은 대부분 도의원이나 지주 출신들로 채워졌다. 또한 최린, 윤갑병, 이진
호, 최남선 등을 선임하여 조선민족의 대표성을 강조한 측면도 나타나고
있다. 그 외 최창조, 최윤 등 대자본가들을 내세우기도 하였다.

1937년 중일전쟁 이후 전시체제로 접어들면서 중추원은 전쟁 협력에 적극
적으로 나섰다. 참의들은 중국·만주 등지로 시찰단을 구성하여 일본군 위문에
나섰고 지방별로 지원병 축하 강연, 징병과 학도병을 모집하거나 각종 친일단
체 간부 또는 고문을 맡았으며, 지원병후원회, 지원병 실시 강연회, 징병제 강
연회, 國債 강매활동 등을 벌이기도 하였다.

〈사진 12〉 최남선(1890~1957)

1939년 이후 부의장, 고문, 참의 등에
임명되어 활동한 자들을 살펴보자.

1939년 6월 3일부터 1942년 6월 2일
까지 중추원 참여자는 다음과 같다. 부의
장 박영효의 사망으로 민병석 고문이 부
의장에 임명되었다가 조선사편수회 고문
(1939.12.20)으로 전임하자, 이진호가 참
의에서 부의장의 직책을 맡았다. 고문은
민병석(이후 부의장), 박중양(참의에서 고
문), 윤치호, 한상룡(참의에서 고문) 등이
다.[33)]

다음은 중추원 참의의 명단이다.

강동희 고원훈 김경진 김관현 김기홍 김연수 김명준 김사연 김신석 김영진
김정석 김진수 김창수 김한목 남백우 문종구 민병덕 박두영 박보양 박봉진
박상준 박용구 박중양 박철희 박필병 방의석 서병조 서병주 서상훈 손재하
신석린 신현구 안종철 어 담 오세호 원덕상 위기철 유태설 유만겸 유혁로
윤갑병 이겸제 이경식 이교식 이기찬 이병길 이승우 이종섭 이진호 장룡관
장석원 장직상 장헌근 정교원 정란교 정연기 정해붕 조병상 조희문 지회열
최 린 최재엽 최준집 최지환 하준석 한규복 한상룡 현준호 홍종국 홍치업
(총 70명)[34]

박중양은 1943년 10월 20일 참의에서 고문으로[35], 한상룡도 참의에
서 고문, 이진호는 참의에서 부의장으로 승진하였다. 위 1939~1942년
참의 중 1910년대 찬의 부찬의 출신자는 박중양 이겸제 유혁로 서상훈
김한목(5명)이다.

1942년 6월 3일부터 1945년 6월 2일까지 중추원 참여자는 다음과 같
다. 박중양이 고문에서 부의장으로, 이진호가 부의장에서 고문으로 각각
변동이 있었다.[36] 참의는 다음과 같다.

강 변 고원훈 권중식 김경진 김관현 김경수 김연수 김명준 김사연 김상회
김신석 김영배 김영진 김원근 김윤복 김윤정 김재환 김태석 김태집 김화준
문명기 민재기 박두영 박상준 박용구 박지근 방의석 서병조 서상훈 송문화
신석린 신현구 안종철 어 담 원덕상 원병희 위정학 유만겸 유진순 윤갑병
이갑용 이겸제 이경식 이계한 이기찬 이병길 이승구 이승우 이영찬 이원보
이익화 이장우 이종덕 임창하 장준영 장직상 장헌근 장헌식 전덕룡 정교원
정란교 정연기 조병상 조상옥 주영환 차남진 채창호 최 린 최준집 최형직

---

33) 1939.9.29, 10.13, 1941.5.12, 9.13, 5.12, 『朝鮮總督府官報』.
34) 70명 중 1939년 6월 3일에 임명된 자는 47명이다(『朝鮮總督府官報』, 1939.6.9).
35) 1943.10.29, 『朝鮮總督府官報』.
36) 1941.10.20, 1943.10.20, 『朝鮮總督府官報』.

한규복 한익교 현준호 홍종국 황종국 (총 75명)[37]

다음으로 1945년 6월 6일부터 1945년 8월 15까지 중추원 참여자는
다음과 같다. 부의장은 박중양(1943.10.20.부의장 임명)이고, 참의였던
金潤晶과 李範益이 1945년 6월 6일 고문으로 전임하였다.[38] 이 기간의
참의는 65명이다.

강리황 고원훈 김경수 김관현 김돈희 김동준 김동훈 김병욱 김사연 김상회
김신석 김영진 김윤복 김재환 김태석 김하섭 김화준 노준영 문명기 민규식
민재기 박두영 방의석 서병조 손창식 송문화 신석린 신현구 안종철 양재창
어 담 원덕상 유진순 이겸제 이경식 이계한 이기찬 이병길 이승구 이승우
이영찬 이원보 이장우 임창수 임창하 장윤식 장준영 장직상 장헌근 장헌식
전승수 조병상 주영환 진학문 차남진 채창호 최승렬 최정묵 최준집 한규복
한익교 한정석 현준호 홍종국 황종국 (총 65명)[39]

앞에서와 같이 1939년 이후 부의장과 고문을 간단히 살피면, 부의장
은 박영효에서 민병석, 윤덕영으로 이어졌고, 도지사 출신인 박중양, 이
진호 등이 포진되었으며, 고문은 한상룡을 비롯해 김윤정, 윤치호 등이
활동하였다. 이들은 <표3-5>와 같이 고문에서 부의장으로 陞任되는 경
우를 볼 수 있다.

---

37) 75명 중 38명은 1942년 6월 3일 임명자이다(1942.6.10, 『朝鮮總督府官報』).
38) 1943.10.29, 1945.6.8. 『朝鮮總督府官報』.
39) 1939.6.9, 1940.8.8, 1941.1.31, 5.17, 9.15, 1942.6.10, 1943. 2.24, 1944.5.3, 8.18,
   1945.6.6, 6.8, 7.16, 『朝鮮總督府官報』. 위 66명 중 1945년 6월 6일 임명자는 37
   명이다(1945.6.8, 『朝鮮總督府官報』).

〈표3-5〉1939~1945년 중추원 부의장 및 고문

직책 연도	부의장	고문
1939~1941	박영효 민병석 윤덕영 이진호	민병석 윤치호 한상룡 박중양
1942	박중양 이진호	박중양 김윤정
1944~1945	이진호	김윤정 윤치호 이범익 한상룡

참고문헌 : 『朝鮮總督府官報』, 『朝鮮總督府官署及職員錄』.

이상으로 1921~1945년 중추원 참의의 주요 특징을 살펴보면 다음과 같다.

첫째, 1921년에는 1910년대 찬의와 부찬의로 활동한 인물들을 대거 등용하였다. <부표11>을 보면, 1921년 관제개정 직후의 중추원 참의 정원 65명 중 1910년대 찬의·부찬의 경력자를 41명이나 중용하고 있음을 알 수 있다. 이들은 대한제국의 행정관료 출신이라는 점과, 구관제도 조사위원회 등에서 실무적인 역할을 담당하였기 때문에 업무의 지속성을 이어가는데 필요했기 때문으로 생각된다.

그러나 1924년 이후 1910년대 중추원 참여자는 <부표11>과 같이 1924~1926년 27명, 1927~1929년 12명, 1930~1932년 12명, 1933~1935년 10명, 1936~1938년 6명, 1939~1945년 1명으로 점차 줄어들고 있다. 이렇게 된 가장 큰 이유는 1910년대의 중추원 참여자들이 고령화했기 때문이다. 즉 대부분이 중추원에 재임하고 있는 동안에 사망했기 때문이라고 하겠다.

1910년 이후 1945년까지 최장기간 중추원 참의로 활동한 사람은 이겸제(1912~1945년 약 33년 재임)이다. 그 다음으로 조희문(1912~1939년 약 27년 재임), 유정수(1911~1936년 약 25년 재임), 김명준(1921~1945년 약 24년 재임), 서상훈(1921~1942년 약 21년 재임), 김윤정(1926~1945년 약 19년 재임), 신석린(1923~1927, 1932~1945년

약 16년 재임), 윤갑병(1924~1943년 약 19년 재임), 유혁로(1917~
1939년 약22년 재임) 등이다. 지방참의 출신자 중에서는 서병조(1924~
1945년 약 21년 재임), 원덕상(1927~1945년 약 18년 재임), 현준호·장
직상(1930~1945년 약 15년 재임) 등이 있다. 이들은 조선총독에 대한
충성도가 남달랐고 시정방침에 호응하고 실천하는 것이 매우 '우수'했다
고 볼 수 있다.

둘째, 총독부는 1910~1945년 전 기간 동안 고문에는 귀족 출신, 중
앙참의에는 고등관료를 선호한 것으로 파악되었다. 특히 장기간 참의로
중용된 자들은 대한제국과 총독부의 고등관료로 활동한 자들이었다. 이
들은 총독부 시정에의 호응도와 정책생산 능력 등이 고려되어 지속적으
로 참의로 임명되었다.

셋째, 지방참의는 1921~1945년 사이에 지주, 자본가, 친일단체 간부
등을 선택하여 선임하였다. 지방참의 출신자 중 장기간 참의로 활동한
서병조·원덕상·현준호·장직상 등은 다른 지방참의들보다 '충실한 총독
의 적자'로 활동해 왔음을 보여주고 있으며 중앙참의로 발탁되기도 하였
다. 지방참의가 連任하지 못하고 임기 3년으로 短任하는 경우는, 지방
내의 비슷한 조건의 사람들을 선임하고자 했기 때문이라 볼 수 있다. 또
한 지방참의들이 고령이 되어 임기를 채우지 못하고 사망한 사례도 있
다. 일례로 임기 중 사망한 자는 현기봉(1924년 사망), 강번(1944년 사
망), 이선호(1936년 사망), 선우순(1933년 사망), 강병옥(1928년 사망),
최석하(1929년 사망) 등이다. 또한 중추원 참의에서 고등관료로 발탁된
사례도 있는데, 강필성(1932년 참여관), 유기호(1924년 참여관) 등이다.

넷째, 중앙참의의 구성은 기본적으로 귀족과 관리였으나 일본군 장교
와 판사 등 다양한 경력자들도 포함되었다. 이들은 정책생산 능력보다
다양한 직업군을 안배하는 차원과 총독에 대한 충성도 등을 고려하여 중
앙참의로 선임된 것으로 보인다.

3. 참의들의 출신 배경 및 주요 경력

1) 출신 배경

(1) 중추원 참여자들의 학력분포

중추원 참여자 346명 중 학력을 알 수 있는 사람은 222명이며, 미확인자는 124명이다. 다음 표는 확인되는 학력을 11개로 분류하여 숫자와 비율을 제시한 것이다. 여기서 11개의 분류기준은 다음과 같다.

'한문'은 한문수학 또는 한문사숙을 다닌 경우로, 과거시험 폐지 이전의 과거 급제자나 성균관 생원·진사 등도 포함하였다. 단, 한문사숙 이후 근대교육기관에 다닌 경우는 제외하였다. 일례로, 강경희는 한문수학하다가 1886년 육영좌공원(후신 한성관립영어학교)으로 입학한 경우다.

'무과'는 무과시험에 급제한 경우이다. '무관학교'는 육군무관학교, 일본 육사 졸업자들을 말한다. '문관시험'은 정확한 학력을 알 수 없으나, 일제하에서 보통·판임문관시험 등에 합격한 경우를 말한다.

'강습소'는 탁지부를 비롯한 각종 강습소를 다닌 경우를 말한다. 최종학력이 강습소인 자로 하였다. 그 외 각종 기술강습소도 포함하였다.

'보통학교졸'은 창녕공립보통학교, 진주공립보통학교, 양원공립보통학교 등을 졸업한 경우이다.

'중학졸(중퇴)'은 京城學堂語學校, 東山中, 사립경달학교, 大阪府立東雲學校, 私立一貫學校, 靑山學院[40], 한성관립중학교, 北靑私立克明학

---

[40] 靑山學院은 東京에 소재하던 중학교 상당의 학교로서, 미국으로부터 보조를 받아 경영하고 있었으며 중학부 고등학부 신학부로 나누어져 있었다. 그 외 1908년 당시 조선인 유학생들이 있던 일본 소재의 중학교는 府立第一, 明治學院, 成城中學, 順天中學, 大成中學, 慶應義塾, 曉星中學, 京北中學 등이다(1908.7.25,「留學生統計表 本年六月末調査」『대한학회월보』제6호, 77쪽). 중추원 참여자로서 청산학

교, 私立源興學校, 영동 덕명학교 등이다.

'고등졸(중퇴)'는 대한제국기의 관립학교와 외국어학교, 전문학교(育英公院, 한성관립영어학교, 관립외국어학교, 漢城官立日語學校, 경성사립보성학교, 경성고등보통학교, 대동학원, 외국어학교, 선린상고), 일본의 고등학교(東京상고, 横浜전수학교, 盛岡고등농림학교, 東京物理학교, 正則영어학교, 大昌고등상업학교)와 조선내의 고등학교 정도로 생각되는 학교(경성제일고보, 경성중앙고보, 경성고등상업학교, 휘문고보, 평양고보, 보성고보, 고등상업학교, 동래고보, 평양고보사범과, 부산제2공립상업학교, 수원농림학교, 북청실업학교, 고등윤영학교, 보성학교, 진주농업학교, 경성고보부설 임시교원양성소, 경성사범학교부속 교원양성소, 평양고보 임시교원속성과, 총독부 행정강습소, 호남측량학교, 평양사립측량학교, 사립일어학교, 대한의학교, 군립사범학교) 등이다.

'대학졸(중퇴)'은 일본 또는 조선 내에서 최종학력일 경우만 대상으로 하였다. 경성전수학교, 明治大, 早稲田大, 日本大, 京都帝大, 千葉醫學專門學校, 관립한성사범학교, 경성보성전문학교 등이다.

<표3-6> 중추원 참여자의 학력별 분포

학력	인원수	시기				직급	
		1910년대	1920년대	1930년대	1940년대	부의장·고문·중앙참의	지방참의
한문	75	35	20	12	8	52	23
무과	1	1				1	
무관학교	15	1	4	7	3	10	5
문관시험	2			2		1	1
강습소	3	1		2		2	1
보통학교	5			2	3	3	2

원을 거친 사람은 박중양 1명으로 그는 1897년 청산학원에 입학했고 졸업연도는 불명이다(『대한제국관원이력서』 7책, 198쪽).

학력	인원수	시기				직급	
		1910년대	1920년대	1930년대	1940년대	부의장·고문·중앙참의	지방참의
중학졸	14	3	3	7	1	6	8
고등졸	43	13	10	12	8	23	20
대학중퇴	2		1		1		2
대학졸	62	4	18	20	20	29	33
미상	124	35	34	33	22	58	66
합계	346	93	90	97	66	185	161

범례 : '시기'는 선임된 연도를 기준으로 함.

학력이 파악된 222명은 부의장·고문과 중앙참의 127명, 지방참의 95명이며, 나머지 124명 중 중앙참의 58명, 지방참의 66명이 미상으로 파악하지 못하였다. 위의 통계에서 대졸자 62명 가운데 출신학교를 살펴보면, 일본 지역의 대학인 東京大(7), 明治大(12), 早稻田大(8), 中央大(4), 京都大(1), 千葉醫專(1), 法政大(3), 九州大(1), 경응의숙(慶應大, 4) 등이며, 조선 내의 대학은 보성전문(3), 경성의전(1), 경성법전, 법관양성소(1), 한성사범(5), 연희전문, 경성전수(2), 경성대(1) 등이다. 그 외 중국유학 1명[41], 구미유학과 2명[42]이었다. 일본 대학에 유학한 경우, 明治大, 早稻田大, 東京大, 中央大, 慶應大, 法政大 순으로 많이 다녔으며 조선 내의 대졸·중퇴자 가운데에는 한성사범, 보성전문, 경성전수, 경성의전 순으로 인원수가 많았다.

또한 출신자 62명의 학과는 법학 11명, 경제 8명, 정치경제과 7명, 영법과·공과·문학·임업· 역사학 각각 1명 순으로 나타났고, 나머지 31명은 전공을 확인할 수 없었다.

---

41) 김경진은 북경협화대를 중퇴하였다.
42) 김윤정은 미국華盛頓葛老台土大學校, 장대익은 컬럼비아대학에서 철학박사 학위를 취득하였다. 고일청은 동경 법정대를 나온 뒤 독일 베를린대학 법문과와 미국 프린스턴대학에서 공부하였다.

무관학교 출신자 가운데 일본 육군사관학교 출신자는 7명이며, 나머지는 무과와 육군무관학교로 나타났다.

중고(중퇴)출신자 57명 중 가운데 관립·사립일어학교와 한말 이래 외국어학교, 법관양성소, 일본 유학 등이 포함되었다. 이 가운데에서 일어학교 출신자들이 21명이었다.

<표3-6>에서 한문수학은 1910년 이후 점점 줄어들고 있는데, 1921년 관제개정 이전까지 찬의·부찬의들이 대한제국 관료로서 기존의 私塾 등에서 교육을 받은 것으로 이해할 수 있다. 한문수학을 한 지방참의는 23명으로 중앙참의보다 29명이 적어 근대교육기관에서 교육을 받은 것으로 나타났다.

또한 무과와 무관학교(육군사관학교 포함)는 1920~1930년대에 집중되어 있는데, 주로 군에서 퇴관한 자들이 중추원 참의로 선임되었음을 알 수 있다.

중추원 참의들의 상당수는 고졸이나 대졸로서 고학력을 소유하고 있음을 알 수 있다. 이 대졸자들은 특히 1930~1940년대에 집중적으로 참의에 선임되었다. 지방참의 중에 고학력자들이 많은 것은 지역의 자본가나 지주로서 자본력을 바탕으로 일본 유학을 다녀온 사례가 많기 때문으로 풀이된다.

(2) 재산규모

중추원 참여자들에는 지방의 자산가나 대지주들이 대거 포함되어 있으며 이들 중에는 도평·도회의원 출신자들이 많다. 김한규[43], 박필병, 김사연, 김연수, 백인기, 방인혁, 손재하, 민영은, 김병원, 김갑순, 한창동, 김종흡, 성원경, 박희옥, 서병조, 최준, 장직상, 진희규, 김경진, 최창

---

43) 김한규는 1910년대에 경성부 내에 대지 1,164평, 밭 1,192평을 갖고 있었고, 1920년대에는 밭 1,631평을 소유하고 있었다.

학, 윤정현, 김상현, 현준호, 차남진, 홍종철 등은 대지주로 농지개혁시
피분배토지면적이 30정 이상 또는 전답소유면적 70정보 이상을 소유하
고 있었다. 대지주로 성장한 대표적인 인물로는 충북의 민영은(723정
보), 김원근(257정보), 방인혁(101정보), 경기의 박필병 전답 559정(소작
인 833명), 충남의 김갑순 1,521정(3,371명), 경남의 김경진은 동주학원
이사 등으로 839정, 전북의 문종구 189정(198명), 전남의 현준호 713정
보, 평북의 최창학 339정보, 경성의 김연수 538정(1,500명), 백인기
3,686정(4,685명) 등을 소유하고 있었다.[44]

다음으로 중추원 참여자 중 자산가로 알려진 인물들은 민규식, 윤덕영,
최창학, 정재학, 김정호, 김영택, 이종섭(황주, 지주) 등으로 이들은 1933
년 당시 100만원 이상을 소유하고 있었다. 또 윤치호, 김한규, 정관조, 박
경석, 서병조, 정해붕, 박봉진, 방의석 등은 50만원 이상, 민병석, 윤치소,
한창수, 박영효, 박영철 등은 30만원 이상, 홍성연(함흥) 서병주(대구) 박
기석 이기찬(평양) 이승우 원응상 10만원 이상을 소유하고 있었다.[45]

1939년 한 잡지에서는 조선 내의 1천만원 이상 가는 자산가로 민규
식, 김연수, 박영철 등을 거론하였다.

　　閔大植 등 千萬長者가 朝鮮에도 많치만은 日本 전국을 통터러 처보면 놀
납게도 多數하야 一非 손꼬락으로 곱을 길이 없다.
　　이제 昭和13年度의 소득세 上에 나타난 전국의 富豪數를 보면 이러
하다. 물론 이 속에는 閔大植, 金鴻亮, 閔奎植, 韓亮鎬, 元胤洙, 金季洙(강
조 필자) 등 한다하는 朝鮮 부자들도 많이 끼여 있는 터이다.(중략)
　　朴榮喆氏 遺産 百萬圓－生命保險도 三萬圓 程度－
　　總督府 學務局長室에서 腦貧血로 졸도하야 그 길로 長逝한 商銀頭取滿州
國名譽總領事 朴榮喆씨의 유산을 조사하여 본즉 세상에서는 여러 백만원이

44) 한국농촌경제연구원, 1985, 『농지개혁시 피분배지주 및 일제하 대지주명부』,
　　144~179쪽.
45) 1933, 「朝鮮思想家總觀·半島財産家總攬」『三千里』, 2월호 부록.

있었든 듯 소문이 있었으나 그 實 朝鮮信託에 그 부친이 신탁해 둔 全羅道
토지 기타가 약 백만원이 있고 그러고는 자기가 頭取로 있든 商業銀行에 주
식으로 약 30만원 있었고 그박게는 昭格町 144의 저택과 시외 별장 토지와
대개 이 정도로써 그 중에 幾十萬圓은 동생들과 子與侄에게 分財하여 주었음
으로 실지로는 약 백만원 내외였다 하며 또 생명보험금도 朝鮮서 제일 多額
으로 드렀다는 소문이 있었으나 그도 조사하여 본즉 약 3만원 내외 뿐이였다
고 한다. 朴氏의 商銀 持株數 朴榮喆씨가 商業銀行에 가지고 있는 株數가
10,470株였다고 한다.[46]

　　1939년 현재 박영철은 死後 유산을 따져 보면 약 100만원 내외를 소
유하고 있음을 알 수 있다. 1940년 경성지역의 자산가들의 1년간 소득
을 조사한 결과를 보면, 중추원 참의는 아니지만 '광산 왕'으로 불린 최
창학 다음으로 김연수, 민규식 순이었다.

　　　崔昌學氏＝24만원
　　　(氏는 鑛山王으로 京鄕에 이름이 너무도 有名한 분이다. 세칭 그 財産을
　　或은 1천만원 이상이라고도 하고, 或은 500만원이라고도, 또는 300만원 이상
　　이라고도 云云하는데 그는 次置하고 爲先 今年所得이 如此하였다＝(現在大
　　昌産業會社長).
　　　金秊洙氏＝20만원(氏는 京城紡績株式會社長으로 近來에 新京, 北支石*莊
　　等地에 紡績과, 滿* 각지에 土地, 森林사업에까지 널리 진출 중)
　　　閔奎植氏＝14만원(永保컨체른의 領袖며 현재 東一銀行 取締役會長, 北支,
　　滿蒙지방에 盛히 진출 중)
　　　尹德榮氏＝11만원(貴族社會의 長老)
　　　金漢奎氏＝8만원(前韓一銀行專務 取締役으로 地主.)
　　　尹致昊氏＝6만원(朝鮮基督敎社會의 長老이며, 각종 교육사업에 盡力하는
　　氏의 土地, 建物, 其他로부터의 年所得額 如此)
　　　尹致昭氏＝5만 2천원(유명한 地主, 尹致昊翁의 令季)
　　　韓相龍氏＝3만 4천원(朝鮮生命保險會社長이며 中樞院 參議)[47]

46) 1939.6.1,「機密室, 우리 社會의 諸內幕」『三千里』제11권 제7호.
47) 1940.9.1,「機密室, 우리社會의 諸內幕」『三千里』제12권 제8호.

위를 보면 중추원 참여자 중 자본가들이 다수 포함되어 있음을 알 수 있다. 이들은 지역적 기반을 유지하면서 중추원참의로서 자신의 사업을 공고히 해나갔으며, 근대적 교육과 자질까지 갖춘 '신진엘리트'로 성장하였다.[48]

대한제국 이후 이들은 각종 경제단체에서 중요 간부로 활동하였음을 볼 수 있다. <부표12>와 같이 중추원 참의들은 지역에 기반을 둔 상공회의소, 금융조합 간부로 활약하였다.

2) 관료 경력

중추원 참여자들의 특징 중 하나는 행정관료 경력을 소지한 사람들이 대거 포진되어 있다는 점이다. 그들은 대한제국 관료부터 1910년 이후 고등관 이상의 관료, 지방의 군수, 판검사, 경찰, 지방행정의 말단 수장인 면장까지 다양한 경력을 가지고 있었다. 총독은 중추원 참의 등을 임명할 때 행정관료 출신자들을 우대하고 있었다. 즉 중추원 참의 요건에서 조선총독부의 정책에 대해 발전방안과 대안을 제시할 수 있는 능력의 유무를 최우선으로 고려한 것으로 보여진다. 총독의 자문기구인 중추원은 행정수행능력·현시정의 이해·일본어 능력 등 다양한 자질을 갖춘 고등관료(대한제국 관료 경력을 포함)를 1순위로 선택함으로써 이들의 일제에 대한 충성 또는 협력을 요구하고 있었다.

다음은 중추원 참여자들 중 참여관 이상의 고등관, 군수, 판검사, 경찰, 면장 출신자들의 특징을 살펴본 것이다.

먼저 중추원 참여자 346명 중 행정관료 출신자는 213명이다. 참여관 이상의 고등관은 55명(군수 역임자 36명 포함), 군수 출신자 100명(한말 군수 출신자 15명, 1910년 이후 참여관 이상의 고등관 역임자 36명 포

---

48) 자세한 내용은 제5장에서 서술한다.

함), 판검사 15명(한말 출신자 9명, 군수 역임자 1명 포함), 경찰 10명(한말 출신자 6명, 군수 역임자 4명 포함), 군 출신 14명(군수 역임자 3명 포함), 읍면장 19명으로 파악되었다.

우선 참여관 이상의 고위직을 역임한 자는 <부표13>과 같다. <부표13>의 19명 중 14명은 1910년 이후 군수를 거치지 않고 대한제국에서 부윤·관찰사(7명), 국장(3명), 중추원 의관(3명) 경부(1명), 교유(1명) 등을 지낸 자들이다. 이들 14명은 1910년 8월 29일 '조선총독부 설치에 관한 일본칙령'에 따라 대한제국 정부에 속했던 내각과 표훈원을 제외하고 모두 조선총독부 및 소속관서로 간주하여 일시 존속되었다가, 1910년 10월 1일 '조선총독부 및 소속관서 직원특별임용령'(칙령 제394호)에 따라 조선인의 총독부 도장관, 도참여관, 및 군수는 문관임용령과 고등관 관등봉급령 제4조의 규정에 의거하지 않고 학식과 경험이 있는 자 중에서 문관고등시험위원의 전형을 거쳐 특별 임용되는 것으로 되었다.[49]

이들 가운데 총독부에서 직접 충원한 고위직들은 19명 중 4명이다. 고원훈은 1911년 경부를 거쳐 1913년 보성전문학교 교수와 교감·교장을 지내고 1924년 중추원 참의가 되었으며, 12월 전남도 참여관으로 임명되었다.[50] 김우영은 일본유학을 마치고, 1919년 경성에서 변호사를 개업한 뒤 1932년 2월 전남도 이사관(고등관 4등)으로 임명되었다.[51] 이계한은 특별한 관력이 없는 상태에서 1940년 9월 2일 강원도이사관으로 임명되었다.[52] 장윤식은 1927년 12월 고등시험 행정과에 합격하여 고등관으로 바로 임용된 케이스이다.[53]

이들 19명 중 관료 퇴임후 중추원 참의 등을 하는 자는 12명, 중추원

---

49) 1910.10.1, 『朝鮮總督府官報』, 칙령 제394호.
50) 『朝鮮人事興信錄』, 180쪽.
51) 1932.2.13, 『朝鮮總督府官報』.
52) 1940.9.17, 『朝鮮總督府官報』.
53) 『朝鮮人事興信錄』, 298쪽.

참의와 관료에 반복하여 임명된 자는 7명이다.

이들 중에서 김윤정, 윤갑병, 유혁로, 정란교, 박중양 등은 10년 이상 중추원 참의로 활동하였는데, 장기간 활동할 수 있었던 배경에는 한말과 1910년 이후 고위직에 오른 점이 주요했다고 할 수 있다. 총독은 정책생산 능력을 가진 고위직의 조선인들을 선발함으로써 중추원이 최고 자문기관임을 내세우고 있었다.

또 하나의 특징으로 이들은 대한제국기 주임관 이상 출신자들이며, 40~50대의 연령분포를 보이고 일본 유학생 또는 일어학교 출신자(13명), 갑신정변 후 일본으로 망명한 자도 다수 포함되어 있다. 신응희(김홍집내각 붕괴 후 일본 망명)·이진호(을미사변시 훈련대장)·조희문·유성준(유길준의 동생) 등이다. 특히 박중양과 어담 등은 러일전쟁 당시 일본군 통역관으로 활동하기도 하였다.

다음으로, 군수직에서 출발하여 참여관 이상의 직에 오른 사람은 36명으로 <부표14>와 같다. 이들 가운데 도지사로 승진한 사람은 12명이었다. 특히 군서기나 부서기 등의 말단직에서 군수 이상으로 승진한 자는 15명이었다. 그 외 군·경찰 출신은 5명이었다.

<부표14>의 전체 36명 중 권중식, 김병욱, 김영배, 남궁영, 송문화, 정연기, 조경하 등 7명은 대한제국기 관리로 임명되지 않고, 총독부에서 직접 충원한 자들이다. 이들은 1911년 5월 3일 '조선총독부 및 소속관서 판임관 특별임용령'(칙령 139호)과 1911년 6월 28일 '조선인 판임문관 시험규칙'(조선총독부령 제79호) 등에 따라 충원되었다.[54]

고위직 고등관료 출신자인 36명 중 7명을 제외한 나머지가 1914년 2월 28일 군 행정구역 개편으로 집단 퇴직에도 살아남을 정도로 총독부로부터 '인정'받고 선택받은 자들이라고 볼 수 있다.[55] 또한 신진 엘리

---

54) 1911.5.9(칙령 제139호), 1911.6.28, 『朝鮮總督府官報』.
55) 홍순권, 1995, 「일제시기 지방통치와 조선인 관리에 관한 일고찰 – 일제시기 군

트로 등장한 고등관 출신인 7명은 실력으로 인정받은 '근대 관료엘리트'였으며 고위직으로 계속 진출하여 승승장구 승진하다가 퇴관 후 중추원 참의로 임명된 케이스다.

또한 참의 재직 중 관료로 전임하거나 관료 → 참의 → 관료 → 참의를 반복하는 자도 있었다. 일례로, 강필성은 참의(1930~1932년) → 관료(1932년 함남 참여관, 1937년 황해도지사)로 전임하고, 김한목은 참의(1921~1924년) → 관료(1927년 경기·충북참여관) → 참의(1932~1939년)로, 신석린은 관료(1922년 강원지사) → 참의(1923~1927년)→관료(1928~1930년 충남지사) → 참의(1932~1945년) 등으로 참의와 관료직을 반복하는 현상을 보이고 있다. 그만큼 이들은 총독으로부터 신망과 신뢰를 받고 있음을 증명해 주고 있다. 신석린은 중추원 참의로 임명될 때 勅任官과 연수당 2천원으로 도지사급으로 대우했으며, 김한목은 주임관 대우(연수당 1,200원)로 도참여관 정도의 수준으로 우대하였다. 총독부는 퇴관한 관료들에게 참의로 임명되어도 대우와 수당을 그대로 적용하고 있음을 알 수 있다.

<부표14>에서 특이한 인물은 김동준, 강필성 같은 지방참의 출신자들이다. 김동준은 참의를 하기 이전부터 중추원 통역관과 서기관을 역임하며 중추원과 인연을 맺고 있었고, 부산지역에서 경남도회의원과 각종 친일단체 간부를 역임하였다. 강필성은 도서기에서 시작하여 군수와 도지사까지 이르고, 지방에서 도회의원과 각종 친일단체에서 활약한 인물이다.

또한 군경출신을 제외한 나머지가 서기에서 군수나 참여관 이상의 고위직에 오른 행정관료들이다. 이들 중 군서기 출신 8명 중 4명이 1940년 이후 참의로 임명되었다. 경찰 출신자들 중 최지환을 제외한 나머지 2명은 1943년 이후에야 참의로 임명되었다. 다시 말해 최 말단직에서 최고

행정과 조선인 군수를 중심으로」『國史館論叢』64, 국사편찬위원회, 53쪽.

위직까지 오르고 난 후 참의로 활동했다는 것이다. 이러한 중추원의 인사 배치는 중추원이 최고의 행정전문가들을 중심으로 한 '행정 자문기관'으로서의 속성을 갖고 있었음을 보여준다.

또한 일본유학생이거나 일본어학교 출신인 김관현(경응의숙, 일본육사), 박영철(일본육사), 한규복(早稻田大), 강필성(早稻田大), 김동훈(관립일어학교), 남궁영(동경제대), 김영배(早稻田大), 상호(동경제대), 장헌근(日本東京成城學校), 정연기(동경제대), 주영환(관립일어학교) 등이 포함되었다. 특히 김창한은 김홍집내각 붕괴 후 일본으로 망명한 케이스다.

이처럼 참여관 이상의 고위직 경력을 지닌 자들을 중추원 참의로 선임하였음을 알 수 있다. 조선인으로 최고에 올라갈 수 있는 고위직에서 퇴직한 자들이, 중추원에 들어와 정책을 자문하는 한편 전시체제기 이후의 친일행위 등으로써 직업적 친일분자로 변신하고 있음을 엿볼 수 있다.[56]

다음은 군수 출신자들이다. 군수의 주요역할은 "지방의 교육, 산업, 미풍양속을 부흥하고, 군민의 안녕과 행복을 위하는" 자리였으며, "지방의 어른으로 대접받고 나아가 지역민들의 신망을 얻을 수 있는 자리"이기도 하였다.[57] 이들은 지방관으로 등용되어 총독부의 지방통치의 문제점을 해결하고 친일적 중산층을 회유하는 동시에 민족분열정책에도 도움이 되었다.[58] 군수는 총독부와 지방을 연결하는 실질적인 고리 역할을 담당하고 있었다.

중추원 참여자 가운데 일제강점기 군수를 역임한 인물들의 특징을 살펴보면 다음과 같다. 중추원 참여자 346명 중 군수 역임자는 100명이다. 이 중에서 참여관 이상의 고등관료 출신자 36명, 대한제국기에만 군수를 역임한 자 11명(권태환, 김병원, 김상섭, 나수연, 민영은, 박이양, 송헌빈,

---

56) 이들의 친일단체 활동과 주요 친일행적은 제6장을 참조.
57) 이송순, 2007.3, 「일제하 조선인 군수의 사회적 위상과 현실 인식」, 『역사와현실』 제63호, 77쪽.
58) 김운태, 1986, 『日本帝國主義 韓國統治』, 박영사, 215쪽.

유맹, 이근택, 정관조, 정동식), 판검사·경찰·군인으로 활동하다 군수로 전임한 최지환·이홍재·김영배·장영근·이원보(이상 경찰 → 군수), 신창휴(판사 → 군수), 김관현·박영철(이상 군인 → 군수) 등 8명을 제외하면, 전직하지 않고 군수로 퇴관한 자는 45명이다.

군수로 퇴관한 45명 중 <부표15>와 같이 1910년 전 군수에 임명된 자는 15명이며, 1910년 이후 군수로 임명된 자가 30명으로 파악되었다. 특히 1910년 이후 총독부에 직접 충원되어 군수에 오른 자는 金暾熙(1918 함흥 판임관 견습, 1932 홍원군수, 1939 정평군수), 李瑾洙(1914 문관보통시험, 강원도 제1부 판임관 견습, 1931 울진군수, 1935 양구군수) 등이다. 따라서 군수 출신자 100명 중 1910년 이후 임용된 자는 단 2명이다. 나머지 98명은 총독부에 의해 특별임용령에 따라 임명되었다.

즉 중추원 참여자 중 군수 출신자이면서 고위직(참여관 이상)으로 진출하여 출세가도로 이어진 인물들은 총독부와 밀접한 관계를 유지하거나 신뢰를 받고 있었음을 증명하고 있다. 또한 당초 본직에서 군수로 전임하는 사례나 대한제국기부터 1910년 이후까지 계속 연임하는 군수들은 총독부의 지역 통치상 필요한 인물로 보여진다. 반면에 고등문관 시험에 합격하여 군수로 임명된 자가 중추원 참의로 임명된 사례는 단 2명에 지나지 않았음을 알 수 있다. 즉 중추원 참의가 되기 위해서는 적어도 도이사관 이상의 관력을 가져야 한다는 것을 반증하고 있다.

또한 군수 출신자에는 지방참의가 28명 정도 포함되었다. 이들은 군수 퇴직 후 도평의회원으로 진출하여 지역의 '신진세력'으로 활동하였다. 이 28명 중 강필성(참의 이후 관료로 전임)을 제외한 나머지 27명은 퇴관 후 참의로 임명되었다. 이 27명 중 김동준·최지환 2명은 고위직으로 진출하였고, 김병원, 김상섭, 민영은 3명은 대한제국기에 군수를 지낸 자들이며, 그 외 22명은 최고의 학력(제국대학 출신)을 소지하고 고등문관시험에도 합격한 엘리트에 의해 밀려나 이후 지방참의로 선발되었다.[59]

따라서 전체 군수 출신자 100명 중 지방참의는 대한제국기 군수 역임자를 제외한 25명으로 높은 비율을 보이지는 않는다. 하지만 이들은 지역사회에 뿌리내리고 있던 전통사회 내에서 '신흥 부르조아지'로서 사회적 영향력을 확대해 나갔다. 또한 이들은 1920년대 이후의 전문관료 출신이라기보다 대한제국기부터 계승해 온 관료라는 점에서 지방에서 더 큰 영향력을 유지하고 있었다고 볼 수 있다.

다음으로, 관료경력자 중 판검사 출신은 15명으로 <부표16>, <부표17>과 같다. 이들 중 한말 판검사 출신자는 9명이다. 이들 중 신창휴, 정인흥 등을 제외한 나머지는 1910년대 이후 변호사를 개업하여 활동하였다. 대한제국 검사들은 총독부의 방침에 따라 조선인 검사를 임용하지 않아 전부 변호사로 개업하였다.[60] 1910년 이후 판검사로 활동한 사람은 6명인데 이들은 모두 1910년 이후 총독부에 의해 직접 충원된 자들이다. 따라서 이들은 전체 행정관료 출신자 215명 중 15명에 지나지 않고 있으며, 그 중에도 <부표16>의 군수 출신자 김상섭 1명을 제외하면 14명이다.

관료 경력자 중 경찰출신자는 10명이다. <부표18>과 같이 1910년 이전 경찰간부로 활약한 인물은 6명이며, 1910년 이후 주요 요직으로 승진하여 활약하였다. 최지환은 순검에서 경시, 군수, 참여관으로 승진한 사람이다. 김윤복은 경부에서 경시까지 오른 인물이다. 강이황은 순사에서 경부, 주임관급 면장으로 활동하였다. 이들 3명은 모두 지방참의 출신자들이다. 또한 경찰 출신 참의 10명 중 6명이 경시로 승진하고 퇴

---

59) 김갑순(1911), 최양호(1912), 김정태(1913), 양재창(1921), 지희렬(1923), 김재환(1925), 김창수(1922), 신희련(1929), 박기순(1926), 박기석(1921), 신현구(1926), 신창휴(1923), 양재홍(1915), 유익환(1911), 이경식(1913), 이선호(1920), 이승구(1931), 장직상(1916), 전덕룡(1920), 전석영(1932), 정재학(1910), 천장욱(1920, 이상 퇴관 일자) 등 22명이다.
60) 박은식 저, 강덕상 역주, 1972, 『獨立運動之血史』, 평범당, 31쪽.

관 후 참여관, 군수, 면장 등으로 전직하였다. 한편 1910년 이후 경찰 경력을 가진 이들의 명단인 <부표19>의 김영배, 이원보, 한정석, 장헌근 등은 총독부로부터 직접 충원되었다.

앞의 판검사와 경찰 등은 중추원 참여자 346명 중 25명으로 약 16% 정도로 적어 큰 의미를 찾을 수 없다고 하겠다. 하나의 특징으로 본다면, 판검사 출신자 9명(유태설 이기찬 이희적 최창조 원병희 최정묵 신창휴 김상섭 홍성연), 경찰 출신자 3명(김윤복 최지환 강이황)이 지방참의 출신자이며 지방의회(부·도회)의원 출신자들이다. 이들은 지방에 근거를 두고 활동하였으며, 대부분 고학력자들로 지역에서 '신흥엘리트'로 활약했다고 할 수 있다.

또한 중추원 참여자 가운데 군 출신자들은 일본 육사와 일본 陸軍戶山學校 출신자, 한말 무관학교와 무과에 급제한 자들이었다. <부표20>의 군 출신 14명 중 러일전쟁 때 일본군의 통역으로 활동하거나 종군한 사람은 박두영, 박영철, 어담, 조성근 등으로 이들은 일본으로부터 훈장을 받기도 하였다. 이들 중 1910년대 이후 진급하여 소위 이상의 계급으로 예편한 사람은 4명이었다. 그 외 김관현, 박영철, 신창휴 등은 군수로 전직하였다. 또한 지방참의 출신자는 신창휴, 백인기, 정석용, 한상봉 등 4명이다. 이들은 지역에서 뿌리를 내리고 지방의회로 진출하여 활동하였다.

다음으로, 중추원 참여자 중에서 군수 이하의 읍면장 출신은 19명으로 <부표21>과 같다. 일제는 1910년 9월 30일 '조선총독부 지방관 관제'를 발표하면서 면을 부와 군 아래의 행정구획으로 확정하였고, 이어 10월 1일에는 '면에 관한 규정'을 발포하여 기존의 면장을 그대로 판임관으로 임명하였다.[61] 또한 면장의 임명에서도 총독부는 1911년 '면사

---

61) 홍순권, 1997, 「일제 초기의 면 운영과 '조선 면제'의 성립」『역사와 현실』제23호, 143쪽.

무감독준칙'과 1913년 '면직원 임면규정'을 통해 나이와 자산 규모에 일
정한 제한을 두고, 학식과 명망, 면내 거주자를 중요시하였다. 지방행정
의 말단 기구이자 면민행정을 담당한 면장은 지역사회의 영향력과 유력
자 또는 토착자본가 출신자들도 많았다. 읍면장은 지방행정의 최말단 기
구의 수장으로 대민접촉이 많았다. 또한 면민들과의 대립관계로 면장들
이 면민에 의해 배척당하여 물러나는 경우도 있었다.62) 면장들은 지방
의회로 진출하거나 구장 또는 이장으로 전임되기도 하고, 금융조합이나
산업조합, 수리조합 등의 간부로 활동하기도 하였다. 사실 면장은 전통
적인 지방사회의 실세로 등장하였다.

　　<부표21>과 같이 주임관 대우 면장은 장용관, 정건유, 한정석, 노영
환 등이다. 1923년 2월 현재 각도의 면장 정원 2,404명 중 50명이 주임
관 대우로 되었고,63) 수당도 최고 연액 3천원～최저 연액 720원을 받았
다.64) <부표21>의 대부분 자들이 면장을 지낸 후 참의에 선임되는 반
면에, 중추원 참의에서 면관된 이후 면장으로 선출된 자는 정건유, 허명
훈, 홍종철 등이다. 정건유는 대한제국기 지방주사와 1910년 이후 지방
의 군서기를 거쳐 1918년 퇴관 후 도평회의원으로 진출하고 전기·운수
창고 등의 여러 사업체를 운영하거나 지역 내의 수리·금융조합장 등을
맡으면서 중견 유력자로 성장한 인물이었다. 허명훈은 일찍이 1919년
'地方普傳者'로 총독부 정책을 선전하는데 앞장선 인물로 3.1운동 때 지

---

62) 『東亞日報』 1923년 4월 17일~1936년 8월 20일자까지 약 162건, 그 외 신문에도
　　80여 건이 면장 배척 사건을 다룬 기사들이다. 주로 세금, 구장 임명, 소작인 착
　　취 등 민중들이 관심을 보이고 있는 사회경제적 현안들이 대부분이었다. 일부 일
　　본인 면장의 횡포에 의해 민중들이 면장을 배척하는 사례도 있다.

63) 1923.2.17, 『朝鮮總督府官報』.

64) 1923.12.11, 「朝鮮總督府面長ニシテ奏任官ノ待遇ヲ受クル者ノ敍位ニ關スル件
　　○臺灣總督府街長ニシテ奏任官ノ待遇ヲ受クル者ノ敍位ニ關スル件ヲ定ム」
　　(A01200515300), 『公文類聚』 第四十七編·大正十二年·第十二卷·族爵·爵位、儀
　　典·服制徽章.

방민을 권유하여 민심을 안정시킨 공로도 있었다. 이 두 사람은 참의 임면 직후 면장으로 취임하였고, 홍종철은 중추원 참의(1930～1936)를 지내고 약 8년 후인 1944년 고부면장으로 취임하여 시기적으로 차이를 보인다.

또한 강이황은 1923년 12월 10일 조선총독부 도경부에서 같은 해 12월 26일 대동면장으로 재취업인가를 얻은 케이스이다.[65]

이들 지방참의로 선임된 자들은 주로 도평·도회의원 출신들이었다. 또한 지역의 지주 또는 자본가로 성장하기도 하였다.

이중 경남 창녕 고암면장 출신인 노영환은 16년 1개월 동안 면장에 재직하면서 "공적이 현저하여" 경남도로부터 주임관 대우를 받게 되었다. 그는 면장으로 취임한 이래 "시종일관 직무에 적극적으로 다하고 부하직원을 잘 통솔하고 제반사무의 개선 및 개선에 증진하는 노력"을 보였으며, 1926년 2월 면직원 및 독행자선장 규정을 신설하여 표창하기도 하였다.[66]

한편 중추원 참여자 346명 중 행정관료 출신자 213명을 제외한 133명 중, 대한제국기의 서기관 및 국장급 18명(구희서, 김교성 김명규 김명수 김준용 박희양 성하국 송지헌 엄태영 오재풍 이교식 이도익 이만규 이원용 정동식 조원성 조제환 홍재하), 부도읍면 서기 6명(김두찬 노창

---

65) 1935.2.27,「朴泰純外四十六名忠淸北道淸州郡江外面長等二再就職追認申請ノ件」(A04018384400),『公文雜纂』昭和十年·第二十四卷·拓務省～貴族院衆議院事務局.

66)「面長經歷調査二關スル件」(CJA0003310), 1935.10.29. 노영환은 1935년 6월 일본 高松宮으로부터 농산어촌의 사회사업장려운동에 앞장섰다는 이유로 후생자금을 하사 받았다. 또한 그는 1916년 창녕공보 졸업, 1919년 7월 31일 창녕군 고암면장, 1922년 9월 9일 일본적십자 진주지부 창녕위원부 위원, 1923년 4월 19일 창녕공보학무위원, 같은 해 12월 25일 창녕교육회 대의원, 1924년 2월 18일 군농회구장 및 평의원, 1926년 2월 11일 면장 재직시 면사무 진전 및 민풍개선에 공적이 현저하여 은배를 하사받았으며, 1926년 창녕군 산림회 평의원 및 창녕군농회 제2구장, 1927년 4월 1일 창녕군 학교평의원 및 도평의원 등을 지냈다(1935,「事績調書」).

안 박지근 손조봉 최승렬 김제하), 재판소 서기 1명(김영무), 임시토지조
사국 서기 1명(민병덕), 훈도 1명(김정석), 기수 1명(인창환) 등 총 28명
이 행정기관에서 근무하였다. 133명 중 28명을 제외한 105명은 관료 경
력이 확인되지 않거나 관료 경력이 없는 것으로 보인다.

3) 대한제국기~1931년 친일단체 경력

대한제국기의 친일단체 중 대표적인 것은 일진회를 꼽을 수 있다. 일
진회는 송병준의 총재 취임 이후 '합방청원'운동을 전개하였다. 일진회
의 산하 단체인 자위단원호회는 경찰, 군대와 함께 의병 진압에 앞장섰
다. 1904년 결성된 이래 일진회는 의병에게 피살된 회원이 약 9,260명에
달할 정도로 의병진압활동을 벌였다.

〈표3-7〉대한제국기 친일 정치단체에 소속한 중추원 참여자

성격	단체명	존립 기간	중추원 참여자
시천교, 합방청원	일진회	1904.8 ~ 1910.9	송병준((09, 총재) 원병회, 장헌식(자위단원호회장), 이희덕(자위단원호회), 윤갑병(05, 총무국 교섭위원), 염중모(06, 평의원), 송종헌(04, 평의원), 구연수(07, 평의원), 조성근(07, 평의원)
친일관료 사교단체	대동구락부	1906.10 ~?	고희경 민상호 이근상
친일 유교	대동학회	1907.2 ~ 1909.10	홍승목 서상훈 조중응 민병석 박제빈 홍우철 정인흥 윤덕영 이용직 조병건 신태휴 정진홍 김만수 남규희 유혁노 한진창 허　진
자선구제, 복리증진	동양협회 경성지부	1907.2 ~	박제순 민병석 조중응 조민희 이겸제 민영기 한창수 김춘희 박제빈 민상호
조선경영, 친목단체	한일동지회	1907.6 ~?	박영효 조진태 조중응
일본황태자환영	한성부민회	1907.10 ~	이완용 송병준 조중응 장헌식 한상룡 백인기 조진태

성격	단체명	존립 기간	중추원 참여자
일본황태자환영	신사회	1908.3 1907.10 ~ 1907.10	조민희 고영희 송병준 권중현 이재곤 이하영 임선준 조중응 김한규 신태휴 어윤적 이시영 김창수
한일고위직 사교클럽	회동구락부	1908.4 ~?	한규복 김명규 박용구
합방청원	국민연설회	1909.12 ~ 1910.9	정만조 강경희 신태휴
합방청원	한국평화 협회	1910.5 ~9	정만조 강경희 남규희 김윤식 박승봉 한규복

참고문헌 : 2004, 민족문제연구소, 『일제협력단체사전』.

일진회원 元炳熹는 1907년 당시 함경도에서 경찰청 총순을 했으며, 1907년 10월 21일 북간도 개척사무 확장을 위해 경시청에 회원 20인을 추천하여 파견하기도 하였다.

그 외 국민연설회, 한국평화협회 등은 일진회와 동일한 목적을 가지고 합방청원운동을 전개하였다. 또 대동학회는 이완용, 조중응 등으로부터 2만원의 자금을 받아 대한제국기의 전직 고위관리들을 중심으로 조직된 친일유교단체였다. 여기에 1910년대 중추원 참여자들이 대거 발기인으로 참여하였으며, 홍승목은 부회장, 서상훈은 총무 등을 맡았다.

紳士會와 한성부민회는 1907년 10월 16일 한국을 방문하는 일본 황태자를 환영하기 위해 전현직 대신과 관리들이 급조한 행사단체였다. 대부분 1910년대 중추원 고문들이 행사를 주도했다.

다음은 대한제국기의 경제단체들을 살펴보자. 1908년 8월 일제에 의해 설립된 토지·금융 수탈기관인 동양척식주식회사는 조진태, 한상룡, 정해붕, 이병학 등 조선인 자본가들이 설립위원으로 참여하였다. 민원식이 조직한 제국실업회는 '합방청원'에 찬동하는 등 적극적으로 친일활동

〈사진 13〉 중추원 참여자들 중 송병준, 장헌식, 윤갑병 등은 일진회 간부였다. 사진은
독립관과 일진회 건물이다. 왼쪽의 한식 건물은 독립관이고, 오른쪽의 외국풍의 건물이
일진회 사무실이다.

을 벌였다. 그 외 공립한성은행(1905.9, 한상룡 총무장), 대한실업장려회
(1908.5, 민원식 회장) 등이 있다.

〈표3-8〉대한제국기 친일 경제단체에 소속한 중추원 참여자

성격	단체명	존립기간	중추원 참여자
토지금융수탈	동양척식주식회사	1908.8~ 1945.8	조진태 한상룡 정해붕 이병학 박영 철 이범익
합방청원	제국실업회	1908.8~ ?	민원식 홍승목

참고문헌 : 민족문제연구소, 2004, 『일제협력단체사전』.

　대한제국기의 대표적인 친일신문사와 주요 간부들은 다음과 같다.
국민신보사(1906.1~1910.10)에는 이용구 송병준(사장), 대동일보사(1907.
7~1910.6)에 민원식(지금), 김창수(총무), 시사신문(1909.12~1910.6)에 민
원식(사장), 엄준원(발행인) 등이 있었다.

종교단체인 공자교회(1909.10~?)에는 이용직(회장), 박제빈 윤덕영 이순하 이윤종 정만조 정병조 정선홍 정진홍 홍승목 홍우석 서상훈 등이 참여하였다.

위에서 언급한 대한제국기의 일진회를 비롯한 각종 정치·사회단체들은 1차적 목적을 '합방청원'과 의병조직을 와해시키는데 두고 있었다.

다음으로 1910~1931년에 존재한 대표적인 친일단체는 대정친목회, 자제단, 국민협회, 동민회, 각파유지연맹, 시국대동단 등이 있었다.

먼저 대정친목회는 "조선인민이 금일 행복하게 지내는 것은 천황폐하의 성덕이며 또한 조선신민이 일본신민 됨은 마치 양자와 같음으로 우리는 일본신민보다 몇 갑절 더 정성을 바쳐야"한다는 조중응의 말처럼 '내선융화'를 위한 사교단체였다.[67] 1916년 11월 창립 당시 조중응이 회장, 조진태가 부회장을 맡았다.[68] 특히 1921년 중추원 관제 개정 직후 경기도지사가 1차로 추천한 중추원의원 후보자 10명 중 8명이 대정친목회 간부였다.[69]

다음으로 자제단은 3.1운동 직후 대구의 박중양을 중심으로 조직된 대한제국기의 자위단과 비슷한 성격을 지닌 단체였다. 이 단체는 전북, 충남, 경남, 황해도 등 전국적으로 결성되어 지역의 유지나 면장 등이 참여하였다.

---

67) 1917.11(3), 「慶熙宮苑의 奉祝宴 – 대정친목회 발긔로 봉축연의 대성황」,『每日申報』. 이 단체는 조선총독의 송별 환영회와 일본 귀족의 만주나 조선 시찰에 초대 연회를 개최하기도 하였다.

68) 1916.12.1,『每日申報』.

69) 이들은 조진태 백완혁 김한규 한상룡 원덕상 예종석 엄주익 장도 등이었다(「京畿道中樞院推薦 ノ 件」『各道議員推薦 ノ 件』).

〈표3-9〉 1910~1931년 정치·사회·경제 친일단체에 소속한 중추원참여자

성격	단체명	존립기간	중추원 참여자
친목, 내선융화	대정친목회	1916.12	조중응 조진태(부회장) 방태영 한상룡 박제빈 김한규 민영기(회장, 1922.11) 윤치호 이완용 이윤용(회장, 1919.2) 민원식(이사)
3.1운동 반대	자제단	1919.4~	민영은 박중양 서병조 신석린 이병학 정재학 정해붕
동화	협성구락부	1919.8 ~1920.1	민원식(대표) 김명준
친일협력, 친목	조선구락부	1921.2	백인기 박영효 장헌식 조진태 장도 이완용 이하영 이진호 한상룡 한익교 원덕상 김명준 민영기
사회교화	수양단	1922.8~	박영효(고문) 한규복 이범익 유진순 김서규 박영철 한상룡 김윤정 고희경 권중현 원응상 민병석
부일협력	각파유지연맹	1924.2~	김명준 이병렬 정진홍 신석린 김상설
일선융화	동민회	1924.4~ 1930	박영효 송병준 조진태 한상룡 신석린 윤덕영 박영철 이병렬 원덕상 방태영 박두영 박종렬 장헌식 조희문 이겸제 한익교 한영원 조병상 송지헌 원응상 오태환 어윤적 김한목 김한규 김관현 김갑순 김윤정 서병조 민규식 민영찬 이완용 김영한 장 도 신응희 이겸제 이만규 유혁로 정순현 김명준
참정권 청원운동	갑자구락부	1924.8~ 1930	조병상
사회교화	조선사회사업협회	1928.12	한규복 김연수 방태영 하준석 윤치호 고원훈 현준호
조선총독부 국책기관	조선식산은행	1918.10 ~1945.9	한상룡 이병학 윤덕영 박영효 조진태 김한규 김기태 정재학 이강원 현기봉 이택현
산미증식	산업조사위원회	1921.6~ 1924.12.25	이완용 송병준 조진태 한상룡 박영근 정재학 현기봉 이기승
농업식민지정책	조선농회	1910.9~	이완용 한상룡 윤치호 백인기 한익교 김한규 박영효 정순현 박보양 이홍재 김병규 고일청 김하섭 김영무
시정5주년기념	시정5주년기념조선물산공진회 경성협찬회	1915.7~	권환태 김기태 김명규 나수연 박희양 오재풍 유홍세 이만규 이완용 정병조 정호봉 조재영 조중응 조진태 최석하 홍재하

참고문헌 : 민족문제연구소, 2004, 『일제협력단체사전』.

'조선민족은 일본국민'임을 표방하고 결성한 국민협회는 1920년 1월 18일 민원식을 중심으로 결성되었다. 민원식이 사망한 이후 김명준이 2대 회장을 맡았다. 이 단체는 참정권 청원서를 1920년 2월부터 1941년 2월까지 제국의회에 제출하였다.[70] 갑자구락부 역시 국민협회와 함께 참정권운동을 전개하였다.

다음으로 동민회는 중추원 참의, 실업가, 대지주 등이 참여한 '내선융화'를 실천하기 위한 단체였다.[71] 이 단체의 강령에는 "황국신민의 결합을 공고히 함으로써 황도의 선양을 기한다"고 하고 있다.[72] 또한 중앙조직과 함께 대구·부산·공주·강경 등지에 지부를 설치하였고, 『同民』이라는 회보를 발행하였다. 동민회는 '동민하계대학'을 개설하여 사회교화·사상선도·산업장려와 관련한 강연, 내선융화의 목적으로 각종 친일단체와 함께 간담회를 개최하였으며, 1931년 이후 만주국 수립을 옹호하거나 중일전쟁 지원 등에 앞장섰다.

1924년 3월 국민협회·유민회·조선소작인상조회 등 11개 단체들이 모여 결성된 각파유지연맹에는 이병렬, 김명준(국민협회), 김상설(청림교), 정진홍(유도진흥회) 등이 참여하였다. 이 단체는 독립운동과 사회주의를 공격하고 '내선융화'를 표방하였다.[73]

친일 경제단체 중 대표적인 조선식산은행은 조선총독부의 산업정책에 따라 6개의 농공은행을 합병하여 설립된 것이었다. 여기에는 대한제국기의 각종 은행과 동양척식주식회사 등에 참여한 한상룡, 조진태, 이병학, 박영근 등이 참여하고 있다. 산업조사위원회는 일본의 식량문제 해결을 위해 산미증식 계획을 내세운 친일단체였다.[74] 총독부의 토지조

---

70) 국민협회에 대한 자세한 내용은 제4장을 참조.
71) 1924.6, 『同民』 제1호, 1쪽.
72) 同民會本部, 1940, 『創氏記念名剌交換名簿』.
73) 1924.3.29, 『每日申報』.
74) 1924.12.25, 『朝鮮總督府官報』.

사사업을 대행하는 조선토지개량주식회사는 박영효, 이병학, 이근우, 한상룡, 강병옥, 김기태, 김갑순, 김정태, 민영은 등 지방참의들이 대거 참여하고 있었다.[75]

대한제국기의 친일단체가 '합방청원'운동 등에 집중하여 활동했다면, 1910년대 이후의 친일단체는 '내선융화'와 황국신민을 표방하는 자발적이고 대중적인 운동으로 발전하고 있었다. 중추원 의관들은 대한제국기의 전직 관료들과 지방의 유력자 등과 합세하여 다양한 관변조직을 형성하였다.

1910년대 이후 경제단체는 조선의 경제기반을 확충하는 일보다 기존의 자본력을 무력화시켜 새로운 독점자본시장을 형성시켰다. 특히 총독부는 한상룡, 조진태, 이병학, 김기태 등 지역토착 자본가들까지 포함하여 식민지 경영 정책을 펼쳐 나갔다.

---

75) 高山峰雄 編, 1936, 『朝鮮土地改良株式會社誌』, 9쪽.

제 4 장

중추원의 자문 활동과 정치적 입장

1. 중추원의 회의 내용
2. 참정권·자치 문제에 대한 입장

이 장에서는 중추원의 가장 중요한 기능의 하나인 자문회의 활동과, 참정권·자치 문제에 대한 입장 등 중추원의 정치적 활동에 대해 살펴본다. 중추원의 원래 기능은 총독의 자문사항에 대해 답변하는 것이었다. 그러나 강점 초기의 중추원은 이 기능을 그다지 수행하지 못했고, 총독의 시정에 대한 훈시를 듣는 식으로 회의가 소집되었다. 3.1운동 이후에서야 당시 중추원에서 진행하고 있던 구관조사와 관련되어 사회 관습에 대한 자문사항이 회의에 올라오기 시작했다. 지방의회가 설립되고 농촌진흥운동을 표방하는 기간에는 지방 상황을 청취하고 민심을 '선도'하는 방책을 묻는 자문사항이 회의에 올라오며, 전시체제가 본격화되는 시기에는 전쟁을 위해 국민의 총력을 결집시킬 수 있는 방책과 '황민연성'의 강화를 위한 방안을 묻는 자문사항이 토의된다. 이 장에서는 총독부의 시정 방향에 따라 변화해가는 중추원 회의의 내용을 시기별로 짚어봄으로써 중추원 의관들이 정책의 원활화를 위해 어떠한 의견을 개진하고 있는가를 살펴보도록 하겠다.

다음으로 참정권 부여 문제와 '조선의회' 설립 문제는 중추원 회의에서도 끊임없이 참의들이 의견을 주장하였으며 총독부측에서도 심각하게 검토한 주제였다. 결국 일제시기 끝까지 이루어지지 않았던 이들 문제에 대하여 중추원 의관들이 어떻게 의견을 내고 있는지를 살피고 이 문제에서 중추원이 어떠한 위치를 차지하고 있는지를 살펴보고자 하였다.

1. 중추원의 회의 내용

1) 초기 중추원의 예회와 총독의 시정 훈시(1910~1918)

초기 중추원회의는 총독의 자문기관으로서의 활동은 거의 수행하지 못하고, 총독의 시정에 관한 훈시나, 일제의 제1차 세계대전 참전에 대한 설명, 식민지에 대한 시정방침 등 일본의 식민지조선에 대한 정책을 듣고 홍보하는 자리였다. 즉 조선총독부의 시정방향과 관제개정 등 주요 정책에 변화가 있을 때 중추원 의원들에게 이를 알리고 일반 민중에게 홍보.선전하도록 독려하였다.

예를 들어 1913년 2월 13일 데라우치총독은 중추원의 고문, 찬의, 부찬의 등을 총독 관저로 소집하여 식민지에 대한 시정 방침과 富源開發,

산업융흥계획에 대하여 설명하였다. 특히 사치품의 수입이 증가하는 것에 대해서 "제군은 조선측의 대표적 인물이니 一心自進하여 근검저축의 미풍을 고취하여 일반 인민의 모범이 될 것을 희망한다"[1]고 언급하여, 중추원 구성원들로 하여금 근검절약을 솔선수범하여 일반 조선민중의 모범이 될 것을 독려하였다.

1914년 9월 7일에도 총독은 중추원의원 및 조선귀족들을 중추원으로 소집하여 훈시를 하였는데, 일제

〈사진 14〉제1대 조선총독 데라우치 마사타케(寺內正毅, 1852~1919)

---

1) 1913.2.25, 2.28, 『每日申報』.

가 제1차세계대전에 참전한 것은 동양평화를 위한 것이며, "교전 상태는 한 지역에 국한될 것이고 그 영향은 조금도 조선 지방에 미치지 않으니 無稽風說에 혹하지 말고 제국무력을 신뢰하여 시국의 추이를 기다리라"고 훈시했다.[2] 또한 1914년에 실시한 府.郡.面의 새로운 통합에 대해서도 언급하였는데, 국비는 물론 면의 부과금도 절약하여 다른 방면에서 유용하게 활용되었다고 홍보하였다. 그리고 조선총독부의 선정으로 식민지 경제가 비약적으로 발전하여 무역액이 1억여원에 달하였으므로 일본 본국으로부터 경제적인 원조를 중단하기 위해 地稅를 인상하고 새롭게 市街地稅와 煙草稅를 징수할 것을 선언하고, 이러한 세금징수는 '인민의 복리를 증진하기 위한 것'이므로, 중추원 의원들은 일반 민중의 조세중액과 징수에 대한 저항을 무마시키는 데 최선을 다할 것을 강조하였다.[3]

1915년 5월 18일에는 야마가타(山縣) 정무총감이 중추원 고문 이하 찬의, 부찬의 등을 소집하여, 조선총독부 및 소속관서의 관제 개정과 1915년 4월 30일의 중추원 관제개정에 대해 설명하였다. 이 관제 개정은 이전까지 총독부 소관으로 있었던 구관조사사무를 중추원으로 이관하는 것으로, 야마가타의장은 종래는 주로 민사법규에 속하는 구관에 대해 조사를 하였으나 중추원에서는 구래의 습관, 풍속, 제도와 함께 고금의 史實도 조사할 것이라고 하며, "중추원 의관 중에 조선에 있는 사항에 정통하고 조사에 적절한 소양이 있는 자가 있으니 구관 및 제도조사 사무를 중추원에 이동하는 것은 실로 적당한 조치"임을 강조하며 중추원 의관들의 협조를 당부하였다.[4]

1916년 초부터는 그전까지 임시로 필요한 경우에만 직원을 소집한 것에서 바뀌어서, 매월 말일 2시에 예회를 개최하여 총독의 시정방침과

---

2) 1914.9.8, 『每日申報』 ; 金敎聲, 『中樞院書類』, 37~39쪽.
3) 1914.9.11, 12, 13, 『每日申報』.
4) 金敎聲, 『中樞院書類』, 98~101쪽 ; 1915.5.19, 「總督과 中樞院, 新翰長의 소개」 『每日申報』.

기타 여러 가지 시설에 대한 시달을 받는 것으로 되었다. 총독부는 통치가 5년간 지속되면서 총독부의 시설계획을 일반에게 주지시키는 데 중추원 의관들의 역할을 기대하고 있었다. 첫 예회는 본래 1월 31일에 개최하기로 되었으나, 러시아 太公이 조선을 통과하는 사정 때문에 미루어져서 2월 3일 3시에 첫 예회가 진행되었다. 이 회의에서 총독은 전년도에 연 조선물산공진회를 비롯한 5년간의 총독부 시정을 성공적으로 평가하고, 교육의 본분은 '제국신민으로서의 본분을 다하는 충량한 신민'의 육성에 있음을 강조하고, 실용적 인재를 육성하여 국가의 수요에 응하게 하는 것이 교육의 가장 중요한 점이라고 하면서, "일본 또는 외국에서 수학한 자가 귀가한 후에 언동이 가끔 상궤를 벗어나는 자"가 있음은 극히 유감이므로 학부형들이 적절히 자제의 처세 방향을 지도케 해야 한다고 강조하였다. 다음으로 1915년 12월 24일에 새로 공포한 광업령[5]의 대요와 취지에 대해 설명하였다.[6]

제2회 예회는 1916년 4월 28일 열렸고 이 회의에서는 朝鮮人名彙考(후에 朝鮮人名辭書) 편찬사업이 제의되었다.[7]

제3회 예회는 1916년 6월 30일 열렸는데 총독은 1916년 5월 경기 충북 경북 충남의 도청, 면사무소 등을 순회했던 것을 말하며 지방 행정에 대한 소감을 피력하였고, 학교통일과 공립보통학교 증설, 사립학교의 공립학교로의 전환 등을 이야기하며 귀족 양반 자제들이 관공립학교에 입

---

5) 1915년 발포된 조선광업령은 1906년 통감부가 제정했던 한국광업법의 틀을 이어 간 것으로, 광업권을 '제국신민'으로 한정하여 본격적으로 조선에 진출한 일본 자본이 조선의 지하자원을 독점할 수 있도록 보장하였다. 광업을 위해 필요한 때는 조선총독의 허가를 받아 타인의 토지를 사용 또는 수용할 수 있다고 하여 광업상 필요한 토지를 총독부의 권력으로 합법적으로 인가하였다(김은정, 「일제의 한국 석탄산업 침탈 연구」, 이화여대 사학과 박사논문, 2007, 45~46쪽).

6) 金敎聲, 『中樞院書類』, 130~133, 139~153쪽 ; 1916.2.4, 「中樞院初會議」『每日申報』 ; 1916.2.5, 「中樞院에서 總督의 示達」『每日申報』.

7) 金敎聲, 『中樞院書類』, 160쪽 ; 1916.4.29, 「중추원회의」『每日申報』.

학하는 자가 적은 것에 대해 주의를
주고 있다.[8]

제4회 예회는 1916년 10월 30일
에 있었으며 야마가타 의장, 고문 찬
의 부찬의 등 45명이 출석하였다. 이
시기 데라우치 마사타케(寺內正毅) 총
독이 내각 수상에 취임하면서 후임
총독으로 하세가와 요시미치(長谷川
好道)가 부임하였는데, 중추원회의에
서 야마가타 의장은 데라우치 총독의
고별 인사를 전하였으며, 아울러 고
마츠 미도리(小松綠) 서기관장이 사
직하였으므로 후임 사무로 아키야마

〈사진 15〉 하세가와 요시미치(長谷川好
道, 1850~1924)는 1916년부터 1919년
까지 제2대 조선총독이었다.

마사노스케(秋山雅之介) 참사관을 소개하였다.[9]

하세가와 총독으로 바뀐 이후 예회는 당분간 소집되지 않았다. 이후
1919년 3.1운동이 터지고서야 3월 31일에 중추원 의관을 소집하는데,
여기서 총독은 중추원 의관들이 많은 협박이나 폭행 등에 조우할 것이나
총독부는 당연히 의관들의 신상 및 가족의 안전을 지켜줄 것이라 강조하
며, 단순히 일신의 안전을 생각하고 그 책무를 망각하지 말고 '騷擾의
鎭靜'과 '사회 질서 회복'을 위하여 시정에 대해 성심성의껏 의견을 개
진하라고 주문하고 있다.[10] 이후 1919년 8월 제3대 총독 사이토 마코토
(齋藤實)가 부임하고, 9월부터는 제1회 자문회의가 시작된다.

이렇게 1910년대의 중추원은 본연의 기능인 총독의 자문 역할을 수

---

8) 金敎聲, 『中樞院書類』, 164~177쪽 ; 1916.6.28, 「중추원의 예회」 『每日申報』.
9) 金敎聲, 『中樞院書類』, 183쪽.
10) 金敎聲, 『中樞院書類』, 318, 321~331쪽.

행하지 못했다. 이것은 1915년 중추원 관제 개정 이후부터 조선 구관 및 제도 조사에 치중한 것도 그 원인이다. 자문 회의는 열리지 않았지만 중추원 의관들은 끊임없이 모였는데, 1년에 많게는 10회 이상 총독부 행사에 '동원'되었다. 예를 들어 1914년에는 7번, 1915년에는 11번 모임이 있었다. 매해 1월초에 열리는 服務心得 誦讀式, 2월 11일 紀元節과 10월 31일 天長節에 총독관저에 참집하여 축하하기, 4월 3일 신무천황제일을 기한 장충단에서의 기념식수, 매년 봄과 가을에 경학원에서 열리는 文廟春季釋奠과 秋季釋奠 등은 중추원 의관을 비롯한 고등관들이 반드시 참석해야 하는 행사였다. 또 1915년 4월 9일 용산연병장에서 열린 황태후 1주년 遙拜式 奉行, 같은 해 6월 16일 육군대학교 만주전적지 시찰 일행들이 조선을 거쳐 갈 때 용산에서 열린 환송연, 일본 황족이나 주요인사가 경성에 오거나 들러갈 때 남대문역에서 열리는 奉迎送 등에도 역시 의관들이 빠짐없이 참석해야 했다.[11]

행사에 참여하고 구제기금 갹출로 목배 등 포상을 받는 과정을 통해 중추원 의관들은 총독 정치의 일부분에 흡수되면서 충성심을 체화하고 교육받았다. 중추원 설치의 목적은 대한제국 행정을 그대로 유지한다는 인상을 주는 것, '조선민중의 의사를 표출하는 기관'인 것처럼 조작하는 것, 친일협력자에 대해 예우를 하기 위한 것을 물론 기본적으로 꼽을 수 있지만,[12] 단순히 예우 차원이나 보이기 위한 측면만은 아니었다. 총독부는 대한제국 중추원 경력자를 비롯한 구 관료들에게 일정한 수당을 지급하면서, 총독 체제의 절대적 지지자 집단이자 후비부대로 활용하기 위한 기구로서 중추원을 설치했던 것이다.

---

11) 金敎聲, 앞의 자료, 8~10, 17~23, 31, 80~81, 120~121, 128, 136~137, 179, 181, 187, 194, 196, 206, 208, 221~225, 231, 247, 249, 253, 266, 268, 284, 287, 293, 310, 314, 347, 349, 358, 360, 523, 525, 587, 588, 607쪽.

12) 진덕규, 1987, 「일제식민지시대의 총독부중추원에 관한 고찰」『일본식민지 지배 초기의 사회분석』1, 이화여대 한국문화연구원, 3~4쪽.

이상과 같이 1910년 이후 3.1운동 전까지 중추원은 제대로 된 자문 기능을 수행하지 못하였고 총독의 시달사항이 있을 때에만 '예회'의 형식으로 회의를 개최하였다. 그나마 시달할 사항이 없으면 예회는 번번히 휴회되었다. 중추원은 총독의 자문기관이라는 존재 의의를 갖지 못한 채 "매삭 스무하루날이면 도장을 보내어 수당금을 찾아오고 삼대경절(明治節, 紀元節, 天長節)이면 총독관저에 축하를 하는 일을"[13] 한다는 비판을 받았다. 즉 강점 초기의 중추원은 자문 기능과는 거리가 멀었으나, 식민정책을 연착륙시키기 위한 홍보 기구로 중추원을 자리잡게 하기 위해 총독부는 중추원 의관들을 끊임없이 소집하여 총독 정책을 훈시하고 충성심을 갖도록 유도했다고 볼 수 있다.

2) 사회관습에 대한 자문 활동(1919~1924)

3.1운동이 일어나자 일제는, 총독에 대한 자문을 한다고 만들어놓은 중추원이 이렇다 할 자문회의도 없이 운영되는 것에 대한 일반의 비판을 의식하여 중추원 회의 방식에 변화를 꾀했다. 1919년 9월 15일 '묘지화장장, 매장 및 화장 취체규칙 개정의 건'을 자문하는 제1회 중추원회의[14]가 열리는 것을 시작으로 주로 사회관습과 관련된 사항이 매년 안건으로 제기되었다. 이는 총독부가 1912년에 제령 제7호로 공포했던 '조선민사령'을 1921~1922년에 걸쳐 개정하고 있는 상황과 관련이 있다. 참석자들은 미리 의안과 의안설명을 받아보았고 오류가 있으면 수정하여 보낼 수도 있었다. 이 회의의 회의록도 답신서도 현재 찾아볼 수 없으나, 참의들에게 보내어진 의안과 의안설명을 이후 공포된 개정민사령 관제와 비교해보면 별 차이가 없는 것으로 보아, 사실상 총독부의 입장

---

13) 1921 4.29, 『東亞日報』.
14) 金教聲, 『中樞院書類』, 332, 340쪽 ; 1919.9.17, 「中樞院會議, 묘지규칙 중 개정안 자문」 『每日申報』.

이 정해진 뒤 형식적으로 자문한 성격이 강했던 것을 짐작할 수 있다.

1920년 4월부터는 매주 월요일 오후를 중추원 회합일로 정하여 적어도 6월 중순까지는 주례회의를 개최하였다. 회합일에는 부의장 이하가 모두 모이고, 총독부 국부장, 소속관서의 장이나 기타 각 방면에서 임시 출석을 하도록 하였다. 4월 5일에 제1회의 회합이 있었는데, 부의장 이완용 백작 이하 각 고문 찬의 부찬의 등 50명이 출석하고, 본부에서 학무국원 수명이 임석하여, 학무과장의 "학교제도의 개정에 대하여"라는 담화가 있었다.[15] 4월 12일에는 미즈노 렌타로(水野鍊太郎) 의장과 이완용 부의장 이하 50명이 출석하여, 총독부의 1920년도 시설의 대요와 예산관계를 설명한 후, 세무과장이 세무에 관한 담화를 한 후 저녁에는 미즈노 의장이 개최한 만찬회가 있었다.[16] 4월 19일에는 법무국장이 소년심판소에 관하여 담화하였는데, 방탕한 소년에 대한 구제책을 논급하며 새로운 제도 설명이 있어서 일동이 큰 흥미를 갖고 경청하였다고 한다.[17] 4월 26일에는 체신국장이 출석하여 통신사업, 저금 및 海事에 관한 담화를 하였고,[18] 5월 10일에는 내무국 제1과장의 1920년도 지방비에 관한 담화가 있었고,[19] 5월 17일에는 식산국 산림과장의 구미지역 시찰담이 있었다.[20] 5월 24일에는 국내의 철도건설에 관하여 철도부 감리과장이, 5월 31일에는 '산업에 관한 건'으로 식산국장이, 6월 14일에는 '토목사업에 관한 건'으로 토목과장이 담화를 하였다.[21] 6월 21일에는 미즈노 의장이 지방자문기관 설치 계획에 대해 설명하고 총독부 醫

---

15) 1920.4.6, 「中樞院定日會合」『東亞日報』.
16) 1920.4.14, 「中樞院定例會合」『東亞日報』.
17) 1920.4.21, 「中樞院定例會」『東亞日報』.
18) 1920.4.29, 「中樞院定例會合」『東亞日報』.
19) 1920.5.12, 「中樞院定例會同」『東亞日報』.
20) 1920.5.19, 「中樞院定日會同」『東亞日報』.
21) 1920.6.15, 「中樞院 第十一回定例會議」『東亞日報』; 1920. 6.15, 「중추원정례회의」『朝鮮日報』.

院 와타나베(渡邊) 의관의 구미시찰담이 있었다. 이로써 정례회합은 끝나고 하계휴가로 들어갔다.[22] 1920년에 회의는 더 이상 열리지 않는다.

이 주례회합은 보통 오후 1시 반에 시작하여 4시에 산회하였으며, 총독의 훈시나 시달이 있었던 것이 아니라 묘지, 학교, 산림, 철도, 산업 등 식민통치의 사회적 기반을 다지기 위한 현안들에 대해 각 국·부장이 나와 설명하는 형식이었다. 전해지는 회의록을 찾을 수 없어 중추원 찬의·부찬의들이 얼마나 발언했는지는 알 수 없으나 여하튼 실질적인 부문에 대해 찬의들로부터 자문을 얻고자 했던 것을 알 수 있다. 이러한 과정은 총독부가 이후 중추원을 어떻게 활용할 것인가에 대해 연구하고 시험해본 과정이라 할 수 있다. 이것은 이후 1921년 중추원 관제를 대폭 바꾸는 데에 토대가 되었다.

하세가와 총독은 퇴임시 사이토 마코토(齋藤實)에게 사무를 인계하면서, 중추원은 '일한병합' 이후 새 정부에 임용할 수 없는 대한제국 말기의 고위관료들에게 사회적 지위를 부여하고자 설치했지만 회의를 개최한 일도 없고 진정한 자문기구로서의 역할을 기대하기 어려웠던 것이 사실이었다고 하고, 최근의 '소요'(3.1운동)에 즈음하여 특수사항을 골라 중추원의 자문을 구하여 조선인들의 정치적 욕구를 다소 완화하려 했으나 아직 이루지 못했다고 하였다. 그러므로 "조선인의 이해에 중대한 관계가 있는 특정의 사항에 대하여는 이를 중추원에 자문하여 정치의 실제에 적합하도록 기하고 동시에 그들에게 정치상의 자각을 책임시킴은 실로 일반 조선인으로 하여금 新政을 신용하게 하는 소이일 뿐 아니라 시정방침을 선전하는 좋은 기관일 수 있다"고 지적하였다.[23] 이는 형식적으로 열렸던 자문회의를 탈피하고 보다 총독부 정책 결정상 도움이 되는

---

22) 1920. 6.23,「中樞院定例會合·水野議長臨席하여 地方諮問機關設置에 對한 計劃要領說明」『東亞日報』.

23) 1966,「騷擾先後策私見」「長谷川總督의 事務引繼意見書」『現代史資料』제25권, みすず書房, 495~496쪽.

〈사진 16〉 사이토 마코토(齋藤實, 18
58~1936)는 일본 총리(1932~1934)
와 2차례 조선총독(1919~1927, 19
29~1931)을 맡았다.

방향으로 중추원을 변모시키고자 하
는 의도를 강조한 것이다.

사이토 역시 부임 이후 "조선통치
상 가장 중요하고 緊切한 일은 관민
상하의 의사소통이니…(중략) 당국자
일동은 이에 대한 개량방침으로 豫議
硏究한 결과 일방으로는 서정의 쇄신
을 꾀하는 동시에 일방으로는 민의창
달의 기관을 설치하여 최선의 시정방
침으로 세우기에 급급함은 오인이 잘
양찰하는 바"24)라고 하여 중추원에
대수술을 가하려는 의도를 내비쳤다.

그래서 개편된 중추원은 고문을 다섯
명으로 줄인 대신에 참의를 65명으로 늘려서 70명으로 하고, 참의에게
도 표결권을 부여하였으며, 대우를 개선하고 임기연한을 정하는 것 등으
로 변화된 모습을 보였다.

총독부가 중추원을 보다 효용성 있는 기관으로 정립시키고자 하는 의
도는 1921년 중추원회의가 갑자기 두 번이나 열리는 것으로 표현된다.
1921년 5월 6일부터 3일간 열린 회의는 중추원 관제 개정 후 제1회로
열린 자순회의였고, 5월 3일에 개정된 의사규칙25)을 반영한 회의였다.
회의에 부쳐야할 사항은 미리 의장이 고문 및 참의에게 통지하였는데,

---

24) 1921.3.19, 『每日申報』.
25) 개정된 의사규칙은, 그 전에는 고문 6명 이상이 출석하지 않으면 개회할 수 없었
던 것에 비해, 고문과 참의 등 1/3이상의 참석에 의해서 가능하게 되었고(3조), 의
사 결정 때에는 출석고문의 과반수로써 정했던 것에 비해, 출석한 고문 및 참의의
과반수로써 결정하게 된 것(7조) 등이다(1921.5.3, 『朝鮮總督府官報』제2616호,
朝鮮總督府訓令 제26호).

자문사항은 "민법상 능력에 관한 규정. 성년, 처의능력, 금치산, 준금치산에 관한 규정을 설치하고 친권자, 후견인, 보좌인, 친족회 등의 제도를 정함"이었다. 이전까지의 유명무실한 모습에서 벗어나, 시정에 관련한 중요한 사항들이 자문안으로 올라오기 시작한 것을 알 수 있다.

미리 배포된 의안의 상세한 내용은 다음과 같다.

<성년, 처의능력, 금치산, 준금치산에 관한 규정을 설하고 병하여 친권자, 후견인, 보좌인, 친족회 등의 제를 설코자 함>

1. 성년을 정할 일

   만 20세를 성년으로 정하고 20세 미만자를 미성년자로 하여 미성년자가 매매, 대차와 같은 법률상의 행위를 함에는 친권자 또는 후견인의 동의를 얻어야 하고, 만약 그 동의를 얻지 않고 한 행위는 본인 또는 친권자, 후견인 등이 이를 취소할 수 있도록 할 것. 또 친권자, 후견인 등에게 미성년자가 행하는 법률행위를 대리할 자격을 줄 것

2. 금치산의 제를 정할 일

   광인 등과 같이 정신에 이상이 있는 자는 재판소에 청구하여 금치산자로 선고케 하고(재판소는 이를 관보에 공고함), 금치산자의 법률상 행위는 후견인으로 하여금 이를 대리케 함.

3. 준금치산자의 제를 정할 일

   귀머거리, 벙어리, 맹인과 같이 오감이 불완전한 자 또는 낭비의 습성이 있는 자에 대하여 재판소에 청구하여 준금치산자로 선고케 하고(재판소는 이를 관보에 공고함), 준금치산자가 借財를 행하고 부동산을 매매하는 등 중요한 법률상의 행위를 할 때에는 보좌인의 동의를 얻도록 하고, 만약 그 동의를 얻지 않고 행한 행위는 본인이 이를 취소하도록 할 것.

4. 처의 능력을 정할 일

   남편 있는 자가 중요한 법률상의 행위를 함에는 남편의 허가를 받을 것. 만약 허가를 받지 않고 한 행위는 남편 및 처가 이를 취소하도록

할 것.

> 5. 친권자, 후견인, 보좌인, 친족회 등의 제를 정케 할 일
> 미성년자, 금치산자, 준금치산자 등을 보호하기 위하여 미성년자의 아
> 버지 또는 어머니를 친권자로 하고 금치산자 및 친권자가 없는 미성년
> 자의 계는 후견인을 두고 준금치산자의 계는 보좌인을 두고 후견인 또
> 는 보좌인을 선임하고 치를 맹서하기 위하여 친족회를 설케 할 일[26]

위는 조선민사령 제11조 개정안의 중요 내용으로 일본 민법상의 제도를 그대로 도입한 것이다. 이는 당시 '내선법제일원화'를 고려하고 있던 총독부의 입장이 반영된 것이었다.[27] 다소의 질문도 있었으나 결국 만장일치로 채택되었다.[28]

중추원 관제가 개혁되고 첫 회의였으며 조선민중의 생활과 직접 관련되는 의안에 대해 조선인 의관들이 총독부로터 의안에 대한 설명을 듣고 의견을 제출하는 첫 회의였기에 일반사회에서도 이에 대한 관심은 높았다. 『朝鮮日報』는 회의의 일정과 논의 과정에 대해 비교적 자세히 소개하고 중추원의관에게 바라는 바를 주문하고 있는데, "제군은 책임의 중차대함을 명각하여 조선의 관습과 풍속과 물정을 십분 관찰하여 제반사항을 의결하매 현대문화의 진운에 역행치 않도록 현시 조선의 민도에 순응하도록 분려노력하여야 할 것이오 만약 금회와 같이 不徹底 無研究의 의견을 토로하다가 日中否決의 失態를 연출함은 예의주의치 아니치 못할지라"[29]라 경고하고 있다.

그러나 이 회의에서 "독립운동을 예방하는 방법으로 호패를 채우라는 가슴 속이 먹장 가라부은 듯한 참의"[30]도 있었다는 것은 중추원 참의들

---

26) 金敎聲, 『中樞院書類』, 531~535쪽.
27) 이승일, 2008, 『조선총독부 법제정책』, 역사비평사, 165~173쪽.
28) 1921.5.9, 「朝鮮民事令中 能力에 關한 規定提出」『東亞日報』.
29) 1921.5.14, 「재차 중추원 참의에게」『朝鮮日報』.
30) 1921.7.26, 「歷代의 無用物, 세계유일의 중추원」『東亞日報』.

의 속성을 잘 보여주는 대목이라 할 수 있다. 중추원은 이러한 모습으로
인해 관제개정 후에도 여전히 쓸모없는 기관이라는 비판을 받고 있었다.

관제개정 후 2회째인 중추원회의는 1921년 12월 15일 오전 10시부터
미즈노 의장의 주재 하에 정동 중추원 회의실에서 제1일의 회의가 개회
되었다. 원래 11월 초순에 개회할 예정이었으나 미즈노 정무총감이 하라
(原)수상 葬儀에 참석하고자 동경에 다녀오는 바람에 미즈노 의장의 귀
경을 기다렸다가 개최된 것이었다.[31]

회의 개시 5일 전에 참의들에게 발송된 의안은 다음과 같다. "1. 남자
는 만 17년, 여자는 만 15년에 이르지 않으면 혼인할 수 없다는 규정을
설할 것 2. 부부는 그 협의로써 이혼할 수 있도록, 또 민법 제813조의
원인이 있는 경우에 한하여 그 일방으로부터 이혼의 訴를 제기할 수 있
도록 하여 재판에 의하여 이혼하게 할 규정을 설할 것"[32]이었다. 이는
조선민사령 개정에 수반하여, 조선의 일반 조혼 풍습을 교정하기 위하여
조선인 결혼 연령을 법률상에 명확히 정하고, 종래 관습법에 의해 온 재
판상의 이혼관계를 법규에 명확히 하려는 의미였다. 모두 일본 민법의
내용을 그대로 도입하는 방식이었는데, 사실 남자 만 17세, 여자 만 15
세를 결혼연령으로 정하는 정책은 이미 조선총독부가 1915년부터 채택
하고 있었고, 협의이혼과 재판상 이혼도 판례법으로 확립되어 있었다.
따라서 중추원에서 결정한 것은 조선 관습에서 이미 신관습으로 확립되
었거나 총독부가 내부적으로 도입을 추진하고 있던 사항에 대하여 일본
민법 의용 형식으로 도입한 것이었다.[33] 즉 사회관습에 대한 자문의 방
향은 총독부가 이미 세운 방침을 추인받는 과정이었다고 볼 수 있다. 회
의에는 의장 이하 고문 및 참의 전부 67인이 참가하였으며, 법규 제정의

---

31) 1921.11.9, 11.12,『東亞日報』.
32) 金敎聲,『中樞院書類』, 547~548쪽.
33) 이승일,『조선총독부 법제정책』, 177쪽.

건에 대하여 별로 이의가 없이 가결되었다.[34]

다음 해인 1922년에는 중추원 회의가 열리지 않았다. 그러나 중추원 의관들은 수시로 모였는데, 예년과 같이 우선 1월 1일부터 총독관저에서 총독에게 신년 축하를 하기 위해 모였고, 1월 4일에는 관리복무심득 송독식이 있었으므로 모였으며, 2월 11일 기원절에도 역시 총독관저에서 총독에게 축하를 하기 위해 모였다. 2월 20일과 23일에는 프랑스 특파사절 일행이 조선을 방문함에 따라 남대문역에서 迎送을 위해 모이기도 하였다. 5월 17일에는 故 李晉전하 葬儀 분향을 하기 위해 덕수궁 내 덕홍전에 참전하기도 했다. 10월 7일에는 閑院宮을 접견하기 위해 모였고, 10월 31일 천장절에도 축하를 위해 총독관저에 참집하였다.[35]

그 외에도 일본 황태자의 성혼을 축하하는 헌상품을 위해 8월분 수당에서 제한다거나, '왕세자전하일행 귀선기념사진첩'을 금 3원 50전에 실비 분양할 것이라는 통지라든가, 전 중추원서기관장 마츠나가 다케요시(松永武吉)가 1910년 평안남도장관으로 취임한 이래 12년간 근무하다 퇴관하게 되어 기념품을 증정하기 위해 갹출할 것에 대한 통지라든가, 1922년 露國 피난민과 상이병[36]에 대해 일본적십자사 조선본부에서 구

---

34) 1921.12.16, 『朝鮮日報』. 의원 석차표는 다음과 같다. 1번 박영효, 2번 송병준, 3번 이하영, 4번 민영기, 5번 조민희, 6번 민상호, 7번 민영찬, 8번 조희문, 9번 유혁로, 10번 유성준, 11번 김춘희, 12번 남규희, 13번 조영희, 14번 유맹, 15번 박승봉, 16번 유정수, 17번 김영한, 18번 이건춘, 19번 염중모, 20번 이겸제, 21번 엄준원, 22번 정진홍. 23번 서상훈, 24번 어윤적, 25번 김한목, 26번 조병건, 27번 신태유, 28번 박제환, 29번 정동식, 30번 권태환, 31번 이도익, 32번 김명규, 33번 김교성, 34번 오재풍, 35번 나수연, 36번 송지헌, 37번 민건식, 38번 김준용, 39번 박희양, 40번 유흥세, 41번 이항식, 42번 김필회, 43번 정병조, 44번 이만규, 45번 김현수, 46번 박이양. 47번 현은, 48번 박종열, 49번 한영원, 50번 천장욱, 51번 김연상, 52번 장인원, 53번 유민겸, 54번 김명준, 55번 송종헌, 56번 장도, 57번 방인혁, 58번 김갑순, 59번 신석우, 60번 박봉주, 61번 이병학, 62번 김기태, 63번 김석영, 64번 선우순, 65번 최석하, 66번 유기호, 67번 이택현, 68번 허명훈(金敎聲, 『中樞院書類』, 584~585쪽).
35) 金敎聲, 『中樞院書類』, 586~589, 598, 607, 611쪽.

호위문금 모집을 하므로 고문은 5엔, 참의는 연수당 2천 5백엔 이상인
자는 3엔, 2천엔 이상인 자는 2엔, 천5백엔 이하인 자는 1엔씩을 갹출한
다는 공문 등이 수시로 전달되고 있었다. 또한 5월에 총독부에서 발표한
'朝鮮敎育制度 原案要項'이 미리 참의들에게 배부되기도 하였다.[37]

한편 중추원 존재의 필요성에 대한 문제제기는 끊임없이 계속되고 있
었다. 1922년에는 무용론을 넘어서서 폐지론까지 나왔다. 1년에 한번 며
칠간의 회기로 형식적인 개회는 있으나 1922년에는 그나마 한번도 소집
되지 않았던 것도 영향이 있었으리라 생각되며, 또 이 시기 전라남도에
서 추천 임명된 참의 박봉주가 사기죄로 조사받은 사건[38]과, 참의 겸 대
동동지회 회장 선우순이 독립운동에 관계한 洪性夏라는 인물을 석방시
켜주겠다 하고 1천원을 받아먹은 사건[39]으로 세간이 시끄러웠던 것과도
연관이 있어 보인다. 중추원이 실제 정치상에서 권한이 전혀 없는 데다
"일한합병에 찬동한 노후관리의 퇴물이나 직업적 친일자를 전부 망
라"[40]한 하등 쓸모없는 기관이라는 인식은 이러한 사건으로 더욱 팽배

---

36) 러시아 노농정부에 적대적이던 구러시아 육해군인 등은 1922년 11월 노농정부세
   력에 밀려 근거지 블라디보스톡과 연해주 등지에서 중국 만주 간도 지방의 백군과
   합세하려고 가던 중 한국을 경유하려다가, 중국에 입국할 외교상 문제로 원산에
   머물렀다. 피난민의 총수는 5,570여명이었고 이중 3,400여명이 군인이었다
   (1922.12.9, 『東亞日報』).
37) 金敎聲, 『中樞院書類』, 592~597, 600~601, 605, 614, 618쪽.
38) 박봉주는 이미 1915년에 인장위조죄로 징역 4월(집행유예 2년)을 받았던 자로 참
   의로 임명될 때 사람들이 매우 의외로 생각했다 한다. 그는 1919년에 한남수가
   상해임시정부로 건너갈 때 전답 66두락을 전당하고 1천 2백원을 차용했고, 이후
   한남수의 도장을 위조하여 한남수의 토지 몇십두락을 자기 명의로 매수하고 이후
   일본인에게 매도했다가 탄로나서 1921년 12월에 취조를 받기 시작하여 1922년
   들어와서는 검사국에서 심리중이었다(1922.2.12, 『東亞日報』).
39) 1922.2.5, 8, 14, 15, 16, 17, 3.2, 7, 12, 21, 23, 4.2, 『東亞日報』 이 사건은 평양지
   방법원 검사국 關口검사정이 총독부로부터 호출받아 경성에 와서 某處와 약속
   을 한 후 유야무야되었고 선우순은 불기소되었다.
40) 1922.5.11, 「中樞院을 斷然 廢止하라」 『東亞日報』.

〈사진 17〉 아리요시 주이치(有吉忠 一, 1873~1947) 조선총독부 정무총 감(1922~1924)

해졌다.

1923년에는 1월 8일에 중추원회의 가 열렸다는 기사가 있으나[41] 자세한 내용은 알 수 없다. 같은 해 7월 25일 부터 3일간 열린 중추원회의는 자문 안 없이 참의의 의견을 청취하고 총 독부의 여러 시책에 대한 설명만 있 었으며, 아리요시 주이치(有吉忠一) 총감 취임 이래 최초의 소집이었다. 제1일에 민사과장이 개정민사령에 대 하여 설명하고, 제2일과 제3일에는 지방에서 입경한 참의가 지방 상황을 보고·설명하였다.[42]

1924년에는 1921년에 임명된 부의장, 고문 참의가 1924년 4월 26일 이 만 3개년으로 임기만료되어 새로 의관들의 임명 발표가 27일에 있었 다. 부의장은 이완용 후작이 중임하고 고문은 5인 중 민영기 남작이 이 왕직 장관으로 轉任함에 따라 박영효 후작, 송병준 백작, 이하영 자작 3명이 남은 상태였다. 참의 65명 역시 대개 전임자들이 중임하였다.

이 시기 역시 중추원 존재의 필요성에 대한 문제제기가 끊임없이 제 기되었다. 9월 18일 중추원회의가 열리기 직전에는 중추원을 '쓰레기통' 에 비유하는 신문기사가 실렸고,[43] 이러한 중추원 존재 의의에 대한 문 제제기에 대해 시모오카(下岡) 정무총감은 존속의 필요성을 강변했다.[44]

41) 「중추원 첫회의」, 『朝鮮日報』, .
42) 1923.7.26, 「中樞院會議開催」『東亞日報』; 1923.7.21, 「중추원회의개회」『朝鮮 日報』; 1923.7.26, 「중추원회의」『朝鮮日報』.
43) 1924.9.9, 「疑雲中의 중추원」『朝鮮日報』.
44) 1924.11.8, 「參與官과 中樞院存續의 必要, 下岡政務總監談」『東亞日報』.

그러나 이에 대한 시중의 반응은, "여하간 뒤둔다니 얼마나 어떻게 잘 활용이 되나 구경이나 하자"면서 "쓰레기통이야 언제나 쓰레기통에 불과"[45]하다고 철저히 냉소적인 모습을 보였다.

이러한 와중에 열린 중추원회의는 9월 18일부터 이틀간 다음과 같은 자순사항을 토의하였다. "1.남자가 없고 여자만 있는 자는 그 여자에게 他姓 남자를 壻養子로 할 수 있고 이 경우에는 養家의 성을 칭하게 하는 제도를 정하는 문제 2.家에 칭호를 붙이는 것을 정하는 문제 3.지방문묘 중 상당한 격식있는 것에 司成을 두는 것을 정하는 문제 4.시정 개선에 관하여 특히 필요하다고 생각되는 사항"[46]이었다. 주요하게 토의된 것은 "데릴사위가 처가집성을 따르게 할 필요가 있느냐 없느냐"는 문제와 "출가한 여자가 시집 성을 따르게 할 필요가 있느냐 없느냐"하는 문제였고, 두 가지 다 필요가 있다는 결의를 하고 회의가 마무리되었다.[47]

서양자제도와 '家'의 氏를 창설하는 창씨제도는 일본 친족법상의 제도로, 조선에는 전혀 존재하지 않았다. 서양자와 창씨제도에 관한 중추원의 논의는, 민적법에 호주제도와 법률상의 '家'제도를 도입한 연장선상에서 일본 친족법의 주요 제도를 조선의 실정에 맞게 시행하기 위한 것이었다.[48]

이상과 같이 1921년에서 1924년까지의 중추원회의는 주로 사회관습과 관련된 사항이 안건으로 제기되었고, 일본 민법 제도를 조선의 성문법으로 도입하는 과정에서 일어날 충돌 등에 대해 중추원에 미리 의안을 던져 조선인들의 의중을 총독부가 파악하고자 했던 것을 알 수 있다.

---

45) 1924.11.8, 「시평 - 중추원」, 『朝鮮日報』.
46) 1937, 「中樞院 會議ニ關スル件」(朝樞秘 제10호, 발신인 중추원서기관장, 수신인 경무국장, 발신일 1937.3.17)『諸會議綴』(CJA0002472).
47) 1924.9.21, 「贅婿는 처가성을, 출가한 여자는 시집 성을 따르게 하는 것이 필요하다고 중추원회의에서 새로이 결의」, 『朝鮮日報』.
48) 이승일, 『조선총독부 법제정책』, 255쪽.

1921년에 지방유력자를 참의로 등용하는 관제 개정을 했음에도 중추원에 대한 여론은 여전히 좋지 않았다. 참의에 여러 인물을 망라하였음에도 그 선임이 민간에 있지 않고 官命에 있는 이상 조선인들의 의견을 대표하는 자들이라고 볼 수 없었고, 또 관제상 총독이 묻는 자문사항에만 대답하는 직책이었기 때문에 전혀 일반 민중의 흥미를 끌 수 없었다. 중추원 참의가 되기 위한 각종 비리사건[49]도 중추원에 대한 비판적인 여론을 부채질했다.

3) 지방 상황과 농촌진흥운동에 대한 자문 활동(1927 ~ 1939)

(1) 지방 상황에 대한 자문활동

1920년대 후반부터 1930년대까지 중추원 회의에 가장 많이 자문사항으로 오르는 것은 바로 지방의 민정과 사상 선도에 관한 것이다. 1925년에는 중추원회의가 없었고, 1926년 회의는 자문사항은 없었으며 사이토 총독 및 정무총감의 인사가 있은 후 민정 기타 지방 상황을 청취하는 것으로 끝났다.[50]

1927년 8월 25일부터 3일간 열린 중추회의는 1927년 4월 참의가 개임한 후 첫 회의였다. 자문사항은 "1.국유임야 冒耕, 火田의 정리 및

---

49) 1923년 수원의 박경환이란 자는 송창원과 그의 부친 송종원을 각각 군수와 중추원참의로 취직시키는 운동비로 이들로부터 각 일천원, 일천오백원을 편취하여 공판에 회부되었다(1923.10.13, 「郡守參議! 될번宅은 三千圓만 空失, 죄인을 빼는데는 이천원」『東亞日報』). 이러한 사건은 뒤에도 비일비재했는데 일례로 1935년 경남 동래의 부호 오세환(중추원참의 오태환의 동생)은 울산의 부호 오덕상에게 5백원을 대부해준 것을 돌려받기 위해 소송을 냈는데 오덕상은 이 돈이 오세환이 중추원참의 운동자금으로 준 것이라 주장하였다. 이 사건은 오덕상이 오세환측에게 4백원을 주고 화해하는 것으로 일단락되었다(1935.1.29, 「參議運動費 받어 前 警務局長에 饗應」『東亞日報』; 1935.2.15, 「백만장자끼리 5백원 반환 소송」『조선중앙일보』).

50) 1926.1.13, 『朝鮮日報』.

화전민 구제에 관한 방책 2.지방제도에 관한 개선 여하"였다. 참의들의
답신서는 남아있지 않으나 개괄적인 내용은 다음과 같다.

    1. 화전에 대한 것
       (1) 화전 내에서 집약농사경영을 하게 할 것
       (2) 집약적 농사경영 불가능한 화전에는 화전민을 他에 이주 전업케 할 것
    2. 지방개선에 대한 것
       (1) 생산작업을 장려할 것
       (2) 근면검소를 실천할 것
       (3) 생활을 개량할 것
       (4) 思想을 선도할 것
       (5) 지방자치제를 실시할 것 (附 참정권을 부여할 것)[51]

　화전민에 관해서, 총독부는 국유림의 피해를 줄이기 위해서라고 하고
있으나 이는 사실 독립운동가의 은신처를 정리하려는 의도가 강했다.
　한편 지방 개선과 관련해서, 참의 답신 중에 지방자치제를 실시하고
조선인에게 참정권을 부여하라는 내용이 이때부터 나타나고 있음을 알
수 있다. 선우순은 "일반 조선인은 1년 이상 일본에 거주하면 일본인과
같이 참정권을 부여받는데도 불구하고, 조선귀족은 1년 이상 일본에 거
주하더라도 귀족원 의원이 될 수 있는 특권을 부여받지 못한다"[52]며 조
선 귀족의 일본 국회 진입 권리를 주장하고 있다. 이후 매해 회의에서
중추원 참의들은 조선에 중의원 의원 선거법을 시행하여 조선에서도 제
국의회에 의원을 파견하자고 줄기차게 요구하고 있다.
　1927년 말 4대 총독 야마나시 한조(山梨半造)가 부임하고 경성지역
참의들이 회의를 건의하여 1928년 1월에 개최된 회의에서는 별 자문사
항은 없이, 1.지방상황의 보고 2.통치에 관한 의견을 청취하는 것으로 이

---

51) 1927.9.27,「중추원 답안 - 참정권 부여도 요망한다고」『朝鮮日報』.
52)『中樞院 官制 改正에 관한 參考資料』五. 參政權 문제에 대한 朝鮮人의 의향·
　　건의, 지금까지 總督府의 취급.

루어졌다. 참의들은 1.생활을 안정시키기 위하여 가장 적절한 구체적 방침을 급속히 강구함을 요망하고 1.소작인을 구제하기 위해 현행 소작관행을 철저히 개선하기 위하여 급속히 시의의 처치를 강구함을 요망하였으며 1.조선인을 상급관리에 등용하여 시정에 조선인의 민의를 반영시키도록 취급함을 요망하고 1.교육제도를 개선하여 초등교육에는 좀더 조선어의 교수에 치중하고 중등학교 이상에는 日鮮共學의 제도를 실시함을 요망하였다.[53]

1929년 5월 2일부터 3일간 열린 제9회 중추원회의는 의장인 이케가미 시로(池上四郎) 총감이 사망하고 후임 의장이 결정되지 않았기 때문에 부의장인 박영효의 주재 하에 열렸다.[54] 회의는 매일 오전 9시부터 오후 3시까지였고, 정오부터 오후 1시까지는 휴식이었다.

제1일 회의는 총독훈시, 의장대리 인사, 각국부장 演述로 이어졌다. 각 국.부에 30분씩의 시간이 주어졌으며 내무국장이 전년도의 수해구제와 한해구제, 직업소개소 신설, 농가에 대한 소액자금 대부, 지방에서의 기부금 모집과 부역 제한에 대해 보고하고, 본년도의 신규사업으로 공익전당포 설치, 공설 소주택 건축, 귀족 구제, 府의 증설, 지방세제 정리, 토목사업 등에 대해 보고하였다. 재무국장은 1929년 예산을 보고하고, 조세(지세령 개정 등), 은행령 개정, 금융조합 증설과 개선 정비 등에 대해 보고하였다. 이어 식산국, 학무국, 경무국, 산림부, 토지개량부, 체신국, 철도국, 전매국에서 각국 보고를 이어갔다.[55]

제2일과 3일은 議事가 진행되었다. 의안은 1.산업 진흥에 관하여 장래 총독부에서 시설이 필요하다고 생각되는 사항 2.최근 지방민정 중 특히 주의해야 할 사항과 이에 대한 의견이었다. 각 참의들의 답신서가 제

53) 1928.1.10,「중추원회의 개최」『朝鮮日報』; 1928.1.12,「중추원회의 要件」『朝鮮日報』.
54) 1929.4.20,「중추원회의 내월 2일부터」『朝鮮日報』.
55) 1929.5,『第九回中樞院會議に於ける訓示・挨拶及演述』.

제4장 중추원의 자문 활동과 정치적 입장 141

출되었는지는 확인할 수 없으나 "의장이 없어서 그런지 금년 회의는 자문사항조차 신통치 못하여 명실 그대로의 한담중추원"[56]이 되었다고 한다.

1920년대 말부터 1930년대 초에 걸친 경제공황, 특히 장기적인 농업공황으로 농업이 황폐화되고 농민의 경제적 몰락이 심화되었을 뿐만 아니라 1930년 여름에는 풍수해도 있어서 지방의 실정이 참담했다. 더욱이 1920년대부터 꾸준히 사회운동이 진행되고 특히 1929년 광주학생운동을 시발로 하여 전국적으로 항일운동이 전개되었다. 일제는 이에 대한 방책에 고심하고 있었고 1930년 중추원회의의 의제도 '지방 실정에 비추어 특히 시설이 필요하다고 판단되는 사항'이었다. 참의들은 각기 출신지방의 실정에 따라 필요한 제도에 대해 의견을 진술하였다.

참의들의 답신은 크게 두 가지로 나눌 수 있다. 하나는 농촌의 피폐한 상황을 구제하는 제안(박종렬, 원덕상, 정란교, 박경석, 신석린, 장대익, 유흥세 등)으로, 곡가하락을 방지하고 공과 및 부역을 경감하며 수해를 빨리 복구하자는 의견이 많았다. 또 하나는 총독부의 요구에 부응하여 '사상 선도'와 '사상 취체'의 방책을 제시하는 의견(선우순, 강필성, 이경식, 이희덕, 오태환 등)이 꽤 큰 부분을 차지했다. 언론기관을 취체하며 청년 지도를 강화하자는 의견과 '간이실업학교 보급', '직업소개소 신설' 등으로 청년들의 취업을 넓혀서 운동의 흐름에 경도되지 않도록 하자는 의견이 많았다. 또 '윤리도덕 보급'(박기양, 박기동) 등으로 학교의 도덕교육을 강화시켜 사상적인 선도를 하자는 방책을 제시하기도 하였다.[57]

前 육군대신 우가키 가즈시게(宇垣一成)가 1931년 6월 조선총독으로 부임한 이후 처음 열린 1931년 회의의 자문사항은 "1.현재 상황에 비추

---

56) 1929.5.3, 「中樞院會議」 『東亞日報』.
57) 『中樞院沿革調査』 15, 제4편 조선총독부 시대, 제3장 중추원 회의, 제10절 제10회 회의(1930년 9월).

어 민중 생활 안정을 위해 시설이 필요하다고 생각되는 사항 2.소작관행 개선과 소작입법에 관한 의견" 등이었다. 이날 참의들은 수리조합채 상환기간을 연장하고 고율을 저율로 고칠 것, 수리조합 국영론, 세금에 대해서 지세와 영업세의 면세점을 올리라는 의견, 관리등용에서 조선인 차별철폐, 자작농 창정 등의 의견을 내놓았고,[58] 사상 선도에 대해서는 서양의 물질문명의 폐가 많으니 동양의 재래의 정신문명을 많이 고취하여 문묘 등을 진흥시키도록 해달라고 요망하기도 했는데 이는 '역시 양로원의 냄새를 피우는 일례'라는 비아냥을 들었다.[59]

한편 참정권부여와 관련한 중추원참의들의 의견이 이 회의에서도 개진되고 있는데, 선우순은 "일본과 같이 입헌정치의 근본인 중의원선거를 실시하자는 소리도 높지만 오늘날 조선인의 실력으로는 전면적으로 시행하기에 시기상조라고 생각합니다. 그렇지만 병합 후 20여년이 지났기 때문에 왕족 대표인 귀족원에 하나의 의석을 설치하여 조선귀족 및 국가에 動勞가 있거나 학식이 있는 자 중에서 칙선의원을 내는 것은 시기상조가 아닙니다. 또 중의원도 경성, 평양, 부산, 대구 등의 도회지로부터 점차 실시해가는 것도 괜찮습니다"라고 하며 일본 의회에 조선인 의원을 보내자는 견해를 피력하였다.

한편 참의 김명준은 조선에서 가장 중요한 것은 내선융화인데 당국이 쓸데없이 차별적 제도를 만들어놓았기 때문에 일본인의 우월감을 더욱 조장하고 있다며, 조선인과 일본인 차별을 철폐하기 위해 내선공학을 실시하자고 주장하고 있다. 또 내선융화의 근본 문제는 참정권을 부여하는 것이라고 주장하고 있다.

참의들의 의견에 대해서 우가키 총독의 답변은 원론적인 것이었다. 대규모 공채 모집으로 자작농을 만들라는 것은 안팎의 사정으로 보아 쉽

---

58) 1931.9, 『第11回中樞院會議ニ於ケル訓示·演述及答申要項』.
59) 1931.9.10, 『朝鮮日報』.

게 실행할 수 없다는 점, 또 관리 차
별 철폐 문제에 있어서는 "아무리 자
기 아이들을 사랑한다 해도 큰아이와
작은아이 혹은 남녀 연령의 차에 관
계없이 모두 동일한 치수의 옷을 입
힐 수는 없는 것"이기 때문에 조선인
과 일본인 관리 사이에도 대우의 차
별이 있는 것은 어쩔 수 없는 것이라
하였다. 그리고 예산 등의 의결권 또
는 참정권을 부여하라는 의견에 대해
서는, 조선이 일본으로부터 매년 보급
금을 받고 있는데 이러한 많은 보급
금도 받지 않고 일본인과 마찬가지로

〈사진 18〉 1931년부터 1936년까지
재임한 제3대 총독 우가키 가즈시게
(宇垣一成, 1868~1956)

납세가 가능하게 되면 참정권은 자연히 획득할 수 있을 것이라고 답변하
여 참정권 부여의 뜻이 없음을 명백히 했다.[60]

1931년 9월 일제는 만주사변을 도발하여 만주를 전쟁의 병참기지로
만들기 위한 행보를 시작하였고, 중추원회의는 일제가 만주국 성립을 선
포한 직후인 1932년 3월에 열렸다. 이 때는 1932년 1월 8일 이봉창 열
사의 '사쿠라다몬 천황 폭탄투척사건'이 있은 후이기도 했다. 우가키 총
독은 중추원 회의에서 이 사건을 언급하며, 조선인의 '불온한 사상'을
선도하고 청년학도들이 "온건 착실한 사상을 함양하도록" 하는 데 중추
원 참의들이 적극 나설 것을 주문하였다.[61]

특별한 자문안이 없이 임시회의가 소집되었다는 것은 그만큼 총독부

---

60) 1931, 『第11回中樞院會議議事錄』.
61) 『中樞院沿革調査』 15, 제4편 조선총독부 시대, 제3장 중추원 회의, 제12절
제12회 회의(1932년 3월).

로서는 안팎으로 중요한 시기였고 조선 내의 '불온'한 흐름을 다잡을 필요가 있었음을 반증한다. 각 국장의 보고가 끝난 후 장직상은 1932년 2월 8일 참의 張憲植 金相㒷 李軫鎬 등 세 명이 만주에 출정군인을 위문하기 위해 파견된 것에 대하여[62] 이를 보고해달라는 발언을 하였다. 이에 대해 의장은 중추원 수요예회에서 하겠다는 것이 적당하겠다고 답변했다. 이어 참의들이 의견을 개진했는데 가장 많이 나온 의견은 역시 만몽 개발과 화전민 문제였다. 선우순은 발언에서, 만주국의 지역 주민에 대한 선도에 있어서 조선인이 최첨단의 지위에 서게 될 것이라며, 신생 만주국에서 조선인과 일본인의 권리와 의무를 동등하게 하고 만주의 제 기관에 가급적 조선인을 많이 채용하고 대우를 동일하게 할 것, 만주 재주 조선인 농민의 집단부락을 창설하고 적극 지원할 것 등을 주장했다. 박종렬, 양재홍, 민건식 등은 함경남북도의 화전민을 만주에 이주시킴으로써 국가의 불온분자를 없애고 궁민을 구제하며 만주국 발전에 기여하게 될 것이라 주장했다.[63] 화전민에 대해서는 이미 1927년 회의에서 자문사항으로 올라온 중요한 사안이었다. 총독부가 표면상 내세운 이유는 화전민들이 영림을 해친다는 것이나, 사실 중국 국경 인근 화전민촌이 독립군의 침투와 활동의 거점이 된다는 것이 큰 이유였다. 총독부는 1927년에 50만 정보의 화전을 정리하였고, 화전에 거주하던 수많은 사람들이 만주로 이동하게 된다.

다음으로 많이 나온 이야기는 사상 선도와 관련한 문제였다. 박종렬은 "조선인은 몽매하기 때문에 생존경쟁에서 밀려났고 자신을 위하여 만든 기관까지 도리어 의심하고 있다"며, 지도·교육을 통하여 조선인을 자각시키는 것이 사상 선도의 근본 해결방법이라며 의무교육, 內鮮共學,

---

초등학교 입학난 완화 등을 주장하였다. 오태환과 양재홍 등은 전국의 향교 재산에 어느 정도 보조를 해주어 지방 중견청년에게 동양도덕 교육을 통하여 사상을 지도해야 한다고 주장하였다. 김명준 등은 사상의 문제는 결국 생활이 안정되어야 해결되는 것임을 지적하기도 하였다. 그외에 윤갑병은 하루빨리 징병령을 적용하여 '국민'으로서의 본분을 다하게 해달라고 하기도 하였다.

이에 대하여 우가키 총독은 관리 등용의 평등 문제는 '선의의 차별'임을 이해해달라고 하고, 병역 의무, 자치권 확장, 의무교육 등에 대한 것들은 충분히 고려하고 있기 때문에 반복해서 말하는 것을 삼가라고 못박았다. 총독부로서는 참의들이 만주사변 이후 민심의 동향을 체크하고 총독부 정책을 일반에게 홍보하는 역할을 충실히 해주는 것이 가장 중요한 의무이므로 그 외에 정책의 방향을 조금이라도 수정케 하는 의견은 받아들일 수 없었던 것이다.

같은 해 9월 열린 회의의 자문사항 역시 "지방 실상에 비추어 사상 선도 및 민력 함양상 특히 시설을 요하는 사항"이었고, 주안점은 지방청소년의 사상 선도 대책이었다. 16명의 참의가 발언하고(한영원, 박종렬, 오태환, 이경식, 장직상, 박상준, 장대익, 장응상, 양재홍, 유진순, 심환진, 선우순, 박기동, 김명준, 이병렬, 김한승) 12명의 참의(조희문, 장헌식, 신석린, 유혁로, 민건식, 송종헌, 이동우, 정란교, 이희덕, 이기승, 김한승, 박기양)가 서면 답신을 하였다.[64)]

참의 유진순은 총독부에서 지방교화를 위한 순회강연 계획을 수립한 것을 충심으로 감사하게 생각한다는 말과 함께, 각 부락에 진흥회 같은 단체를 만들도록 장려하고 마을의 구장에게 한두 정보의 공유지를 주고 그 수입으로 경비를 충당하도록 하는 식으로 활용하자고 제안하였다. 선

---

64) 1932.9.21, 「中樞院會議 昨十九日開催」 『東亞日報』.

〈사진 19〉 1935년 4월 조선총독부 회의실에서 개최된 중추원 회의 광경

우순은 "야마토민족은 萬世一系의 천황을 받드는 충군애국의 국민정신
이 전통적으로 핏속에 흐르고 있고 교육이 철저하지만 조선 민족은 이러
한 관념이 매우 박약"하기 때문에 "근성"을 고치기 위해서는 세계의 대
세를 민중에게 잘 이해시키고 내선일환이 되어야 한다고 주장하였다. 또
함경남도에서는 보통학교 3학년 이상 학생들 중 '과격사상'과 관련된 팜
플렛을 읽지 않은 자가 하나도 없다는 얘기가 있을 정도로 사상이 '악
화'되어 있지만 남쪽 지방은 그 정도는 아니라고 하며,[65] 각 지방에 따
라 사상 선도의 방법을 달리해야 한다는 주장을 펴고 있다.

  1935년 회의의 "각지에서 민심의 추향과 이의 선도에 관한 의견"에
대해서, 金思演, 朴喆熙 등은 내선융합을 이루기 위해서 조선인이 아니
라 일본인이 먼저 우월감을 떨치고 조선인을 평등하게 바라보는 것이 필

---

65) 『中樞院沿革調査』 15, 제4편 조선총독부 시대, 제3장 중추원 회의, 제13절
    제13회 회의(1932년 9월)

요하다고 주장하였다. 한편 崔昌朝는 내선인 융화를 위해 내선인 통혼 등을 말하는 것은 융화의 결과이지 원인은 아니라고 하며, 조선인을 일본인과 동일한 정도의 지식을 함양하도록 하게 하면 자연히 일체가 될 것이므로 중등학교를 증설하고 내선인을 공학시켜야 한다고 하였다.[66]

이러한 '내선평등'에 관한 참의들의 의견에 대해 총독의 답변은, 일본의 조선 통치 방침은 구미 각국에 비해 절대 차별적이지 않고 一視同仁 공존공영 공평무사를 골자로 하고 있다고 하며, 내선인의 차별대우를 철폐하라는 의견진술은 하지 말라고 못박았다. 고등관인 군수와 같은 자리에는 조선인이기 때문에 일본인에 앞서 채용하는 부분이 있는 것처럼, '선의의 차별대우'라고 하는 것은 아직 계속되지 않으면 안되며, 월급이 적다든가 가봉이 없다든가 하는 부분은 조선만의 문제가 아니라 대만, 만주, 사할린, 南洋이 모두 보조를 맞추어가야 하는 것이므로 조선만 철폐하는 것은 사실상 어려운 일이라고 말하였다. '내선평등'에 관한 한 참의들의 의견은 어디까지나 총독부의 정책에 '참고사항'일 뿐 결정적 영향을 미치는 것은 아니었다.

이상과 같이 지방 실정과 민정 상황에 대한 자문사항이 중추원 회의에 제출되고 있는 것은 1920년대부터 활발히 진행된 사회운동에 대한 총독부의 위기감을 반영하고 있다. 참의들은 조선인과 일본인 간의 차별을 철폐하라는 등의 주장도 하고 있지만 대체적으로 조선의 '불온'한 사상을 다잡기 위해 총독부가 실행해야 하는 방책에 대해 많은 의견을 개진하고 있음을 알 수 있다.

(2) 농촌진흥운동에 대한 자문활동

농촌진흥운동은 1932년 7월 우가키 총독이 도지사회의 석상에서 운

---

66) 1935, 조선총독부 중추원, 『第16回中樞院會議議事錄』.

동의 취지와 방침을 밝히면서 시작되어, 1933년 3월 정무총감 통첩으로 '농산어촌 진흥계획 실시에 관한 건'을 발표하면서 본격화되고 있었다. 1933년 7월 열린 중추원 회의 자문사항은 "1.지방의 상황에 비추어 농산어촌진흥상 특히 시설을 요한다고 생각되는 사항 2.의례준칙 제정에 관한 사항"이었다. 자문사항은 이 상황을 반영한 것이었고 의례준칙 제정의 건은 생활개선책의 일환으로 제기된 것이었다.

이 회의는 새로 임명된 참의들도 10여명이 있고 중추원 개혁 문제가 계속 떠돈 후에 열린 회의니만큼 참의들도 열심히 토의하였고 회의장도 긴장감이 돌았다.[67] 참의 이경식은 농촌진흥운동에 대해 "시정 이래로 20여년 이래 비로소 참 갱생, 견실한 발전을 향한 제1보를 힘차게 내딛었다고 생각합니다"라며 농촌진흥운동 실시를 찬양하고 이 운동의 원활한 실시를 위해 "충분히 농민의 자각을 촉구하고 지도 훈련을 실시하며, 농촌에 확고한 중심기관을 만들고 중심인물을 한 사람이라도 많이 양성하는 것 등"을 주장하였다. 제2안에 대해서는, 조선 고래로부터 내려온 관혼상제를 개혁하는 것은 상당히 진중하게 연구고찰하지 않으면 안되는 것이므로 중추원 시정연구회에서 충분히 토론케 하거나 의사규칙 제8조에 의거하여 심사위원회에 부탁하자고 하는 참의 朴相駿의 의견이 찬동을 얻었다.[68] 그리하여 의례준칙 제정에 관한 심사위원으로 위원장 이윤용 등 위원 13인이 상정되었다.[69]

회의는 전년도에 비해 실제적으로 농촌진흥운동에 도움이 될 만한 답신이 많이 나와 우가키 총독은 회의가 회를 거듭할수록 참의들의 질이

67) 1933.7.19,「改造 第一回 中樞院會議 今朝九時 開會」『東亞日報』.
68) 1933,『第14回中樞院會議議事錄』.
69) 의례준칙 제정에 관한 심사위원은 위원장으로 남작 李允用, 위원은 柳正秀 徐相勛 元應常 韓相龍 朴勝鳳 申錫麟 朴相駿 宋之憲 金斗贊 崔昌朝 劉泰卨 金鐘翁 등이다. 1933,『第14回中樞院會議議事錄』; 1933.7.2,「儀禮準則 制定문제는 위원회 조직코 審議」『每日申報』.

향상되어 간다며 상당히 만족감을 보였으며 일반에서도 개조 후의 중추원이 상당히 좋은 성적을 거두었다고 평가하였다.[70]

다음해인 1934년 회의에서 참의들은 '농가갱생계획의 실시상황에 비추어 장래 본 계획 관철에 필요한 방책'이라는 자문사항에 대하여, 읍면에 전문지도원을 두거나 부락의 중심인물(중견인물)을 선정하여 부락민의 지도를 담당케 하자는 것, 각 면에 금융조합 또는 금융조합 출장소를 설치하여 저리자금을 유통시키자는 것, 자작농 창출을 위해 농민에게 토지를 사게 하고 그 대금을 道의 돈으로 지불하고 연부로 상환케 하자는 것 등을 주장하고 있다. 자문사항 2항인 '도시에서 민심 작흥을 도모할 구체적 방책'에 대해서는, 도시 교화망의 확충을 위해 회사 공장 등에서 교화 지도, 도시에서의 청년단체의 통제, 町, 洞을 단위로 하는 교화단체의 조직, 강연이나 회화 또는 포스터, 축음기, 영화관 등을 통한 민심의 작흥, 특히 고등교육을 받은 사람들이 직업이 없는 경우 '나쁜 사상'에 빠지므로 이들을 특별히 사상 선도해야 한다는 의견이 많았다. 회의는 말미에, 도시 민심 작흥 방책을 수립하기 위한 위원회를 조직하는 것으로 의사를 종료하였다. 위원장은 韓相龍, 위원은 張憲植 朴相駿 朴榮喆 韓圭復 朴容九 金明濬 玄櫶 鄭大鉉 金思演 元悳常 玄俊鎬 張稷相 金斗贊 朴箕錫 등 총 15명이었다.

한편 총독부의 농촌진흥운동의 허점을 지적하는 참의들도 있었다. 1935년 회의에서 최창조는 총독부의 자작농 창정이 처음의 방침과 현재의 실적이 다르다며, 세농을 구제하기 위해 설정된 것처럼 되어 있으나 실제는 중농 이상으로 되어 있고, 영농조합도 농업자금을 세농에게 융통할 목적이라고 하나 세농은 하나도 혜택을 못 입고 있고, 금융조합도 세

---

70) 1933.7.22, 「中樞院諮問案中 農村問題答申이 많어, 宇垣一成總督時事談」『東亞日報』; 1933.7.22, 「中樞院에 日本人 加入說, 今後 硏究課題」『東亞日報』; 1933.7.21, 「긴장리에서 熱心으로 토의한 중추원회의의 收穫」『每日申報』; 1933.7.22, 「中樞院參議意見은 施政에 有益頗多」『每日申報』.

농은 담보 자금력이 부족하기 때문에 자금의 융통을 받을 수 없다는 사실을 조목조목 지적하기도 하였다. 최창조의 이러한 강성 발언은 그가 변호사로서 高允相[71] 사건이나 사이토 전총독 저격사건, 신의주공산당 사건 등 여러 시국사건에서 변호한 이력과 무관치 않아 보인다. 또 玄俊鎬는 농지령이 발포되었는데도 소작쟁의는 반비례로 증가하고 있는 현상을 타개하기 위해, 農村更生會와 같은 것을 설치하여 소작지마다 실지 답사를 하고 公定賭租를 정할 필요가 있다고 주장하였다.[72]

1938년 회의에서는 그 이전 답신안과 크게 다르지 않으나 농촌진흥운동에 대한 좀더 구체적인 방책들을 제시하고 있다. 많은 참의들이 중심인물의 적극적 양성을 일차적으로 거론하였고 그 외에 토지개량 사업, 농촌에서의 공동 작업, 마을의 공동제도와 區長 제도의 개선 등을 주장하고 있다.[73]

농촌진흥운동이 전개되는 1930년대 중추원에서는 '施政硏究會'가 활동하고 있었다. 중추원 시정연구회는 1933년 회의 직전에 신설되었는데, 경제, 산업, 학예, 사회, 제도의 5부를 두고 위원은 중추원참의가 맡으며 각각 소속 부 내에서 조사 연구를 행하기로 되어 있었다. 각 부회는 위원 반수 이상이 출석하지 않으면 개회할 수 없었고 결의사항은 중추원의장에게 보고하게 되어 있었다.[74] 첫 회의는 중추원회의의 뒤를 이어 7월 20일 개최되었는데, 위원장은 남작 이윤용, 경제부 부장 한상룡, 主査委員 원응상 박영철 이택규 / 산업부 부장 염중모, 주사위원 박종열 이경식 원덕상 / 학예부 부장 한규복, 주사위원 송지헌 김명준 이근우 / 사회부

71) 고윤상은 1920년대 전반 火曜會員, 경성노동연맹 집행위원으로 활동하다 1926년 3월 朝鮮共産黨에 입당하여 경성부 제5야체이까, 경성부 제2구 제1야체이까에서 활동하다 同年 7월 말 제2차 朝鮮共産黨事件으로 체포되어 1928년 2월 징역 1년을 선고받았다.
72) 1935, 조선총독부 중추원, 『第16回中樞院會議議事錄』.
73) 1938, 조선총독부 중추원, 『第19回中樞院會議參議答申書』.
74) 1933.7.6, 『東亞日報』; 1933.7.6, 『大阪每日新聞』朝鮮版.

부장 이진호, 주사위원 한영원 이병렬 오태환 / 제도부 부장 류정수, 주
사위원 박승봉 박용구 조희문 등이 임명되었다.[75]

총독부 재무국·신산국·농림국·경무국·학무국·법무국 등 각 국에서 시
정연구회에 제출한 연구사항들은 다음과 같이 배당되었다. 경제부 - 時
邊이 개인경제에 미치는 영향과 그 대책, 계의 득실 및 개선방책, 재래시
장의 개선발달책 / 산업부 - 適地適種 부업의 선정, 농산어촌에서 적당
한 부업 여하 / 학예부 - 동양도덕의 神髓를 천명하여 일반교화의 근간
으로 하는 방책 / 사회부 - 巫子취체법규 제정 여부, 免囚보호사업 확충
방책, 각 驛에 걸린 역명찰 기타 철도표시류의 언문자 폐지의 가부, 선로
통행 출입 기타 장애사고방지책 / 제도부 - 의례준칙제정에 관한 사항
등이었고, 각 부 위원에 의해 곧 조사연구에 착수하는 것으로 되었다.[76]

이들은 7월 25일에 모여 각 부 연합위원회를 개최하여, 1.연구사항은
총독부로부터 제시된 사항으로 하고 2.主査會는 화·목·토의 3요일로 정하
여 각 부별로 오전 10시, 오후 2시에 각각 개최하고 매월의 최종 주사회를
部會로서 각 부 위원이 전부 모여 연구사항을 발표하며, 3·8월말까지는 여
름휴가로서 휴회하고 9월부터 본격적으로 활동할 것 등을 협의하였다.[77]

여름휴가가 지난 후 9월부터 시정연구회는 각 부의 주사위원회를 개
최하고 연구를 계속하여, 사회부 관계의 무녀취체 법규제정의 가부, 각
역의 驛名札과 기타 철도표시에서 조선문자폐지의 가부, 선로통행 기타
장애 사고 방지책 등 3항목에 대하여 답신을 마치고, 그 외의 자문사항
즉 중추원 본회의에서 의원의 부탁으로 된 의례준칙제정의 건과 동양도

75) 1933.7.21, 『東亞日報』 ; 1933.7.19, 『每日申報』 ; 1933.7.22, 『釜山日報』.
76) 1933.7.21, 「中樞院의 施政研究會 研究題材」 『東亞日報』 ; 1933.7.22, 「半島統治
　　上의 重要問題研究」 『大阪朝日新聞』(朝鮮版).
77) 1933.7.23, 「中樞院施政研究會 二十五日 開會」 『東亞日報』 ; 1933.7.26, 「中樞院
　　施政研究會 研究方針 決定」 『東亞日報』 ; 1933.7.26, 「8월말까지 暑休, 9월부
　　터 활동, 中樞院市政研究會」 『每日申報』.

덕의 神髓를 천명하여 일반교화의 근원을 삼을 방책, 시국이 미치는 경제적 영향과 그 대책, 시장의 개선 문제 등에 대해서는 1934년 초까지 연구를 계속해나갔다. 답신된 내용은, 첫째 무녀취체 법규 제정의 가부에 대해서, 일시에 이것을 금지하면 1만 3천의 무녀들이 생활의 길을 잃게 되는 중대한 사회문제를 야기할 수도 있으므로 급격히 탄압하지 말고, 금후의 신규개업을 허가하지 않고 祈禱料의 최고 한도를 정하여 법외의 금품을 빼앗기지 않도록 방지하며, 의료행위를 엄금하고 기도할 때 암실을 사용치 않도록 하여 풍속상의 문제를 일으키지 않도록 취체법을 개정하자고 주장하였다. 둘째 역과 철도표시에서 조선문 폐지에 대해서는, 한문을 아는 사람은 1할에 불과하나 조선문을 아는 사람은 상당히 많으니 폐지하는 것은 시기상조라고 답하였으며, 셋째 선로통행 사고 방지책에 대해서는 각 부락을 단위로 책임자를 정하고 사고방지조합을 조직케 하여 자발적으로 사고를 방지하며, 우량한 조합에는 금일봉을 준다든가 短區間 단기간의 패스를 준다든가 적당한 장려표창방법을 강구할 것 등의 의견을 내놓았다.[78)

1933년 말에 가서는 산업부와 경제부의 연구상황이 보도되었는데, 산업부에서는 총독부와 각 도에 부업과와 부업계를 설치하고 府郡에 부업 전문의 직원을 배치하여 판매 알선, 부업 생산품의 통제를 하자는 등의 부업 장려 방안을 제시하였다.[79) 경제부도 "時邊(무담보 단기자금 – 필자주)이 개인경제에 미치는 영향과 그 대책"에 대한 의견을 내놓았다. 제도부에서는 학무국이 제안한 "의례준칙 제정에 관한 사항"은 중추원 본회의에서도 총독이 자문한 중요한 의안이므로 部會에서만이 아니라 전체 위원회에도 부의하여 충분히 의견을 참작하여 최종안을 결정하기

---

78) 1933.11.24, 「巫女取締는 漸減, 驛名(朝鮮文) 廢止 反對, 三항목과 기타 중요문제 답신, 중추원 시정연구회에서」『東亞日報』.
79) 1933.12.10, 「중추원에서 연구한 부업장려 방법, "부업과를 설치하라"」『每日申報』 ; 1933.12.26, 「剩餘力と剩餘土地の利用」『大阪朝日新聞』 朝鮮版.

로 되었다.[80] 의례준칙 제정은 일반인들의 생활과 풍습에 직결되는 것
이니만큼 참의들의 답신 내용이 어떠할지에 대해 많은 관심을 끌었다.
특히 중추원 참의 중에도 유림의 유력자가 상당히 많았으므로 일시적으
로 '딜레마'에 빠져 여러 가지 의견이 많았으나 결국 폐풍을 타파하는
것 자체에는 이의가 없어 의견의 일치를 보았다고 한다.[81]

1934년 회의에서는, 전년도 회의의 자문사항이었던 의례준칙 제정에
관한 건에 대해 그동안 시정연구회에서 56조의 준칙안을 짜온 것이 배
부되고 토론이 있었다. 몇몇의 참의가 수정을 바라는 부분에 대해 의견
개진을 하였지만 큰 틀에서는 원안을 가결하기로 하였으며 이후 총독부
에서 의견을 참작하여 조사 연구를 더 한 후에 발표하기로 결정되었다.
이 안은 총독부 사회과로 넘어가서 한동안 의견 수집을 하다가 1934년
11월 10일에 발표되었다.[82]

또한 1933~1935년에는 자문사항 중 심도깊은 연구가 더 필요한 부
분에 대해서 따로 위원회를 두어 약 12~17명씩의 참의가 배속되어 연
구하고 이를 중추원 정례회의에서 발표하기도 했다. 1934년 회의에서는
전년도 회의에서 '도시민심작흥위원회'에 맡기는 것으로 정한 「도시에
있어서 민심의 作興을 도모할 구체적 방책」에 대해 위원장 한상룡 참의
가 경과보고를 하였다. 또 이 회의의 자문사항인 신앙심의 부흥 방책에
관해서 계속해서 위원회를 설치하여 심사 연구하기로 결정하고 위원이
임명되었다. 韓相龍, 張憲植, 朴相駿, 朴榮喆, 韓圭復, 朴容九, 李軫鎬,
金明濬, 金瑞圭, 元悳常, 張稷相, 玄櫶, 鄭大鉉, 金思演, 金斗贊, 金正浩,
玄俊鎬 등 17명으로, 이들 중 12명[83]이 지난 도시민심작흥연구회의 위

---

80) 1933.11.25. 『每日申報』.
81) 1933.11.25. 『朝鮮日報』.
82) 1934.7.13, 『每日申報』; 1934.11.10, 『東亞日報』; 1934.11.10・11 『京城日報』;
   1934.11.13・14・17・18, 『朝鮮中央日報』.
83) 한상룡, 장헌식, 박상준, 박영철, 한규복, 박용구, 김명준, 현헌, 정대현, 김

원들과 중복되는 것을 볼 수 있다. 1935년 회의에서는 일본 신도와 조선 고유신앙의 접합 문제에 대해 별도의 위원회를 설치하기로 결정되기도 하였다.[84]

중추원의 전체 회의는 1년에 1번 혹은 2번 개최되는 것뿐이므로 그 기능이나 목적을 충분히 달성하지 못하였고 이의 타개를 위해 시정연구회나 각종 연구회를 통해 각종 사항에 대해 연구를 진행시키고자 한 것이었다. 중추원은 무용지물이므로 폐지해야 한다는 의론은 계속해서 나오고 있었기 때문에 중추원이 뭔가 활동하고 있다는 것을 보여주기 위한 총독부의 방책이기도 했다. 시정연구회는 이 시기 이후에는 활동이 보이지 않는다. 농촌진흥운동의 원활한 진행과 의례준칙 제정을 위해 참의들의 역량을 최대한 끌어내고자 일시적으로 조직된 기관이었던 것이다.

(3) '심전개발운동'과 '사회교화'에 대한 자문활동

총독부는 농촌진흥운동과 병행하여 조선인의 사상 통제와 식민지배 체제의 안정을 위해 心田開發運動을 진행하고 있었고 이것이 중추원 회의에 반영된 것이 1935년에 부의된 자문사항 첫 번째 "반도의 상황에 비추어 민중에게 안심입명을 부여할 가장 적당한 신앙심의 부흥책"[85]이었다. 조선인을 皇國史觀으로 무장하게 하기 위해서는 일본의 神道로써 사상을 일원화할 필요가 있었고, 그 발판으로 총독부는 조선의 무속 신앙에 깊은 관심을 기울이고 있었다. 조선의 무속에 대한 일본인의 연구는 이미 1900년대 초반에 시작되었는데, 그중 도리이 류조(鳥居龍藏, 1870~1953)[86]는 일본 신도와 조선 무속이 동일한 원류라고 주장하고

사연, 김두찬, 현준호 등이다.

84) 조선총독부 중추원, 1935, 『第16回中樞院會議議事錄』.

85) 조선총독부 중추원, 『第16回中樞院會議議事錄』, 1935. 1935년부터는 중추원 회의에서 통역이 폐지되어 모든 의사 진행이 일본어로만 진행되었다.

86) 1922~1939년 조선총독부 박물관협의회 위원, 1923~1933년 조선총독부 고적

있었다. 즉 일본의 原始神道의 잔존 형태를 한반도에서 확인할 수 있다고 하며, 한반도에는 아직도 옛날 그대로 원시종교인 샤마니즘이 남아있다는 논리였다. 이처럼 문화의 진화가 정체되어 있는 한반도는 식민지 지배를 당할 수밖에 없었다는 논리이다. 이는 식민지배의 정당성을 부여해주는 논리이자 日鮮文化同源論을 논리적으로 정당화하는 것이었다.[87] 이러한 배경을 가진 중추원회의의 자문사항 1항은 일본의 신도를 조선 민중 일반에 어떻게 충돌 없이 자연스럽게 접합할 수 있을까에 대해 총독부가 참의들의 아이디어를 구한 것이었다.

특히 이 시기는 일본 내에서 군부 파시즘의 대두와 함께, 중추원 회의가 열리기 바로 전 2월에 일본 귀족원 본회의에서 '天皇機關說'이 국체에 어긋난다는 이유로 배격되고, 군부와 우익 세력의 국체명징운동이 힘을 얻어가던 때이기도 하였다.

1935년 중추원회의는 전년도인 1934년에 참의 李東雨, 宋之憲, 廉仲模, 韓鎭昌 등이 사망하고, 평안북도의 金成圭 참의, 평안남도의 朴箕錫 참의, 황해도의 李忠健 참의 등 세 명이 임기가 만료되어, 金端圭, 南宮營, 金正浩, 李宣鎬, 金泳澤, 李敎植, 高一淸 등 일곱명의 신임 참의가 회의에 참가하였다. 결석은 부의장, 참의 趙性根, 尹甲炳, 李明求, 李基升, 鄭觀朝, 金炳奎 등이었다. 이 회의부터는 통역이 폐지되어 모든 의사 진행은 일본어로만 진행되었다.

회의에서 玄櫶은 "조선 고유 신앙에 있어서 神事의 내용이 일본의 古神道와 공통되는 점이 많다"며 "고유 신앙의 부활을 도모하고 정신 생활을 새롭게 함으로써 민중 자체의 心田開發은 물론 나아가 일본과 조선의 정신적 융합이 가능해져 皇道精神이나 神國理想의 실현을 기할 수

조사위원(『朝鮮總督府及所屬官署職員錄』).

87) 최석영, 1999, 「식민지지배와 도리이 류우죠우鳥居龍藏의 인류학적 조사」『일제하 무속론과 식민지 권력』, 서경문화사, 36~40쪽 ; 김현철, 2005, 「20세기초기 무속조사의 의의와 한계연구」『한국민속학』42, 168쪽.

있다"고 말하였다. 鄭大鉉, 朴容九, 金明濬, 申熙璉 등 여러 참의들이 일
본의 神社와 같은 신앙 기구의 시설을 道·府·邑·面에 각각 설치하자고
주장했으며, 鄭大鉉은 일본의 神社局과 같은 국가적 기구를 설치하여
祭政一致의 이상 하에서 神事行政을 해야 한다고 주장했다. 특히 신희
련은 조선 고유의 산천제가 神道敎와 유사한 점이 많다면서, 마을의 산
천제나 지신제를 점진적으로 신도교의 神院祭로 대신하고 통일해나가자
고 하면서, 里마다 神院을 설치해서 신원에서 혼례나 집회 등을 하도록
해서 대중적 기관으로 만들자고 주장했다. 또 元悳常은 조선에서 전통적
으로 신앙해 온 社稷을 부흥시켜서 일본 신사와 동일하게 하고, 경성에
경성사직을 설치하여 조선신궁의 攝社로 하여 이를 전 조선 사직의 총
본산으로 삼고 각 도청 소재지에는 각각 그 도의 聯合社稷을 적당한 곳
에 설치하자고도 주장했다. 첫날의 회의는 이 자문사항 1항의 답변까지
들은 후 張憲植 참의가 이 문제는 아주 중대한 문제이기 때문에 신중하
게 심의하지 않으면 안된다고 하며 별도의 위원회를 설치하여 연구하자
고 제안한 것이 통과되어 일단락되었다.[88]

중추원참의는 정원 65명 중 44명이 1936년 6월 2일로 임기 만료가
되어, 임기만료의 칙임대우 참의 25명이 재선으로 되고 주임대우 참의
20명이 퇴직, 1명의 결원을 남기고 19명이 신임되었다. 많은 사람이 바
뀌는 만큼 이전부터 주장되어 온 중추원의 혁신이 또다시 도마 위에 올
랐다. 중추원 기구개혁문제는 요약하면 1.일본인도 참의로 할 것 1.어느
정도의 결의권 건의권을 부여할 것 1.자문범위를 확대하고 중요법안 중
요정책에 대해서는 의견을 구할 것 등이었으나, 총독부는 이 개혁 의견
이 중추원으로 하여금 민의를 대표하는 대의기관 즉 의회에 대용하려는
것이라 보고 경계하고 있었다. 총독부는 중추원을 대의기관이 되게 하려
는 개혁설에는 찬동하지 않으나 다만 내용을 충실케 하여 보다 이상의

---

88) 조선총독부 중추원, 1935, 『第16回中樞院會議議事錄』.

기능을 발휘케 하라는 의견은 경청한다며, 그러나 현재의 참의는 모두 상당한 인격과 식견을 가지고 있는 자가 선택되고 있으므로 중추원 본래의 사명에 비추어 곧 개혁을 요한다고 생각하지 않는다고 하였다.[89]

　1936년 8월 5일 우가키 총독과 이마이다 기요노리(今井田淸德) 정무총감은 사임하고, 일본군부의 호평을 받는 미나미 지로(南次郎)가 총독으로 부임하였으며 정무총감으로는 오노 로쿠이치로(大野綠一郎)가 부임하였다.[90] 총독과 총감이 바뀌고 나서 최초의 중추원회의는 10월 9, 10일 양일간에 걸쳐 열렸다. 이 회의는 특별한 자문사항은 없었고 중추원 개혁 문제가 현안으로 되어 있던 터라 긴장된 분위기에서 진행되었다.[91] 첫날에는 미나미 총독의 훈시와 오노 정무총감의 인사, 내무, 재무, 식산, 농림, 학무, 법무 등 각 국장의 순서로 각각 소관사무에 대하여 演述이 있은 후 오후와 다음 날에는 각 참의들이 지방별로 서로 기립하여 민정보고를 하고 의견 진술을 했다. 아쉽게도 참의들의 의견 진술을 기록한 것은 남아있지 않으나 각 국장의 보고의 주요 항목은 신문기사로서 확인할 수 있는데,[92] 학무국장의 보고 중 민력 개정에 대해서는 이 회의 전에 중추원 참의들에게 서면으로 의견을 자문했던 것을 알 수 있다. 민력 개정은 略曆이라 하여, 음력을 폐지하고 양력으로만 하는 것을 의미하는데, 학무국 편집과에서 민력 개정을 연구하다가 4월달부터 중추원의 의견을 청취하기 시작하여 10월에 재차 중추원에 서면으로 논의를 하고 1937년부터 개정을 실시하기로 되었다.[93] 회의에서 총독자문사항은 없었으나 참의들은 각 지방의 문화 산업 경제 등 시정 상황과 특히

---

89)　1936.7.23,「中樞院 改革 急速하는 不行」『東亞日報』.
90)　1936.8.6,「사령」『朝鮮中央日報』.
91)　1936.10.9,「중추원개혁에 시기상조론, 금회 회의는 靜觀態度」『朝鮮日報』.
92)　1936.10.10,「中樞院本會議開會」『每日申報』.
93)　1936.10.1,「中樞院에 再諮問後 民曆改正遂實現」『每日申報』; 1936.4.8,「양력 본위로 민력을 개편, 중추원의 의견청취」『朝鮮中央日報』.

치수대책에 대하여 의견을 많이 토로하였다고 한다.[94] 이는 이 해 여름에 일어난 미증유의 풍수해로 남부 조선이 심각한 타격을 입었던 것에 기인한 것으로 보인다.

1937년 제18회 중추원회의는 5월 초순에 미나미 총독이 동경에 가는 일정이 잡혀있어 9월로 연기할 예정이었으나 일본 衆會 해산 후 총선거 시행 등 복잡한 정치 상황 때문에 총독의 동경 일정이 취소되어,[95] 각 도지사회의와 경찰부장회의에 이어서 6월 7, 8일 양일간에 걸쳐 열리게 되었다. 미나미 총독이 도지사회에서 천명했던 5대 정책 즉 국체명징 선만일여 교학진작 농공병진 서정쇄신에 대한 것을 강조하며 40여 분 간 훈시를 한 후 의장인 오노 총감의 인사, 국장 演述, 참의들의 자문사항 답신의 순으로 이어졌다. 첫날 일정이 끝난 후에는 미나미 총독이 회의 출석자 일동을 초대한 만찬회가 열렸고,[96] 제2일은 전날에 이어 10시까지 자문사항 제1문에 대한 답신을 하고 10시부터 제2문에 대한 답신을 하고 정오에 폐회하였다.[97]

이 시기에 총독부는 중추원의 개혁 문제에 대하여 근본적 개혁은 불가하고 신인 발탁을 통해 인사의 쇄신을 하는 것에 그치는 것으로 최종 입장 정리를 하고 있었다. 기구 제도는 그대로 존속하고 인물의 경질에 의한 진용쇄신만을 하여, 총독의 시정에 참여하는 자문기관으로서의 위치로 활용하겠다는 의지를 표명한 것으로 보인다.[98] 1937년 4월에 임기 만료된 자가 10명이 있었는데 중임을 시키지 않고 거의 신인을 등용하였으며, 칙임대우의 참의를 종래와 같이 거의 종신관과 같이 중임시켜온

---

94) 1936.10.11, 「각 참의민정 보고를 南총독 열심청취, 시정각반에 격의없는 의견토로, 중추원 회의 금일 폐회」 『每日申報』.

95) 1937.5.2, 「中樞院會議 來卄四五日頃」 『每日新報』.

96) 1937.6.8, 「總督臨席 總監統裁로 中樞院 定例會議 開幕」 『每日新報』 ; 1937.6.8. 「中樞院本會議 南總督의 訓示」「中樞院 會議 出席者 招待, 南總督」 『東亞日報』.

97) 1937년 6월, 「제18회 중추원회의」 『中樞院通信』 105호, 조선총독부 중추원, 1쪽.

98) 1937.3.11, 「中樞院도 刷新, 청신미를 주입코저, 신인물을 발탁등용」 『每日新報』.

관습을 타파하고 경질을 단행하고 있다.

이 해의 중추원회의록은 남아있지 않으나 참의들의 답신서는 남아있다. 자문사항은 1.사회교화시설중 조선의 현상에 비추어 강조실시를 요한다고 생각되는 사항 및 이를 일반민중에게 철저히 하는 적절유효한 방책 2.동본동성 상혼금지제도는 여전히 이를 인정해야 하는가 였다. 첫 번째의 사회교화를 강화하는 방책에 대한 자문사항에 대해, 참의 이진호는 "사회교화는 정신통일에 있고 정신통일은 무엇보다 신앙심을 환기시키는 것에 있다"며, 각 면에 신사를 봉재하고 개인 가정에도 신단 설치를 장려하자고 주장했다. 참의들의 답신은 대부분 교화시설을 늘리고 총독부 내에 독립된 교화 전문기관을 설치하고 청년훈련소 또는 청년단을 확충하고 부인 교양시설을 장려해야 한다는 의견이 많았고 그 외 '국체 관념의 명징'을 위해 1군 1신사 제도의 확립, 신사 참배 강화, 국기 계양 장려 등의 의견을 내놓았다.[99]

두 번째 자문사항인 동본동성 상혼금지 제도에 대한 자문사항에 대한 총독부측의 상세 설명은 "조선인의 혼인은 혼인당사자가 본관 및 성이 달라야 하는 것이 성립 요건 중 하나이며, 이에 반하는 혼인은 무효로 여기는 관습이 있다. 시대의 추이와 현대의 요구에 비추어 생각해 볼 때 이와 같은 관습을 끝까지 지키는 의의를 의심하지 않을 수 없다. 오히려 우생학상 및 사회 풍교상 폐해가 없는 정도에서는 유효하다고 인정하여 금혼의 범위를 축소하는 것이 타당하지 않을까. 만약 그렇다고 한다면 어떤 범위에서 현행 관습을 유지하는 것이 적당한가하는 점 등에 관하여 의견을 묻고자 한다"였다. 총독부 법무국에서는 동성동본 금혼 제도를 개혁하기 위해 1936년부터 조사에 착수하고 있었고 중추원에서만 이것을 인정하게 되면 재판소에서는 주저 없이 동성동본의 결혼수속을 접수하게 될 것이라 파악하였다.[100] 1936년 4월에 법무국장은 고등법원장

---

99) 1937, 조선총독부 중추원, 『第18回中樞院會議參議答申書』.

앞으로「同本同姓間의 婚姻에 관한 件」을 보내 조선에서의 동본동성 간 혼인이 확인된 것만 3,868건에 달하고 있는데 同本同姓 간에는 절대로 혼인할 수 없는 관습이 존재하는지, 만약 존재하지 않는다면 인정되는 친족 간의 범위는 어디까지인지를 문의하였다.[101] 이를 받은 고등법원 장은 중추원의 의견을 물어보았고,[102] 이에 대해 중추원 서기관장은 동 본동성 간(남계혈족 간) 혼인을 행하지 않는 관습이 존속한다고 회답하 였다.[103] 이 당시 일본 민법에서는 직계혈족 三等親 이내의 방계혈족과 直系姻族間에만 혼인을 금하고 있었기에, 총독부에서는 민사령 개정과 함께 동본동성 금혼 제도도 개정하여 일본 민법에 준하게 할 방침을 세 우고 중추원회의에 이 제도 존속의 가부를 자문하게 되었던 것이다.

이에 대한 의견은 매우 크게 엇갈리고 있는데, 쉽게 타파하기 어려운 관습이므로 시기상조이며 당분간 존속시키자는 의견이 전체 63명 중 26 명이고, 나머지는 금혼의 범위를 축소하는 것에 대해 찬성하고 있다. 축 소하자는 의견 중에서도 8촌 이내로 축소하자는 의견이 4명, 10촌 이내 가 3명, 20촌 이내가 3명이고 다른 사람들은 금혼 범위를 축소하는 데 원칙적으로 찬성하는 수준이다.[104] 찬성하는 자의 주요한 의견은, 금혼 범위를 축소하는 것이 동본동성 혼인을 장려한다는 의미가 아니라 단순 히 혼인을 희망하는 자를 법적으로 인정하는 것에 불과한 것이라는 것이 다. 전체적으로는 총독부가 추진하려고 하는 방향에 동의하는 쪽이 많아

---

100) 1936.4.22,「재래 관습을 타파, 동성동본간에도 결혼을 인정하자, 제한은 오히려 악영향 있어, 당국에서 준비 진행」『朝鮮中央日報』.
101)「同本同姓間의 婚姻에 관한 件」, 발송자 法務局長, 발송일 1936.4.22, 수신자 高 等法院長.
102)「同本同姓間의 婚姻에 관한 件」(高庶 제211호), 발송자 高等法院長, 발송일 1936.4.25, 수신자 中樞院議長.
103)「同本同姓者間의 婚姻에 관한 件」(朝樞 제229호), 발송자 書記官長, 발송일 1936.6.10, 수신자 高等法院長.
104) 1937,『第18回中樞院會議參議答申書』.

도 불가의 입장을 보이는 사람이 상당히 많은 것을 알 수 있다. 결국 총독부는 동성동본 금혼의 완화 또는 폐지가 아직 일반 민중의 입장에서 받아들이기 힘든 것이라 판단했기에[105] 추진하지 못했다.

1937년 이후 참의들은 사회교화 강연에 대대적으로 나서는데, 그 진행 상황은 목요예회에서 보고되었다. 이 1937년 목요예회의 진행상황을 『中樞院通信』[106]을 통해 살펴볼 수 있는데, 주로 참의들이 북중국의 황군 위문 시찰이나 사회 교화강연을 갔다와서 보고하는 내용으로 이루어지고 있다. 또는 총독부 정책과 조선의 산업 경제 상황에 대해 총독부 관료나 참의들이 자신의 소견을 이야기하는 내용이 목요예회에서 이루어지고 있음을 알 수 있다. 1937년 목요예회의 내용과 강연자의 이름은 다음과 같다.

〈표4-1〉중추원 목요예회의 내용(1937)

연월일	주제	강연자
1936.12.10.	만주시찰담(2)	서기관 김병욱
1937.1.21	조선민족 북진의 역사	이왕직장관 법학박사 篠田治策
1937.1.28	인쇄에 대하여	참의 방태영
1937.2.4	대만시찰담	중추원서기관 野世溪閑了
1937.2.18	籾檢査의 개선방책에대하여	참의 李熙迪
1937.3.4	경성부의 초등교육 현상과 장래	참의 이승우
1937.3.11	최근의 광업, 수산업 상황	식산국장 穗積眞六郎
1937.3.18	내가 본 농촌	참의 안종철
1937.3.25	조선의 산업경제와 선만일여	조선은행조사과장 瀶谷禮治

---

105) 총독부는 중추원 참의들의 반대를 확인한 직후 또다시 『每日新報』를 통해 대표적인 조선인 인사들의 의견을 물었으나 일반 조선인들은 동성동본 금혼 규정에 찬성하고 있었다(이승일, 앞의 책, 277쪽).

106) 『中樞院通信』은 현재 100~111호(1937년 1월~12월)가 남아있으며 매월 1회, 15일에 발행되었다. 적을 때는 8쪽, 많을 때는 20쪽이 발행되었고 주로 총독부 정책, 총독 훈시, 일본 왕실 근황, 목요예회 강연 내용 등의 내용으로 이루어져 있다. 매월 발행되는 것이었으므로 1928년 10월부터 발행되었으리라 추측된다.

연월일	주제	강연자
1937.4.1	경성부의 도시계획에 대하여	경성부 工營部長 長卿衛二
1937.4.8	지방순회강연의 개요	참의 한규복
1937.4.22	조선의 유사종교	총독부 촉탁 村山智順
1937.5.13	북선시찰의 개요	참의 한상룡
1937.5.20	제주도시찰담	내무국장 大竹十郎
1937.9.16	북지황군위문을 마치고	참의 김관현
1937.9.30	북지를 瞥見하며	참의 성원경
1937.10.18	영흥학교를 시찰하고	내무국장 大竹十郎

참고문헌 : 1937년 1~12월, 『中樞院通信』 100~111호, 조선총독부 중추원.

　전시체제가 심화되고 1938년 1월 15일에 일본 육군성은 조선인의 현역병 지원병역제 실시를 발표하였다.[107] 발표되자마자 중추원참의 최린은 "지원병제가 실시되는 것은 조선인도 국민의 의무를 다하게 되는 동시에 큰 권리를 갖게 되는 것"이라며 "속히 징병령까지 시행되는 것이 내선일가 결성에 최후 단결인 것으로 생각"한다고 환영하였다.[108]

　중추원회의가 열린 1938년 5월 20일 徐州 함락의 공보가 오전 10시에 총독부에 전해졌고, 회의를 주재하던 오노 정무총감은 즉시 이 소식을 출석자에게 전하고 출정 육군 총지휘관에 대한 감사의 축의를 표한 전문을 만들어 이를 만장일치로 가결한 후 즉시 중추원의 명의로 제일선 현지에 타전하기로 가결하였다. 이미 전날 19일에 중추원회의 참석차 경성에 모인 참의들은 조선신궁에 참배하여 "황군의 무운장구를 기원"하고 용산육군병원에 부상병을 위문한 터였다. 미나미 총독은 회의 중간의 휴식 중에 스스로 기자단을 회견하고 "어제 일동의 정신적 행동이 끝난 직후 접한

---

107) 1938.1.16, 「朝鮮에 志願兵制度設定 ; 近日中 勅令으로 公布 來四月부터 實施豫定　十七歲以上 在營年限 二年 採用兵種을 步兵에 限, 陸軍省 十五日午後四時三十分　發表 」 『東亞日報』.
108) 1938.1.17, 「내선일가결성에 최후단결에로, 병역과 교육상무차별 실현, 중추원참의 최린씨 담」 『每日新報』.

서주함락의 소식이 회의 중에 도착된 것
은 어떠한 인연이 있는 듯 생각된다. 중추
원 각원의 성심성의가 제일선에 통한 것
일 것이다"라고 감격했다고 한다.[109] 21
일 회의 종료 직후에도 회의 출석자 일동
은 조선신궁에서 열리고 있던 서주함락
奉告祭에 즉시 참석하였다.[110]

이 회의의 자문사항 "내선일체정신
을 일반 국민의 일상생활에 실천, 구현
하는 방책"에 대하여 참의들은 이미 스
스로 '황도정신'으로 무장되어 있음을
여실히 보이고 있다. 각 면에 신사를 건

〈사진 20〉 최린(1878~1958)

설하고 각 가정에 神棚을 만들어 조석으로 식전 예배를 드리도록 할 것,
가정 내의 국어(일본어) 보급, 국기 게양식 거행, 皇居望拜의 보급 철저,
시국표어 간판 개선, 일본 국사의 철저한 보급 등을 주장하고 있다.[111]

한편 총독부는 여전히 조선의 일상생활에 큰 영향을 끼치고 있는 유
교의 친일화를 도모하기 위한 준비 작업으로 중추원을 활용하였다. 18회
회의에서 미나미 총독은 훈시에 "반도유림은 한 가지로 마음을 합하여
황국신민으로서의 굳은 신념에 의해서 동양도덕의 정수인 오륜의 도를
구현함으로 유림의 영예있는 사명을 다하라"고 훈시하였고, 중추원 고
문인 윤덕영을 경학원 대제학으로 추천하고 1938년 5월 27일부로 중추
원 참의들에게 "시국에 비추어 유교 진흥에 관한 구체적 방책"이란 주제
로 자문을 발하기도 하였다.[112] 윤덕영은 이에 기반하여 "황도정신에 기

---

109) 1938.5.21, 「中樞院會議 戰勝祝電 可決」 『朝鮮日報』.
110) 1938.5.22, 「중추원회의 종료」 『朝鮮日報』.
111) 조선총독부 중추원, 1938, 『第19回中樞院會議參議答申書』.
112) 1938.5.29, 「동양도덕의 근저인 유교진흥에 박차, 중추원에서 대책을 자문」 『每

반한 유도의 진흥을 도모하는" 儒道聯合會를 경학원을 중심으로 하여 1939년 10월 조직하였다.[113]

중추원회의는 연 1회 열리는 것이 관례이나 1939년에는 정례회의 전에 임시회의가 5월 30일에 열렸다. 미나미 총독은 4월 29일에 羅津을 거쳐 동경에 갔다가 5월 24일 경성으로 돌아왔는데 "내선일체의 강화와 시국에 대처할 방책의 전면적 전진"을 위해 25일부터 임시 각국장회의, 29일에는 임시 각도지사회의와 임시 중추원회의를 소집했던 것이다.[114] 5월 29일 오후 1시에 오노 의장, 민병석·윤덕영 등 고문 이하 참의 60여 명이 출석한 위에 총독은 오전에 임시도지사회의에서 피력한 내선일체의 충실에 관한 포부와 그 진로를 말하고 오후 2시 반에 폐회하였다.[115] 미나미 총독은 渡東 일정의 성과 특히 그가 가장 중요시하는 국책인 내선일체에 관한 일본과의 연락사항에 대해 보고하고, 일본의 병참기지인 조선의 지위의 중요성에 대해 이야기한 것으로 보인다.

제20회 중추원회의는 1939년 6월 28일부터 2일간 개최되었다. 총독 임석 하에 오노 의장의 주재로(부의장 박영효후작은 결석) 민병석 윤덕영 양 고문과 63명의 참의(유혁로 조회문 결석), 본부 각국과장 출석 하에 열렸다. 미나미 총독은 국민정신의 앙양과 국가총력의 발휘라는 大要에 입각하여 부여신궁창립, 호국신사의 창립, 국민정신총동원운동 강화, 내선일체의 철저, 생산력 확충, 수출 진흥, 물자 절약 등에 대한 훈시를 행하였고, 이어 오노 의장이 출정 일본군 장병에 대해 감사전보를 발송하자고 제안하여 만장일치로 가결되었다. 뒤이어 본부 각국과장으로부

日新報』.

113) 1939.10.17, 「朝鮮 儒道의 總本營 各道代表者三百名集合으로 儒道聯合會를 組織」 『東亞日報』.

114) 1939.5.25, 「時局에 對處할 方策 南總督, 各層에 指示 25日부터 各種會議召集」 『東亞日報』.

115) 1939.5.30, 「午後二時부터 臨時中樞院會議」 『每日新報』.

터 소관사무에 대해 演述이 있고 정오에 휴게하였다가 오후 1시부터 재
개하고 제1자문사항의 답신에 임하였다. 자문사항은 1. 지방의 실정에
비추어 시정상 특히 주의를 요할 사항 및 그 대책 2. 遺言의 방식에 관
하여 특별규정을 발할 필요가 없는가였다.116) 아쉽게도 참의답신서는
남아있지 않다. 1번 자문사항에 대해서는 여러 번 자문안으로 나왔던 만
큼 참의들이 이전과 대동소이한 의견을 제시했을 것으로 보인다. 자문사
항 2항은 조선민사령을 개정하려는 총독부측의 활동을 반영하는 것이
다. 민사소송에 있어서 형제, 적서, 양 본가 간 유산쟁탈전이 있는 상황
과 선조의 유언을 둘러싸고 가정 내에 논쟁하는 일이 많은 현상에 대해,
조선에서는 아직 친족상속의 성문법이 없고 종래 관습을 존중하는 고등
법원 판례에 준거하여 해결지어가고 있었는데, 총독부에서는 사법법규
개정위원회를 설치하고 친족상속에 관한 성문법을 제정하고자 하고 있
었다. 그래서 중추원회의에 부의하여, 각 참의로부터 유언에 대하여 어
떤 규정을 두면 좋을까를 문의하게 된 것이다.117) 제2일에는 오전 11시
20분에 휴게하고 총독부 정면 현관에 중추원 일동이 서서 기념촬영을
하였고, 오후 1시에 재개 후 시오바라(鹽原)학무국장이 지원병의 활동
상황과 금후 지원병제도 확충에 대한 포부 등을 演述한 후 자문사항 답
신을 속개하고 오후 4시에 폐회하였다.118)

이상과 같이 1930년대 중추원회의에서는 주로 산업진흥에 관해 필요
하다고 생각되는 것, 지방민정 중 특히 주의해야 할 사항과 이에 대한
의견, 민중생활안정을 위해 시설이 필요하다고 생각되는 사항, 소작관행
개선, 의례준칙 제정 등과, 농촌진흥운동과 발맞추어 농사갱생계획 관철

116) 1939.6.29, 「今日 中樞院會議開幕, 開會劈頭出征將兵에 對한 感謝電文을 一致
可決」 『東亞日報』.
117) 1939.6.29, 「骨肉相爭의 열쇠인 遺言의 特別規定을 設定, 今日 中樞院會議에 提
案討議」 『東亞日報』.
118) 1939.6.30, 「中樞院會議終了, 第一, 二諮問案 答申」 『東亞日報』.

今日 中樞院會議開幕

開會劈頭出征將兵에 對한
感謝電文을 一致可決

一般國民精神이 昂揚과
國家總力의 發揮高唱

第一 國民精神의 昂揚

第二 國家總力의 發揮

에 필요한 방책, 각지에서 민심의 추향과 이의 선도에 관한 의견, 사회교화시설 중 강조실시를 요하는 사항 등이 자문되고 있다. 중추원이 적극적으로 총독부 통치에 기여하도록 실제 통치에 직접적으로 관련있는 사항들을 자문하였고 참의들도 이에 충실히 답변하는 과정을 볼 수 있다. 전시체제가 심화되면서는 내선일체정신을 일반 국민의 일상생활에 실천할 수 있는 방안에 대해 자문함으로써, 본격적으로 참의들을 전시 통제와 동원에 적극 활용하려 하고 이에 참의들도 적극적으로 협력해가는 모습을 살펴볼 수 있다.

〈사진 21〉 중추원이 일본군에 대한 감사 전보를 발송한 것을 보도한 동아일보 1939년 6월 29일 기사

4) 국민정신총동원운동·국민총력운동에 대한 자문활동(1940~1945)

1940년 중추원 회의는 5월 17, 18일 양일간 국민정신총동원운동에 협력할 것을 중심으로 열리게 될 것이라는 기사가 있으나[119] 후속 기사

---

119) 1940.4.21, 「中樞院本會議 五月十七, 八兩日」『東亞日報』, 1940.4.21 ; 「중추원

가 없어 열리지 않은 것으로 보인다. 제21회 정례 중추원회의는 1940년 10월 24일 열렸다. 23일에는 다음날부터의 의사일정에 대한 논의를 위해 오후 1시에 참의들이 모였는데, 모임 후 56명의 참의(8명 결석)는 나가타(永田) 서기관의 안내로 조선신궁에 참배하고 대표 8명은 다시 용산 육군병원을 위문하였다.[120] 다음날 24일 중추원회의가 열리고, 제2일인 25일은 새로운 부의장 윤덕영 자작의 취임식과 皇紀 2천6백년 기념식에 참가하는 관계로 제1일로 회의가 종료되었다.[121]

1940년 2월 창씨개명이 실시된 이후 중추원 참의들은 이에 적극 참여하였다. 1940년 5월 회의에 답신을 제출한 64명 중 창씨개명을 하지 않은 사람은 11명으로,[122] 창씨개명을 한 사람들은 제도 실시 이후 즉각적으로 개명을 한 것을 알 수 있다. 창씨개명을 하지 않은 11명은 이후에도 창씨개명을 하지 않았다. 일제는 조선인들에게 창씨를 강요하지 않았다는 증거를 보이기 위해 중추원 의원, 고위관리, 대기업가 등 창씨신고가 필요없는 몇 가지 예외를 두었다.[123] 이 11명도 이러한 경우에 해당된 것이다.

회의의 자문사항은 "1. 국민정신총동원운동 상황과 이의 강화철저를 기하기 위해 금후 채택해야 할 방책 2. 법정 추정 호주상속인 폐제 제도를 설치하는 것의 필요 여하"였다. 조선에서 국민정신총동원운동은 중일전쟁 1주년 기념일을 계기로 1938년 7월 7일 조선연맹이 결성되면서 전 조선에 걸쳐 각 지부 연맹과 애국반이 결성된 이후 보다 강력한 군국주의적 전쟁 동원체제가 구축되어가고 있는 상황이었다. 제1항에 대한

본회의」『朝鮮日報』.

120) 1940.10.24,「中樞院會議今日準備會開催」『每日新報』.

121) 1940.10.26,「中樞院會議閉會」『每日新報』.

122) 金英鎭 高元勳 玄俊鎬 金思演 韓相龍 方義錫 南百祐 姜東曦 金信錫 李敬植 俞萬兼 등이다.

123) 김동호, 1994,「일제하의 창씨개명」『창씨개명』, 학민사, 208~209쪽.

참의들의 답신은 총독부의 전쟁 동원에 적극적으로 협력하고 이를 강화할 수 있는 방안으로 짜여져 있다.

참의들은 각자 자기가 속한 지방에서의 국민정신총동원운동 상황을 보고하고, 조선연맹 조직과 활동을 강화시키기 위해서 조선연맹에서 선정한 21항의 실천 요목의 철저, 군연맹과 읍·면연맹의 간부 회합 횟수 증가, 정동기관지 「총동원」·「曉」의 내용 간이화와 언문 보급판 발행, 사상보국연맹·방공협회 등을 정동연맹에 합류시켜 정동에 사상부를 설치하고, 군사후원연맹·군인후원회·국방협회 등을 정동에 통합하여 군사후원부를 설치, 연맹 임원 협의회, 강습회, 좌담회의 개최 등을 주장하였다. 애국반의 확장 강화를 위해 府·郡과 읍·면에 전임지도자를 배치하여 부락연맹원 지도, 부락연맹과 애국반의 중견인물 양성, 은행 회사 종교단체 학교 교원의 애국반 지도, 警防團, 부인단체, 청년단, 소년단과의 연락 강화, 매달 애국일 행사 철저 등을 이야기하고 있다. 또 사회풍조의 갱신과 생활 개선을 위해 궁성요배, 神社·神祠 참배, 복장 간소화, 금주 금연, 폐품 회수의 강화, 학교 아동을 통한 절미운동의 독려 등을 더욱 철저히 하자고 주장하고 있으며, 내선일체의 촉진을 위해 일본어, 일문 사용 장려, 창씨의 보급, 내선통혼의 장려, 내선 차별대우의 철폐, 육군 특별지원병제도의 확장, 징병령의 실시를 주장한 참의도 있었다. 참의 현준호는 각 부.군.도연맹 내에 중요물품 배급통제에 대한 협력기관을 설치하자고 주장하였으며, 장직상은 자문 이외의 희망사항이라며 일본인의 원적을 조선으로, 반도인의 원적을 일본으로 자유롭게 옮길 수 있는 제도를 제정해달라는 것과 일본인 묘지를 사원 경내에 설치할 수 있도록 하자고 주장하기도 했다.[124]

한편 자문사항 2항은 총독부에서 조선의 친족·상속 관습에 대해 성문화를 추진하는 과정에서 나온 자문안으로, 조선에서는 관습상 당연히 집

---

124) 1940, 『第21回中樞院會議參議答申書』.

안의 장남이 호주 상속인으로 되고 있는데 이를 일본 민법에 준하여 廢除할 수 있는 제도를 정하자는 것이었다. 참의 대부분인 57명이 제정할 필요가 있다고 찬성하였고 시기상조로 본다는 사람은 세 명, 무응답은 한 명이었다. 찬성하는 입장은 상속인이 피상속인을 고의로 부양하지 않거나 또는 상속인이 신체적 정신적 결함에 의해 가정일의 집행이 불능한 경우, 집안 이름을 더럽혀 형을 받은 경우, 준금치산자의 선고를 받은 경우에 관습에 따라 법정의 추정호주 상속인의 폐제를 인정할 수 없는 것은 형식적 가독 상속만을 중요시하는 과거의 경제상태의 유물이라며, 폐제를 당연히 인정해야 한다고 하였다. 반대하는 입장은, 갑자기 폐제할 경우 일부러 추정 상속인의 지위를 다투는 폐해가 조성될 염려가 있으므로 조선의 관습과 실정에 비추어 신중히 연구할 필요가 있다는 입장이었다.[125]

1940년 10월 15일 총독부는 국민정신총동원연맹을 개편하여 최대 관변 통제기구인 국민총력연맹을 조직하였다. 고도국방국가체제가 강화되어가고 물자 배급과 자금 조달, 노무 동원 등이 원활하게 되는 것이 무엇보다 중요시되는 시기였다. 1941년 제22회 중추원회의의 자문사항은 "시국하의 민정에 대해 시정상 특히 유의해야 하는 사항"과 "남자의 법정 추정 호수상속인이 없는 경우 여자로서 호주 상속을 하게 하려는 제도의 가부"였다.

참의들은 회의 첫날 6월 10일에 개회 전 모든 참의들이 조선신궁에 참배하였다. 회의 첫머리에 미나미 총독이 저물가정책 堅持 등에 대해 훈시를 하였고, 오노 의장의 인사, 총독부 각국자의 演述 후 자문사항 1항에 대한 답신에 들어갔고, 둘째날 오전까지 1항 답신이 이어지고 오후에는 제2자문사항에 대해 답신을 하였는데 여러 참의들이 여자상속제도에 대한 찬의를 표하고 오후 6시부터는 경성호텔에서 개최된 오노 의

---

125) 1940, 『第21回中樞院會議參議答申書』.

장 초대의 만찬회에 출석하였다. 이틀 동안 회의를 진행한 후 12일에는 참의 일동이 부여신궁 조영 공사에 근로봉사를 하러 부여로 출발했다.[126)

참의들은 1번 자문사항에 대해 다양한 의견을 내놓고 있는데, 그중 많이 중복되는 것은 물자 통제의 강화에 대한 의견이다. 물자 배급 기구의 정비, 물자 배급 제도의 개선으로 물자 배급을 원활화할 것과, 농지가격통제령, 소작통제령, 택지건물가격통제령 등 각종 통제법의 개선과 그 취지의 철저화를 주장하고 있다. 그리고 통제 강화에 추진에 따른 지방자치권 위축 방지와 중소상공업자의 실업 구제대책, 자금융통 방법의 개선 등을 이야기하고 있다. 다음으로는 국민총력운동 하부 조직 지도자의 정비와 훈련, 국민총력운동 제일선 지도직원의 증배를 많이 이야기하고 있다. 또 황국신민의 연성을 위해 조선인 아동의 일본 유학, 일본어 교육 철저, 국민적 작법의 훈련, 과학적 태도의 훈련, 사설교육기관의 쇄신, 신도의 진흥, 종교단체의 선도, 민정사찰의 강화 등을 주장하고, 내선일체의 강화를 위해 초등학교의 내선공학, 조선인 차별의 철폐, 조선인과 일본인간 결혼의 적극적 장려 등을 꾸준히 주장하고 있다. 金明濬(金田明)은 호적법을 개정하여 일본과 조선간에 원적을 옮길 수 있게 할 것과, 중의원 의원 선거법을 조선에도 실시하자고 주장하였다. 그 외에 공문서의 평이화와 지도방침의 간이화, 특별지원병의 정원 증가, 상류계급에 대한 지원병 응모 장려와 징병령의 실시, 저물가정책의 철저한 시행, 농촌 애국반의 개선과 청년훈련의 강화, 근로보국대의 강화, 하급 관공리의 대우개선, 정총대, 구장 등의 수당 공인 등을 이야기하고 있다.[127)

자문사항 2항은 조선 가정에서 법정 추정 호주상속인인 남자가 없는 경우에는 여자가 있을 때라도 양자를 들이는 관습이 있는데 이를 타파하

126) 1941.6.10,「中樞院會議」『每日新報』; 1941. 6.11,「中樞院會議의 開催」『每日新報』; 1941.6.12,「各參議의 答申眞擊 中樞院會議今日終了」『每日新報』.
127)『第22回中樞院會議參議答申書』, 1941.

고 여자로 하여금 호주상속인이 되게 하는 제도를 추진하고자 중추원회의에 자문된 것이었다. 참의 다수가 제도를 찬성한다고 하였고, 8명의 참의[128]가 시기상조이므로 불가하다고 하였다. 찬성하는 측은, 이미 민사령의 개정에 의해 창씨제도를 실시하고 사위양자 제도를 실시하고 있는만큼 이 제도를 실시하는 것은 당연하다고 하고, 일본 민법 제970조에 남자가 없을 시 여자가 가독을 상속하도록 한 것에 따르자고 말하였다. 불가하다는 입장은 아직 조선의 실정에서는 祭祀者는 남자계통의 남자로 제한한다는 일관된 강한 관념이 있기 때문에 일반적 통념에서 고려할 필요가 있고 시기상조라는 답변이었다.

한편 참의 南百祐는 자문 이외의 회망사항이라며 중추원 참의에 일본인을 임명하자고 건의하고 있다. 참의 정원 18인을 증원하고, 그렇게 하지 않으면 중앙참의 41인 중 13인을 지방 참의로 할당하여 13도에 일본인 1인씩을 임명하며, 또 중앙참의 중 3~4인을 일본인 참의로 하면 예산에 영향을 주지 않고 실행할 수 있다고 주장하였다.[129] 중추원 참의에 일본인을 임명하는 것은 해방 직전까지 검토되었으나 결국 실행되지 않았다.

이 해 말에 임시중추원회의가 열렸다. 1941년 12월 8일 태평양전쟁이 발발하자 장개석의 국민정부에 이어 대한민국임시정부도 12월 10일 대일선전을 포고하고 대일선전성명서를 발표하였다.[130] 총독부는 9일 "필승의 신념으로 臣道를 실천하라"는 총독의 유고를 관민에게 발포하였고, 10일에는 도지사회의와 중추원회의, 총력연맹위원회를 연달아 개최하여 "鐵石團結과 臣道실천"을 강조하는 총독 훈시를 행하였다.[131] 일

---

128) 徐相勛(徐川相勛), 朴容九(朴山容九), 張龍官(安本龍官), 金漢睦(平野漢睦), 崔炳稷(佳山定義), 崔準集(丸山隆準), 魚潭(西川潭一), 金慶鎭(金子典幹).

129) 1941, 『第22回中樞院會議參議答申書』.

130) 독립운동사편찬위원회편, 『獨立運動史』제4권, 853~854쪽 ; 『日帝侵略下36年史』12, 855~856쪽.

131) 1941.12.10, 「南總督諭告發布」 『每日新報』 ; 1941.12.10, 「필승의 體勢강화, 지사회의개최, 卽日 계속하여 중추원회의 소집」 『每日新報』 ; 1941년, 「臨時中樞

본의 침략전쟁이 최고조에 도달하는 시점에서 총독부는 전 조선이 혼연 일체되어 황민으로서의 의무를 다할 것을 다그쳤고 그 전국민적 무장을 선도하는 위치에 있는 사람들이 바로 중추원 참의들이었다.

태평양전쟁 개전 후 7개월이 흐른 시점에서의 1942년 중추원회의는 새로 부임한 고이소 구니아키(小磯國昭) 총독 임석, 역시 새로 부임한 정무총감인 다나카 다케오(田中武雄) 의장 통재 하에 1942년 6월 29일 열렸다. 李軫鎬(李家軫鎬) 부의장, 尹致昊(伊東致昊) 韓相龍 양 고문 이하 62명 참의 전원과 총독부 각국부장이 출석하고, 조선군참모장과 국민총력연맹 사무국장이 열석하였다. 6월 3일에 개선된 39명의 신임참의 소개가 있은 후, 총독은 "국체 본의에 기반을 둔 황민화에 최고목표를 두는 통치의 일반방침을 천명하고, 특히 민중지도의 중핵인 각 참의는 先憂後樂의 명철하고 거울같은 神境에서 정신적 정화에 挺身하라"고 45분간에 걸쳐 훈시하였다. 이어 다나카 의장의 인사가 있고, 황군에 대한 감사전보문을 가결한 후, 각국부장이 소관 사무에 대해 설명하였다.[132]

오후부터 "시국 하 민정에 비추어 장래 시정 상 고려해야 할 여러 사항"에 대한 자문사항 답신이 이어졌다. 참의들의 답변 중 가장 많이 나온 것은 역시 전쟁시기 식량정책의 확립이었다. 양곡의 통제 배급을 완화하고, 농민에 대해 지나치게 양곡 공급을 강요하는 강제 공출을 완화해야 한다는 것이다. 일률적으로 일인당 2홉 5작(약 198ml)을 배급하는 것은 불가하니 농민을 비롯하여 노동자 등에 대하여서는 그 증배를 감안하고 배급의 합리화를 단행하라고 하였다. 다수확 모범전답을 설치하고 자급비료 증산계획을 재수립하며 농업기술원 강습회 개최 등으로 식량대책을 확립하고, 정부의 보상 아래에 적당한 정도까지 미가의 인상을

院會議 開催ニ關スル件」(1941.12.9, 朝樞秘 제89호, 발신인 중추원의장, 수신인 농림국장)『雜書類綴』 2호(CJA0011568).

132) 1942.6.30, 「定例中樞院會議開催 國體本義透徹目標로 民衆指導에 挺身하라」『每日新報』.

단행하고 농업경제의 확립을 도모할 것을 주문하였다. 양곡 뿐 아니라 薪炭, 면포, 소금 등 생활필수품의 부족을 완화하고 배급을 원활화해야 한다고 주장하였다.[133]

두 번째로 많이 나온 것은 의무교육 제도를 하루라도 빨리 실시하라는 주장이다. 이 해 5월 9일에 조선의 징병제도가 정해져 1944년부터 실시하기로 되었는데, 참의들은 "조선통치의 역사상 획기적인 대진전이며 황국신민으로서 무한한 영광"이라며, 의무교육 제도를 시급히 실시하고 국어(일본어) 훈련을 충분히 하도록 하여 진정으로 황국신민으로서의 명예로운 의무를 완전히 다하게 해달라고 하였다.

또한 많이 나온 답신이 上意下達, 下意上通의 철저화이다. 제일선에 있는 지방관공리의 吏道를 진흥시키고 優遇策이 있어야 하며, 법률 명령 등 기타 관청사항을 철저히 주지시키며, 지방민정의 상통이 철저히 이루어져야 한다고 하였다. 하급 관공리의 優遇策으로는 본봉의 3할 정도로 임시수당을 지급하고 현행의 가족수당의 액수를 1명당 3원을 5원 정도로 증액해야 한다고도 하였다.

그 외에, "건전한 국민을 만드는 요소는 군국 어머니의 연성"이므로, 이들에 관한 시설 즉 국어운동의 철저, 징병제도 취지의 선전, 군국 어머니로서의 소질을 훈련할 수 있는 조선부인 교양지도기관을 적극적으로 시설해야 한다는 의견도 많았다.

또 각지에서 실시하고 있는 청년훈련소의 기구를 전면적으로 개혁하고 증설하여 일본의 청년학교 식으로 개선할 것, 육군특별지원병훈련소를 확충 강화할 것, 官公私立專門學校를 증설하고 전문학교 이상의 학교에 조선인 학생의 입학률을 증가시키고 내선무차별화의 촉진을 위해 縣制 실시연구위원회, 호적법통일연구위원회를 설치할 것, 조선에 중의원 의원선거법을 하루빨리 실시할 것을 주문하기도 하였다.

---

133) 1942, 『第23回中樞院會議參議答申書』.

한편 韓圭復(井垣圭復), 張憲根(張間憲四郞), 文明琦(文明琦一郞)은 중추원제도의 개선을 주장하였다. 한규복은 현 참의 이외에 조선인을 광범위한 중견층으로부터 대표적 인물을 상당수 임용하여 기구를 강화하고 총독부 각국 부별의 위원회에 소속시켜 행정상 필요한 조사연구를 하고 하급기관의 운영 등을 감찰토록 하여 총독 정치의 진정한 자문기관으로서 세우자고 하였다. 장헌근은 현재 중추원은 그 기구의 본질상 극히 단순한 명목상의 자문기관일 뿐만 아니라 인적구성은 모두 조선인뿐이고 대부분이 조선인의 고급관료 퇴직자로 구성되었으며 1년에 한 번의 정례회의를 개최하는데 불과하므로, 중추원의 기구에 일대개혁을 단행하여 명실공히 조선통치의 최고 翼贊機關이자 민의창달의 조직체기구로 정비시킬 필요가 절실하다고 하였다. 그 개혁안의 요점은 1) 일본인도 참의에 임명하는 것 2) 각종 전문 권위자 또는 유식 계급자를 참의에 임명하는 것 3) 참의의 증원을 실시하고, 각종 대우 및 구분을 철폐하는 것 4) 통치상의 중요 사항은 전부 중추원회의에 부의하는 것 5) 서기관장은 전임으로 하는 것 등이라고 하였다. 文明琦 역시 일본인도 중추원 참의에 채용할 것을 주장하며 이것은 장래 참정권을 부여하는 전제가 될 것이라고 하였다.134)

이상과 같이 태평양전쟁 발발로 국내에 징병제 실시를 앞두고 전쟁총동원령이 진행되는 시기에 참의들은 주로 전쟁동원과 관련한 물자동원 개선, 내선일체와 관련된 정신교육 강화, 교육기관 설비 및 확충을 위한 교육정책, 각종 통제기구 강화 등의 정책을 총독부에 제시하고 있었다.

1943~1945년 중추원회의와 관련해서는 참의답신서도 회의록도 남아있지 않아 자세한 내용을 알 수 없고 다만 대략적인 윤곽만을 추측할 수 있다.

1943년도 정례 중추원회의는 "반도관민의 총력을 필승의 일점에 집

---

134) 1942, 『第23回中樞院會議參議答申書』.

결할 중요사명을 가지고" 7월 19, 20일 양일간 총독부 제1회의실에서
열렸다. 고이소(小磯) 총독을 비롯하여 관계국과장, 국민총력연맹 의장
임석 하에 중추원측으로부터 다나카 의장, 李軫鎬(李家軫鎬) 부의장, 朴
重陽(朴忠重陽) 尹致昊(伊東致昊) 한상룡 등 고문 3명, 新貝肇 서기관장,
참의 56명(6명 결석)이 출석하였다.[135]

　총독이 "時局의 展開와 朝鮮 / 수양 연성의 실천; 學徒의 戰時動員體
制化, 靑年의 特別鍊成 / 生産戰力의 增强; 식량대책 및 증산, 광공업의
증산과 전력통제, 造船사업의 확충, 戰時勞務對策, 저축 장려 / 庶政의
改革刷新; 행정의 간소화 / 國民總力運動의 철저"의 요지로 훈시를 하였
고, 의장인 다나카(田中) 정무총감의 인사와 각국장 演述로 오전중의 일
정을 마쳤다. 오후와 제2일은 총독 자문사항인 "1. 황민연성 특히 청년
지도에 관하여 가장 유효하다고 인정하는 방책 여하 2.시국의 추이에 비
추어 생산 전력 증강에 관하여 대중으로 하여금 총력을 결집시킬 방책
여하"에 관하여 각 참의로부터 답신을 마치고 다나카 총감의 초대만찬
회가 조선호텔에서 있었다. 답신서가 남아있지 않아 자세한 내용은 알
수 없으나 "구체적 의견이 많아 당국으로서도 크게 참작"했다고 하며
"징병제를 앞둔 반도청년의 황민연성과 반도의 필승체제 확립에 매진할
결의를 새로이 한 것은 이번 회의의 큰 수확"이었다고 한다.[136]

　1944년 제25회 중추원회의는 7월 4, 5일 양일에 걸쳐 열렸다. 고이소
총독, 다나카 의장, 부의장 朴重陽, 고문 韓相龍·尹致昊(李軫鎬 고문 결
석), 참의 52명(12명 결석)과 군부 인사들이 참집하여 개최되었다. 국민
근로 태세의 확립과 증산 의욕을 철저히 앙양시키기 위해 중추원참의들
의 협력을 강조하는 총독의 훈시가 있었고, "반도민중으로 하여금 일층
그 戰意를 왕성하게 함과 함께 皇國勤勞觀을 확립시키기 위해 특히 금

---

135) 1943.7.20,「決戰下定例中樞院會議」『每日新報』.
136) 1943.7.21,「多大한 成果엇고 中樞院會議圓滿終了」『每日新報』.

후 시책을 요한다고 생각되는 사항 여하"라는 자문사항에 대한 참의들
의 답신이 있었다.[137] 회의에 출석한 참의 전원은 6일부터 5일간 龍山의
總督府指導者練成所에서 연성을 받았다.[138]

1945년 제26회 중추원회의는 7월 30일 열렸다. "戰勝 일로매진"하자
는 아베(阿部)총독의 훈시가 있었고, "현하 시국에 비추어 戰意 앙양, 생
산전력 증강에 관해 가장 유효적절하다고 생각하는 대책 여하"라는 자
문사항에 대한 참의들의 답신이 있었고, 이어 참의 일동은 황군에 대한
"感謝決議電文"을 보내기로 결정하였다.[139] 일제의 패망을 보름 앞두고
전세가 긴박해지는 시점에서 최후로 '진충보국'을 맹서한 것이었다.

위와 같이 전시체제기의 중추원 회의에서는 내선일체 실천 구현 방
책, 국민정신총동원운동의 강화철저를 위한 방책 등 전시체제하 전력 증
강에 참의들의 협력을 구하는 내용이 주로 자문사항으로 되고 있다.

이상으로 중추원 회의에서 나온 각종 의견과 정책 제안을 살펴보았
다. 매년의 중추원회의에서 이루어진 내용은 그 시기에 총독부가 가장
중요시하는 사항이 자문사항으로 올라왔다. 총독부는 중추원 의관들의
답신을 통해 식민지정책의 진척 상황과 민의의 동향, 사상의 동향, '내선
융화와 화목'의 상황을 파악하고자 하였다. 중추원 참의들은 때때로 내

---

137) 1944.8.1, 「彙報-第二十五回中樞院會議開さる」『朝鮮』 1944년 8월(제351호). ;
1944.7, 「第卄五回中樞院會議開幕」『每日新報』 ; 1944.7.5, 「제25회 중추원회
의 개막」『每日新報』.

138) 1944.7.7, 「中樞院參議鍊成」『每日新報』. 총독부지도자연성소는 조선총독부 敎
學硏修所를 폐지하고 1943년 4월 1일 "조선에서 지도적 지위를 가진 관민에
대해 국체의 본의를 遂徹하고 挺身奉公으로써 皇運을 扶翼하여 봉사하는 지도
자다운 자질을 연성 향상시킬 목적"으로 설치되었다. 소장은 정무총감이고 指導
監, 강사 및 서기는 조선총독부 部內 직원 및 학식 경험있는 자 중 총독이 명하
거나 촉탁하였다. 연성소에 입소하는 자는 관공리 및 민간 지도자들 중에서 전
형을 거쳐 소장이 결정하였다(1943.4.1, 「朝鮮總督府令 제105호」『朝鮮總督府
官報』 號外).

139) 1945.7.31, 『每日新報』.

선공학 등 실생활에서의 조선인과 일본인의 평등을 주장했으나 이것은 어디까지나 총독부 체제의 안정을 위해 필요하다고 생각하는 선상에서 제기하는 것이었다.

물론 중추원 자문 회의는 민의를 대변한다는 모양새를 갖추기 위한 측면이 있었지만 그것이 전부는 아니었다. 특히 1931년 우가키 총독 부임 이후에는 시정연구회라는 일종의 분과위원회까지 만들면서 구체적인 정책 실행안을 작성할 것을 주문하고 있다. 총독부는 시기별로 지배정책을 구상하고 결정하고 집행하는 데 중추원을 다각적이고 효과적으로 활용하였고 중추원 의관들은 이에 적극적으로 부응하였다.

중추원의 기능은 전시체제기에 들어서 더욱 집약적이고 효율적으로 중대되었다. 참의들은 회의에서의 발언뿐만 아니라 전쟁 협력을 위한 여러 가지 방법을 '자발적으로' 고안해내고 선도적으로 실천하는 전위부대로서 활동한다. 중추원은 단순한 자문기관이 아니고 친일파를 우대하기 위한 기관만도 아닌, 통치의 중요한 보조기관으로서 정립되어갔던 것이다.

2. 참정권·자치 문제에 대한 입장

1) 참정권 청원운동에 참여한 중추원 참의

1920년대 후반기는 신간회가 활발히 활동하였던 데서도 알 수 있듯이 총독부의 개량적인 '문화정치'가 위기에 봉착한 시기이기도 하였다. 조선사회 일각에서는 "직업적 친일분자를 망라한" 중추원을 폐지해야 한다는 목소리가 나오는 가운데 총독부는 중추원을 폐지하기보다는 개혁하여 '민의'를 대변하고 정책의 뜻을 전달하는 기관으로 활용하고자 하였다. 사이토(齋藤) 총독은 1930년 9월 제10회 중추원 정례회의 훈시에서 "중추원은 반도 현 정세의 총력기구로 기능하고 지방자치의 실질적 기반을 이룩하며 산업과 교학의 진작에 힘쓸 것이며 인심의 안도에 기여할 것"을 지시하였고, 이에 따라 중추원은 단지 총독의 자문기관의 성격에서 한걸음 더 나아가 적극적으로 총독부 통치에 기여할 수 있는 기능의 담당을 모색하게 되었다.

이와 관련하여 1920년대 조선에서는 합법적 정치공간을 확보하기 위해 두 가지 경로로 참정권운동이 전개되었는데, 하나는 중의원 의원선거법을 조선에 시행하여 조선에서도 제국의회에 의원을 파견하자는 참정권 청원운동이었고, 다른 하나는 조선에 독자적인 특별입법기관을 설치하자는 자치운동 흐름이었다. 참정권 청원운동은 민원식이 이끄는 국민협회가 주도했다. 국민협회는 '국민정신 발양', '사상 선도', '입헌사상의 계몽과 민권신장', '자치정신 배양'을 강령으로 내건 대표적인 新日本主義 단체였다. 신일본주의란 "日韓 兩國의 合倂은 과거의 사실이오. 수에는 合體하야 一國이 된지라 日本은 旣히 舊의 日本이 아니오 朝鮮의 土地와 人民을 包有한 新日本이라. 換言하면 日本民族뿐의 日本이 아니오 日鮮兩民族의 日本이 되엇나니 吾人은 此 事實과 自覺에 立하야 日鮮民族 共存의 大義를 完케"[140] 한다는 것으로, 양 민족의 공동책임과 의무로서 신일본이 건설되어야 한다는 것이며 실질적으로는 조선인이 일본인으로 완전히 동화되는 것을 의미한다. 국민협회의 주요한 논리는 참정권 실현을 통한 '내선인 차별 철폐'와 '조선독립불가론'이었다. 이들은 조선인에게 참정권을 부여하여 일본인으로서의 권리를 점차 향상시켜야 한다는 명목으로 꾸준히 일본의회에 참정권 청원서를 냈다.

---

140) 一記者, 1920.12.1, 「庚申年의 거듬(上)」『開闢』 제6호.

〈표4-2〉조선에 衆議院議員選擧法 施行에 관한 請願沿革

제국 의회 차수	연도	제출자	경과	
			청원위원회	본회의
42	1919	閔元植 외 105명	未了	
43	1920		정부참고송부	
44	1920	閔元植 외 2,326명	특별보고 제384호	1920년 3월 25일 의원회의에서 채택하는 것으로 의결, 정부에 송부
45	1921	土生彰 외 2명	정부참고 송부	
52	1924	大垣丈夫 외 56명	정부참고송부	
64	1933	金明濬 외 13명	특별보고 제189호	1933년 3월 18일 의원회의에서 채택, 정부에 송부
		韓仁敬 외 120명	특별보고 제250호	1935년 3월 14일 의원회의에서 채택, 정부에 송부
67	1934	金明濬 외 1,214명	특별보고 제304호	同性質(제250호)의결 결과 院 議에 붙이지 않으나 채택한 것 으로 간주하여 1935년 3월 25 일 정부에 송부함
70	1936	金明濬 외 24,625명	특별보고 제208호	1937년 3월 29일 의원회의에서 채택, 정부에 송부
73	1937	金明濬 외 28명	특별보호 제279호	1938년 3월 25일 의원회의에서 채택, 정부에 송부
74	1938	金明濬 외 28명	특별보고 제188호	1939년 3월 25일 의원회의에서 채택, 정부에 송부
75	1940	全富一 외 56명	특별보고 제765호	1940년 3월 24일 의원회의에서 채택, 정부에 송부
76	1941	金田明 외 68명	특별보고 제397호	1941년 2월 21일 의원회의에서 채택, 정부에 송부

참고문헌 : 外務省, 1941, 「朝鮮ニ衆議院議員選擧法施行ノ請願ノ件」(B05014017000),
『朝鮮人關係雜件建言及陳情關係』; 1941.2.21, 帝國議會, 「第76回 帝國議
會 請願委員會 第7回 速記錄」『帝國議會會議錄』, 92쪽.

위 표 중 1933, 1935, 1939, 1940, 1941년 청원서에 서명한 인사들의
명단이 확인되는데, 이 중 중추원 경력이 확인되는 인사들을 추출하면
다음과 같다.

〈표4-3〉중추원참여자 중 1933~1941년 참정권 청원 서명자

청원 제출 일	전체 서명 자	중추원 경력자 수	중추원 경력자			비고
			성명	현직	중추원 임기	
1933. 2.7	14명	8명	金明濬	국민협회장	21~45	-청원인 14명 중 13명이 13 개 도평의회원 출 신임. -소개의원 朴春琴
			龐寅赫	충북도평의회원	21~24	
			李康元	전북도평의회원	27~30	
			徐丙朝	경북도평의회원	24~27 33~45	
			鄭觀朝	평남도평의회원	33~36	
			姜利璜	평북도평의회원	45	
			金夏涉	함남도평의회원	45	
			李興載	함북도평의회원	27~30	
1935. 2.	1,214 명	10명	金明濬	국민협회장		-청원인 13도 도회의원, 면 장, 구장, 일반인 대 수 포함됨. -소개의원 朴春琴
			申錫麟	국민협회 부회장	23~27 32~45	
			石明瑄	대정친목회 이사	33~39	
			吳台煥	국민협회 이사	27~36	
			金夏涉	함남도회의원		
			林昌洙	충남도회의원	45	
			金在煥	경북도회의원	44~45	
			崔養浩	강원도회의원	33~36	
			張俊英	강원도회의원	42~45	
			金慶鎭	경남도회의원	39~42	
1939. 2.14	42명	10명	金明濬	국민협회장		-청원인 국민협회 간부들 -소개의원 朴春琴, 守屋榮吉
			申錫麟	국민협회 고문		
			尹甲炳	국민협회 고문	24~43	
			李謙濟	국민협회 고문	15~45	
			金潤晶	국민협회 고문	26~45	
			金寬鉉	국민협회 상무이 사	34~43	
			曺秉相	국민협회 상의원	39~45	
			石明瑄	국민협회 상의원		
			尙灝	국민협회 상의원	27~33	
			申熙璉	국민협회 상의원	33~36	
1940. 3.9	56명	21명	金明濬	국민협회 이사장		-청원인 국민협회, 13개도회 의원 -소개의원 박춘금 외 8명
			申錫麟	동 회장		
			金潤晶	동 고문		
			尹甲炳	동 고문		
			金寬鉉	동 고문		

청원 제출 일	전체 서명 자	중추원 경력자 수	중추원 경력자			비고
			성명	현직	중추원 임기	
			曺秉相	민중신문부사장		
			石明瑄	국민협회 상의원		
			朴喆熙	동 상의원	34~40	
			尙灝	동 상의원		
			金思演	경기도회의원	34~45	
			金信錫	전남도회의원	39~45	
			金東準	경남도회의원	45	
			徐丙朝	경북도회의원		
			林昌洙	충남도회의원		
			閔泳殷	충북도회의원	24~27	
			朴普陽	강원도회의원	39~42	
			金夏涉	함남도회의원		
			車南鎭	전남도회의원	41~44	
			李基燦	평남도회의원	36~45	
			姜利璜	평북도회의원		
			李澤鉉	함남도회의원	21~27	
1941. 1.18	69명	27명	金明濬	국민협회 이사장		-청원인 국민협회, 도회의원 -소개의원 朴春琴, 守屋榮吉
			申錫麟	동회 회장		
			金潤晶	동회 고문		
			尹甲炳	동회 고문		
			李謙濟	동회 고문		
			金寬鉉	동회 고문		
			安鍾哲	국민협회 이사	36~45	
			曺秉相	민중신문사 부사장		
			石明瑄	국민협회 상의원		
			朴喆熙	동회 상의원		
			尙灝	동회 상의원		
			申熙璉	황해도회의원		
			李基燦	평남도회의원		
			姜利璜	평북도회의원		
			閔泳殷	충북도회의원		
			金信錫	전남도회의원		
			車南鎭	전남도회의원		
			元炳喜	전북도회의원	42~45	
			金慶鎭	경남도회의원		
			徐丙朝	경북도회의원		
			申鉉求	경북도회의원	41~44	

청원 제출 일	전체 서명 자	중추원 경력자 수	중추원 경력자			비고
			성명	현직	중추원 임기	
			金東準	경남도회의원		
			金夏涉	함남도회의원		
			洪致業	평북도회의원	39~42	
			金思演	경기도회의원		
			劉泰卨	함남도회의원	33~42	
			金定錫	함북도회의원	39~42	

참고문헌: 外務省, 「建言及陳情關係」(B05014015400) 『朝鮮人關係雜件建言及陳情
關係』, 昭和八年 昭和十六年.

참정권 청원운동에서 중추원이 가지는 위치는 어떠했을까. 우선 국민
협회의 초대회장인 민원식은 1920년에 부찬의를 맡고 있었다. 조선총독
부는 국민협회 회원들을 중추원참의에 대거 임명하였다. 1921년 민원식
이 피살된 후 이루어진 중추원 개편에서 국민협회의 金明濬, 金甲淳, 韓
永源, 李炳學, 申錫雨, 朴鳳柱 등이 참의로 기용되었다. 국민협회의 중
심적 인물 중 중추원과 관계된 사람들은 다음과 같다.

〈표4-4〉국민협회 출신의 중추원 참의

인명	국민협회 활동	중추원활동 시기
閔元植	1920.1~1921.2 초대 회장	1920 부찬의
金明濬	1920 총무, 1921.4~1925.1, 1927. 1~1930.1, 1933.1~2대 회장	1906~1909 부찬의, 1921~1945 참의
嚴俊源	1922 총무, 1927 고문	1921~1939 참의
鄭丙朝	1921.4, 1922, 1923 부회장	1913~1915 부찬의
金尙會	1922, 23 총무	1938~1945 참의
李東雨	1920 평의원, 1923 상담역	1924~1934 참의
金甲淳	1923, 1931 충남지부장	1921~1930 참의
金寬鉉	1930.1~1931.1 부회장	1937~1943 참의

인명	국민협회 활동	중추원활동 시기
吳台煥	1932.1~1933.2 부회장	1930~1936 참의
李謙濟	1927 상담역	1915 찬의, 1921~1927, 1930~1945 참의
徐丙朝	1931 대구지부장	1924~1927, 1933~1945 참의
金夏涉	1931 함남총지부장	1945 참의
李炳烈	1932 회장	1927~1936 참의
石明瑄	1932 총무	1933~1939 참의
尹甲炳	1925.1~1926.1(3대 회장)	1924~1943 참의
申錫麟	1926.1~1927.1(4대 회장)	1923~1927, 1932~1945 참의
宋鍾憲	1930.1~1932.1(5대 회장)	1921~1927 참의

참고문헌 : 國民協會本部, 1921,「國民協會史第一」,『齋藤實文書』文書の部, 103-3-1
(일본국회도서관 헌정자료실) ; 1931,『國民協會運動史』,『韓日中央協
會·友邦協會文書』(학습원대학동양문화연구소) ; 淺野豊美·松田利彦 編,
2004,『植民地帝國日本の法的構造』, 信山社, 374~375쪽.

한편 참정권운동의 또다른 단체로 거론되는 갑자구락부는 오가키 다
케오(大垣丈夫), 이케다 나가지로(池田長次郎), 핫토리 도요기치(服部豊
吉), 芮宗錫, 芮宗鎬, 曺秉相, 方奎煥 등 일본인과 조선인이 합작하여 만
든 일종의 정치단체로, 참정권 요구에 있어서 조선 거주 일본인들의 이해
를 더욱 적극적으로 대변한 단체였다. 이들이 주장한 참정권은 조선인의
참정권 실현이라기보다는 단순히 조선인 의원과 조선거주 일본인 의원
몇 명을 제국의회에 진출시키는 것이 목적이었다. 여기 참가한 조병상 역
시 1939~1942, 1944~1945년 동안 참의로서 활동하였다.

중추원참의들은 매해 중추원회의에서 조선인에게도 귀족원 의원이
될 수 있는 권리를 부여할 것을 적극 주장하였다. 중추원회의에서 참정
권 부여 논의를 처음으로 꺼낸 사람은 鮮于순(金＋筍)으로, 그는 1919년
부터 육군대장 우츠노미야 타로(宇都宮太郎)에게 배일선인에 대한 '중요

한 정보'를 전달하고 기밀비도 받으며 밀정 활동을 했고[141] 1920년부터 평양부협의회원, 1921년부터 중추원참의를 한 인물이다. 선우순은 1927년 제7회 중추원 본회의에서 "일반 조선인은 1년 이상 일본에 거주하면 일본인과 같이 참정권을 부여받는데도 불구하고, 조선귀족은 1년 이상 일본에 거주하더라도 華族과 같은 귀족원 의원이 될 수 있는 특권을 부여받지 못합니다. 1년 이상 일본에 거주한 것을 조건으로 일반 조선인이 일반 일본인과 같은 권리를 획득하게 된다면, 조선귀족에게도 華族과 같은 특수권리를 부여하는 것이 타당하다고 생각됩니다"[142]라고 주장했다. 국민협회 출신으로 1921년에 참의에 기용된 韓永源과 이후 1932년 국민협회 회장을 하는 李炳烈은 1928년 회의에서, '일시동인, 내선일가'의 실효를 거두기 위해서는 양 민족의 권리 의무를 동일하게 하고 양 민족간의 차별을 철폐해야 하며, 그 방법으로 "조선에 참정권을 부여하여 조선민족으로 하여금 제국신민이라는 자각을 촉진시키는 것"이 중요하다고 주장했다. 국민협회 고문이자 제3대 회장을 맡은 尹甲炳은 1930년 제10회 회의에서 "조선인도 천황폐하의 적자인 이상, 일본인과 동등하게 참정권을 부여받음은 당연한 이치"라고 주장하였으며, 1931년 제11회 회의에서 김명준, 이택규, 오태환은 속히 조선에 중의원 의원 선거법을 시행하라고 요구하였다.[143] 이에 대해 우가키(宇垣) 총독은, 조선이 매년 재정과 국방에서 일본의 원조에 의존하고 있는 상황에서, 앞으로 일본으로부터 많은 보급금도 받지 않고 일본인과 마찬가지로 납세가 가능하게 되면 참정권은 자연히 획득할 수 있으리라고 답변하여, 참정권

---

141) 宇都宮太郞關係資料研究會編, 『日本陸軍とアジア政策－陸軍大將 宇都宮太郞日記』 3, 岩波書店, 2008, 268·293·298·300·301·303·310·316·318·319·323·330 ·338·343·356·358쪽.

142) 『中樞院 官制 改正에 관한 參考資料』 五. 參政權 문제에 대한 朝鮮人의 의향·건의, 지금까지 總督府의 취급.

143) 위의 자료.

부여의 뜻이 없음을 명백히 했다.[144]

그러나 이후 중추원 회의에서도 참의들의 참정권 부여 요구는 계속되었다. 1932년 제12회 회의에서 오태환, 이동우, 1934년 제15회 회의에서 김윤정, 1935년 제16회 회의에서 이명구, 1937년 제18회 회의에서 조성근, 1938년 제19회 회의에서 김명준, 정난교, 성원경, 1942년 재23회 회의에서 김신석 등이 중의원 의원선거법 시행을 요망하였다.[145]

그러나 중추원참의들이 참정권 문제에 대해서, 국민협회나 갑자구락부 등 단체의 입장을 떠나서 독자적으로 집단적 의사 표명을 한 적은 없다. 제국의회에 참정권 청원 서명을 할 때도 자신의 소속단체로 국민협회나 도평의회원 명의를 사용하고 있으며 중추원 참의로서 서명한 것이 아니다. 따라서 중추원은 참정권 '운동'에 있어서 선도적 역할을 했다고 보기는 힘들다. 그러나 참정권운동의 주요 인사들이 중추원 인물과 상당히 중복되며, 2절에서 살펴볼 자치운동의 논의내용의 중심에 중추원이 있음을 감안할 때 중추원 구성원들이 참정권·자치운동에 깊숙이 간여하고 있었음을 예상하긴 어렵지 않다.

2) 자치운동측의 중추원에 대한 입장

자치운동은 동아일보의 송진우, 천도교의 최린 등이 주도했다. 특히 1923년 말부터 자치론이 대두되기 시작한 것은 이 시기 민족자본가 상층과 부르주아 민족주의 우파가 '문화운동' 즉 실력양성운동의 한계가 나타나면서 그들을 뒷받침해줄 수 있는 최소한의 정치권력, 즉 자치권이

---

144) 1931.9, 『第11回中樞院會議 訓示·挨拶·演述及答申要項』.
145) 1934, 『中樞院沿革調査』 15, 제4편 조선총독부 시대, 제3장 중추원 회의, 제12절 제12회 회의(1932년 3월) ; 『第15回中樞院會議議事錄』; 1935, 『第16回中樞院會議議事錄』; 1937, 『第18回中樞院會議參議答申書』; 1938, 『第19回中樞院會議參議答申書』 ; 1942, 『第23回中樞院會議參議答申書』.

라도 획득하기를 희망한 것이 그 배경이 되었다.[146]

한편 1924년 6월 '全鮮公職者連合懇話會'에서 시작된 '全鮮公職者大會'는 1930년 4월 제7회 대회까지 이어졌고 여기서는 참정권 문제가 중요한 안건으로서 매회 제안되었다. 제1회 때부터 참정권 실시 문제와 조선의회 설치 문제가 대립각을 세우고 갑론을박을 벌였다.[147] 일본인이 수적으로 우세를 점하고 있는 만큼 항상 중의원 의원선거법 시행론이 우위를 점하고 통과되었으며, 제4회 대회에서는 조선인측이 '조선의회' 설치의 건을 의안으로서 제출했다가 대회 전에 철회되었고, 제5회 대회에서는 '조선총독부 직속의 자문기관 설치를 촉진하는 건'이 제출되어 갑자구락부 소속 일본인들과 격렬한 논쟁이 있었고, 제6회 대회에서도 '조선에 특별입법기관 설치 요망의 건'이 제출되었으나 마찬가지로 논쟁을 거치고 '조선에 참정권 부여 요망의 건'이 가결되었으며, 제7회 대회에서는 '조선에 특별입법기관 설치 요망의 건'이 다수결로 가결되기에 이른다.[148]

물론 공직자대회는 그 성질상 총독부 시정에 대하여 결정력을 가지는 결의기관도 아니고, 총독부 시정방침에 대하여 당국의 선택을 촉진하는 자문기관도 아니었으며, 단지 의사표시기관에 불과했다. 전선공직자대회의 각 의안의 문미에는 "할 事" 등의 결정적인 말이 아니라 반드시 "이렇게 하기를 요망한다"라고 하여, 다만 희망을 진술하는 식으로 되어있다.[149] 따라서 각 의안의 '可否決'은 총독부 시정에 대해서 하등의 실

---

146) 1920년대 중반부터의 자치운동과 자치운동론, 총독부와 재조일본인사회의 자치론을 둘러싼 논의 등에 대해서는 박찬승, 『한국근대정치사상사연구 - 민족주의 우파의 실력양성운동론 - 』(역사비평사, 1992) 제4장에 자세히 다루어져 있다.
147) 1924.6.18, 「所謂公職者大會, 세상의 의심을 사는 두 문제 배후에는 무엇이 숨어있나」, 『東亞日報』.
148) 전선공직자대회에서의 참정권·자치 논의는 김동명, 2006, 『지배와 저항, 그리고 협력 - 식민지 조선에서의 일본제국주의와 조선인의 정치운동 - 』, 경인문화사, 제3장 제2절 ; 李昇燁, 「全鮮公職者大會 : 1924~1930」 『二十世紀研究』 제4호에 자세히 다루어져 있다.

현력을 가지지 못하였으므로, 조선에 특별입법기관 설치를 요망하는 건
이 가결되었다 하여 어떠한 변화가 시정에 도래한 것은 아니었다.

그럼 전선공직자대회에서 자치의회를 주장한 조선인들의 중추원에 대
한 관점은 어떠하였을까. 1926년 제3회 공직자대회에서 중추원 지방참의
의 임명을 민선으로 하자는 건이 제기되었다. 평양 학교평의원 朴尙
僖150)가 제출한 이 건은 대회 준비위원들이 의안에서 삭제하였다. 전선
공직자대회 규칙상, 제안의 취사정리 등은 개최지의 위원들이 하기로 되
어 있기 때문에 개최지인 경성지역의 공직자대회 준비위원들이 이를 삭
제한 것이었다. 그러나 박상희는 회의 둘째날, 긴급동의로서 의사진행 발
언을 구하여 등단하여, 대회 준비위원들이 삭제한 중추원 지방참의 민선
의 건을 후루시오 바이케이(古城梅溪)151) 및 田德龍152) 양씨의 찬성을
얻어 "중추원 지방참의를 증원하고 동시에 각도평의원에서 후보자를 선
거하고 그 내에서 임명하는 것을 요망하는 건"으로 고쳐서 의안으로 올
릴 것을 희망한다고 말하였다. 그러자 준비위원을 대표하여 오무라 햐쿠
조(大村百藏)153)가 일어나 "공직자대회에서 부의하는 항목은 정치적 문

---

149) 1927.6.5, 「公職者大會 議案에 對하야」 『東亞日報』.
150) 朴尙僖는 1941년 12월 22일 箕林里禮拜堂에서 開催된 美·英擊滅西平壤大演說
會에서 연사로 참여하였다(1941.12.22·23, 『每日新報』).
151) 古城梅溪(1883년생)은 大分縣 東國東郡 출신으로 동경에서 의사를 하다 1886년
조선으로 와 일본공사관에서 公醫를 하였다. 1891년 私立贊化病院 설립, 1900
년 朝鮮官立醫學校 교사 등을 하다 1921년부터 경성부협의회원이 되어 있었다
(『조선재주내지인실업가인명사전』 제1편, 185쪽 ; 『경성시민명감』, 262쪽).
152) 田德龍(田原德龍, 1874년생)은 1910~1913년 평남 용강군수, 1914~1920년 평
남 영원군수, 1941년 평남도회의원, 1942년 중추원참의를 지냈다(『朝鮮總督府
及所屬官署職員錄』).
153) 大村百藏(1872년생)은 福井縣 福井市 佐佳枝上町 출신으로, 1904년 大東新聞
(京城日報社의 전신) 주필로 초빙되어 조선에 건너와 京城日報의 전신인 大韓日
報 주필로 활동하였으며, 1906년 京城日本人商工會議所 理事, 1907년 9월 龍山
居留民團長, 京城商業會議所 評議員, 1911년 京城居留民團 議員, 京城府會 議
員, 中央物産株式會社 사장, 1924년 東京으로 가서 산미증진 事業法案의 통과

제를 피하고 직접 우리 실생활에 관계된 문제를 제의하는 것이다. 중추원
은 처음에 데라우치(寺內) 총독 시대에 설치한 괴기하고 불가사의한 제도
로서 무용한 장물이다. 이것이 민선이건 관선이건 우리 실생활에 하등 이
해관계 없는 문제이기 때문에 삭제했다" 라며 격앙된 어조로 설명했다.
이에 박상희는 "우리 실생활에 직접 관계가 있는지 없는지는 먼저 제안
자의 설명을 청취한 후 논의하는 게 가하다. 중추원을 무용의 장물이라고
하는 것은 무례의 극치다"라고 화를 내며 말하자 장내는 일시 소란해졌
다. 결국 이 제안은 부결되었다. 그러나 오후 회의에서 다시 박상희는
"오무라 햐쿠조(大村百藏)의 말과 같이 중추원이란 것이 하등 권위도 없
고 무용의 장물로서 우리 실생활에 관계없는 것이라면 무슨 이유로 본부
는 매년 수만 원을 투입하여 이런 기관을 존치시키고 있는 것인가? 조선
에서 최고 자문기관인 중추원을 무용하다고 하는 언사를 하는 것은 우리
공직자대회의 명예를 손상시키는 것으로서, 오무라 의원은 속히 앞의 말
을 취소하라"고 하였다. 의장은 오무라의 말은 개인의 의견일 뿐 취소할
필요가 없으므로 박상희의 動議를 채택하지 않는다고 일축하였다.[154]
   이후 평양부협의원 康秉鈺[155])이 일어나, 자신은 중추원 참의 자리에
있으므로 일단 중추원의 사명을 말해서 일반의 오해를 풀고자 한다면서,
"중추원의 사명은 1.조선의 구관을 연구하는 것 2.조선 역사를 연구하는

   를 의회에 진정하기도 하였으며, 1932년 週刊 京城新聞社 사장 등을 역임하였
   다(『조선공로자명감』, 648쪽 ; 『조선총독부시정25주년기념표창자명감』, 947쪽).
   그는 경성부협의회 의원으로서 제1회와 제3회 전선공직자대회에서 참정권 문제
   를 제안하였다.
154) 「제3회 공직자대회 개최의 건」(京本警高秘 제2537호), 검찰사무에 관한 기록(3),
   발송자 경성 본정경찰서장, 발송일 1926.5.11, 수신자 경성지방법원 검사정 ; 「제
   3회 공직자대회 개최의 건」(京本警高秘 제2537호의 1), 검찰사무에 관한 기록
   (3), 발송자 경성 본정경찰서장, 발송일 1926.5.12, 수신자 경성지방법원 검사정.
155) 康秉鈺은 1924년 평남도평의원, 1920~1926년 평양부협의원, 1924년부터 중추
   원 참의를 지내다 1928년 7월 사망하였다(1928.8.8, 『朝鮮總督府官報』).

것 3.지방 상황을 청취하는 것으로서 이 세 번째 것이 실로 박약한데, 우리는 총독정치의 자문에도 참여하는 것을 16명의 동지와 함께 본부에 건의안을 제출하였으나 각하되었다"라고 설명하였다.156)

이후 공직자대회에서 중추원에 대한 이야기는 별로 나오지 않으나, 자치의회를 주장하는 조선인 위원들이 이미 실존하고 있는 중추원을 개혁해야 한다는 것을 염두에 두고 있었던 것은 틀림없어 보인다. 이는 총독부에서도 일정 정도 검토하고 있었던 사항으로, 중추원 서기관장을 지낸 고마츠 미도리(小松緣)은 조선자치의회의 설립과 제국의회 대표 파견을 병행할 것을 주장하기도 했고,157) 1932년 즈음에 우가키(宇垣)총독은 중추원을 대개혁하여 의회와 비슷한 조직을 만들려는 의도를 가졌으며,158) 1932년 중추원회의 말미에 중추원 개혁의 생각을 피력하기도 하였다.

사실 중추원을 보다 내실있는 자문기관으로 만들자는 의견은 중추원 회의에서 꾸준히 올라오고 있었다. 1930년 제10회 회의에서 柳承欽 참의는 이 해 3월의 지방제도 개정으로 府協의회와 道協의회가 자문기관에서 의결기관인 府會와 道會로 된 것159)을 기뻐한다면서, 동시에 중추원도 예산, 결산, 법령 등을 자문하는 완전한 자문기관으로 만들어주기를 바란다고 하고,160) 1933년 제14회 회의에서도 "작년 이래 중추원관

---

156)「제3회 공직자대회 개최의 건」(京本警高秘 제2537호의 1), 검찰사무에 관한 기록 (3), 발송자 경성 본정경찰서장, 발송일 1926.5.12, 수신자 경성지방법원 검사정.
157) 小松緣,「朝鮮自治論と內地延長說」『朝鮮統治問題論文集』; 박찬승, 앞의 책, 319쪽에서 재인용.
158)「鍾路네거리」『삼천리』제4권 제12호, 41~42쪽. "京城日報의 10월중순 紙面에 이런 一句가 잇섯다. '先에 齋藤總督시대에 朝鮮議會를 設하야 總督이 發하는 制令의 審議와 行政上 諸經費에 대한 協贊權을 줄 意思를 가지고 잇섯거니와 그 方針을 그대로 踏襲함은 아니다. 宇垣總督은 中樞院을 大改革하야 그와 近似한 조직을 設하리라고' 云云",
159) 1930.3.12.,「'朝鮮地方自治擴張案 十一日閣議에서 決定」『東亞日報』.
160)『中樞院沿革調査』15, 제4편 조선총독부 시대, 제3장 중추원 회의, 제10절 제10회 회의(1930년 9월).

제가 개정된다는 말이 있어 소수라도 민간으로부터 의원이 나올 것이라고 생각했지만 아직도 보류되어 있어 매우 유감이다" 등의 발언을 하고 있다.[161] 1931년 제11회 회의에서는 尹甲炳, 金商燮, 李宅珪 참의 등이, 중추원이 유명무실한 기관이라는 세간의 평판을 지적하며, 조선의 세입출 예산·결산을 비롯하여 각종 법령 제정이나 기타 중요한 사항은 모두 중추원의 자문을 받도록 하는 개정을 바란다고 하였다.[162] 1932년 제13회 회의에서 朴宗烈 참의는 중추원을 개혁하여 자문기관으로서 그 기능을 충분히 발휘하게 하여야 한다고 하였고,[163] 張憲植 참의도 이 회의와 1942년 제23회 회의에서, 대부분이 조선인의 고급관료 퇴직자로 구성되고 1년에 한번의 정례회의를 개최하는 데 불과한 중추원을 일대 개혁을 단행하여, 조선통치의 최고 익찬기관이자 민의창달의 기구로 정비할 필요가 있다고 하였다. 이를 위해 일본인도 참의에 임명하고, 각종 전문권위자와 유식자를 참의에 임명하며, 참의의 증원을 하며, 통치상 중요사항을 전부 중추원회의에 부의할 것 등을 주장하였다.[164] 成元慶은 1938년 제19회 회의에서, 南百祐는 1941년 제22회 회의에서, 李謙濟와 文明琦는 1942년 제23회 회의에서 중추원 제도를 개혁하고 일본인 임명, 참의 정원 증원 등을 주장하였다.[165]

그러나 위 의견들은 중추원의 권한을 확장하고 자문기관다운 자문기관으로 정립해야 한다는 의견이었지 정확히 '조선의회'로 개혁해야 한다는 의견은 아니었다. 중추원을 결의기관으로 하자는 주장은 玄俊鎬와

---

161) 1933, 『第14回中樞院會議參議議事錄』.

162) 『中樞院沿革調査』 15. 제4편 조선총독부 시대, 제3장 중추원 회의, 제11절 제11회 회의(1931년 9월).

163) 『中樞院沿革調査』 15. 제4편 조선총독부 시대, 제3장 중추원 회의, 제13절 제13회 회의(1932년 9월).

164) 1942, 『第23回中樞院會議參議答申書』.

165) 1938, 『第19回中樞院會議參議答申書』 ; 1941, 『第22回中樞院會議參議答申書』 ; 1942, 『第23回中樞院會議參議答申書』.

閔健植이 했는데,166) 현준호와 민건식167)은 둘 다 조선의 대표적 자본가이며, 위 중추원 개혁을 이야기한 인사들이 대부분 공직자인 것에 대비된다.

현준호는 1932년 10월 제출한 의견에서, 明治維新 당시 1889년 헌법을 발포하고 그 다음해에 국회를 개설했을 때와 현재의 조선의 민도를 비교해보면 조선이 열등하지 않다고 하며, 조선에 완전한 자치제를 펴는 것이 시기상조가 아니라고 하였다. 따라서 중추원을 바꾸어 조선의회로 하고 조선통치에 관한 중요사항을 모두 이 의회의 의결·협찬을 거쳐 시행할 것을 희망한다고 하였다. 그가 이야기한 조선의회에 관한 조직은 다음과 같다.

　一. 명칭 : 朝鮮議會
　二. 권한 : 법령의 제정에 관한 사항 및 조선예산안을 의결한다.
　三. 의원의 選出方法
　1. 의원의 수는 약 130명(한 도 평균 10명)으로 한다. 이중 100명은 선거의 의해, 30명은 관선으로 한다. 민선은 인구 20만당 1인 정도, 관선은 상당한 자격을 갖춘 자로서 충당한다.
　2. 의원의 선거표준
　　(1) 선거권자의 자격 : 선거권자는 나이 만25세 이상의 남자로서 國稅 연액 3원 이상을 납부하는 자.
　　(2) 피선거권자의 자격 : 나이 만30세 이상의 남자로서 독립 생계를 운영하는 자.168)

---

166) 「(甲) 中樞院 관제 개정에 관한 參議의 의견」『中樞院 官制改正에 관한 參考資料』四. 中樞院의 제도 개정 또는 폐지 등에 관한 조선인측의 의향.
167) 閔健植은 1879년생으로 度支部 財務官, 學部 參書官, 師範學校長, 秘書院丞 副領事, 學部 書記官 등을 역임했고 조선유림연합회 부회장, 1922~1925년 農林(株) 사장, 1937년 滕山자동차주식회사 대표 등을 지냈다(1937.9.7,『每日新報』; 1925년판,『朝鮮銀行會社要錄』; 1937.8.21,『朝鮮總督府官報』).
168) 「玄俊鎬(昭和 7년 10월 제출 의견)」『中樞院 官制 改正에 관한 參考資料』五. 參政權 문제에 대한 朝鮮人의 의향·건의, 지금까지 總督府의 취급.

또한 현준호는 1935년 제16회 회의에서도 중추원을 조선의회로 바꿔야 한다고 주장했다.[169]

그러나 중추원을 조선의회화하는 것은 일본 정부의 입장에서는 총독정치에 대한 상당한 간섭 또는 애로사항을 유발할 수 있는 위험요소를 안고 있는 것이었다. 전선공직자대회 1회 대회에서 자치안이 제기된 것에 대해 중의원 의원 마츠야마 츠네지로(松山常次郎)가 "조선에 참정권을 실시하지 않고 조선의회를 만들어 놓으면 영원한 화근을 만든다"라고 발언한 것이나,[170] 1929년 제6회 대회에서 경성부협의원 이케다 조지로(池田長次郎)가 "조선에 독립입법기관 설치는 독립사상 고취같이 오해되기 쉬우니 불가하다"[171]고 말한 것에서 잘 드러난다. 또 우시지마(牛島) 내무국장은 "중추원을 결의기관으로 하는 것은 조선의회의 전제이고 총독정치를 근저로부터 개혁하는 것이 되어 용이하게 실현할 만한 가능성이 결핍하여 결국 현재와 같이 자문기관이 됨에 변함이 없으나 참의 선출방법·정원 등의 개정을 하게 될 것"[172]이라 하였다. 조선인으로 중의원에 진출한 朴春琴(東京市 本所區 제4구)은 1938년 2월 2일 제국의회 발언에서, "현실적으로 조선의회 설치는 불가능하다. 조선에 참정권을 실시하고 중의원 선거는 각도에서 일본인 1인, 조선인 1인씩 전 조선에서 26명의 代議士를 선출하자. 보통선거는 무리이고 5원 이상 납세자를 표준하여 선거하면 대의사 수로 보아 일본인 반, 조선인 반으로 가장 이상적인 선거가 된다"고 말하였다.[173]

위와 같이 공직자들과 일부 자본가들이 요구하는 중추원 개혁안은 확

169) 1935, 『第16回中樞院會議參議議事錄』.
170) 1924.6.18, 「所謂公職者大會, 세상의 의심을 사는 두 문제 배후에는 무엇이 숨어 있나」 『東亞日報』.
171) 1929.10.8, 「議案마다 '要望의 件'—瀉千里로 可決 참정권문데로 파란이 만하 全朝鮮公職者大會經過」 『東亞日報』.
172) 1932.9.28, 『東亞日報』.
173) 1938년 8월, 「참정권의 요망」 『三千里』.

연한 차이를 보이고 있다. 조선의회화를 주장하는 현준호와 같은 일부 자본가들은 중추원을 일본 중의원과 같은 의회구조로 바꿀 것을 주장하였다. 하지만 중추원 내의 공직자들은 중추원을 조선의회로 개혁할 경우, 지역적 토대를 갖추고 있는 지방 자본가 또는 지주들의 정치세력화에 의해 기존의 기득권을 잃을 수 있다는 위기감과 함께, 이들과의 정치적 헤게모니를 둘러싼 갈등을 우려하고 있었다. 따라서 공직자를 비롯하여 총독부와 일본인들은 현준호가 요구한 조선의회화에 적극적으로 반대하고 부분적 개혁을 통하여 기존의 기득권을 유지하려고 하였다.

결국 일제시기 끝까지 중추원의 조선의회화는 이루어지지 않고, 전쟁 말기에 시정심의회로 바뀌어 일본인도 의원으로 참여시키고 자문뿐만 아니라 건의권도 부여하는 등 정도의 관제 개정안이 제출되지만 일제의 패망으로 시행되지는 않았다.

제5장

중추원 지방참의들의 지역 활동

1. 지방참의의 발탁 배경
2. 지방참의의 지역 활동

조선총독부 중추원은 대한제국 시기에 일본의 조선 진출에 협력하였던 사람들 중 총독부 관직을 맡지 못한 사람들을 중추원이라는 조직으로 아울러서 총독의 자문에 응하게 한다는 목적으로 설치되었다. 중추원은 비록 그 기능은 크지 않았으나 조선인이 총독과 마주앉아 자신의 의견을 제시할 수 있는 최고의 공식적인 기구 중 하나였다. 1910년대의 중추원은 대한제국의 관료와 조선귀족 출신들이 중심이 된 일종의 '양로원'과 같은 형식적 기구에 지나지 않았다.

그러나 1919년 3·1운동으로 촉발된 민심 이반에 위기감을 느낀 일본과 조선총독부는 1920년 이후 이른바 '문화통치'의 일환으로서 중추원의 관제를 개혁하여 형식적으로나마 '자문기구'로 탈바꿈시켰다. 이 시기의 중추원은 전직 총독부의 고위 관료, 행정 경험을 가진 자본가와 명망가, 지방토호들을 대폭 증원하였다. 총독부는 이들을 통해 조선총독부의 시정방침 및 각종 정책을 홍보·선전하고 지방에서의 정책 실현 상황을 청취하고자 하였다.

1921년 4월의 조선총독부 중추원 관제 개정을 즈음하여 총독부는 중추원 참의의 일부를 지역의 민간유력자들 중에서 도지사로부터 추천받는 방식을 채택하기 시작했다. 대부분의 '지방참의'들은 지역 내 대지주 또는 실업가, 사회단체나 육영·사회사업을 주도하는 인물들이었고 이들의 지역 활동은 참의로 선임되는 데 중요한 기준으로 작용하였다.

'지방참의'라는 용어가 등장하는 것은 1921년 관제개정[1] 이후이나

---

1) 앞에서 본 바와 같이 조선총독부 중추원 관제는 1910년 중추원 설치 이후

이것이 공식적인 용어는 아니었다. 『朝鮮總督府官報』의 「敍任及辭令」
에서는 임명된 참의를 나열할 때 중앙과 지방을 구분하지 않고 있고, 서
위, 칙임·주임의 구분만 언급하고 있으며, 『朝鮮總督府及所屬官署職員
錄』에서도 지방참의라는 용어는 쓰지 않고 있으며 1922~1924년의 직
원록에서는 참의명 앞에 그 지방을 표시하는 것으로 그치고 있다. 그러
나 중추원 회의록에서는 참의들과 우가키(宇垣)총독이 '지방참의'를 중
원할 필요가 있다는 말을 하면서 중앙참의, 지방참의라는 용어를 사용하
고 있고,[2] 신문과 잡지 등 언론에서는 지방참의라는 말을 일반적으로 사
용하고 있다.[3] 또 1942년 제23회 중추원회의 답신서에서는 지방참의의
인명과 지역을 부기하고 있으며, 해방 후 반민특위 조사기록의 피의자
신문조서에서는 지방참의라는 말을 종종 쓰고 있다. 따라서 중앙참의·
지방참의라는 말은 공식 용어는 아니었으나 당시에는 정치적 의미를 담
아 일반적으로 사용된 용어였다고 판단된다. 대부분 행정가 출신인 중앙

총독부 통치의 필요에 따라 1912, 1915, 1921, 1924, 1942, 1943년에 7번의
개정을 거쳤다. 그중 1921년의 개정은 의관의 명칭과 수를 고문 5명, 참의
65인으로 바꾸고 수당을 늘렸으며, 원의를 심정하는 권한을 고문 뿐 아니
라 참의에게도 확장한 것이었다.

2) 『中樞院沿革調査』 15, 제4편 제3장 제11절 제11회 회의(1931년 9월) 韓永源, 梁在
鴻의 자문 답신, 宇垣 총독의 답변 ; 1933, 『第14回中樞院會議參議議事錄』 ;
1941, 『第22回中樞院會議參議答申書』 南百祐의 자문 답신.

3) 1933.7.18, 「개조후의 중추원회의」 『朝鮮日報』 ; 1933.7.19, 「중추원회의-18
일부터 2일간개회」 『朝鮮日報』 ; 1935.3.2, 「중추원참의 보결」 『朝鮮日報』 ;
1936.5.29, 「중추원참의-공전의 대갱신 단행」 『朝鮮日報』 ; 1937.2.13, 「중
추원에서도 통역제도를 폐지」 『朝鮮日報』 ; 1938.5.21, 「전시체제하의 중추
원 본회의, 20.21일 양일간」 『朝鮮日報』 ; 1934.4.27, 「稀有의 緊張裡에 中樞院
會議開始」 『每日申報』 ; 1935.7.27, 「지방인사」 『每日申報』 ; 1936.10.10, 「中樞
院本會議開會」 『每日申報』 ; 1936.10.11, 「각 참의민정 보고를 남총독 열심청
취」 『每日申報』 ; 1942.6.4, 「중추원 參議 발령」 『每日新報』 ; 覆面生, 1930.7,
「中樞院地方參議評判記」 『신민』 제59호 ; 1933.6.4, 「中樞院陣容立直し今井田
總監談」 『大阪每日新聞』 朝鮮版.

참의와는 달리, 지방참의는 지역의 유력자나 민간실업가가 많았고 대민 접촉이나 민중교화라는 측면에서 중앙참의와 대비되는 특질이 있다.

지방참의들은 지역의 재력가이자 학력도 있고 중앙권력에 다가서려 는 의욕도 넘쳤던 인물들로서, 대부분 '지방의회' 의원을 지냈거나 겸임 했던 지역유력자였다. 이 글에서는 지방 유력자들이 지방참의로 임명된 이유와 배경, 그들의 역할과 주요 활동을 살펴봄으로써 이들의 지역에서 의 위치가 어떠했는지를 보고자 한다.

1. 지방참의의 발탁 배경

1) 지방참의의 발탁 과정

중추원의 지방참의 발탁 배경은 3.1운동과 밀접한 관련성을 지니고 있다. 전국적으로 전개된 저항을 목격한 일본과 사이토 총독 등은 조선 에 대한 '善後策'을 내놓게 되었다. 다시 말해, 일본은 조선에 대한 '新 施政'을 통하여 '내선융화'를 이루어 '문화통치'를 실시하고자 하였다. 1920년 8월 추밀원은 "1919년 3월 조선각지에서 소요가 일어나 정국을 안정시키는데 수개월이 소요됨에 따라 제도의 혁신이 필요하고 1919년 8월 관제를 개혁하고 현 총독 및 정무총감을 새로 임명하게 되었다"[4]라 고 조선의 새로운 정책을 전개하게 된 배경을 설명하고 있다.

이 방침에 따라 총독부는 1920년 5월에 조선인 군수 28명과 참여관 2명, 11월에 중추원 찬의, 부찬의 이하 10명(중추원 서기관장이 안내)을 東京, 京都, 大阪 등지로 보내 일본 정세, 지방행정 등을 시찰하고 일본 수상과 각부 대신들을 만나 회의하는 등 약 20일씩의 일정을 갖도록 하

---

4) 1920.11.3, 「朝鮮に於ける新施政」 1책(A03034082900), 『樞密院會議文書』 F(決議).

였다. 또 하나는 총독부의 개혁의 취지를 보급하기 위하여 1919년 9월 20일부터 일주일간 중추원 회의실에서 전국 13도에서 각 4명씩 유력자 총 52명을 선정하여 총독부의 시정과 선전대책을 논의하는 회의를 개최하였다.[5]

이 회의의 제안자는 평양 출신의 선우순으로 알려져 있다. 그는 중추원 참의로 약 13년간 재임하였고 사이토 총독을 119번이나 면회한 사람으로 알려져 있다. 그는 총독에게 「朝鮮ノ最近ト對應策」이라는 의견서를 제출하였는데, 여기에서 3.1운동 이후 민심을 수습할 수 있는 방안을 임시대책안과 장기적 대책안으로 나누어 제시하고 있다. 전국 13도 지방 유지들의 회의에 관한 내용은 임시대책안에 언급되고 있는데 그 내용을 보면, "각 지방의 도부군 참사 및 면장 중 유력자들을 이용하여 지방의 인민을 충분히 깨우치고 망동자의 유혹에서 빠지지 않도록"[6] 해야 한다고 강조하였다. 이 내용이 발전하여 전국 13도 유력자들을 소집하게 된 계기로 보인다.[7]

이 회의의 목적은 총독의 시정방침에 관한 설명 및 강연, 민간유력자들의 통치에 관한 의견 등을 청취하고자 한 것으로 보이나, 실제로는 '上下 의사소통'과 '관민일치', '선전작업에 참여할 수 있는 방안을 논의'하는 자리였다.[8]

이 회의에서는 총독부의 아카이케 아츠시(赤池濃) 총독부 내무국장 (9.20, 개회사), 노무라 기치사부로(野村吉三郎) 해군 대좌(9.20, 파리강

---

5) 위의 자료.
6) 선우순, 「朝鮮ノ最近ト對應策」『齋藤實文書』제14권.
7) 김상태 편역, 1919.9.23, 『윤치호일기』, 139쪽. 선우순은 회의 석상에서 '회의의 개최를 이끌어낸 공로자'라고 일컬어졌다.
8) 1919.9.25, 『윤치호일기』, 140~141쪽. 이날 회의에 참석한 훗날 지방참의로 선임된 김원근은 "난 예전에 선전작업에 참여한 적이 있다. 하지만 지금 또 거짓말을 할 수는 없다"라고 부정적인 반응을 보였다.

화회의 보고), 야마가타 이소오(山縣五十雄)『서울프레스』사장(9.22, 오
늘날의 세계정세, 내선일체 성격의 강연), 오츠카 쓰네사부로(大塚常三
郞) 내무국장(9.23, 지방자치제도 입안 제안), 니시무라 야수기치(西村保
吉) 총독부 식산국장(9.24, 조선의 자원개발 역설), 시바다 센사부로(柴田
善三郞) 총독부 학무국장(9.26, 조선의 교육문제), 가토 후사조(加藤房藏)
매일신보 사장(9.27, 각도 대표 초청 연회) 등의 강연을 개최하였다.[9]

　각도 대표들은 9월 24일 총독부에 건의하고자 19개조의 사항을 작성
하였으나, 오츠카 내무국장은 "당신들은 스스로 조선인들의 진정한 대
표라도 되는 양 착각하고 있는 것 같다. 이게 마치 의회나 되는 것처럼
말하는 이들도 있다. 지금 우리의 목적은 선전방식과 일정을 잡는 거지,
당신들을 의원으로 대접해가면서 정부의 정책을 논하자는 게 아니다"라
고 원래 속셈을 드러내자 일부 각도 대표들이 '선전도구'로 나서기를 거
부한다는 뜻을 내비치기도 하였다.[10]

　그러나 이 각도 대표 52명은 '地方普傳者'로 활동하게 되었다. 이들
가운데 일부 유력자들은 지방참의로 발탁되었다. 다음은 각도에서 선발
된 52명의 명단이다.

地方普傳者名簿[11]

경기 : 李東雨(早稻田大, 법학연구 및 실업시찰로 渡日), 金丸(국민신보사
　　　편집주임, 만주일일신문 경성특파원), 黃錫翹(早稻田大 졸, 천도교
　　　전례관장), 盧基崇(의사), 尹致昊(조선기독교청년회 총무)
충북 : 申珏熙(진천군 사립보명학교장), 閔東植(음성군 상소이면장), 李鍾
　　　鼎(제천금융조합장), 金永常(청양군참사)
충남 : 李肯馥(예산군참사), 任德淳(대전군 참사)

9) 1919.9.20~27, 『윤치호일기』, 137~144쪽.
10) 1919.9.25, 『윤치호일기』, 140~141쪽.
11) 「地方普傳者名簿」『齋藤實文書』 17권.

전북 : 鄭碩謨(전북도 참사), 朴炳哲(보성법과학교 강사), 朴永根(도참사)

전남 : 玄基奉(목포부 참사), 李政相(전직 판사), 尹貞鉉(尹定鉉의 오기로
　　　보임, 해남군참사), 金鍾顯(구례군참사, 3.1운동 당시 여러 면에서
　　　권유로 민심을 안정시킴)

경북 : 徐丙朝(지방에서 덕망있음), 金泰源(면장), 張相轍(자산가), 李尙鎬
　　　(3.1운동 당시 안동 등지에서 지방순회 강연)

경남 : 鄭禧協(도참사, 3.1운동 당시 민심안정 노력), 鄭淳賢(3.1운동 당시
　　　3개 군 순회 및 내선인 융화노력), 劉漢植(통영 지역의 배일사상이
　　　없도록 노력), 鄭泰均(지주, 사립학교장)

황해 : 李台健(봉산군 지주회장), 李達元(경성농림강습소장), 金泳澤(해주
　　　면상담역), 吳敦根(해주공보 학무위원)

평남 : 羅一鳳(평양기독교전도사), 黃錫龍(공립보통학교 학무위원), 黃鶴中
　　　(강서군 동진면기수 및 면장), 鮮于鈴(농업), 尹台鎭(현 자제단장),
　　　金德洙(명치대 졸업, 농업), 林祐敦(도참사)

평북 : 崔錫夏(현 도참사), 金濟河(현 정주군참사), 柳世鐸(현 박천군참사),
　　　姜尙渭(현 농사종사)

강원 : 鄭敎烈(현 도참사), 嚴達煥(영월군참사), 李根宇(농업, 도참사), 朴普
　　　陽(철원군참사)

함남 : 金容秀(고원군참사), 韓準錫(함흥군 서퇴면장), 金翰經(도참사), 金
　　　亨根(학무위원, 농업)

함북 : 申泰鑛(현 무역회사 경영), 車炳轍(현 경성군 朱乙溫면장), 許命勳
　　　(경성군참사, 3.1운동 당시 지방민을 권유하여 민심안정)

위의 명단 중 중추원 참여자는 14명이고, 그 중 지방참의 출신자는 12
명이다. 지방참의 출신자 12명 중 1921년 관제개정 직후 바로 임명된 사
람은 허명훈, 최석하 등 2명이다. 이 2명은 3.1운동 당시 지역에서 민중
들을 교화하거나 운동에 참여하지 못하도록 강연 등을 펼치기도 하였다.

또한 김제하(참의 임기 1922～1931), 정순현(1924～1933), 정태균
(1927～1930), 서병조(1924～1927, 1933～1945), 장상철(1927～1930),
현기봉(1924), 윤정현(1926～1929), 정석모(1933～1936), 박보양(1939
～1942), 이근우(1924～1927, 1933～1936) 등도 1920년대 지방참의로

임명되었는데, 지방에서 도참사나 군참사직을 맡으면서 3.1운동에 참여한 민중들을 교화하는 강연회를 열기도 하였다. 그 외 이동우(1924~1934), 윤치호(1941~1944 고문) 등도 중추원 참의와 고문을 지냈다.

이처럼 지방참의로 선정된 자들은 3.1운동 직후 총독부의 정책에 따라 순응하면서 '현저한 공적'을 보인 것이 지방참의로 선임되는데 결정적인 역할을 했으리라 생각된다. 1919년 각도 52명은 1921년 중추원 관제 개정 이후 각도에서 제출한 '중추원의원 추천명단'에 그대로 이름을 올리고 있다.

따라서 1919년 9월 20일 회의는 지방참의를 발탁하기 전단계의 과정이라고 보아도 무방할 것이다. 이 회의 직후 사이토 총독은 52명에게 총독부의 정책과 3.1운동 이후 사후 예방책을 지방에 '普傳'하는 역할을 담당하게 함으로써 중추원 지방참의로서의 역할을 수행할 수 있을지 평가 근거로 활용했으리라 추측된다.

1921년 중추원 관제 개정에 앞서 조선총독부는 1921년 3월 3일 정무총감 명의로 '중추원 의원 추천의 照會'를 전국 13개 도지사에게 발송하여 "지방의 명망 있고 학식, 경험이 많은 자들 중에서 도지사로 하여금 후보자를 상신케"[12] 하도록 요청하였다. 이 공문에 대해 1921년 3월 5일부터 26일 사이에 13개 도지사들이 회답하였는데, 후보될 사람의 氏名, 생년월일, 주소, 경력 및 이력서, 位勳, 爵, 學位, 원적 등 의원 선임에 필요한 자료들과 더불어 이들의 순위를 매겨서 적게는 6명, 대부분 8~9명씩 "상당한 자산을 갖고 있고, 학식 신망이 있으며, 총독정치의 취지를 잘 이해하고 있는 자이므로, 지역 인민을 대표하여 諮詢에 응하는 중추원 의원으로서 매우 적임이라고 인정"되는 인물 명단을 총독부에 제출하였다.

충북과 평북은 추천자의 자산 규모와 신용 정도까지 상세히 기록하여

---

12) 1921.4, 『各道議員推薦ノ件』.

보내기도 하였다.[13] 경상남도는 도지사가 추천한 인물 외에, 후보자 추천 선정에 즈음하여 도평의회가 개회 중이었기 때문에 각 회원으로 하여금 무기명으로 도내 명망가 10명을 뽑도록 하고, 이 중에서 일정하게 득표한 21명 모두를 별지에 첨부하여 제출하기도 하였다.

참의 후보들에 대하여 총독부는 각 후보의 이력서, 性行, 사상, 자산, 신용, 학식정도, 국어 해독 여부, 공공에 盡力 여부 등을 파악한 위에 조선총독이 선임하여 일본내각의 승인을 얻어 임명하였다. 대부분 1순위에 오른 자들이 참의에 임명되었다. 그리고 지방참의 선정 배경에 대해 "이번에는 이를 인물 본위로 하여 그 임명에 대하여 직업 여하를 불문하고 상당한 인격 지식을 가진 자 중에서 조선 전도에 걸쳐 각 방면으로부터 이를 선발 임명케 되었다"[14]고 널리 선전하였다.

1921년 4월 각 도에서 중추원 참의로 추천한 121명의 명단과 경력 등은 <부표24>와 같다. 이 가운데 42명이 1921~1945년 사이에 중추원 참의를 지냈다. 도별로 보면, 경기도 16명 중 7명, 충북 7명 중 2명, 충남 10명 중 4명, 전북 11명 4명, 전남 7명중 3명, 경북 10명 중 3명, 경남 10명중 3명, 황해도 10명중 3명, 평북도 10명중 2명, 평남 10명중 3명, 강원 10명중 4명, 함북 4명 2명, 함남 6명중 2명 등이다. 이들 42명은 모두 부·도·면협의회원 출신이거나 행정관료 출신이다.

1921년 3월 15일 경남도는 중추원 의원 후보자 선정에 즈음해서 도평의회가 개회 중이었으므로 도평의회 의원으로 하여금 도내 명망가를 뽑도록 하였다. 경남도는 이렇게 뽑힌 89명 중 10명을 추천하였고, 이들을 포함하여 4점 이상의 득표를 한 16명의 명단을 별지에 첨부하였으며, 이들 중 12명에 대하여 이력서를 보냈다. 그 중에서 10명에 포함되지 않

---

13) 1921.3.5,「平安北道 中樞院議員追薦 ノ件」平北 人秘 第99號 ; 1921.4,「忠淸北道 中樞院議員追薦 ノ件」忠北 機 第191號,『各道議員推薦 ノ件』.

14) 1921.4.29,「松永中樞院書記官長談」『東亞日報』.

고 별첨 자료에 오른 김기태가 중추원 지방참의로 임명되었다.[15] 그럼
김기태가 낙점된 이유를 간략하게 짚어보자. 김기태는 1902년 탁지부
주사, 1908년 진주보통학교학무위원의 관력을 거쳐, 1909년 福岡縣·名
古屋에 共進會觀光團員으로, 1910년 유길준과 함께 일본관광단원으로
제14회 關西府縣 연합공진회에 참여하는 등의 渡日경력을 가졌다. 1913
년 경상농공은행 감사역 및 취체역(1915), 1918년 조선식산은행 상담역
등의 경제단체의 중역을 맡고, 1921년 4월 사립보성전문학교에 15만원
을 기부하면서 기성위원회 위원장을 맡는 등 다양한 경력을 가지고 있었
다.[16] 또한 경남 지역에서 대부호로 익히 알려져 있는 재력가라는 점도
발탁하게 된 배경으로 볼 수 있다. 나머지 11명의 이력서를 분석해 본
결과, 대부분 중산층 정도의 재력가이거나 지주 출신, 대한제국기 궁내
부 주사(2명), 일본 유학(2명), 학교 설립 등의 김기태와 비슷한 경력을
갖고 있었다. 따라서 김기태가 발탁된 배경은 경제적 우위, 일본지역의
시찰 경력, 구한국정부의 관료 및 주요 자본가들과의 친분, 식산은행 중
역을 하고 있다는 점도 고려되었다고 볼 수 있다. 특히 1921년 12월 김
기태가 보성전문학교 기성위원회 위원장을 맡고 있을 때 설립에 참여한
58명에는 尹致昊·高元勳·閔奎植·李基燦·李升雨·張壽·張稷相·鄭廣朝·
車南鎭·玄俊鎬 같은 당대의 명망가와 중추원 참의 출신의 친일단체 간
부들이 대거 포함되어 있었다.[17] 이러한 배경이 김기태가 중추원 참의로
선임되는데 큰 영향력을 미쳤다고 볼 수 있으며, 다른 추천자와 차별되는
점이라고 할 수 있다.

---

15) 경남도지사가 총독부에 보낸 21명의 명단을 보면, 李恩雨(14표) 1위, 김홍조·문상
  우(12표), 정태균(7표), 김기정(7표), 정희협(7표), 김병규(5표), 盧俊泳(5표), 김시
  구·朴在均(진주)·金琪邰(진주)·鄭淳賢(함양)·최연국·金斗贊(창녕, 이하 4표) 등을
  얻었다(1921.4, 「慶尙南道 中樞院議員追薦ノ件」, 『各道議員推薦ノ件』).
16) 1921.4, 「慶尙南道 中樞院議員追薦ノ件」 『各道議員推薦ノ件』, 이력서 참조.
17) 김기태는 1925년 8월 재단 내의 분규로 인하여 보성전문학교 종신이사직을 사직
  하였다(1925.8.8, 『東亞日報』). 고원훈은 보성전문학교 교장으로 재직하였다.

또한 추천에서 탈락된 李恩雨, 鄭泰均, 崔演國 등과 별지자료에 첨부된 盧俊泳(함양), 鄭淳賢(함양), 金斗贊(창녕) 등 6명이 이후에 중추원 참의로 발탁되었다. 이들은 경남 지역의 대지주 또는 자본가이며 도평의회원 출신이라는 점에서 공통점을 보인다.

이처럼 총독부는 지방 참의 후보자들을 대거 추천받았으나, 중앙·지방행정관료 또는 의원 경력자나 대자본가 혹은 지주, 일본유학 또는 시찰 경력, '內鮮融和' 정책에 대한 호응도와 공헌도, 친일단체 활동경력 등을 판단하여 참의로 임명한 것으로 보인다. 이러한 지방참의 선발 방식은 1945년 해방 직전까지 적용되었다.

1930년 한 잡지의 내용을 보면 지방참의의 발탁에 대한 배경과 내용을 짐작할 수 있다.

> 무릇 參議될 者는 學識德望이 잇고 總督政治를 잘 理解하는 者됨을 必要로 한다. 그러나 從來에 地方參議의 人選의 實績을 보면 자못 遺憾되는 點이 만타. 學識德望과는 相關이 업는 - 다못 官憲에게 接近하는 程度의 緊否如何로서 選任되엿다. 따라서 그 존재는 地方富豪의 任官熱權勢慾을 充足하여 주는 唯一한 登龍門이 되어 彼等은 그 地位를 獲得하기 위하여 許多의 運動에 沒頭하고 種種의 醜聞을 傳하엿스니 曰處皮參議 麻雀參議 등의 稱이 五羔大夫로 하여금 顔色이 업게하는 觀이 잇섯다.[18]

위 글에서는 지방참의의 경우 '학식덕망'이 있고 '총독정치를 잘 이해하는 자'로 되어야 한다고 자격요건을 설명하고 있다. 또한 학식과 덕망과 상관없이 '관헌에게 접근'하는 식으로 청탁이나 '부정한 방법'으로 선임되기도 하였다고 지적하여, 지방참의로 선임되는 과정에서 여러 일들이 있었음을 시사하고 있다. 일부 지방참의는 개인의 사리사욕에 따라 관권을 이용하여 지방 최고의 대표자가 되려고 하였다.[19] 일부의 지방

---

18) 覆面生, 1930.7, 「中樞院地方參議評判記」, 『新民』 95호, 新民社, 57쪽.
19) "地方의 富豪名望家를 待遇하야 直接間接으로 世道人心에 稗益이 잇게하자는 것이 根本趣旨가 안일가 생각한다. 그러나 從來의 實況은 不然하야 도로혀

부호 또는 명망가들은 지방참의로
발탁되기 위해 뇌물이나 선거운동
까지 벌여 지탄을 받기도 하였
다.[20] 지방 재산가들 중에는 "다만
사흘 동안이라도 관계없으니 한번
만 참의가 되고 싶다"는 자들도 있
어 이들은 총독부 고관을 찾아다니
며 운동을 하였으며, 경성에서는
국민협회 총무 이병렬 일파가 가장
운동이 맹렬했다고 한다.[21]

〈사진 22〉 중추원 참의 현준호(1889~1950)

　　한편 위 잡지의 글은 소개된 여
러 인물들 중에서 몇몇 사람들을
놓고 평가를 내리고 있다. 경기도의 元悳常에 대하여 "朝鮮 사람 사이에
서도 比較的 敵이 적고 惡評이 업는 사람이다. 當世의 中樞院參議로는
實로 典型的 人物"(58쪽)이라며 지방참의로 적격한 인물임을 내세웠다.
　　반면에 전남의 玄俊鎬에 대하여 "道當局으로도 一部의 批評이 잇슴
에 不拘하고 玄君을 拔擢한 것은 그곳에 意味가 잇는 것이 안인가? 一
時의 小波體은 君에게 또한 藥이 되엿슬 것이니…"(60쪽)라면서 부적절
한 인물임에도 불구하고 지역 내의 막강한 권력을 지니고 있다는 것과,
현준호의 부친인 현기봉이 이어서 대를 이어서 지방참의를 지내고 있음
을 강조하고 있다.

醜惡한 影響을 젯침이 업지안엇스니 이런 것은 早晚改善되지 안으면 안이
될 運命이엿든 것이다." 覆面生, 1930.7, 「中樞院地方參議評判記」『新民』95
호, 58쪽.
20) 郭漢宗은 함흥출신의 박모라는 부호에게 중추원 참의를 시켜준다고 5천여
　　원을 받아 편취한 혐의로 징역 1년반을 받았다(1931.3.14, 『東亞日報』).
21) 1927.4.9, 「연수당 6백원에 수천원 운동비－속모를 중추원참의운동, 지방
　　부호도 준동」『朝鮮日報』.

하지만 중추원 관제 개정 이후 발표된 중추원 참의들을 놓고 일각에
서는 중추원이 '식구만 늘어난 양로원'이라는 비판을 가했다. 한 언론에
보도된 내용을 보면, "총독부 된 뒤의 중추원이라는 곳은 이전에 벼슬다
니든 사람들을 구처하는 한 처소에 지나지 못하야 양로원이니 무엇이니
하는 비평"을 받아 왔다며, "이번에 제도를 고쳤다하면 무엇을 얼마나
고쳤는가 하는 사람이 있겠지마는 그 실상을 들여다보면 근본으로는 별
로 전일보다 변개된 것"이 없다고 주장하였다.[22] 즉 지방참의들이 선임
되었다고 하나 표결권과 대우만 개선되었을 뿐 실제로 운영하는데 있어
서는 큰 의미가 없다는 것이다.[23] 이에 조선총독부는 중추원을 개혁하
겠다고 대안을 제시하였지만, 지방참의만 증원하는 수준에서 끝나고 말
았다.[24]

2) 지방참의의 규모

현존하는 자료를 통해 지방참의의 수를 파악해보면 다음과 같다. 지
방참의의 수는 '1921년 관제개정 후 의관의 이동표' 가운데 '민간유력
자' 항목에서 확인할 수 있는데, 1921~1923년 14명, 1924년 21명,
1925년 20명, 1926~1927년 22명, 1928~1929년 25명, 1930년 24명,
1931년 23명, 1932년 22명으로 나오고 있다.[25] 즉 1921년 전에는 귀

---

22) 1921.4.29, 『東亞日報』.
23) 특히 일부 언론에선 중추원이 총독의 자문기관이나 지방민 또는 지방사회
    에 어떤 역할을 할지 의문스럽다며 근본적인 개혁을 해야 한다고 주장하였
    다(1921.5.1, 『東亞日報』).
24) 齋藤과 宇垣 양 총독은 중추원을 개혁하고자 몇 가지 제안을 하였다. 특히
    宇垣은 일본인도 참여할 수 있도록 하겠다든지, 실질적 심의권의 확장, 참
    의의 질적 향상, 건의권부여 등을 제안하였으나 관철되지 못하였다. 결국 참의 중
    지방출신자와 관료들을 발탁하거나 정원을 증원하는 수준에서 개혁을 마무리하였
    다(1932.12.10, 1933.1.14, 『東亞日報』).
25) 1932년 이후, '大正10年 官制改正 後 議官의 移動表'「副議長, 顧問, 參議選任

족, 관리 등으로 중추원 의관이 구성되었으나 1921년 이후에는 민간유
력자가 전체 의관 정원 71명 중 적게는 14명, 많게는 25명까지 차지하고
있다. 1942년 중추원회의록에서는 지방참의의 출신지역이 나와있는데
24명이고, 『매일신보』 등에서 24명으로 나오는 것으로 보아 대체로 24
명인 듯하다.

현재 지방참의의 정확한 숫자와 인명을 보여주는 자료는 위 「大正十
年(1921) 官制改正 後 議官移動(人別)」(1921～1932년까지의 지방참의
명과 출신지역 부기)과 1942년 제23회 중추원회의 답신서, 1943년 중추
원의관표, 그리고 몇몇의 신문자료들이다. 여기에서는 이들의 인명과,
중추원 참의 중 지방의회(부·도·읍·면협의회) 의원을 역임한 사람을 대
상으로 참의 중 '지방참의' 모집단을 정리하고자 한다.

우선 확실한 자료를 바탕으로 지방참의로 확정할 수 있는 명단은
1921～1932년, 1939～1945년의 지방참의들이며 이는 <부표25>와 같
다. <부표25>의 ①～⑥에 나오는 문헌에서 출신지역이 표시된 지방참
의는 경기도 8명, 충북 6명, 충남 7명, 전북 8명, 전남 10명, 경북 12명,
경남 6명, 황해도 8명, 평남 8명, 평북 7명, 강원 6명, 함남 6명, 함북
5명으로 총 97명이다.

지방참의들은 대체로 임기 3년만 채우는 경우가 많았다. <부표25>
의 총 97명 중 57명이 임기 3년으로 참의를 퇴임하고 있다. 지방참의
중 재임기간 3년 이상인 자들은 조선총독부의 정책에 호응하거나 정책
생산 능력, 행정관료 경력 등을 가지고 있기 때문이었다.

그러나 위 지방참의 명단에는 1933년 임명～1938년 임기만료의 지방
참의들은 포함되어 있지 않다. 따라서 1933～1938년의 지방참의 명단
은 지방의회 경력자, 지방에 근거를 두고 있는 자본가(토호실업가), 지방

ノ内規, 慣例選任事由(貴族, 官吏出身, 有職者ニ區別レ設置當ヨリノ變遷ヲ示
スコ)」, 『中樞院官制改正ニ關スル參考資料』.

참의들이 받았던 수당(600원)을 근거로 추정하였으며 그 명단은 <부표 26>과 같고 총 58명(경기 6명, 충북 4명, 충남 6명, 전북 7명, 전남 2명, 경북 3명, 경남 7명, 황해 4명, 평남 4명, 평북 6명, 강원 2명, 함남 5명, 함북 2명)이다.

이들을 지방참의로 선정한 이유는 다음과 같다. 첫째, 지방참의 추정 대상자들은 지방의회 출신자들이다. <부표26>에서 지방의회 경력자들은 57명이고, 지방의회출신이 아닌 사람은 蔡昌浩(평남)로 1명뿐이다.

특히 지방의회 진출자들은 지방사정에 밝은 자, 지역의 정치적·사회적 토대를 가지고 있었다. 이들 중에는 가족끼리 도평·도회의원을 지내는 사례도 있었다. 충남의 成元慶은 장질인 成樂憲도 충남도평의원(1920~1924)을 지냈으며, 부자 사이로는 전북 文鍾龜의 아들 文袁泰(1933, 1941), 전남 玄基奉과 玄俊鎬, 평남 金晋洙와 金秉玩(1933, 1937), 평남 鄭觀朝와 鄭寅河(1926·1929·1931) 등이 대표적이며, 형제끼리는 전남 金商燮과 동생 金商瑾(1924, 1930, 1941), 경남 崔演國과 崔演武(1927, 1933), 황해 鄭健裕와 鄭德裕(1939·1943), 처남매부 사이로 경남 盧泳煥과 河駿錫을 꼽을 수 있다.[26] 이처럼 지방의회 경력을 지닌 지방참의들은 지역 내에서 권력을 승계하는 현상을 볼 수 있다.

지방참의 추정 명단 58명 중 행정관료 출신자는 총 9명인데 이들은 군수 5명(경찰에서 군수로 전임한 자 3명 포함), 경찰 4명(경부 이상 경력자) 등이다. 이들은 고향에서 관료로 재직하다가 퇴관한 후 지방의회로 진출하였다. 대표적인 사례는 김윤복을 들 수 있다. 인천부 외리에서 출생한 김윤복은 1905년 인천항경찰서장을 시작하여 1915년까지 인천경찰서 경부로 있다가 1917년~1923년 영등포경찰서 경부·도경시로 퇴관한 후 본적지로 돌아와 1923년 인천부협의회원으로 선출되었고, 1934~1945년 중추원 참의 임기 기간 내내 인천에서 1927년 3월 이래 인천

---

26) 동선희, 『日帝下 朝鮮人 道評議會·道會議員 研究』, 76~77쪽.

불교진흥회장, 인천공립보통학교 평의원, 朝鮮慈善會長, 朝鮮消防協會
평의원, 京畿道水産會 부회장, 國防議會 부회장, 港灣期成會 부회장, 府
勢振興會 간부 등을 역임하였다.[27]

위 관료출신 9명을 제외한 49명은 면장, 부·도참사, 자신의 본적지의 지방토
지조사위원회 임시위원 등을 지냈거나 토호세력들이었다.

둘째, 이들 지방참의 추정자 58명은 토착 자본가로서 주요 사업체를
지역에 두고 경영하고 있다는 게 특징이다. 이들은 1930년 이후 지역 내
의 자생적인 단체를 구성하여 단체장이나 중요 간부나 중앙 조직의 지방
지부 또는 지회장을 맡았고, 『매일신보』나 『동아일보』 등의 지국장 또
는 고문을 맡고 있다. 또 대한제국기 학무위원회(이후 총독부 학무위원
회), 각종 학교 설립 운동, 사립학교장 등을 겸임하는 경우도 있다. 그리
고 이들은 지역 경제단체인 상공회의소(전신 상공회) 회두·부회두·평의
원, 지방금융조합 조합장·감사·평의원, 산업조합을 비롯한 수리조합 등
에서 조합장을 지낸 인물들이다. 전시체제기에 지방 자생 친일단체 구
성, 각종 국방헌금이나 강연활동 등을 종합해 본다면 이들 58명은 지방
참의로 봐야 할 것이다.

대표적인 사례를 보면, 전남 朴基順은 '신흥 부르주아'로, 극빈 가정
에서 태어나 개항장을 무대로 곡물상으로 대지주가 되었고, 삼남은행을
창립하여 아들인 박영철에게 물려주었다.[28] 박영철은 1929년 삼남은행
을 조선상업은행에 합병시키고 총독부 관료와 자본가로 성장하였으며,
아들 朴潤昌은 박영철의 유언에 따라 1939년 6월 사재 33만원을 들여
多山育英會를 설립하고, 神祠鳥居 설치, 공업학교 건설, 빈민구제에 각

---

27) 『朝鮮總督府市政25周年記念表彰者銘感』, 934쪽. 김윤복과 같은 사례는 梁在
   祉, 韓定錫, 金昌洙, 池喜烈, 金在煥, 姜利璜, 崔養浩 등이 있는데, 이들 8명 모
   두가 지방의회로 진출하였다.
28) 원용찬, 2004, 『일제하 전북의 농업수탈사』, 신아출판사 ; 朴基順, 1918.6, 「余의
   全州今昔感」 『半島時論』, 32~33쪽 참조.

1만 원씩을 기부하였다.[29]

남원의 부호 朴禧沃은 '오로지 농사에 전념'하면서 雲峰面 금융조합 장, 부산 生一株式會社 리사, 전주 三南銀行 리사, 전남도 평의원으로 진출하는 전형적인 지역의 토호세력이었다.[30]

또한 500여 년 동안 본적지에서 명문가 집안으로 알려진 경남 사천의 崔演國이 한문수학이라는 학력을 극복하고 지역 내의 '신진엘리트'로 성장할 수 있었던 이유는 바로 재력이 있었기 때문이었다.[31]

셋째, 지방참의들은 연수당 600원을 받았다. 1921년 이후 지방참의로 임명된 자들은 연수당 600원을 지급받았으므로, 1933년 6월 2일~1944 년 8월 15일 사이 임명된 참의들 중 연수당 600원을 지급받은 자들은 지방참의로 규정할 수 있을 것이다.[32] 단 1945년 6월 6일 이후 임명된 지방참의는 연수당 1,200원을 받았다. 참고로 이때 주임관 대우 참의 가 운데 중앙참의는 1,800원을 받았다.[33]

또한 지방참의에 있던 자가 중앙참의로 발탁되는 경우도 있었다. 대 표적인 자는 장직상·원덕상(1935.4.20, 연수당 2천원으로 인상되고 중앙 참의로 발탁)[34], 서병조·현준호(1939.6.3, 연수당 1,200원으로 인상되고 중앙참의로 발탁),[35] 김신석·방의석·이기찬(1945.6.6 연수당 1,800원으 로 인상되고 중앙참의로 발탁)[36] 등이다. 이들이 지방참의에서 중앙참의

29) 1939.6.15, 『東亞日報』, 多山育英會는 박윤창이 김연수, 방의석과 함께 조직 하였다(1941.1.15, 『每日新報』).
30) 『朝鮮人事興信錄』, 415쪽.
31) 『朝鮮人事興信錄』, 200쪽.
32) 1933.6.9, 1935.4.25, 8.20, 1936.6.8, 1938.4.27, 8.20, 1939.6.9, 1940.8.8, 1941.4.28, 6.28, 9.19, 1942.6.10, 1943.4.30, 8.13, 1944.2.17, 5.2, 5.3, 6.12, 8.18, 9.15, 『朝鮮總督府官報』
33) 1945.6.8, 『朝鮮總督府官報』.<표2-4>중추원 의관 수당표 참고.
34) 1935.4.25, 『朝鮮總督府官報』.
35) 1939.6.9, 『朝鮮總督府官報』.
36) 1945.6.8, 『朝鮮總督府官報』.

로 승격된 것은 그만큼 적극적인 활동력을 인정받았기 때문이라 볼 수 있다.

지방참의 추정명단 58명 가운데 3년의 참의 임기를 끝낸 후 再任하지 못한 자는 30명이다. 따라서 지방참의 총 155명 중 약 56%인 87명의 지방참의가 재임하지 못하였다.

지방참의 선발은 3·1운동 이후 지방 민심을 수습하기 위한 궁여지책이기도 했지만, 1920년 일제가 지방제도를 개정하고 면협의회 제도를 실시하면서 노렸던 민족분열정책의 일환이기도 하였다. 일제는 실제적인 권한은 갖지 않으면서도 일제의 행정기구에 포섭될 공간을 마련하고 여기에 일부 협조적인 지역의 인사들을 끌어들임으로써 지역 내부에서 분열을 야기하고자 했다. 민의를 반영할 수 있는 아무런 제도적 장치도 없으면서 민의를 수렴하는 듯한 인상을 줌으로써 무단통치에 대한 반발을 무마하고자 하는 총독부 정책의 연장선상에서 지방참의가 선발되었던 것이다.

2. 지방참의의 지역 활동

1) 지방의회 활동

중추원과 비슷한 자문기구로서 지방에 설치되었던 것은 통감부시기의 지방위원회[37], 총독부 초기의 참사제도[38], 1914년 이후 '지방의회'[39]

---

37) 지방위원회는 의병전쟁이 전국적으로 확대되는 시기인 1907년 5월 13일 칙령 제13호로 설치되어 1911년 3월 폐지되었다. 이 위원회는 통감부에 의해 구성되어 지방자문기관의 성격을 지니고 있으며 조세체제 정비를 목적에 의해 설치되었다. 자세한 내용은 안용식, 1991, 「한말 및 일제초기 지방에 있어서의 자문기관에 관한 연구-지방위원회를 중심으로-」『사회과학논집』 22집, 연세대사회과학연구소 ; 전갑생, 2008, 「1910년대 전후 부

등이 있었다. 중추원 지방참의들은 식민지시기 참사, 府·道·邑·面의원 등으로 진출하였다.

여기에서는 참사와 '지방의회'에 진출한 지방참의들의 참여시기, 주요 활동 등을 살펴보도록 하겠다.

먼저 지방위원회 폐지 이후 실시된 참사는 지방행정청(도·부·군)의 일반 행정자문을 담당하였는데, 매년 2회 참사자문회의를 개최하였다. 이 중 군참사는 군수의 명령에 의해 면협의회에 출석하여 진술할 수 있도록 하였으며, 행정방침에 관한 사항을 의결하였으나 그 의결사항은 아무런 법적 구속력을 갖고 있지 않았다.[40] 1916년 5월 6일 총독부는 '道參事郡參事에 關한 規程'을 개정 발포하여 회의를 매년 2회에서 1회로 줄이고 지방상황을 사찰하여 도장관 또는 군수 등에게 보고하도록 하였다.[41]

참사제도는 지방유력자에게 지방행정의 자문을 맡겨 지방통치의 보조적 역할을 하게 한 것으로 그 성격은 도평의회에 계승되었다.[42] 이 사

산·경남 조선인의 일제협력」『부산의 도시형성과 일본인들』참조.

38) 참사제도는 1914년 부제 실시 이후 지방통치의 자문을 담당하도록 설치되었다. 각 道에 2~3명, 府郡島에 2명씩의 조선인 참사를 임명하여 도장관(도지사), 府尹, 군수, 島司의 자문에 응하도록 하는 제도였다(1911.2.1, 『朝鮮總督府官報』).

39) '지방의회'는 1914~1920년 府協議會, 1920년대에 자문기관으로 道評議會, 府協議會, 面協議會, 1930년대 이후 의결기관으로 道會, 府會, 面會, 자문기관으로 面協議會가 있었다. 이를 '지방의회'로 통칭하고 이들 기관에 대한 선거를 '지방선거'로 부르고자 한다. 또한 당시 언론에서도 통칭 지방의회라고 불렀다(동선희, 『日帝下 朝鮮人 道評議會·道會議員 研究』, 2쪽).

40) 참사는 다음과 같은 사항을 도지사(부윤·군수)에게 보고하였다. 地方民情, 인정풍습의 변천추이, 농작물상황, 물가고저, 교육 및 위생에 관한 상황, 조세·지방비부과금·부과금에 대한 지방민의 감상, 국유지 소작에 관한 상황, 지방금융의 관한 사항, 기타 지방의 개선사항 등이다(1911.8.26, 『朝鮮總督府官報』).

41) 참사들은 1911년 설치 당시와 달리 몇 가지 사항을 변경하여 행정수장에게 보고하도록 하였다. 달라진 보고사항은 지방인민의 생활상황, 법령의 주지 및 그 시행 상황, 임시은사금사업에 대한 인민의 감상, 지방인민의 근검저축의 상황, 교육 종교의 상황, 농업 임업 수산업의 상황, 일본인과 조선인의 융합 및 공동사업 상황 등이다(1916.5.13, 『朝鮮總督府官報』).

실은 다음의 지방의회에 참여하는 지방참의들을 살펴보면 확연하게 알
수 있다.

〈표5-1〉중추원 지방참의 중 참사 경력자

이름	도·부·군 참사 재임연도	지방의회 경력	중추원임기
金炳龍	1914 홍성군참사	도평20(민), 24·30(관) 도회33(관)	1930~1936
金甲淳	1913 충남도참사	도평20·24(관)	
金商燮	1920 목포부참사	도평24·27(관), 도회30(민), 목포부협20, 23, 26, 29, 31	1929~1932
金泳澤	1913~1920 해주군참사	도평20·24·27·30(관), 해주면협23	1935~1938
金濟河	1919~2020 정주군참사	도평20·24(민)	1922~1931
金鍾翕	19~20 부여군참사	도평20(관)	1933~1936
金漢昇	11 여수군참사	도평20·24·27(민), 도회37(민), 여수면협23	1932~1935
文鍾龜	19~20 옥구군참사	도평20(민)	1939~1942
閔泳殷	충북도참사	도평20·24·27(관), 도회33·37(부의장)·41(관)	1924~1927
閔載祺	천안군참사	도회33·37(민),41(관)	1944~1945
朴經錫	19~20 평양부참사	도평24·27(관)	1928~1931
朴起東	18~20 강릉군참사	도평24(민)	1930~1933
朴普陽	20 철원군참사	도평20·27(관), 도회33·37(관, 부의장)	1939~1942
朴禧沃	南原郡 參事	도평24·27(민)	1933~1939
龐寅林	1919~1920 청주군참사	도평20·24·27(관), 도회33(관)	1921~1924
申錫雨	1919~1920 군산부참사		1921~1924
梁在鴻	1919~1920 길주군참사	도평24(민)	1930~1933
尹定鉉	1920 전남도참사	도평20(관)	1926~1929
李康元	1912 전주군참사 1912~1920 전북도참사	도평30(관)	1927~1930

42) 동선희, 『日帝下 朝鮮人 道評議會·道會議員 硏究』, 19쪽.

이름	도·부·군 참사 재임연도	지방의회 경력	중추원임기
李根宇	1919~1920 강원도참사	도평20·27·30(관), 도회33(관)	1924~1927 1933~1936
李澤鉉	1919~1920 원산부참사	도평20·24(관)	1921~1927
張鷹相	1919~1920 사천군참사	도회37(관)	1930~1936
鄭碩謨	1913~1920 전주군참사, 1917 전북도참사	도평20(민)	1933~1936
鄭淳賢	1919~1920 경남도참사	도평20(관) 24(민)	1924~1933
鄭在學	1919~1920 경북도참사	부협(20)	1924~1927
鄭鎬鳳	1919~1920 횡성군참사	도평20·24(민)	1927~1930
秦喜葵	1919~1920 경북도참사	도평24·27(관)	1930~1933
崔錫夏	1919~1920 평북도참사	도평20·24·27(관)	1921~1922
皮性鎬	1919~1920 평북도참사		1924~1927
許命勳	1919~1920 성진군참사		1921~1924
玄基奉	1911~1919 목포부참사, 1920 전남도참사	도평20(관)	1924
洪鍾轍	1919~1920 고창군참사	도평24·27·30(민), 도회33·37(민)	1930~1933

참고문헌 : 1914, 1919~1920, 『朝鮮總督府及所屬官署職員錄』.

위 <표5-1>에 나오는 참사는 지방참의 155명 중 32명이다.[43] 이들은 1920년 9월 30일 참사제도 폐지[44] 이후 지방제도 개편에 따라 도평의회에도 참여하게 되었다. 참사 32명 중 신석우, 피성호, 허명훈 등 3명은 지방의회로 진출하지 않았다.

다음으로 지방의회에 참여하고 있는 지방참의들에 대해 살펴보자. 총독부는 지방제도 개편에 따라 1914년 4월 府制 실시 이후 12개의 주요 도시[45]에서 부협의회를 설치하고 임기 2년으로 도장관이 부협의회원을

---

43) 지방참의로 분류되지 않은 중추원 참여자 중 참사에 임명된 사람은 朴義秉 (1913년 경기도 참사), 宋鍾憲(경기도 양지군 참사), 李允用(1919~1920년 경기도 참사, 중추원 고문) 등 3명이다.

44) 1920.10.6, 『朝鮮總督府官報』.

임명하였다. 그리고 1920년 지방제도 개정에 따라 7월 면협의회와 도평
의회를 설치하였다.[46] 1920년대 도·부·면협의회는 중추원과 같은 의결
권이 없는 자문기구였다. 도·부·면협의회는 '학식과 명망 있는 자'들 중
에서 '도지사가 자유롭게 임명'(관선)하거나 임기 3년의 도평의원 정원
가운데 3분의 2는 부협의회 의원과 면협의회원이 2배수의 후보를 선거
하여 그 가운데 1명을 도지사가 임명(민선)하였다. 도평의회는 도지방비
령에 따라 '도지방비의 사무에 관한 도지사의 자문에 응하기 위해' 설치
된 기관이었다.[47] 따라서 조선 민중들은 도평의회에 대해 '從來의 府協
議會 또는 道郡參事會와 별반 相異가 없었다'고 평가절하했다.[48]

　다음으로 1931년부터 府·邑·面制가 실시되었는데,[49] 종래의 府協議
會·面協議會를 대신해 府會·邑會·面協議會를 설치하고 面協議會員을

---

45) 부협의회 12개 지역은 京城府 仁川府 群山府 木浦府 大邱府 釜山府 馬山府 平
　　壤府 鎭南浦府 新義州府 元山府 淸津府 등이다(1920.2.12, 『朝鮮總督府官報』).
46) 총독부는 1917년 9월 19일 총독부령 제67호로 지정된 23개 지정면(水原 松
　　都 永登浦 淸州 公州 大田 江景 鳥致院 全州 益山 光州 金泉 浦項 晉州 鎭海
　　統營 海州 義州 春川 咸興 羅南 城津 會寧)과 1920년 7월 29일 지정된 兼二浦
　　面을 합하여 24개면으로 확정하였다. 이후 1923년 2월 15일 총독부령 제25
　　호로 17개 면(忠州 井邑 慶州 安東 尙州 天安 麗水 密陽 東萊 沙里院 安州 定州
　　宣川 江界 江陵 鐵原 北靑)을 추가로 지정하였다. 또한 1926년 9월 8일 총독
　　부령 제72호로 雄基, 1926년 12년 29일 총독부령 제2호로 濟州面을 추가로
　　지정하였다. 지정된 면에서 선거로 面協議會員을 선출(임기는 3년)하고, 그
　　외 보통면 面協議會員은 郡守 또는 島司가 임명(임기는 3년)하였다. 자세한
　　내용은 동선희, 「日帝下 朝鮮人 道評議會·道會議員 硏究」 참조.
47) 「병합후 지방제도의 추이」, (一) 도지방비, 『中樞院官制改正ニ關スル資料』.
48) 一記者, 1921.1.1, 「庚申年의 거둠(하)」『開闢』제7호, 91쪽.
49) 府는 종래 12개 府와 1930년 10월 1일부로 개성군 송도면을 開城府로, 함흥
　　군 함흥면을 咸興府로 승격시켜 改正府制가 실시된 1931.4.1일 당시 14개의
　　府가 있었다. 그 후 1935년 10월 1일 大田·全州·光州를, 1936년 10월 1일에
　　羅津을, 1938년 10월 1일에 海州, 1939년 10월 1일에 晋州를, 1941년 10월
　　1일에 成津을, 1944년 12.1일에 興南을 각각 府로 승격시켰다(동선희, 『日帝
　　下 朝鮮人 道評議會·道會議員 硏究』, 18~67쪽).

임명제에서 선거제로 변경하였고 議員의 임기는 모두 4년으로 연장하였다. 첫 선거는 1931년 5월 21일에 실시하였다. 1933년부터 道制를 실시하고 도평의회를 도회로 바꾸고 의원 임기를 모두 4년으로 연장하였다. 첫 선거는 1933년 5월 10일 의원 선거를 실시하였으며, 도에서 직접 임명하는 관선과 민선으로 나누어졌다. 또한 1920년대와 달리 의결권과 의견서를 제출할 수 있도록 하였으나, 발안권과 입법권이 없었다. 1937년 이후 도부읍면의원들은 '순전히 현하 비상시에 있어서 시국의 정확한 파악과 상당한 식견을 가진 신진인사'들을 임명하였다.[50]

지방의회로 진출한 지방참의들은 지방 토호와 자본가 등으로 참사직을 거친 인물을 포함하고 있다. 이들에 대해 『별건곤』은 도평의회나 부협의회에 관계한 사람은 '地主, 面長, 代書人, 退職官吏, 변호사, 都市의 資本家, 日本人農場의 農監 등으로 정치도 모르고 사회도 모르는 자들'이며, '立身揚名으로 알고 군수나 도지사 내무부장에게 아첨'하는 자들이라고 맹렬하게 비난하였다.[51]

1910~1945년 중추원 지방참의 총원 155명 중 134명이 지방의회의 경력을 지닌 자로 파악되었다.[52] 이들의 수를 도별과 시기별로 나누면 다음 <표5-2>와 같다. 시기는 중추원 의관으로 처음 참여한 연도를 기준으로 하되, 도회와 부·읍·면회의 경력을 가진 인물들을 대상으로 하였다.

〈표5-2〉중추원 지방참의의 지방의회 참여현황

지역	1920년대	1930년대	1940년대	합계
경기	5	3	5	13
충북	3	3	2	8

---

50) 1937.3.17, 1941.4.24, 『每日新報』.
51) 金世成, 1931.5.1, 「今日의 問題, 地方自治制 이야기」 『별건곤』 제40호, 4쪽.
52) 지방참 155명 중 21명이 지방의회로 진출하지 않았지만, <부표25>에서 확실한 지방참의로 선정되었음을 밝혀 둔다.

지역	1920년대	1930년대	1940년대	합계
충남	2	5	3	10
전북	3	6	4	13
전남	3	4	1	8
경북	3	5	5	13
경남	3	7	3	13
황해	3	5	3	11
평북	3	5	4	12
평남	3	5	3	11
강원	2	4	1	7
함북	1	4	0	5
함남	2	6	2	10
총계	36	62	36	134

위 <표5-2>를 보면 부도읍면의원 참여자 중에서 경기, 경북, 경남 순으로 제일 높게 나타났으며, 전북, 황해, 평북 충남, 평남 순으로 이어지고 있다. 경기도는 경성부, 개성부, 인천부 등을 포괄하고 있기 때문에 지방의회에 진출한 자들이 많을 수밖에 없었다. 경남의 13명이 다른 도에 비해 많은 이유는 앞에서 지방참의의 발탁과정을 설명하면서 언급한 대로, 1921년 중추원 의관 후보자 추천 명단에 오른 21명 중 7명을 그대로 지방참의로 선임했던 게 크게 작용하였다. 그리고 경남의 대표적인 지역을 선정하여 지주나 자본가들을 대거 선별했다는 점도 있다. 1924년 이후 경남은 2명씩 지방참의를 선정하도록 하였는데, 13명 중 9명이 임기 3년만 채우고 면직되었고, 1945년에 임명된 자가 2명이며, 나머지 2명(정순현 9년·김기태 6년) 등이 장기간 참의로 활동하였다.

또한 시대순으로 보면 1921년 관제개정 이후 36명에서 1930년대 62명으로 두 배 가까이 증가하고 있음을 알 수 있다. 1940년대는 1920년대와 같은 인원이다. 중추원 참의 중 중추원 임기별과 도별로 도평.도회의원의 명단을 정리하면 <부표27>과 같고, 이 표에서 백인기, 민영기, 김사연, 이승우, 민규식 등 5명은 중앙참의이며 나머지는 지방참의이다.

한편 지방참의 155명 중 지방의회 출신자가 아닌 21명은 양재창(경기), 이경식(충북), 윤치소·이기승·강번(충남), 신석우·박기순·유익환·인 창환(전북), 김정태·박봉주·심선택(전남), 이병학·장상철(경북), 이충건 (황해), 박기양·채창호(평남), 김기홍(평북), 유기호(강원), 허명훈·피성호 (함북) 등이다. 지역별로 보면, 전남북과 충남 등이 많고 충북, 경북, 평 남, 함북 순이다.

이들 대부분은 행정관료 퇴관 후 지역에서 자본가로 알려진 인물들이 다. 또한 이경식·박기순·유익환·김정태·양재창 등은 대한제국 관료와 1910년대 군수를 거쳐 퇴관했으며, 유기호는 참여관으로 있다가 지방참 의로 발탁된 인물이다. 그 외 박봉주는 대한제국 관료로 일본 시찰을 다녀 왔으며, 허명훈과 피성호는 각각 성진군참사(1919~1920)와 함북도참사 (1919~1920)로 활동한 지역유력자들이다. 나머지 12명은 지역에서 자본 가 또는 지주로 활동하였다. 특히 허명훈과 장상철은 위 1장 1절에서 언 급한 1920년의 '地方普傳者名簿'에 이름을 올리고 있다.

다음으로 지방참의들은 사상범의 감시·교화를 위한 보호관찰심사회 위원이나 보호관찰소의 보호사(촉탁)로 활동하기도 하였다.

보호관찰심사회는 1936년 12월 朝鮮思想犯保護觀察令(制令 第16號) 과 朝鮮總督府保護觀察審査會官制(勅令 第434號)에 따라 설치되었으 며, 회장, 부회장, 위원 6명으로 조직되었다. 보호관찰심사회는 검사나 기타 관리의 통보에 따라 사상범들의 보호관찰 여부를 심사하고 보호단 체에 위탁하거나 주거, 교유, 통신의 제한과 기타 적당한 조건의 준수를 명령하기도 하였다. 회장과 부회장은 일본인 판·검사들로 구성되었고, 위원이나 예비위원에 조선인들이 포함되었다.53) 사상범보호관찰소는 1936년 12월 朝鮮總督府保護觀察所官制(勅令 第432號)에 따라 서울, 평양, 함흥, 청진, 신의주, 광주, 대구에 각각 설치되었다. 보호관찰소는

---

53) 1936.12.12·15, 『朝鮮總督府官報』; 京城保護觀察所, 1941, 『保護觀察制度の槪 要』, 40~41쪽.

소장 7인, 보도관 3인, 보호사 11인, 서기 및 통역생 15인으로 구성되었
으며, 집행유예, 불기소, 집행종료, 가출옥한 사상범들의 재범을 막기 위
해 이들을 수용하고 감시하는 기관이었으며[54] 조선인 위원 및 囑託保護
司를 임명하였다. <표5-3>에 나오는 지방참의들은 보호관찰심사회의
위원·예비위원과 보호관찰소의 촉탁보호사로 활동하였다.

〈표5-3〉지방참의 중 보호관찰소 및 심사회 참여자

지역	분류	직위	임기	이름
경성	보호관찰심사회	위원	1937~39	이승우
	보호관찰소	촉탁보호사	1939	원덕상, 김사연, 김윤복
광주	보호관찰심사회	위원	1939	현준호
대구	보호관찰심사회	위원	1939	서병조
평양	보호관찰심사회	위원	1939	이기찬
		예비위원	1939	최정묵
신의주	보호관찰심사회	위원	1937~39	이희적
		예비위원	1939	고일청
함흥	보호관찰심사회	위원	1937~39	유태설
청진	보호관찰심사회	위원	1937~39	황종국

참고문헌 : 1937~1939년판, 『朝鮮總督府及所屬官署職員錄』.

다음으로 지방참의 중 거물면장 출신은 정건유, 홍종철, 한정석 등이
다. 이미 제3장 3절 참의들의 출신배경 및 주요 경력 중에서 주임관 면
장을 상세히 언급하였다.

위와 같이 지방참의는 확실한 참의 97명과 추정명단 58명을 포함하
여 총 155명임을 확인하였다. 이들은 부·도참사, 지방의회 의원, 행정관
료 출신자이면서 지방의 토착 자본가(대지주) 등임을 알 수 있었다.[55]

지방참의는 지방에서 기존 권력을 유지하면서 중앙과의 매개체로 중
추원을 이용하여 명망성을 얻어갔다고 할 수 있다. 또한 각종 지역의 현

54) 1936.12.15, 『朝鮮總督府官報』; 朝鮮地方自治協會出版部, 1936, 『思想犯保護觀
察法』, 6~14쪽 ; 京城保護觀察所, 1941, 『保護觀察制度の槪要』, 29쪽.
55) 覆面生, 1930.7, 「中樞院地方參議評判記」 『新民』 59, 新民社.

안 사업에 참여하여 기부하거나 직접 참여하기도 하였다. 이러한 활동경력은 지방의 중간계급(중소상인 등)과 지방행정가(도지사, 군수, 면장)와 긴밀한 관계를 유지하여 명망가로 성장할 수 있는 계기로 작용하였다.

2) 경제 기반과 지역 활동

여기서는 지방참의들의 경제적 기반의 생성과 그들이 지역의 경제적 권력을 유지하는 모습을 살펴보고, 그 토대 하에 전개하는 지방의 육영사업과 각종 생활개선 활동을 보고자 한다.

지방참의들의 경제적 기반 생성 과정을 몇 가지로 분류하면 다음과 같다. 첫째, 지역의 토호세력으로서 자본가나 지주로 성장한 부류가 있으며, 둘째, 관공리를 거쳐 본향으로 돌아와 성장한 부류, 셋째, 타 지역에서 移居하여 성장한 부류, 넷째, 출신 지역에서 타 지역으로 사업을 확장하여 성장한 부류이다.

첫째, 개항 이후 경제적 기반이 지역에 있으면서 자수성가했거나 토호세력의 기반으로 성장한 지주와 자본가들은 박필병(경기 수원), 현기봉·현준호(전남 목포 광주), 장직상·서병조(경북 대구), 김기태(경남 진주), 김기홍(평북 신의주), 방의석(함북 북청) 등이다.

경기도 안성의 자본가 朴弼秉은 자수성가한 대표적인 토호세력이다. 그는 안성읍 동리 承旨 朴承龍의 외아들로 1901년 경성학당 졸업 후 함남관찰부 주사로 있다가 가정 사정으로 퇴관 후 18세부터 본향 안성에서 가업을 이어갔다. 당시 그의 집안은 80석 내외의 추수를 받는 토지를 보유한 정도로, 대부호라기보다는 在地勢力 중 하나였다.[56] 1919년 12월 안성상사주식회사를 창립하고[57] 1924년 11월 성남전등주식회사 사

---

56) 1940.6.25, 「安城事業界의 覇王 各種會社를 創設經營하고 十萬圓喜捨 農校를 設立 蕙石居士 朴弼秉」 『東亞日報』.
57) 그는 안성상사에서 1921년~1933년까지 이사직을 유지하고 있었으며, 이

장, 1933년 12월 안성주조주식회사 사장, 1935년 10월 안성읍진안자동
차운수주식회사 부사장, 1937년 6월 공도산흥주식회사 취체역 및 같은
해 8월 (주)삼익사 사장, 동년 9월 경기운송(주) 취체역 회장, 11월 죽산
주주조장 조합장, 1938년 6월 평택 조선주조 조합장, 동년 9월 공도산흥회
사 사장, 1939년 3월 안성물산(주) 취체역 회장에 오르는 등 상업·전기·
양조업·금융신탁 사업까지 확장하여 안성실업계의 거물로 등장하였
다.[58] 그 외 김사연이 사장으로 있는 경성의 조선국자주식회사 취체역
(10년)과 중앙주조회사 취체역(12년)을 지내며 김사연을 비롯한 중앙주
조회사의 이사로 있던 閔奎植, 河駿錫, 金泰濬 등의 중추원 참의와 친분
을 쌓았다. 그는 18세 때 중농에서 1938년 현재 전답 559정보(소작인
833명)의 대지주로 성장하였다.[59] 박필병 외 조선의 재계에서 '장로' 통
하는 금융계 대부이자 조선실업구락부의 한상룡, 조선 유일의 방직회사
경성방직에서 시작, 남만방직으로 만주까지 진출하여 만주국 경성주재
총영사로서 '鮮滿一如'의 사명을 다한 김연수 등이 경기도 지역의 대표
적인 자본가라 할 수 있다.[60]

　전남지역은 현기봉·현준호 부자를 빼놓을 수 없다. 현씨 일가는 증조
부 때 경기 천안에서 전남 영암으로 이주하였다. 현기봉은 전남 영암에
서 태어나 영암향교 장의 등으로 활동하면서 부친 玄麟默의 3천석 재산
을 이어받아 7천석으로 늘리는데 성공하게 되면서 영암의 지주로 알려
졌다. 그는 지주에서 자본가로 성장하였는데 목포항의 개항과 맞물려 광
주와 목포로 진출하여 1906년 8월 광주농공은행 창립에 참가하고 1915
년 7월 취체역으로 취임했으며, 1914년 7월 목포 新興鐵工(株) 사장,
1919년 6월 木浦倉庫金融(株) 사장, 全南印刷(株) 감사 등을 지내고, 경

후 주식만 보유하였다.
58) 中村資郎, 1921～1937년판, 『朝鮮銀行會社要錄』, 東亞經濟時報社.
59) 中村資郎, 1939년판, 『朝鮮銀行會社要錄』.
60) 자세한 내용은 <부표29>를 참조.

성부로 진출하여 海東物産(株) 사장, 朝鮮生命保險(株) 이사 등을 지냈
다. 지역경제단체로 1910년 務安舊邑 蚕業所長, 1916년 9월 목포상의
원, 1920년 木浦消費組合理事長 등을 역임하였다.[61]

부친의 재력에 힘입어 明治大學 豫科에 입학하고자 일본에 간 현준호
는 인촌 김성수의 하숙집에서 생활하면서 조만식, 김병로, 장덕수, 백관
수 등과 친분을 쌓았다. 원덕상, 원응상과 인연을 맺은 현준호는 목포에
서 성장하여 1920년 湖南銀行(株)을 설립하고 취체역과 전무이사, 대주
주로 있다가 1935년 호남은행 사장이 되었고, 1923년 東亞日報社(株)
감사, 1925년 朝鮮生命保險(株) 대주주, 1926년 全南道是製絲(株) 이사,
1927년 東亞護謨工業(株) 대주주, 1929년 靈巖運輸倉庫(株) 이사, 全南
道是製絲(株) 이사 및 대주주, 東亞護謨工業(株) 대주주, 1933년 南朝鮮
鐵道(株)이사, 1935년 鶴坡農場(合名), 1937년 京城紡織(株) 이사, 1938
년 全南産業(株) 대주주, 1942년 和信商事(株) 이사[62] 등을 지내며 전남
의 대부호로 성장하였다.

경북지역은 장직상, 서병조 등이 대표적인 자본가로 알려져 있다. 장
직상은 大邱銀行 取締役, 鮮南銀行 취체역, 慶一銀行 취체역, 大邱倉庫
株式會社社長, 倭舘金融倉庫(株) 사장, 南鮮醸造社(株) 이사, 南鮮合同
電氣(株) 이사, 每日新報社(株) 감사[63]로 있으면서, 大邱商工會議所 會
頭, 倭館金融組合組合長, 大邱商業會議所 특별평의원 등을 지내며 지역
경제단체의 수장을 맡고 있었다. 서병조는 朝鮮殖産銀行(株) 대주주
(3450), 慶南銀行(株) 대주주, 大東社(株) 대주주(450), 朝陽無盡(株) 사
장, 朝鮮火災海上保險(株) 이사, 大邱製絲(株) 감사, 邱一不動産(株) 이

---

61) 1921.4, 「全羅南道 中樞院議院 推薦ノ件」(현기봉 이력서) 『各道議員推薦ノ件』;
    손정연, 1977, 『無松玄俊鎬』, 전남매일신문사, 50~51쪽 ; 1916.9.11, 『朝鮮總督
    府官報』
62) 中村資郎, 1921~1942, 『朝鮮銀行會社要錄』, 東亞經濟時報社.
63) 中村資郎, 1921~1937, 『朝鮮銀行會社要錄』, 東亞經濟時報社.

사 대주주(4000), 每日新報社(株) 감사[64], 대구상업회의소 특별의원, 大邱衛生組合 이사, 경상북도농회 부회장, 朝鮮中央農會 慶北支部 간사 등을 지냈다. 서병조, 정재학, 김재환, 정해붕, 이병학 등은 1923년 1월 13일 대구부도시계획위원회 위원으로 활동하기도 하였다.[65]

경남 진주의 김기태는 경남일보 부사장, 경상농공은행 감사역 및 취체역, 조선식산은행 상설역, 협성상회 취체역, 진주식산은행 감사역, 영화흥업주식회사 취체역, 晉州電氣(株) 이사로 있으면서, 각종 육영사업에 투자하였다.[66]

방의석은 '함남의 자동차 왕'이라는 별칭을 지니고 있으며, 자동차 회사의 사무원에서 출발하여 1920년 共興(株) 대주주에서 1926년 사장으로 취임하였고, 1929년 7월 咸興택시(株) 사장, 1931년 北靑電燈(株) 대주주, 朝鮮信託(株) 대주주, 咸南合同電氣(株) 이사 및 대주주, 北鮮自動車運輸(合名) 사장, 北鮮每日新聞社(株) 이사, 半島水産(株) 이사, 每日新報社 取締役, 良德水利組合 조합장[67]을 지냈다. 그는 본업 외에 목재, 창고, 양조, 전기, 농사경영 등 다양한 업체를 운영하고 있었다. 특히 그가 경영하는 회사 주식의 전부가 그와 가족, 종업원이 차지하고 있었다.[68] 최린과 동향인 그는 時中會에 회원으로 참여하면서 인맥을 넓혀갔다.[69]

金基鴻은 신의주 근교의 토지를 매입했는데 마침 제1차 세계대전과 1922년 평북도청이 신의주로 이전하게 되어 크게 성공을 거두었다. 그

---

64) 1927·1929·1931·1933·1935·1937·1939·1942년판 참조, 『朝鮮銀行會社組合要錄』, 東亞經濟時報社.

65) 朝鮮建築會, 1923.2, 「大邱都市計劃實況」 『朝鮮と建築』 제2집 제20호, 49쪽.

66) 中村資郎, 『朝鮮銀行會社要錄』, 東亞經濟時報社, 1921~1939.

67) 『朝鮮銀行會社組合要錄』, 東亞經濟時報社, 1927·1929·1931·1933·1935·1937·1939·1942년판 참조.

68) 李允鍾, 1940, 「朝鮮産業界十人」 『モタン日本』 臨時大增刊 朝鮮版(홍선영 박미경 채영님 윤소영 역, 2009, 『일본잡지 모던일본과 조선 1940』, 어문학사, 256~257쪽).

69) 1935, 「三千里機密室, The Korean Black chamber」 『三千里』 제7권 제1호, 1.1, 18쪽.

는 신의주 일대를 무대로 시가지 건물, 시장, 개척사업에 참여하여 '신의
주 발전의 아버지'라 불린 인물이다.[70]

앞에서 언급한 인물들 중 현준호, 장직상 등은 은행업을 통하여 대자본가로 성
장한 인물인 반면에, 박필병, 김기태, 방의석, 김기홍 등은 토호기반과 자수성가를
통해 자본가로 알려진 전형적인 인물이라고 할 수 있다.

둘째, 대한제국기와 1910년 이후 관공리에 있다가 퇴관 후 고향에서
사업에 성공한 케이스는 민영은(충북 충주), 김갑순(충남 공주) 등을 꼽
을 수 있다.

충북지역의 대자본가 민영은은 1902년 괴산·음성·진천군수를 거치고
1904년 충북관찰사 대리, 1908년 청주군수를 퇴관하고 고향에서 723정
보의 논밭을 소유한 지주로 알려졌다. 일제 강점 후 朝鮮運輸倉庫(주),
淸州土地建物(주), 朝鮮陸運(주), 忠北自動車運輸(주), 忠淸北道糧穀(주)
등의 이사나 대주주를 하고[71], 청주금융조합장, 도농회부회장 등을 역임
하면서 지역 내에서 경제적 기반을 공고히 하였다.

충남지역의 대표적인 자본가는 김갑순이다. 그는 1900년 9월 충북도
관찰부 주사, 1901년 중추원의관, 1902년 부여군수, 1903~1906년까지
노성·임천·공주군수를 지내고 1908년 금화군수, 1910년 아산군수로 퇴
관하였다. 이후 지역에서 자동차 수송 사업을 시작하였으며 公州를 중심
으로 하여 각 방면에서 영업권을 획득하게 되어 이를 토대로 각종 사업
에 투자하여 성공하게 되었다.[72]

---

70) 李允鐘, 앞의 자료, 257~258쪽.
71) 中村資郎, 1921~1937, 『朝鮮銀行會社要錄』, 東亞經濟時報社.
72) 『朝鮮功勞者銘感』, 176쪽. 그는 1923년 경성 海東銀行(株) 대주주, 1927년 公
    州電氣(株) 대주주 및 이사, 公州殖産(株) 이사, 大田溫泉(株) 전무이사 대주
    주, 1925년 儒城溫泉(株) 전무이사, 1927년 경성 朝鮮美術品製作所(株) 대주
    주, 1925년 朝鮮新聞社(株) 사장, 1944년 忠南旅客自動車株式會社 감사역, 牛
    城水利組合 조합장(1929~1939년) 등을 지냈다(中村資郎, 1921~1942, 『朝鮮
    銀行會社要錄』, 東亞經濟時報社).

셋째, 타향에서 자수성가하여 성공한 인물은 金元根 등이 대표적인 인물이다. 김원근은 개항기 경주 社倉 책임자였던 金漢仲의 장남으로 태어나, 1897년 9세 때 충북 청주로 이사 후 1897년부터 청주읍을 중심으로 19년간 行商을 했다. 1905년 조치원에서 무역상을 시작하여 약 20만원을 이익을 남기고[73], 1914년 조치원과 청주 일대의 대지주로 성장하였다. 그는 1921년 조선운수창고(주)에서 충북 지방참의 민영은, 방인혁과 함께 이사로 재직하였으며, 1931년 충북 청주군 문의면·미곡면 등에서 1백만평 금은광 채굴권, 1932년 충북 청주군 강서면에서 75만평의 금광 채굴권을 각각 획득하고, 동년 8월 27일 청주군 사주면·북일면에 48만평의 金銀鑛 채굴권을 각각 획득하고,[74] 이후 中央商會(주), 長春商會(주), 忠北産業(주)에서 이사 등을 지냈다. 그는 海産·미곡·광업 등을 경영하면서 토호세력으로 성장한 대표적인 인물이라고 하겠다.

넷째, 출신 지역에서 타 지역으로 사업을 확장하여 성장한 부류이다. 하준석은 지방에서 시작하여 중앙무대와 만주까지 사업을 확장한 케이스이며 총독부의 지원에 힘입어 성장한 자본가이다. 그는 경남 창녕 출신으로 중추원 지방참의 김두찬과 동향이다. 早稻田大學 정치경제과를 졸업하고 1926년 京城에서 現代評論社를 경영하다가 1927년 귀향하여 창녕농촌진흥회를 조직하고 재단법인 창녕농촌진흥회 설립준비위원장을 맡았다.[75] 1930년 영남자동차부 사장, 1931년 경남자동차 이사를 지내면서 부산순회 실업 간화회에 참석하여 운수통제 방안을 논의하였다.[76] 이후 嶺南印刷(주), 嶺南繩叺(주), 창녕산업조합장, 釜山無盡(주), 중추원 참의 출신 盧泳奐이 운영하던 영산주조(주)에서 이사로 재직하였다. 또한 김사연이 사장으로 있던 중앙주조의 이사가 되면서 경성지역으

---

73) 淸巖事蹟刊行委員會編, 1964, 『淸巖 金元根翁 生涯와 業績』, 41~63쪽.
74) 1931.7.23, 1932.5.25, 1932.9.6, 『朝鮮總督府官報』.
75) 1928.1.12, 『釜山日報』.
76) 1932.10.6, 『釜山日報』.

로 진출하였다. 1934년 경남도회의원 시절 만주시찰을 약 2주간 다녀온 후 1937년 북만주에 15만 원을 투자하고, 1939년 군수용 기구를 다루는 朝鮮工作(주)의 사장으로 약 1만주의 주식도 소유하였다. 이 회사에는 한상룡을 비롯하여 민규식 박흥식 등이 회장과 이사로 재직하고 있었다.[77] 1937년에는 제주도에 있던 이왕직 목장을 인수하여 興業會社를 설립하고 1938년 朝鮮農畜會社를 설립했는데 "지금 獸皮의 수요와 도야지 고기 소고기 닭고기 등 獸肉과 鷄卵 등이 몹시 필요한 시국이라 여기 호응하여 일어선 회사가 바로 이 農畜會社로서 사업 第一年度에 벌써 豚 3백 頭, 계란 2만천 개, 鷄 7백 首를 販賣할 案이 서있다"[78]라고 하여, 중일전쟁과 맞물려 社勢를 확장하고 있음을 알 수 있다. 이처럼 하준석은 양조업을 시작으로 운수창고·상업·금융신탁·농림업 등에서 큰 성장을 이루어냈다. 특히 경성에서 靑邱俱樂部에 가입하여 민규식, 박흥식, 한상룡 등 재계 인사와 관공리들과 교분을 나누었다.[79]

또한 농업 분야에서 하준석은 1933년 10월 현재 창녕군 내 소작인 2천명, 경남 김해, 경북 청도, 전북 무주군까지 약 3천 5백 명의 소작인

〈사진 23〉 중추원 참의 하준석(경남 창녕) 임명을 보도한
부산일보 1939년 6월 8일 기사.

---

77) 1939.4.1, 「國策會社에 등장한 財界巨星」, 『三千里』 제11권 제4호, 43~46쪽.
78) 「國策會社에 등장한 財界巨星」, 『三千里』, 46~47쪽.
79) 1939, 「機密室, 우리 社會의 諸內幕」, 『三千里』 제11권 제1호, 1.1, 15쪽.

을 거느린 대지주로 성장했다.[80] 그는 영남에서 경성으로, 1939년 6월 중추원 참의로 선임된 이후에는 만주까지 진출하여 동화산업, 만주약업 등을 설립하여 '현 시국'과 일체되는 사업수완을 보였다.[81]

이상과 같이 지방참의들의 경제적 기반을 살펴보면 지역에서 각종 사업체를 운영하면서 지역 경제단체 간부직을 맡고 있음을 알 수 있다.[82] 이들은 경제력 토대 위에서 각종 정치·사회단체 간부, 지역내의 자생단체 간부, 전시체제기의 국방헌금이나 병기헌납 등으로 일제에 협력하는 전형성을 보여주고 있다.

한편 지방참의들은 위와 같은 지역 토호로서의 경제 기반을 바탕으로 지역에서 육영 사업을 벌였고, 이것은 중앙참의와 대비되는 지방참의의 특징이기도 하다. 이들의 육영 사업은 주로 사립학교 설립, 보통학교 교사 신축을 위한 토지기부, 학급 증설 및 학년연장운동, 교육재단설립, 학교신축 및 장학금 기부 등이었다. 이들은 이러한 사업으로써 '지역민의 신뢰'를 받고 '명망가'로 추앙받았으나, 한편으로 이 사업들은 자신의 기반을 공고히 함과 동시에 조선총독부의 시정정책에 적극적으로 호응하는 면도 가지고 있었다.

여러 가지 지역사업 중에서도 육영사업은 지역사회에 큰 영향력을 미쳤고, 지방참의들은 건설을 비롯한 도시기반사업보다 육영사업에 치중하고 있다. 여기에서는 앞서 경제기반에서 4가지 유형에 해당된 인물들을 중심으로 지방참의들이 어떤 육영사업을 펼치고 있는지와 지역 내의 교육단체의 활동 상황을 살펴보고, 지방권력구조에서 이러한 교육 사업이 어떤 의미를 갖는지 분석하고자 한다.

---

80) 1933.10.31, 『釜山日報』.
81) 李允鍾, 앞의 자료, 253쪽.
82) 이들의 경제적 기반은 지금과도 흡사하다. 현재 지역에 있는 자본가·중소상인·지역유력자 등이 경제적 토대위에서 상공회의소나 사교클럽인 로타리클럽·라이온스클럽이나 한국청년회의소 등의 간부로 활동하고 있다.

우선 경기도 안성의 부호 박필병은 도립의원 설립, 안성농업학교 설립금, 빈민구제 등에 앞장서 주민들이 공덕비를 세워주기도 하였다. 안성청년야학회 찬조금 40원, 1923년 안법학교 기부금 150원, 안성군 민립대학 기성회 의연금 750원, 안청학원 후원금 500원, 안성공립보통학교 대강당 건축비 기부금 1,500원, 안성공립농업학교 건축비 10만 원 등을 기부하였다.[83] 특히 그는 기부금이나 후원금 납입으로 자연스레 각종 단체의 간부직을 맡아[84] 안성 지역의 영향력 있는 토호 혹은 지방유력자로 자리를 굳혔다.

다음으로 민영은은 청주상업학교 기성회에 만 원, 無産兒童 奬學費로 3만 원, 청주공립보통학교 대강당 신축에 7천 원 등을 기부하였다.[85] 김원근은 永雲學術講習所 校舍基地로 2천 평을 기부했고,[86] 청주상업학교와 대성보통학교 등을 설립하였다. 그는 해방 후 자기의 전 재산을 청주대학 설립에 바쳤다.

전남의 부호이자 호남은행을 설립한 현준호는 육영사업에 적극적인 투자로 지역의 민중들로부터 '칭송'을 받았다고 한다. 그는 1926년 1월 광주기독교청년회의 광주금정유치원 경상비 5년간 지원, 광주여자청년

---

83) 1920.5.18, 1923.5.12·8.21, 1924.4.26, 1926.6.3·7.11, 1930.1.3, 1935.1.30, 1936.1.14, 1937.6.3·7.22, 1939.1.3·12.4, 『東亞日報』. 박필병은 1922년 5월 고등보통학교 설립운동을 주도한 안성교육회 경리부장, 1940년 사립 安靑학교 이사장, 안성읍내 소학교 부형회 고문 등을 지냈고, 1921년 8월 안성공립보통학교 교사 증축 기부금(100원), 1922년 5월 삼죽면 보통학교설립 기부금(50원), 1924년 5월 간도 동흥중학교 기부금(50원), 1924년 성남전등회사 사장 재임 중 10여 년간 사립 안청학교 야학부용 전등료(1,200원)를 무료 공급하기도 하였다(허영란, 2008.7.11, 「일제강점기 중추원 지방참의의 발탁배경에 대한 연구」, 『친일반민족행위자재산조사위원회 출범2주년기념 학술토론회』, 74~77쪽).
84) 그는 1923년 민립대학기성회 안성군 지방부 회금보관위원, 1926년 5월 安靑학원 후원회 부회장, 1939년 12월 안성농림학교기성회 회장 등을 지냈다.
85) 1934.9.28, 1939.8.1, 『東亞日報』.
86) 1935.1.23, 『東亞日報』.

회의 여자야학원, 須彼亞校 등에 기부하였다. 또한 모친 壽宴기념으로
광주공립보통학교, 사립광주보통학교, 광주심상고등소학교 등에 기부하
기도 하였다.[87]

경북의 부호인 서병조는 대구여자고등보통학교 기성회 회장을 맡으
면서 학교 설립과 기부금을, 효성여보고, 교사 확장 신축에 기부금을 납
부하고, 소작인들을 구제하는데 앞장서기도 하였다.[88]

경남의 최대 부호가인 김기태는 현준호와 비슷한 활동을 보인다. 그
는 사립 보성전문학교 종신이사에서 1935년 진주사립일신여고보 학급
증설위원장을 거쳐 재단 이사장을 맡는다. 특히 중추원 참의 재직 시
1930년에 진주 내동면민이 '金參議琪邰氏救恤不忘碑'를 세우기도 하였
다.[89] 그는 1910년 진주여자잠업전습소를 설립하고, 사립진주봉양학교
에 1백 원을 기부하였으며, 진주보통학교 교사용 건물 1동을 기부한 공
로로 일본 상훈국 총재로부터 은잔 1개를 하사받았다. 1920년 일신재단
을 발기하고 기성회에 벼 1천 2백 섬을 기부하였고, 다음해 사단법인 보
성전문학교 기성위원회 위원장으로서 15만 원을 기부하였으며, 1937년
에는 일신재단에 학교증설기금 10만 원을 약속하였다.[90]

위에서 각도별 주요 지방참의들의 육영사업과 주요 교육단체 활동 사
례들을 살펴보았다. 지방참의 155명 중 지역에 사립학교·재단 등을 설
립하여 자신이 교장이나 이사장을 겸직하는 자는 11명(민영은·김원근·
현기봉·김기태), 학교를 설립하나 자신이 교장으로 취임하지 않는 자가
12명, 각종 야학회나 보통학교 등에 현금이나 토지를 기부하는 자가 38
명이다. 또한 학무위원·학평의원 등의 교육단체에서 활동하는 자는 25

---

87) 1926.1.15, 1927.4.10, 1928.3.24, 1934.1.11, 『東亞日報』.
88) 1934.8.23, 『東亞日報』 ; 1929.7.15. 『中外日報』.
89) 1925.8.8, 『東亞日報』 ; 勝田伊助, 1940, 『晋州大觀』, 185~188쪽.
90) 1921.4, 『各道道議員推薦ノ件』, 慶尙南道 中樞院議員 推薦의 件 중 金琪邰의
     이력서 ; 1921.4.9, 1937.6.22, 『東亞日報』.

명이다. 그 외 유치원 설립자 1명, 부형회나 각종 후원회 간부직을 맡은
자는 9명, 일본어 야학회 감독이나 야학교 등을 설립한 자는 김기태, 장
응상 등 2명이며, 김윤복은 관립인천일어학교장(1906~1909)[91]을 지내
는 등 총 99명이다.

또한 김갑순, 윤치소, 이기승, 문종구, 박희옥, 인창환, 전승수, 현기
봉, 김정태, 이장우, 서병조, 진희규, 장직상, 문명기, 김동준, 최연국, 김
기태, 정순현, 장응상, 이갑용, 김경수, 최형직, 위기철, 이희적, 조상옥,
김기홍, 최양호, 방의석 등은 학교설립이나 기부금 등으로 목배나 표창
을 받기도 하였다.

그러나 1920년대 등장한 청년회의 주도의 사립학원, 민중야학 또는
부인·노동야학회 등의 민족교육단체 등에 기부한 사람은 박필병, 신석
우, 김원근, 현준호 등 4명으로 파악되었다. 박필병은 1920년 안성청년
야학회에 찬조금 40원을 기부하였고, 신석우는 사립군산청년야학교 교
장을 지냈다. 박필병은 다른 학교설립이나 기부금에 훨씬 못 미치는 금
액을 야학회에 기부하였다. 한편 김원근은 청주군 사주면 영운리 광신야
학교에 토지 2천 평을 기부하였고,[92] 현준호는 광주여자청년회에서 경
영하는 여자야학에 50원을 기부하였다.[93]

이처럼 지방참의들은 다수의 민중들이 참여하고 있는 야학회나 청년
회, 사회주의단체에서 운영하는 야학회 등에는 거의 기부하지 않고 보통
학교 등 제도교육에 다액을 기부하는 형태를 취하고 있다.

이러한 현상은 통감부와 총독부의 교육정책에 기인하고 있다. 1906년
이후 일제의 보통학교 교육정책은 '일어를 보급'하고 '보통의 지식과 기
능을 습득'할 수 있도록 하고, '충량한 국민의 육성'에 목적을 두고 있었

---

91) 稲葉繼雄, 1997, 『旧韓末 日語學校の硏究』, 九州大學出版會, 434쪽.
92) 1935.1.23, 『東亞日報』.
93) 1927.4.10, 『東亞日報』.

다.[94] 1920년대 보통학교로 취학하는 아동 수가 점차 증가하고 1930년대 그 절정을 이룬다.[95] 따라서 제도교육으로 편입하고자 하는 아동 수가 증가하자 지방의 유지나 청년단체까지 나서서 학교 설립을 추진하였다. 1921년에서 1928년까지에 신설된 공립보통학교 수는 861개교였다.[96] 이들 학교는 지방유지나 다수의 민중들의 성금으로 설립되었다.[97] 그 외 사립학교, 서당, 강습소, 야학 등 준 교육기관들이 설립되어 미취학 아동들의 교육열을 해소해 주고 있었다.

여기서 지방참의들은 다수의 민중이 교육받을 수 있는 서당을 비롯한 야학이나 청년회의 사립학원 등에 지원하지 않고, 중산계급이나 어느 정도 교육을 받을 수 있는 층을 위한 사립학교를 설립하여 공립학교로 변경하는 형태로 육영사업을 펼쳤다.[98] 중간계층의 사람들은 보통학교에 취학한다면 지위를 상승시킬 수 있었고, '일제 당국과 타협성이 강한 인물'인 지방참의 또는 면장 등은 보통학교 설립을 주도하였다. 즉 지방참의들은 제도권 내의 교육에서 지원과 투자를 했던 것이다. 지방참의들은 잉여자본을 육영사업에 투자한다는 명분과 지방의 민중들을 위한다는

---

94) 趙東杰, 1989, 『韓國民族主義 成立과 獨立運動史硏究』, 지식산업사, 340쪽.
95) 보통학교의 취학률은 1912년 2.1%였는데 총독부의 '三面一校'계획으로 인하여 취학률도 낮았다. 그리고 총독부의 학교증정책도 추진되지 않았다. 그러다가 1924년 14.7%로 급속하게 상승하다가, 1928년 17.2%로 소폭 증가한다. 또한 1929년부터 '一面一校制' 실시로 보통학교 증설정책을 총독부에서 추진하자, 1930년대 취학률이 대폭 증가하였다(오성철, 1996, 「1930년대 한국 초등교육 연구」, 서울대학교 교육학과 박사학위논문).
96) 朝鮮總督府 學務局, 『朝鮮諸學校一覽』에 나타난 설립년도를 기준.
97) 학교설립은 설립기성회의 조직, 기부금 모집, 인가, 교사 건축, 낙성식 및 개교식의 과정을 거치고 있다. 또한 기성회의 경우 면민대회를 통해 설립되는 게 보통이다(박진동, 1998.12, 「일제강점하(1920년대) 조선인의 보통교육요구와 학교설립」, 『역사교육』 제68집, 역사교육연구회, 81쪽).
98) 이렇게 사립학교에서 공립학교로 변경하는 이유는 경영난, 학부형의 이중부담, 경영자와 학부형간의 갈등, 공립보통학교 선호, 일제 당국의 사립학교 억제정책 등에 있었다(박진동, 1998, 앞의 논문, 83쪽).

명분을 함께 얻어서 지방의 권력자로 군림하게 되었다.

통감부 시기부터 조선의 공교육이 일제에 의해 통제되고 을사늑약 이후 각종 학교제도가 일본인 학정참여관에 의해 개혁되면서 '내선융화'를 위한 조선총독부의 교육정책이 진행되는 과정에서 지방의 유력자이자 자본가들은 보통학교나 고등보통학교 등을 설립하는데 힘을 기울였다. 그게 총독부의 시정에 호응하고 '내선융화'에 앞장서는 길이기 때문이었다.

그러나 각종 청년회나 민족운동단체에서 주관하는 야학이나 민립대학 설립운동은 조선총독부의 정책에 어긋나는 것이었다. 이에 지방참의들은 총독부의 시정 등에 호응하기 위해서라도 제도권 교육에 적극적으로 투자하여 지방권력을 유지하고자 하였다.

따라서 지방참의들의 육영사업은 지방권력을 유지하기 위한 태생적 한계를 드러내는 행위이자 친일교육을 위한 투자라고 볼 수 있을 것이다.

또한 지방참의들은 대부분 지역 자본가들로서 참의가 되기 이전부터 치수·교량가설·철도·도로·농촌진흥·기술보급운동 등 생활개선 사업, 면사무소 등 관공서 시설비, 사회단체 및 나병 구제 기부금 등 사회사업, 수해기금·빈민구제금·호세 대납 등 자선사업에 직접 참여하였다.

지방참의들이 생활개선 사업에 기부한 대표적인 몇몇 사례들을 보면, 박필병은 도로부설 전답 349평을 기부하였고, 김원근과 현기봉도 하천 개간과 도로용으로 토지를 내놓았다. 김연수, 이교식, 이장우, 진희규, 장직상, 이은우, 장응상, 이기찬, 고일청, 최양호, 김기태, 윤치소, 김병원, 문종구 등도 도로 개설과 철로 연장, 다리 부설, 헌병대 부지 등에 적지 않은 토지나 돈을 내놓았다. 도로와 철로, 다리 등 식민지 기간산업을 위해 이들이 기부한 것은 강점 초기인 1913~1915년 사이로 이들은 이러한 기부로 모두 총독부로부터 목배를 하사받고 있다.[99]

---

99) 1913.6.2, 11.24, 1914.1.22, 10.29, 12.5, 1915.1.9, 2.6, 9.10·14, 11.26, 12.10·27. 『조선총독부관보』,

사회사업의 몇 가지 예로서 박필병은 경기도립수원의원 안성출장소 건설자금으로 7,350원, 안성면 소방기구 정비자금으로 2천 원, 김연수는 시정25주년기념박물관 건설비로 1만 원, 김원근은 제국재향군인회 청주분회관 건축비로 2천 원, 청주읍 사회사업비 1천 원, 현준호는 시정25주년기념박물관 건설비로 1천원 등을 내놓았다. 이러한 기부는 거의 참의 재직시에 이루어졌고 전시체제기인 1937년 이후가 많다. 또 이러한 기부 역시 모두 총독부로부터 포상을 받고 있다.[100) 1933년 중추원참의들이 임원을 맡으며 설립된 조선나예방협회에 대한 기부금은 김상형, 이장우, 정재학, 서병조, 박희옥, 김영무, 현준호, 최연국, 하준석, 김기태 등이 1천 원~1만 원까지 기부하였는데 이들은 모두 기부한 댓가로 총독부로부터 포상을 받았다.[101)

지방참의들은 생활개선이나 사회사업에 거금을 기부하지만, 자선사업에는 비교적 적은 액수를 기부하였다. 김상형, 박기순, 민규식 등은 1만 원을 빈민구제기금으로 내놓기도 하였으나, 박필병, 이교식, 김원근, 인창환, 홍종철, 김정태, 서병조, 문명기, 이갑용, 이장우 등 대다수의 경우는 소작인이나 빈민에게 현금보다 현물을 주었고, 김연수, 김성규, 박희옥 등은 수재의연금이나 빈민구제금으로 2천 원 이하의 현금을 기부하였다.[102) 이들은 대부분 참의하기 전에 이러한 기부를 하였으며 이로써 포상을 받은 자도 많았다.[103)

사회사업이나 생활개선사업은 총독부에 대한 충성도과 직결되는 사

---

100) 1940.2.6, 1942.5.12·14, 1943.10.27, 『조선총독부관보』.
101) 1933.11.10, 1936.1.14, 5.12, 1938.4.4, 『조선총독부관보』.
102) 1922.10.22, 1023.8.27, 1924.6.7, 9.18, 1925.4.1·14, 1926.2.16, 1927.11.23, 12.24, 1932.2.3, 12.28, 1934.8.12, 1935.4.13, 1936.1.14, 8.28, 1937.9.22, 1939.11.25, 『동아일보』 ; 1936.3.6, 『조선중앙일보』 ; 1937.6.21, 『조선총독부관보』.
103) 『조선총독부관보』, 1911.10.19, 1913.7.16, 1914.7.16, 12.15, 1915.2.20, 7.13, 1928.12.7, 1937.2.11, 6.21.

업이며, 자본력과 권력 등을 실질적으로 드러내는 展示的 사업이라고 볼 수 있다. 반면에 자선사업은 민중들의 생명과 직결되는 사업이나 '생색' 내는 듯한 소액을 기금하는 특성을 보이고 있다. 이러한 지방참의들의 기부형태는 육영사업과 유사하다고 볼 수 있다.

이렇게 지방참의들이 생활개선과 사회사업 등에 참여하는 배경은 총독이나 천황으로부터 포상을 받는다는 점이 큰 부분을 차지하였다. 지방참의 중 기부를 한 공적으로 木杯를 비롯한 포상 3건 이상을 받은 인물들은 민영은(9건, 최다), 김갑순(8건), 박희옥·홍종철·김정태(이상 6건), 박기순·이장우(이상 5건), 김연수·이교식·김원근·문종구·정석모·현준호·서병조·최연국·김기태·최양호·방의석·김병규(이상 4건) 등이다. 특히 문명기는 2건 모두 국방병기를 헌납한 대가로 포상을 받았다.

이상으로 본 지방참의들의 지역 활동의 특징은 첫째, 이들이 지방유력자로서 지방행정과 경제에 큰 영향력을 갖고 있었다는 점이다. 지방참의 155명 중 134명이 지방의회 의원으로 활동하였고, 자본가 또는 대지주로 지역경제를 좌지우지할 정도로 무소불위의 권력을 쥐고 있었다. 또한 중추원 참의라는 직책은 이미 갖고 있던 지역에서의 권력에 '덤'으로 작용하였다.

둘째, 지방참의들은 지역경제의 기반에서 성장한 토착자본가들이었다. 이들은 지역에서 토지와 각종 사업체 등을 운영하면서 성장하였으며, 총독부의 시정 방침에 호응함으로서 부와 권력을 동시에 얻을 수 있었다. 또한 전시체제기에 각종 국방헌금과 병기헌납 등을 통해 '충성스러운 황민'으로 인정받은 것은 지역에서 더욱 확고한 권력자로 군림하게 된 원동력으로 작용하였다.

셋째, 지방참의들은 육영·지역생활개선 활동을 통하여 '선망받는' 이미지를 쌓아가는 한편 '내선융화'를 위한 친일행위를 보이는 이중성을 가지고 있었다. 이들은 육영사업으로 포장하여 기존의 지방권력을 유지하기 위한 도구로 활용하였고, 총독부의 제도교육을 확장시키는데 집중적으로 투자하여 명예를 얻었다. 반면에 다수 민중들이 바라는 야학을 비롯한 무료 교육활동에 소극적인 기부활동을 벌이기도 하였다. 또한 이들은 지역개선활동에서 빈민구제 같은 자선사업보다 총독부의 포상이나 표창을 받을 수 있는 생활개선이나 사회사업에 적극적으로 투자하여 명망성을 높이려고 하였다. 이렇게 지방참의들은 '내선일체' 정신으로 무장하여 총독과 일본에 '충성'을 다하고자 맹렬하게 지역활동을 벌였다. 그들은 지방참의로 선임되고 자신의 사업이나 자본 등이 성장하는 두 마리의 토끼를 잡을 수 있는 지방권력자로 화려하게 변신할 수 있었다. 특히 지방참의로 선임된 이후 지역에서 총독부의 시정 선전과 홍보 활동에 적극 나섬으로써 중앙권력으로부터 능력을 인정받고자 애쓰기도 하였다.

이러한 지방참의에 대한 언론의 인식은 식견과 덕망이 있는 지역인사라는 이미지보다는 일제에 협력하고 경제적 부를 배경으로 지위와 영예를 탐하는 부호나 친일인사들이라는 이미지가 강했다.[104] 지방참의들은 지역의 중소상인이나 지방행정관료들에게는 칭송받았으나 민중들에게는 '거물 친일파'로 인식되는 존재에 불과하였다고 볼 수 있다.

---

104) 1928.6.3,「中樞院參議의 改善」『民衆新聞』; 1932.2.17,「閑題目」『朝鮮新聞』.

제6장

전시체제기 중추원 참여자들의
친일활동과 전쟁협력

1. 시국강연회 활동과 국방헌금 헌납
2. '황군위문단' 과 친일단체 활동

1931년 일본이 만주를 침략하자 조선은 준전시체제로 전환되었다. 만주사변 이후 조선총독부는 참의들을 만주국 시찰단으로 파견하거나 일본군 위문방문 등을 하도록 독려하였다. 특히 1937년 6월 7일 제18회 중추원 회의에서 미나미 지로(南次郎) 총독은 國體明徵, 滿鮮一如, 敎學刷新, 農工倂進, 庶政刷新 등 5대 강령을 내세우며[1] 본격적인 전쟁참여를 독려하기에 이른다.

이에 참의들은 1931년 만주사변 이후 전국적으로 사회교화강연과 시국강연에 나서고, 1937년 이후 '北支視察團'을 꾸려 '황군'을 위문하러 다녔으며, 1941년 태평양전쟁 이후 지원병제와 징병제 독려에 나섰다. 그 외 참의들은 국민정신총동원조선연맹과 국민총력조선연맹 등 각종 전쟁동원기구의 고문이나 임원으로 적극적으로 참여하기도 하였다.

본 장에서는 전시체제기 참의들의 정치활동과 전쟁참여의 형태를 몇 가지로 나누어 살펴보고자 한다.

---

1) 1937.6.8, 『東亞日報』.

1. 시국강연회 활동과 국방헌금 헌납

1) 시국강연회 활동

1931년 만주사변 이래 우가키 총독의 조선지배 정책은 '農村振興運動'과 '心田의 開發', '中堅人物의 養成' 등으로 압축할 수 있다. 이 정책에 따라 총독은 1932년 9월 제13회 중추원회의에서 "농산어촌 및 중소상공업자의 현황개선과 동시에 사회교화에 관한 施設을 進하라"고 참석한 중추원 의관들에게 훈시하였다.2) 이날 회의 이후 총독부의 경무국을 비롯한 총독부의 각국에서 전국적으로 사회교화 강연회를 개최하였고3), 각종 사회교화단체들도 조직을 재정비하고 교화위원회를 구성하기에 이르렀다.4)

중추원 참의들은 1930년대부터 민중이 '불온한 사상'에 빠지는 것을 경계하는 사상 선도와, 농촌진흥운동을 계기로 한 생활 개선, 민풍 작흥 등 사회교화 강연을 다니기 시작했다. 1932년 이후에는 전쟁을 일으킨 일제의 입장을 선전하고 민중의 시국 인식을 촉진시키는 강연을 하였다. 특히 1940~1945년 동안 총독부는 행정기구의 개편, 법과 제도의 정비, 관변단체의 재편과 통제 등을 실시하면서, 중추원 참의들에게 창씨제도와 징병제를 환영하고 국민정신총동원을 강조하는 강연을 전 조선에 광범위하게 다니도록 독려하였다.

그럼 중추원 참의들의 1932년 이후 사회교화 강연과 1937년 중일전쟁 개전 이후 시국강연 사례들을 차례대로 살펴보자.

먼저 사회교화강연의 예로 장응상의 강연을 보자. 그는 1933년 2월부터

---

2) 1932.9.21, 『東亞日報』.
3) 1932.9.30, 『東亞日報』.
4) 1934.1.25, 2.11, 『東亞日報』, 경성부는 동·서·남·북으로 나누어 사회교화위원회를 구성하였다. 이 단체는 色衣獎勵 운동 및 생활개선운동을 펼쳤다.

3월까지 경남 각지를 돌며 강연을 하는데, 산청공립보통학교 강당에서 "갱생의 때가 온다"라는 주제로 "이상적 생활은 고통 후에 온다, 생활 개선을 도모, 농업경영을 다각적으로, 가정 부흥의 주인이 되자, 신사상 연구" 등을 강조했다.[5] 또 의령공립보통학교 강당에서는 금후 조선인의 여명으로부터 광명이 나온다며 갱생의 진로에 대해 열변을 토하기도 하였다.[6]

이러한 사회교화강연에 모인 사람들은 어떤 사람들이었고 그들의 반응은 어떠했을까. 1937년 3월에 전라남북도와 평안남·북도를 돌며 사회교화 강연을 하고 온 한규복 참의는 중추원 목요예회에서 강연의 개요를 보고하면서 남쪽지방과 북쪽지방의 반응이 차이가 있었음을 이야기하고 있다. 그는 전북에서는 全州·群山·裡里·南原·井邑, 전남에서는 光州·羅州·長興·高興·順天·驪州, 평남에서는 平壤·鎭南浦·順川·价川·安州, 평북에서는 新義州·義州·宣川·定州·熙川·龍川 등을 거의 한달 동안에 걸쳐 돌아다니면서 강연을 했는데, 전라도에서는 최하 150명에서 최고 600명이 모였으나 평남 진남포와 평북 선천에서는 강연시간이 되어도 한 명도 모이지 않아 겨우 관공서 사람들이나 면장들 30~50명 정도를 모아 강연했다는 "실패담"을 이야기하고 있다. 평양의 경우, 한규복은 모인 사람들에 대해서 "대부분 어중이떠중이였고 뭔가 중추원 참의가 강연한다니 가볼까 하는, 말하자면 구경하러 온 것 같은 모양"이라고 판단하고 있었다. 그래도 200명이 모인 것에 대해서 전례없는 일이라면서 "만약 이것이 사상적인 강연이라든가 혹은 예수교측의 강연이라면 물론 대단히 盛會가 되었겠지만" 단지 총독부 강연인데 그와 같이 성황을 이루었다고 자화자찬하고 있다. 그러나 평남에서는 평양 빼고는 모두 30~50명밖에 모이지 않았다.[7]

---

5) 1933.2.24, 「咸陽 교화강연」『釜山日報』.
6) 1933.2.25, 「張참의 강연」『釜山日報』.
7) 한규복, 1937년 6월, 「4월 8일 본원 목요예회 – 지방순회강연의 개요」『中樞院通信』 105호, 14~18쪽.

위 한규복의 이야기를 통해 알 수 있는 것은 사회교화강연에 모인 사람들은 200~300명 정도가 많았고 모인 사람들은 지방 유력자, 지도자, 면장, 관공서원들이 주축이 되었으며, 모인 사람들이 500~600명인 경우에는 미리 각 면에서 사람들을 지정해서 참가시켰다는 점, 150명 이하인 경우에는 거의 일본인이 반을 차지했었다는 점 등이다.[8] 그리고 이 시기에 관공서 사람들과 지식인들이 "國體明徵" 문제 등을 민중에게 말하는 것은 민중의 태도를 생각하여 삼가고 있었다는 것으로 보아, 총독부의 시정 방침이 일반에 별로 동의를 얻고 있지 못하는 상태를 쉽게 짐작할 수 있으며 공직자들조차도 일제가 일으킨 전쟁에 대해 조선인으로서 확실한 태도를 갖고 있지 않았다는 것을 알 수 있다. 평남의 경우 모인 사람 수가 매우 적은 이유는 이 시기 평양을 비롯한 평남의 기독교계 학교들의 신사불참배 문제가 통치상 심각한 문제를 야기했던 것과 무관치 않아 보인다.[9]

1937년 7월 7일 蘆溝橋사건으로 "중대험악한 비상시국"이 되자 총독부는 조선인들에게 일제의 입장과 그 "진의"를 설명하고 국민의 자각을 철저히 시키는 것이 초미의 급무가 되었다. 그래서 중추원참의 중 9명(한상룡, 신석린, 한규복, 최린, 김명준, 김사연, 유진순, 안종철, 현헌)을 선발하여 7월 19일부터 일제히 각도에 파견하여 시국에 관한 강연을 시켰다.[10] 또 이 때 조선교화단체연합회는 회장인 오노 정무총감을 선두로 해서 1937년 7월 20~21일에 경성부의 경성사범, 경성여보, 부민관 등 3개

---

8) 위의 자료, 15~17쪽.
9) 남쪽 지방과 북쪽 지방의 분위기가 차이를 보이는 점은 중추원 회의에서 참의들의 발언에서도 드러나고 있다. 선우순은 1932년 9월 중추원회의에서, 함남은 보통학교 3학년 이상은 모두 과격사상과 관련된 팜플렛을 읽지 않은 자가 하나도 없다는 얘기가 있을 정도로 사상이 '악화'되어 있지만 남선 지방은 그 정도는 아니라고 하였다(『中樞院沿革調査』15, 제4편 조선총독부 시대, 제3장 중추원 회의, 제13절 제13회 회의(1932년 9월)).
10) 1937.7.18, 「중추원참의동원 각도에 강연회 개최」『朝鮮日報』.

소에서 시국대응의 대강연회를 개최하였는데 여기에도 윤치호, 고원훈, 조병상 등이 등단하여 "府民의 분발"을 촉구하였다.[11] 윤치호는 이 시기에는 중앙기독교청년회장으로서 강연한 것이고, 이후 1941년 중추원 고문에 임명된다. 고원훈도 鮮滿拓植 감사로서 등단한 것이지만 1939년 칙임참의에 임명되며, 조병상 역시 경기도회의원으로 등단했지만 1939년 주임참의에 임명된다.[12]

이 때 미나미 총독은 조선인의 시국인식 철저운동을 대대적으로 전개하려는 계획 하에, 은퇴해있는 구한국시대 관리와 총독부 시대 조선인 관리로서 고관의 지위에 있다가 민간에서 활동하고 있는 사람들을 적극적으로 활용하려 하였고 이 '국민운동'의 중심에 중추원이 있었다.[13] 그래서 1937년 8월에는 총독부 사회과에서 府內 유력자를 총망라한 강연대를 편성하여 전조선 각지에 이들을 파견하여 시국대강연회를 개최하게 된다. 전 조선을 8반으로 나누어 21명이 골고루 파견되었는데 이 중 8명(박영철, 남궁영, 박상준, 고원훈, 최린, 조병상, 장헌식, 한규복)이 중추원 관련자였고 이 외 고희준 국민협회 이사, 박인식 명륜학원 강사, 차재정 대동민우회 이사, 이돈화 천도교간부, 김우현 장로교목사, 한상로 중앙불전교수 등이 참여하였다.[14] 이들은 "北支事變의 原因, 銃後에 있는 우리의 任務, 東洋平和와 日本의 使命" 등의 요지로 강연을 하였다. 이들의 강연은 항상 천여명이 모여 입추의 여지도 없이 대만원을 이루었다고 하나[15] 이

---

11) 1937.7.19,「時局對應講演會 朝鮮敎化團體 聯合會主催」『東亞日報』; 1937.7.21·22,「數千聽衆이 會集, 昨夜 四處의 時局講演會」『東亞日報』.

12) 조선교화단체연합회의 시국강연회에 참여한 3명 중 고원훈을 제외한 2명은 중추원 참의에 늦게 참여하고 있지만 경성에서 명망가로 널리 알려진 인물이었다. 총독부는 이들을 포섭하여 각종 시국행사의 강연자로 내세워 '國體明徵'이나 '內鮮一體'를 적극적으로 홍보하는데 활용하였다.

13) 1937.8. 11조(2),「시국인식 위해 중추원측 활동, 각방면으로 운동개시」『朝鮮日報』; 1937.8.11,「中樞院에서 再次 時局認識 運動」『東亞日報』.

14) 1937.8.6,「全朝鮮을 巡廻할 時局講演會日程」『東亞日報』.

15) 1937.8.6,「時局講演盛況 鐵山서 崔參議講演」『東亞日報』; 1937.8.11,「巡廻時局

시기 언론의 특성상 과장된 측면이 있다고 생각된다. 또 9월 6일부터도 1주 내지 10일간에 걸쳐 조선상업은행 두취 박영철, 중추원참의 남궁영 이하 59명의 조선인 유력자를 각 도에 파견하였다.[16]

한편 지방참의들은 출신 지역에서 시국강연에 참여하였다. 평안북도에서는 1937년 8월에 1차, 9월에 2차의 순회강연을 조직하는데, 8월에는 평북참의 최창조가 평북 철산 공회당에서 시국인식 강연,[17] 평북참의 고일청이 도참여관 최익하와 함께 慈城普校 대강당에서 시국강연회를 개최했다.[18] 9월에도 고일청은 이영찬, 김명준, 정창하, 이희적 등과 함께 도내 각처를 순회하며 강연을 했다.[19] 이영찬은 이 시기에는 평북도회의원이었고 1944년에 지방참의로 임명된다. 황해도에서는 황해도 참의 김기수가 長淵공립보통학교 강당에서 "시국의 중대화와 국민의 각오"라는 제목으로 강연을 했다.[20] 경상북도에서는 경북 참의 김재환이 경북 칠곡군청회의실에서,[21] 경북참의 최윤은 義城공립보통학교에서 경북 산업과장 李啓漢, 도회의원 吳國泳과 함께 강연을 했으며,[22] 경북참의 장직상은 1938년 11월에 안동에서 조선중앙기독교연합회 청년회 총무 신홍우와 함께 국민정신총동원 강연회를 열었다.[23]

일제의 정신총동원운동은 1938년 7월 7일 농촌진흥운동과 심전개발운

講演會 大盛況裏終了」『東亞日報』; 1937.8.12, 「時局講演會 盛況裏終了」『東亞日報』; 1937.8.13, 「時局巡廻講演會, 北靑서 盛況」『東亞日報』; 1937.8.16, 「井邑時局講演會」『東亞日報』; 1937.8.18, 「安州時局講演會 盛況裏에 終了」『東亞日報』; 1937.8.19, 「厚昌時局講演會」『東亞日報』; 1937.8.21, 「時局認識講演會」『東亞日報』; 1937.8.22, 「鎭南浦時局講演會 盛況裏終了」『東亞日報』.

16) 1937.9.1, 「全朝鮮各道에 時局巡廻講演」『東亞日報』.
17) 1937.8.6, 「時局講演盛況 鐵山서 崔參議講演」『東亞日報』.
18) 1937.8.22, 「時局巡廻講演會(慈城)」『東亞日報』.
19) 1937.9.10, 「平北時局講演會」『東亞日報』.
20) 1937.9.11, 「時局講演會 盛況裏終了」『東亞日報』.
21) 1937.9.3, 「倭館時局講演會」『東亞日報』.
22) 1937.9.12, 「時局巡廻講演, 義城서도 大盛況」『東亞日報』.
23) 1938.11.8, 「국민정신총동원 강연회 8일 안동」『釜山日報』.

동 등 기존 동원 정책의 성과를 바탕으로 실시되었다. 정동운동의 목표는 擧國一致·堅引持久·盡忠報國 그리고 內鮮一體 및 皇國臣民化로 압축된다.[24] 중추원 참여자들은 각종 친일단체 간부 역임, 지방 순회 강연 등으로 정동운동을 선전·홍보하는 데 적극적으로 나섰다.

1938년 1월에는 紀元節을 기하여 국민정신총동원 제2회 강조주간을 실시하는데, 경기도에서는 1월 26일 경기도 정보위원회를 열고 강조주간 실시 요항에 대해 협의하였고, 도민으로 하여금 '堅忍持久 皇道宣揚' 정신을 함양하고 '총후 임무'를 완전하게 수행토록 하기 위해, 도회의원 조병상과 중추원참의 한규복, 국민협회 이사 高義駿, 녹기연맹 이사 玄永燮, 시중회 이사 朴熙道 등을 지방에 파견해서 강연회를 개최하기로 결정하였다.[25] 또 1938년 10월 5일부터 실시된 '총후후원강화주간'에는 1938년 10월 6일 한규복을 비롯한 6명의 참의들이 중추원을 대표하여 용산육군병원을 방문하여 부상병을 위문하고 금일봉을 전달하기도 하였다.[26]

1939년 8월 국민정신총동원조선연맹은 조선 각도에 강사를 파견하여 시국인식, 정신총동원, 생활쇄신 등 국민정신 앙양에 대해 순회강연회를 열기로 하였는데 여기에 한규복, 원덕상, 고원훈, 박상준 등이 참의로서 이름을 올리고 있으며 김사연과 조병상은 정동 주사와 정동 참사로서 이름을 올렸으나 이들 역시 참의를 지내고 있었다.[27]

참의들은 1940년 창씨개명이 실시되자 '氏'제도의 취지 보급을 위해 각지에서 강연을 하였고 징병제가 실시되자 징병제 축하 강연회를 다녔는데 최지환과 이승우가 대표적이다.[28] 최지환은 사상보국연맹 진주분회장,

---

24) 김영희, 2002.9, 「국민정신총동원운동의 전개 형태와 그 침투」『한국근현대사연구』제22집, 224쪽.
25) 1938.1.27, 「堅忍持久를 强調 二回國民精神 總動員 强調週間地方講演隊도 派遣」『東亞日報』.
26) 1938.10.7, 「應召者家庭慰問日 銃後後援强化週間 第三日」『東亞日報』.
27) 1939.8.6, 「國民精神昻揚 巡廻講演會」『釜山日報』.
28) 1940.2.28, 「創氏강연회」『釜山日報』; 1940.3.7, 「'氏'창설 강연회 8일 공회당에서

임전보국단 경남지부를 맡고 있었고 이승우는 변호사이자 정동조선연맹 이사이기도 했다.

1944년 10월 학도특별지원병제가 실시되자 중추원 의관도 총동원되어, 충북－張稷相 金原邦光(김동훈), 충남－李源甫 廣安鍾哲(안종철), 전북－韓相龍 方台榮, 전남－玄俊鎬 本城秀通(주영환), 경북－金時權 元村肇(원덕상), 경남－朴重陽 朴斗榮, 황해－李升雨 閔奎植, 평남－尹致昊 安城基, 평북－鄭僑源 金思演, 강원－朴興植 朴熙道, 함남－高元勳 方義錫, 함북－韓圭復 張憲植 등 13도로 나뉘어 학병을 나가라고 연설을 하였다.29)

이상과 같은 시국강연은 총독부측에서 중추원참의들을 동원하고 배치한 측면도 있었지만, 중요한 것은 참의들이 철저히 자발적으로 나섰다는 점이다. 1937년 7월 중일전쟁이 시작되고 총독은 각 방면의 사람들을 모아 시국인식과 국민의 각오 등에 대해 환기시켰는데, 중추원의관 중 경성에 있는 사람들을 소집했을 때 참의 쪽에서 먼저 "이번 사변은 일반 조선민중에게 진상을 잘 인식시킬 필요가 있는데 그를 위해서 우리 중추원참의가 분담하여 각 지방에 강연을 가서 총독의 뜻을 충분히 전달하는 것이 가장 적절한 방책"이라고 이야기가 나왔던 것이다. 중추원 서기관장 오다케 주우로(大竹十郎)는 참의들과 한 좌담회에서, 이러한 계획이 완전히 참의들의 자발적인 계획에 의한 것이었으며, 또 황군 위문을 가고 그 상황을 지방 각지에 알리는 것 등의 계획도 모두 참의들이 자발적으로 낸 것임을 강조하고 있다. 그러면서 그동안 중추원이 무용의 장물이라고도 칭해져왔으나 이번 기회로 중추원의 사명과 중요성이 일반에게 인식되었다면서 참의들을 고무 격려하고 있는 것이다.30) 물론 총독부의 전체 계획 속에 중

鮮語로」『釜山日報』 ; 1940.3.8,「創氏制度 徹底, 各地 講演會」『釜山日報』 ; 1940.3.12,「氏制度普及講演會」『釜山日報』 ; 1942.5.11,「徵兵制 感激」『釜山日報』.

29) 김학민·정운현, 『親日派 罪狀記』, 학민사, 334쪽.

30) 大竹 서기관장, 1937년 9월,「8월 6일 시국강연보고좌담회, 비상시국에 있어서 중

추원 참의들의 활동이 배치되었겠지만 참의들이 피동적으로 동원된 게 아니라 스스로 전쟁협력의 방법을 고안해내었다는 것을 알 수 있다. 이는 참의들이 '內鮮一體'를 철저히 자기화한 결과였고 중추원 참의로서의 존재 의의를 찾아나가는 가장 확실한 방법이기도 하였다.

조선 내의 파시즘 체제가 최고조에 이르러, 대부분의 관변단체들을 포괄하여 국민총력조선연맹을 강화하고 95%의 민중들을 애국반으로 편성시켜 '決戰生活의 覺悟'로 전쟁동원에 몰입하도록 압박하는 상황에서, 중추원 참의들은 각종 시국강연과 황군위문 방문 등을 통하여 '實踐躬行'하는 자세를 보였다. 총독부는 명망가로 구성된 중추원을 군국주의 파시즘 체제를 홍보하는 선전·선동집단으로 적극적으로 활용하였다.

중추원참의들의 사회교화강연과 시국강연의 대체적인 상황을 보면 다음 표와 같다.

〈표6-1〉 중추원참의들의 사회교화 강연

참의명	일시	장소	내용
오태환 이동우	1930.1.27	김해농업학교강당	민정시찰 사상선도
송지헌	1932.7.2	경남 통영군청	농촌진흥,교풍회부흥취지
장응상	1933.2.13~18, 26~28, 3.1~4	경남 산청, 함양, 거창, 합천, 의령, 함안, 창녕, 밀양, 양산, 울산	사회교화
	1933.6.4	진주읍사무소	사상선도,생활개선,민풍작흥
노영환	1937.2.	경남 각지	사회교화
이은우	1937.3.	경남 영산	사회교화
한규복	1937.3.	전북, 전남, 평남, 평북	공동생활 향상, 도덕의 근본관념, 농촌진흥과 심전개발, 국체명징

참고문헌 : 1930.1.31, 1930.2.1, 『東亞日報』; 1932.7.5, 1933. 2.4, 23, 24, 25, 28, 1933.6.6, 1937.3.12, 『釜山日報』; 1937. 6, 『중추원통신』 105호.

추원의 활동에 대하여」『中樞院通信』 제108호, 조선총독부 중추원, 11~13쪽.

〈표6-2〉 중추원참의들의 시국강연

참의명	일시	장소	내용
한상룡	1932.9.17,18	경성 공회당,앵정소교,용산소교,수송공보,미동공보,원정소교,於義洞公普	만주사변 1주년을 맞는 시국인식
	1937.7.19~	경성,인천	제국의 입장과 진의
선우순	1933.2.7	마산보통학교	세계대국과 만주사정
신석린	1937.7.19~	개성,수원	제국의 입장과 진의
한규복	1937.7.19~	청주,충주,대전,공주	제국의 입장과 진의
	1937.8.7~17	경북,경남	시국강연
	1939.8.8~9		시국인식, 정신총동원, 생활쇄신
최린	1937.7.19~	전주,군산,남원,광주,목포,순천	제국의 입장과 진의
	1937.8.6~17	평북	시국강연
	1937. 가을	경성부민관	'泣訴'라는 제목으로 강연
김명준	1937.7.19~	대구,안동,부산,마산,진주	제국의 입장과 진의
	1937.9.7~16	평북	일지사변의 정확한 인식
김사연	1937.7.19~	신의주,정주,강계	제국의 입장과 진의
	1938.11.7	경남 통영읍	시국대강연회
	1938.11.10	경남 장승포읍	시국대강연회
	1939.8.8~9		시국인식, 정신총동원, 생활쇄신
유진순	1937.7.19~	평양,진남포,순천,해주,황주	제국의 입장과 진의
안종철	1937.7.19~	춘천,철원,함흥,원산	제국의 입장과 진의
현헌	1937.7.19~	청진,회령	제국의 입장과 진의
윤치호	1937.7.20	경성여보강당	시국인식
고원훈	1937.7.20	경성여보강당	시국인식
	1937.8.8~22	평남(안주, 양덕공립보통학교, 진남포공회당 등)	시국인식, 총후에 있는 우리의 임무, 동양평화와 일본의 사명
	1939.8.8~9		시국인식, 정신총동원, 생활쇄신
조병상	1937.7.21	부민관대강당	북중사변의 중대성,시국인식
	1937.8.6~16	함남,함북(함흥,북청 등)	시국강연
	1937.11.2	경성 부민관대강당	북지나 황군위문강연회
	1938.8.30	심상소학교 강당	경제주간에 대한 강화회
	1939.8.8~9		시국인식, 정신총동원, 생활쇄신

참의명	일시	장소	내용
박영철	1937.8.6~13	경기,강원(춘천 공회당 등)	시국강연
	1937.9.6~	조선 각지	시국인식
남궁영	1937.8.6~13	경기,강원	시국강연
	1937.9.6~	조선 각지	시국인식
박상준	1937.8.10~16	충북,충남(조치원 공회당 등)	시국강연
	1939.8.8~9		시국인식, 정신총동원, 생활쇄신
장헌식	1937.8.6~17	전북,전남(정읍 등)	시국강연
최창조	1937.8.2	평북 철산 공회당	시국인식
고희준	1937.8.8	강원 춘천 공회당	시국강연
고일청	1937.8.17	평북 慈城普校	시국강연
	1937.9.7~16	평북	일지사변의 정확한 인식
홍종국	1937.8.30	강원 長箭소학교 강당	시국강연
	1937.8.31	강원 양양읍 연무장	시국강연
문명기	1937.9.4	평양	황군위문차로 북중국에 가는 도중 강연회
	1937.9.14~	京釜沿線 각지	황군위문상황 보고
김재환	1937.9.7	경북 칠곡군청	시국강연
이영찬	1937.9.7~16	평북	일지사변의 정확한 인식
이희적	1937.9.7~16	평북	일지사변의 정확한 인식
김기수	1937.9.8	황해 장연공립보통학교	시국의 중대화와 국민의 각오
최윤	1937.9.8	의성공립보통학교	시국재인식
김병욱	1938.2.15	백천공립보통학교	장기전시체제와 국민의 의무
장직상	1938.11.8	안동 東西部공립소학교	국민정신총동원 강연회
원덕상	1939.8.8~9		시국인식, 정신총동원, 생활쇄신
최지환	1940.2.25	부산	창씨제도의 취지
	1940.12.7	경남 사천극장	국민총력의 결의 촉진
	1942.5.21	통영 봉래좌	징병제 실시 환영
이승우	1940.3.7~13	울산,부산,마산,진주,밀양	창씨제도의 취지
정순현	1940.3.17	통영 공립심상고등소학교	유도진작과 황도정신
이갑용	1942.8.20~	경남 사천 하동 남해 통영 창원 함안 김해 동래	징병제 취지 보급

참고문헌 : 1932.9.16, 1937.7.19, 21, 22, 26, 1937.8. 6, 11, 13, 16, 18, 19, 21, 22, 1937.9.1, 2, 3, 6, 10, 11, 12, 1938.1.27, 1938.2.18, 1938.9.1,『東亞日報』; 1937.7.18,『朝鮮日報』; 1933.2.9, 1938.11.6, 8, 1939.8.6, 1940.2.28, 1940.3.7, 8, 12, 1942.5.27, 1942. 9. 11,『釜山日報』.

2) 국방헌금과 국방병기 헌납

전시체제기 중일전쟁 발발 이후 총독부의 정책은 조직과 통제 그리고 동원이라는 기조로 압축할 수 있다. 미나미 총독은 1937년 7월 15일 긴급도지사회를 소집하고 총독부 각국과장과 고등관 전원에게 현재 중일전쟁 상황을 설명하고 '內鮮一體'와 '軍民一致', 조선 내의 방위 및 치안유지, '銃後의 公的 私的 後援' 등에 관한 훈시를 했다. 총독은 앞으로 조선에서 "半島住民에 대하야 널리 시국의 중대성을 주지철저시키는 것, 금일 眞正히 東亞의 안정세력으로 전국의 안위를 위한 일본제국의 지도적 지위를 內鮮一體인 반도민중으로 하여금 확인케 하는 것, 支那의 全貌를 정확히 일반에게 이해시키는 것"[31]이 중요하다고 강조하였다. 이와 같은 총독의 말에 따라 조선 각지에서 전쟁 물자와 헌금을 바치는 러시를 이루게 된다. 일부 조선인들은 이미 만주사변 이후 애국비행기 헌납운동과 각종 국방병기를 일제의 침략전쟁에 헌납하였다.

국방헌금 헌납운동은 1937년 7월 중일전쟁 발발 이후 수재의연금 모금과 비슷한 분위기로 전국각지에서 일어났다. 금액은 5원에서 10만원 이상 기부자까지 다양했다. 이들 기부자들은 은행기관, 언론사 등에게 기부하였다. 특히 언론사는 경쟁적으로 국방헌금을 기부한 자들을 지면에 게재하여 운동을 홍보하기도 하였다.[32]

중추원 참의들 역시 국방헌금과 국방병기헌납운동에 선도적으로 동참하였다. 한상룡은 1937년 경성실업구락부 대표로서 5백원과 개인 헌금 5백원을 함께 조선방공 器材費에 헌금하였다고 하고[33] 1941년 말 국민총력조선연맹 이사로서 일본 육.해군에 각 1,000원씩을 헌금을 납부하

---

31) 1937.7.16, 『東亞日報』.
32) 일례로, 『東亞日報』에는 1937년 7월 28일자~1940년 8월 8일자까지 약 505건의 국방헌금 납부현황을 보도하였다.
33) 1937.8.8, 「한상룡씨 5백원」 『東亞日報』.

였다.[34] 이병길은 1937년 9월 4일 국방비로 1만원을 전쟁동원 자금으로 납부하였다.

또한 중추원 의관들은 1942년 1월분 수당 가운데서 100분의 5를 국방헌금으로 바치기로 하고 도합 3백 8십 5원 50전을 거두었으며, 또 중추원 직원일동과 조선사편수회 직원 일동도 1백 52원 77전을 국방헌금으로 거출하였다. 그리고 장헌식 참의는 중일전쟁 발발 이후 다달이 10원씩을 군사원호회에 헌금을 해왔는데 이것은 일생을 두고 계속하겠다고 말하여 주변을 '감격'시키고, 또 연말연시에 비용을 절약하여 모은 돈과 1월분의 참의 수당 전부를 합한 것 5백 24원 20전을 헌금하기로 하여, 도합 1천 4백 33원 90전을 중추원으로부터 매일신보 본사로 가져와 육.해군에 각기 반씩 헌금을 의뢰하였다.[35]

그 외 1942년 7월 26일 민규식은 국방비로 5만원[36], 평남의 지방참의 이경식은 1943년 5월 21일 부상병을 위해 10만원, 1943년 6월 6일 정병조 등은 제기 6천여 점을 지원병 훈련비로 납부하였다.[37] 삼천포지역 임전보국단 발기인이었던 장응상 참의는 국방헌금을 조달하기 위해 삼천포 기성회를 조직하였었는데 1942년 9월 15일 사망하면서 국방헌금 5백원, 삼천포읍 5백원, 삼천포경찰관주재소 2백원, 삼천포경방단 3백원, 삼천포일출국민학교 3백원, 삼천포방공단 2백원, 삼천포지원병 및 청년훈련소 2백원 등을 기부하였다.[38]

대자본가 김연수는 경성방직주식회사명으로 낸 국방헌금과 三養社 명의로 임전보국단 결성당시 기부한 80만 3,000여원을 냈는데, 전체금

34) 1941.12.17, 『每日新報』.

35) 1942.1.28(朝), 「중추원의관의 赤誠」『每日新報』.

36) 민규식은 1937년 8월 경성제5호기 헌납운동에 동참하여 2백원을 납부하였다 (1937.8.6, 『東亞日報』).

37) 김학민·정운현, 1993, 『親日派 罪狀記』, 학민사, 472~474쪽.

38) 1942.9.18, 「德山喬厚氏 前 中樞院參議」『釜山日報』; 1942.9.22, 「故 德山喬厚氏 獻金과 寄附」『釜山日報』.

액의 반 이상을 중추원 참의로 임명되기 이전(1941. 5. 12 임명)에 국방
헌금으로 납부하였다.[39] 1941년 2월 25일 이교식은 황은에 감사한다는
뜻으로 1만원, 3월 7일 장준영은 신사 조영비로 1만원, 전남의 갑부 현
준호는 1937년 7월 26일 1천원과 호남은행 명의로 2천원, 호남은행 전
무 김신석은 1백원 총 3천 3백원을 국방헌금으로 납부하였다.[40]

이렇듯 중추원 참의를 비롯한 납부자들은 국방헌금 헌납운동에 '수재
의연금' 납부하듯 자연스럽게 동참하였다고 생각된다.

한편 애국비행기 헌납도 많았는데, 제일 먼저 비행기를 헌납한 사람
은 '국방헌금왕'으로 불렸던 문명기이다. 경북도회의원이자 廣濟會 회장
문명기는 중추원 참의로 임명(1941.4.21)되기 이전부터 일찍이 1934년
12월, 자기가 경영하는 영덕광산을 노구치(野口)광산개발회사에 12만원
에 팔았는데 그중 10만원을 군용비행기 자금으로 총독부에 헌납하여 海,
陸 2機를 헌납했고 이 돈으로 마련된 애국 제120호는 '文明琦號'라고
명명식이 거행되기도 했다.[41] 그는 1937년 군용비행기 100대 헌납을 목
적으로 하는 朝鮮國防飛行機獻納會를 조직하고 스스로 부회장이 되어
활동하기도 했다.[42] 그는 1941년부터 참의에 임명된다.

최린은 중추원 참의로 재임하던 1942년 4월 천도교 장로로 있을 때

---

39) 김연수는 1938년 7월 28일 국방과 군위문으로 2만원, 같은 해 10월 16일 육해군
(10만원), 재중국 조선인 교육관련(10만원), 기술자양성(30만원), 11월 27일 군사
후원금 3천원, 1941년 1월 19일 총력운동에 3만원, 8월 11일 임전보국단에 10만
원, 1942년 1월 5일 비행기 10만원, 6월 21일 히노마루 3천본을 지원병 훈련에,
1943년 7월 22일 소년연성비 5만원 등 총 803,000원을 국방헌금으로 납부하였다
(「의견서」(1949.2.15), 「피의자신문조서」(1949.1.28), 「피의자신문조서(제2회)」(1949.2.7)
『반민특위조사기록』 ; 김학민·정운현, 『親日派 罪狀記』, 471쪽).
40) 1937.7.29, 『東亞日報』.
41) 1934.12.6, 「國防義金으로 十萬圓獻納 : 盈德邑內 文明琦氏」, 『東亞日報』 ; 1935.3.22,
「文明琦號 命名式擧行, 汝矣島飛行場에서 飛行機獻納式」 『東亞日報』 ; 1935.5, 「獻
納機 '文明琦號' 命名式」 『朝鮮』 제240호.
42) 『朝鮮總督府始政二十五周年記念表彰者名鑑』, 1013쪽.

〈사진 24〉 조선인들이 전쟁 협력을 위해 헌납한 비행기들. 오른쪽 위가 문명기호.

천도교회 명의로 龍潭號라는 비행기 1대를 헌납했으며,[43] 경기도 개성의 자본가 김정호(참의 재임기 1935~1938)는 1942년 7월 21일 10,000원을 비행기 사는 용도로 국방헌금으로 기탁했고 漢詩까지 지어서 일제에 충성을 맹세했다.[44] 충북에서 永同酒造(株) 사장을 하던 손재하는 참의 재직시인 1941년에 비행기 기금으로 1만원 외 일반헌금으로 1천원을 내었으며,[45] 조병상도 참의와 경성부회 의원 재직시 '京城府號'라는 비행기를 헌납하였다.[46]

경남에서는 1938년 4월 3일 道民 赤誠 國防器才獻納式이 大新町 운동장에서 열렸는데, 조선군 사령관 대리 니시와키(西協) 소좌, 진해요기

43) 1949,『反民者大公判記』, 革新出版社 ; 1949.3.31,「반민족행위특별재판부, 최린에 대한 공판을 개정」『서울신문』 ; 1942.4.30,『總部日誌』.
44) 1941.12.20,『每日新報』 ; 1950.5.24,『聯合新聞』(『資料大韓民國史』).
45) 「의견서」(1949.8.10),「피의자신문조서(제2회)」(1949. 8.11)『반민특위조사기록』.
46) 「의견서」(1949.2.24),「피의자신문조서(제3회)」(1949. 2.19)『반민특위조사기록』.

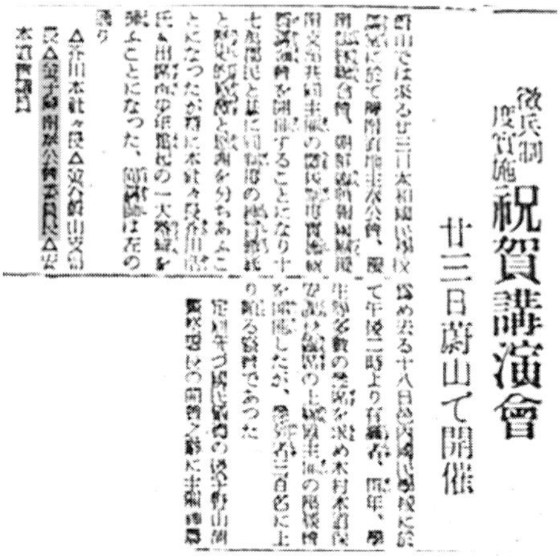
徴兵制度實施 祝賀講演會
廿三日蔚山て開催

〈사진 25〉 중추원 참의 김경진(경남 김해)은 징병제도 실시 축하강연회에 나섰다. 부산일보 1942년 5월 22일 기사.

지 사령관, 도지사, 부윤, 각 관공서장, 도회의원, 도내 관민유지 학교장과 학교생도 약 1천여명이 참석한 가운데, 陸軍機 '慶南銃後至誠會號'와 해군기 '慶南銃後至誠會號' 대표로 1924년부터 1933년까지 참의를 지냈던 정순현이 헌납하였다.[47] 한편 1941년 9월 만들어진 경남지주봉공회에서는, 각 지주들이 獻納機의 기부 신청을 하기로 하고 10여만 원을 헌납하였는데, 봉공회의 위원장은 김경진으로 참의 재직 중이었고 국민총력조선연맹 이사였다.[48]

위에서 언급한 문명기·조병상·김연수 등을 비롯하여 경남의 김경진·정순현 등은 개인적인 충성도에 의해 자발적으로 국방병기를 헌납한 대표적인 사례라고 볼 수 있다. 특히 김경진은 국방병기 헌납을 위한 조직을 결성하고 비행기를 헌납한 것이다.

또한 개인 또는 단체 명의로 무기를 헌납한 중추원 참의도 있었다. 고일청·정교원·노영환·김기태·박영철·방의석 등은 1931년 만주사변 이후 중일전쟁 직후까지 기관총 등을 헌납하였다. 고일청은 1933년 4월 14일 개인적으로 3년식 기관총 1정을 헌납하였으며,[49] 정교원은 충남지

47) 1938.4.4, 「도민 적성 국방기재헌납식 3일 春雨중에 大新町운동장서 거행」『釜山日報』.
48) 1941.10.13, 「地主奉公會の獻納愛國機 寄附」『釜山日報』.
49) 1933.4.14, 「獻納兵器調弁並受領の件」(C04011567100), 1933, 『陸滿普大日記』.

사 시절에 1934년 8월 11일 충남국민정신총동원학교연맹근로보국대 대
표를 맡아서 90식 소공중청음기 1정(명칭 忠南學聯勤勞報國)을 조선방
공기재로 헌납하였다.[50] 경남 창녕에서 면장을 지낸 노영환은 1935년 1
월 11일 자발적으로 昌寧眞輸器具獻納會 대표직을 맡고 92식 중기관총
1정과 고사포용 실탄 5,468발을 헌납하였다.[51] 경남의 부호 김기태는
'愛國飛行機晋州號獻納會'에 가입하고 비행기 헌납금 1만원을 헌납하
였다.[52]

또한 1933년 11월 일본 육군성에서 주관한 만주사변 기념으로 모집
한 '國防獻品'운동에 참여한 박영철·방의석은 각각 38식 기관총 1정을
헌납하였다.[53] 황해도지사에 재직하고 있던 지방참의 출신 강필성은 노
영환과 같은 시기에 92식 중기관총 1정과 고사포용 실탄 306탄을 헌납
하였다.[54] 참의 고일청과 노영환은 자발적인 색채가 짙다고 할 수 있고,
정교원과 강필성은 행정책임자를 맡고 있으면서 도민들을 동원하여 국
방병기 헌납을 위한 모금운동을 전개한 사례로 볼 수 있다.

초기의 국방헌금 모금운동은 1931년 11월 30일~1933년 7월까지 일
본 육군성이 주도하여 짧은 시간 내에 일본과 조선에서 약 1천만 円을
모집하였다. 조선에서는 441,738원을 모집하는데 그쳤으며, 대부분 대자
본가들이나 국방의회를 비롯한 관변단체, 각 부도에서 할당제로 모금하

---

50) 1934.8, 「獻納兵器調弁並受領の件」(C01007237700) 1934, 「乙輯 第 2 類 第3冊
    兵器其2」『大日記乙輯』.
51) 1935, 「獻納兵器調弁並受領の件」(C01002370000), 1935.1.15, 「乙輯 第 2 類 第
    2 冊 兵器其 1 」『大日記乙輯』, 노영환이 헌납한 병기는 第二十師團兵器部에 보
    관되어 있었다.
52) 勝田伊助, 1940, 앞의 책, 203쪽. 또한 김기태는 1938.10.24, 「謹皇軍武運長久」
    『釜山日報』; 「祝 戰捷新年·新 武運長久」『毎日新報』등에 시국광고를 게재하
    기도 하였다.
53) 陸軍省, 1933.8, 『滿洲事變國防獻品記念錄』, 42쪽.
54) 1935.1.15, 「獻納兵器調弁並受領の件」(C01002370000), 1935, 「乙輯 第 2 類 第 2 冊 兵
    器其 1 」『大日記乙輯』.

는 정도였다.[55]

1937년 중일전쟁 이후 '총력전'체제로 전환된 조선총독부는 '내선일 체'와 '국방의식 철저'의 기조에 따라 대자본가뿐만 아니라 일반 민중들 에까지 국방헌금 모금을 독려하였다. 특히 조선·동아일보를 비롯한 언 론들은 '遝至하는 國防獻金'이라는 코너를 신설하여 중추원 참의를 비 롯한 전국의 지방유지들의 납부 현황을 매일 소개하기도 하였다.[56] 중 추원 참여자들은 해방 직전까지 각종 시국강연회에서 선전·선동가로 활 동하면서 국방헌금이나 병기 헌납을 독려하였다.

2. '황군위문단'과 친일단체 활동

1) '황군위문단'과 '북지시찰단' 활동

1931년 만주사변 이후 참의들은 만주시찰이라는 명목으로 '황군위문 단'과 산업시찰단을 구성하여 활동하였다. 1932년 2월 8일 중추원에서 는 "재만동포의 참경과 출정군인을 위문"하기 위하여 참의 張憲植 金相 㠓 李軫鎬 등 세 명을 10일간 예정으로 만주에 특파하였다. 위문 장소는 봉천에서 장춘에 이르기까지 각처였다.[57] 중추원 참의로 구성된 만주 시찰단의 첫 시작이라 할 수 있는 이 세 명은 참의들 중에서도 상당히

---

55) 조선인 중 개별 헌납자는 박영철, 최창학, 방의석, 고일청, 방응모, 梁聖寬(수원의 부호), 孫興元(함남의 부호) 등이다. 대부분 국방의회, 수양단 등의 관변단체, 전남 완도경찰서, 일본인 소학교 등의 관공서, 京城府를 비롯한 각 道의 '애국비행기 기성회' 등에서 모금하여 정찰기나 기관총 등을 헌납하였다(陸軍省, 1933.8, 『滿 洲事變國防獻品記念錄』 42·45·47쪽).

56) 『東亞日報』·『朝鮮日報』·『每日新報』등은 1937년 7월 28일자부터 1940년 8월 8 일자까지 다양한 형식으로 국방헌금 납부 현황을 소개하고 있다.

57) 1932.2.10, 「中樞院에서도 慰問使 派遣」『每日申報』.

총독부와 긴밀한 관계를 가진 인물들이었다. 장헌식은 경기 용인 출신으로 1910년부터 평남참여관에서 시작하여 충북도장관 및 지사, 전남도지사를 하다 1926년 칙임참의로 임명되어 해방될 때까지 참의를 하였다. 김상설은 이미 1919년 3.1운동 당시 조선군사령관이던 육군대장 우츠노미야 타로(宇都宮太郎)로부터 기밀비를 지급받으며 상해에서 대한민국임시정부의 파괴공작을 하던 사람으로,[58] 1927년부터 1936년까지 참의를 하였다. 이진호는 조선인으로서 도지사와 학무국장까지 지낸 입지전적 인물로 1931년부터 쭉 참의를 하다가 1941년에는 부의장, 1942년에는 고문에 임명되었다.

1933년 2월 우가키 총독은 특명으로 중추원 참의를 만주와 북조선 지역에 파견하여 황군위문과 재만 조선인의 생활 상황을 시찰하도록 하였다. 당시 파견된 참의들은 제1반 元應常·李宅珪(신경 금주 대련 여순방면), 제2반 尙灝·韓永源(자력갱생운동 시찰, 북선방면) 등이다. 또한 전선에서 자력갱생운동의 실정을 시찰하도록 하였는데, 북선 방면으로 劉鎭淳, 남선 방면으로 朴宗烈을 파견하였다.[59] 1934년 1~2월에는 국경지방의 민정시찰과 함께, 국경지방일대를 경비하는 경관 군인 등을 위문하고자 참의들이 파견되었는데, 제1반은 함경북도에 朴榮喆 元悳常, 제2반은 평안북도에 申錫麟 徐丙朝 등 4명이었다.[60]

1937년 중일전쟁이 일어나자 8월 중추원은 미나미 총독의 취지에 따라 시국인식의 철저를 위한 운동을 대대적으로 전개하는 한편, 북중국에 참의들을 중심으로 황군 위문반을 파견하기로 하였다.[61] 김관현, 장직

---

58) 宇都宮太郎關係資料硏究會編, 2007, 『日本陸軍とアジア政策－陸軍大將 宇都宮太郎日記』 3, 岩波書店.

59) 1933.2.20, 「中樞院 參議 滿洲派遣 決定」 『釜山日報』.

60) 1934.1.22, 「中樞院서 國境警備 軍警 慰問」 『釜山日報』; 1934.1.30, 「中樞院參議의 警察官慰問, 日程決定」 『毎日申報』. 박영철과 원덕상은 2월 6일 함북 길주에서 출발, 혜산진, 新乫坡, 三水, 북청 등을 순방한 후 2월 14일 경성에 돌아왔다.

61) 1937.8.11, 「中樞院에서 再次 時局認識 運動」 『東亞日報』; 1937.8.8, 「北支在留

상, 성원경, 이기찬 등 4명이 9월 2일 2주간의 예정으로 출발하였는데, 이들은 5일 천진에 도착하여 천진신사에 참배, 천진 주둔 군사령부를 방문하여 가즈키 기요시(香月淸司) 사령관을 만나 "장병의 혁혁한 무훈과 연전연승에 대하여 축하하며 또 명예전사의 영령에 대해 삼가 애도"를 표하였다. 이에 대해 사령관은 감격하며, 천진 재주 조선인의 의용군 조직 활동이 "다대한 공적"을 남기고 있으며, 운전수나 통역 등은 평남북 출신자들이 많은데 이들이 전투원과 다름없이 활동하고 있는 데 대하여 매우 감사하며 그 정황을 조선에 돌아가서 보고해달라고 답하였다. 이들은 또 조선민회를 방문하고 금일봉을 증정하고, 6일에는 長辛店에 가서 부대장을 방문하고 조선인 통역, 운전수 등 약 30명을 만나 격려한 후, 귀로에 북경과 南苑을 방문하여 "북지의 황군이 도처에서 연전연승하여 혁혁한 공훈을 세우고 있다는 것을 목도하고 실로 감읍"하였다고 한다.[62] 이들은 돌아와서 중추원 목요예회에서 "황군의 충량무비한 점을 보고 감격"하였다는 내용으로 감상을 피력하였다.[63]

중추원 고문인 윤덕영은 1937년 12월 28일 부인 金綏福(애국금차회장), 중추원 참의 한상룡과 이경식 등과 함께 天津, 北京, 石家莊에 주재하는 제1선 부대를 위문하고 돌아왔다.[64]

중일전쟁 발발 이래 중추원의 황군 위문과 시국인식강연, 통과부대의 환영송, 부상병 격려 등에 대해 9월 20일에는 제20사단 사령부에서 특별히 보병대좌 요시다 히로시(吉田弘)를 보내 감사의 뜻을 표시하기도 하였다.[65]

同胞, 中樞院慰問班派遣」『東亞日報』.

62) 1937.9.2, 「중추원참의 4인 황군위문사 파견」『朝鮮日報』 ; 1937.9.22, 「북지의 황군을 위문하고-중추원참의 김관현」, 『每日新報』.

63) 1937.10, 1937.12, 『中樞院通信』 109호, 3~12쪽, 101호, 10~16쪽.

64) 1937.12.23, 「尹子爵夫妻一行 皇軍慰問次 北支에」『東亞日報』.

65) 1937.10, 『中樞院通信』 109호, 13쪽.

1940년 3월 10일에는 만주와 북중국지역에 고원훈·서병조 등을 파견
하여 재만 조선인의 생활상황과 일반 산업현황을 시찰하도록 하였다.[66]
또 고원훈은 같은 해 11월 29일부터 12월 25일까지 참의 방의석, 屬 正
木薰과 함께 연길, 길림, 하얼빈, 봉천, 천진, 남경, 상해 등지로 조선인
생활 상태 및 산업상황 시찰을 갔다. 고원훈은 12월 17일 남경호텔에서
조선인친목회원과 유력자 등 10명을 초대하여 오찬을 하고 그 석상에서,
"중국에 재류하는 조선인은 모두 不正業에 의해 생계를 꾸려가는 것처
럼 연상되어 조선인의 신용은 완전 실추해 있다"면서, 自重하여 신용을
회복할 것을 주문하고, 중국인의 조선인에 대한 감정은 일본인에 대한
그것보다 좋지 않은데 이는 조선인의 우월감에 기초한 것이므로 충분히
고려를 요하는 사항이라고 말했다.[67] 당시 북중국의 조선인에 대한 중
국인의 감정이 나쁜 이유에 대해 北京 東堂子胡同 총독부 출장소 사무
관은 설명하기를, 첫째로 북중국 조선인 약 4만명 중 많은 사람들이 모
르핀과 코카인 등 금지품을 밀매하는 것과, 둘째는 조선인은 군이나 헌
병대의 통역으로 많이 기용되는데 그 세력을 빌어 중국인에게 사기나 공
갈을 하는 경우가 많기 때문이라고 하였다.[68] 당시 북중국의 조선인들
은 전쟁을 이용해 거부를 쌓은 경우가 아니면 대다수가 이러한 아편 밀
매와 요리업 등 不正業을 하며 생계를 유지했다.[69] 고원훈은 이러한 상
황으로 인해 조선인의 지위가 낮은 것에 대해 주의를 환기시킨 것이나
근본적인 대책이 어떻게 이루어져야 할까에 대해 의견을 말한 것은 아니
었다.

66) 1940.3.5, 「中樞院에서 兩參議 滿洲와 北支를 視察」 『東亞日報』.
67) 1940.12.20, 「朝鮮總督府中樞院參議高元勳一行ノ當地ニ於ケル動靜ニ關スル件」
    기밀제1137호, 발신인 在南京總領事 杉原荒太, 受信人 外務大臣 松岡洋右,『那人
    旅行者綴』(CJA0002360).
68) 從軍文士 林學洙, 1940.3, 「北京의 朝鮮人」『三千里』제12권 제3호, 278~279쪽.
69) 朴英熙 金東仁 林學洙, 1939.6, 「文壇使節 歸還報告, 皇軍慰問次 北支에 다녀와
    서」『三千里』제11권 제7호, 11쪽.

1941년 10월에는 칙임참의 韓圭復(井垣圭復), 주임참의 李升雨(梧村升雨), 屬 可知淸次郎이 대만산업상황 시찰을 다녀오는 길에 황군위문과 재중국조선인 생활상황 시찰을 위해 상해, 항주, 소주, 남경 등을 돌았다.[70] 이승우는 시찰을 다녀와서 1941년 11월 13일 중추원 목요예회에서 "대만 및 中支 시찰담"의 연제로 강연하기도 했다.[71]

문명기의 경우 1937년 9월 7일 황군위문차로 북중국에 가는 도중 평양에서 강연회를 개최하고, 14일부터 황군 위문상황 보고차로 각지를 순회하면서 강연하였으며, 그가 중심이 되어 조직한 皇道宣揚會에서는 1943년 7월 愛國詩 인쇄물 3천 매와 인삼 50상자를 휴대하고 文明琦, 金城隆, 平川履植, 宋原康一郎 등 4명(전부 皇道宣揚會 간부)과 함께 약 1개월간 중국 북부와 중부의 일본군을 위문하였다.[72]

위 파견된 참의 22명은 대부분 10년 이상 참의를 하였고, 1945년 해

〈사진 26〉 중추원 참의들. 왼쪽부터 방의석, 문명기, 김갑순, 조병상

70) 「中樞院職員出張ニ付 便宜供與方法依賴ノ件」(발신인 중추원서기관장, 수신인 외사부장, 발신일 1941.6.8),『邦人旅行者關係綴』(CJA0002366).
71) 「목요예회 강연의 건 통지」(朝樞 제180호, 발신인 중추원 서기관장, 수신인 농림국장, 발신일 1941.11.11),『雜書類綴』1941년 2호(CJA0011568). 이승우는 1937년 9월 19일 경성부의원 시절 경성부민 대표로 북중국에 있는 일본군을 위문하고 돌아왔다(1937.9.17,「京城府民代表 北支皇軍慰問使 19日午後2時頃京城着」『東亞日報』).
72) 1949,『民族正氣의 審判』革新出版社 ; 1948,『親日派群像』, 民族政經研究所.

방까지 참의를 한 사람이 14명이며(장헌식, 이진호, 유진순, 원덕상, 신석린, 서병조, 김관현, 장직상, 이기찬, 고원훈, 방의석, 한규복, 이승우, 문명기), 사망시까지 참의를 한 사람도 2명이 있다(한영원, 원덕상). 즉 참의들 중에서도 총독부 정책과 침략전쟁의 의의를 가장 잘 체화하고 있는 사람들이라 할 수 있다. 중추원 참여자들이 '황군위문'이라는 명목으로 북중국 등지를 방문한 것은 앞서 시국강연회 부분에서 언급한 것과 같이 자발성이 포함된 것이었다.

중추원 참의들 뿐 아니라 일부 행정기관이나 도의회 등에서 자체적으로 황군위문단을 조직하여 떠나는 사례도 있으나,[73] 주로 조선군사후원연맹에서 조직한 '북지황군위문단'에 참여하는 경우가 더 많은 것으로 보인다.[74] 조선군사후원연맹의 지방지부는 慰問袋나 헌금 등을 보내거나 지원병 가족방문 등에 치중하였다.

2) 전시체제기 친일단체 활동

1931년 만주사변 이후 중추원 참여자들은 국방의회(이후 조선국방의회연합회)[75] 등 일제의 전쟁동원 기구에 참여하여 국방병기, 국방헌금

---

73) 1940년 3월 17일 경북도는 도민들을 대표하여 화북의 일본군을 위문하고자 위문단을 조직하여 출발하였다. 또한 경기도평의회가 1932년 3월 22일 본회의에서, 1938년 2월 24일 경남도의회가 본회의에서 북지황군을 위문하기 위해 위문단을 구성하는데 결의하였다(1932.3.23, 「京畿道評議會終了, 豫算案原案通り 可決確定, 皇軍慰問使派遣決定」『朝鮮新聞』; 1938.2.26, 「慶南道會(第6日目)無風平穩に 進陟 裵議員 皇軍慰問團派遣 動議」『朝鮮民報』).

74) 1940년 5월 28일 조선군사후원연맹의 제6회 북지황군위문단은 충남·경남도 사회과장, 전북도 주사 등 14명이 화북에 있는 일본군을 위문하였다(1940.5.26, 「皇軍慰問團 28日에 出發」『東亞日報』). 조선군사후원연맹은 1940년까지 위문단을 총 6회 파견하였고, 진중위문단도 별도로 파견하기도 하였다.

75) 일본의 국방의회를 본따 조선 각 지역에서 만들어진 군국주의 단체로 회장은 水井田清德 정무총감, 부회장은 박영효후작, 有賀光豊 식산은행 두취였고, 상임이사는 박영철, 조성근 등이었으며 감사와 고문에 한상룡 이윤용 민병석 윤덕영 등

등을 전국적으로 모금하는데 앞장섰다. 그리고 1937년 이후에는 대표적인 전쟁동원기구인 국민정신총동원조선연맹(이후 국민총력조선연맹)의 고문이나 평의원, 지방 연맹이사장 등을 맡으면서 주로 전쟁물자 수급 및 동원역량을 모았다.

중추원 부의장, 고문, 참의 등으로 활약한 박영효·이진호·한규복·한상룡·박영철·조성근·조병상·이승우 등은 <표6-3>과 같이 대표적인 친일정치사회단체 14개에서 중복적으로 중앙간부직을 맡고 있었다. 이들은 중앙조직의 회장, 부회장, 고문, 상무이사 등 중요 직책을 겸임하면서 전쟁동원 선전강연 등으로 전국을 순회하였다. 그 외 國民動員總進會(조병상 등, 1944.9~1945.3), 大和同盟(위원장 윤치호, 1945.2~1945.8), 先輩激勵團(김연수, 1944.11) 등의 정치사회단체들이 일제의 전쟁동원 기구 단체로 활동하였다.

<표6-3>에 의하면 흥아보국단과 조선임전보국단에 지방참의 출신자들이 대거 포함된 것을 볼 수 있다. 흥아보국단 준비위원회는 1941년 8월 24일 결성되었고 1941년 10월 22일 임전대책협의회와 흥아보국단 준비위원회가 통합되어 조선임전보국단으로 재조직되었다. 이 조직은 중앙위원과 지방위원으로 나누어졌는데, 지방위원이 대부분 지방참의로 채워져 있음을 알 수 있다. 흥아보국단의 위원장은 중추원고문 윤치호이며, 상임위원 19명 중 15명이 참의 출신자들이다.[76] 조선임전보국단에는 윤치호 이진호 한상룡 박중양 등이 고문, 단장 최린, 부단장 고원훈, 이사장 한규복, 상무이사 김연수 외 6명, 이사 안종철 외 12명, 감사 김명준 외 1명, 평의원 유만겸 외 23명이 중추원 참의들로 채워지고 있다. 이 단체는 징병제도 환영담화 발표 및 선전운동을 펼쳤다.

과 일본인들이 활동하였다(친일인명사전편찬위원회, 2004, 『일제협력단체사전 - 국내중앙편』, 민족문제연구소, 254~259쪽).

76) 흥아보국단 상임위원은 高元勳 鄭僑源 金季洙 閔奎植 曹秉相 元悳常 金思演 李升雨 李丙吉 金明濬(金田明) 玄俊鎬 方義錫 金東勳 李基燦 등이다.

한편 지방참의들은 지방의 지원병후원회와 경방단 등의 간부로 선임되어 강연회나 기부금 납부 등에 적극적으로 나섰다. 전북 남원국방의회는 朴禧沃 참의가 주도하였고, 경남 사천국방의회는 최연국 참의가 앞장섰다. 최지환은 조선방공협회 진주지부, 노영환은 방공협회 창녕지부, 최윤은 경주의 특별지원병후원회, 정순현(경남유도연합회부회장)·尹定鉉(경학원 강사, 전남도회의원) 등은 1942년 11월 조선유도연합회에서 파견한 '조선유림성지순배단' 일행으로 참여하여 大阪·奈良·京都·東京 等地의 神宮等에 參拜하였으며[77], 최지환은 진주 방공위원회와 진주경방단과 국민총력연맹 사천군연맹, 이승우는 김해유도회 등 지방 친일단체를 주도하고 있었다.[78] 경남 김해출신인 김경진은 지역의 자생적인 친일단체인 경남총후지성회, 조선보국회 등을 결성하여 활약하였다.[79]

이처럼 중추원 참의들은 1931년 만주사변의 발발 이후 중일전쟁, 태평양전쟁을 거치면서 전쟁협력의 중심세력으로 등장하였다. 중추원 고문, 부의장을 비롯한 모든 참여자들이 만주, 중국, 국내에 이르기까지 황군위문 시찰단원으로, 전쟁물자 동원, 지원병제 및 징병 동원, 창씨개명 운동, 각종 친일단체의 간부, 정치인까지 다양한 분야와 활동을 전개하였다.

〈표6-3〉 1931년 이후 전시체제기 정치·사회 친일단체에서 활동한 중추원 의관

단체명, 존립기간	성격	중추원 참여자	
		참의 선임 전	참의선임 후
국방의회 조선국방의회 연합회 (1933.1~)	만주사변 이후 군국주의적 단체	박영효(조선국방의회연합회 부회장) 조병상(경기도국방의회연합회 상임이사) 남궁영(충북 회장) 민영은(충북 부	박영철 조성근(상임이사) 한상룡(감사) 이윤용 민병석 윤덕영(고문) 이명구(충북 고문) 서병조(대구) 신희련(안

77) 朝鮮儒道聯合會, 1942, 『朝鮮儒林聖地巡拜記』, 3쪽 ; 1942, 『每日新報』, 11. 14·18·21.

78) 1933.9.28, 12.20, 1938.10.13, 10.20, 1939.3.22, 4.5, 1940.3.21, 8. 16, 12.7, 12.12, 『釜山日報』.

79) 1939.6.9, 「中樞院參議 來釜 金慶鎭氏 語」 『釜山日報』 ; 1941.10. 13, 『釜山日報』.

단체명, 존립기간	성격	중추원 참여자	
		참의 선임 전	참의선임 후
		회장) 민영은 방인혁(충북 고문) 주영환(충남 부회장) 김동준(경남 부회장) 김서규(경남 회장) 김신석(광주 부회장) 김윤복(인천 부회장) 김재환(대구 회장) 노영환(창녕 평의원) 방의석 서병조(대구) 신희련(안변) 이홍재(함북)	변) 최연국(사천 고문)
조선신궁봉찬회 (1933.10~1935)	조선신궁10주년사업을 위해 조선총독부 주도로 결성된 단체	박경석(평양) 박보양(철원) 장대익(서홍) 이범익(춘천) 이홍재(온성) 고원훈(전주) 정교원(해주) 김서규(대구) 김신석(광주)	**박영효 한상룡 박영철** 장헌식(이상 경성 발기인) 민영은(청주)
조선대아세아협회 (1934.3~)	조선인·일본인 합작의 대아시아주의 황도사상단체	윤치호	김명준 **박영철 박영효** 신석린 **조성근 한상룡** 원덕상
조선교화단체연합회 (1935.10~)	각종 사회교화단체의 총괄체	윤치호(이사)	신석린
소도회 (1935.11~)	사회주의자 회유 및 직업 알선		**박영철**(부회장) 김한규(상무이사)
조선군사후원연맹 (1937.7~1941.7.)	군인원호사업 및 전쟁지원 단체	김동훈 민영은 이명구(충북)	**한상룡**(경기 부회장) **조성근** 이승우 김연수 **조병상** 최재엽(경성) 김경진(경남 진영) 이교식(평남)
조선지원병제도 제정축하회 (1938.2~)	지원병제도 축하	윤치호	**조성근**(상공대표) **한규복 한상룡**(중추원 대표) **조병상** 이승우 **박영철** 신석린 김명준
국민정신총동원조선연맹 (1938.6~1940.10)	중일전쟁 이후 전시총동원체제 단체	윤치호 김갑순	**조병상** 김명준 윤갑병 남궁영 송종헌 문명기 김윤정 신석린 김경진 서병조 김경진 지희열 장대익 박경석 김신석 하준석 장헌식 장직상 이

단체명, 존립기간	성격	중추원 참여자	
		참의 선임 전	참의선임 후
시국대응전선사상보국연맹 (1938.7~1940.12)	사상통제 및 전향		병길 이승우 김사연 원덕상 **한상룡 한규복** 고원훈 **최 린 박영철** 윤덕영
			박영철 이승우 현준호 고일청 이기찬 서병조
조선방공협회 (1938.8~1940.12)	방공방첩	**윤치호** 김갑순	**박영철 이승우 한상룡 한규복 조병상** 원응상 최린 김연수 김사연
지원병후원회 (1939.1~)	지원병 후원단체		**윤치호 조병상 박영철 한상룡** 김연수 **이승우 한규복** 고원훈 박두영 김명준 **최 린** 장헌근
국민총력조선연맹 (1940.10~1945.7)	태평양전쟁 이후 전시총동원체제 단체	최남선 김갑순 이희적 김기수	정교원 **최 린 윤치호 한상룡** 김연수 **이승우 한규복** 박상준 김원근 김정호 임창수 김영무 김신석 서병조 김경진 이기찬 최준집 방의석 장헌근 장헌식 **이진호** 문명기 유진순 박두영 김관현 **조병상** 하준석 이병길 김사연 박중양
흥아보국단 (1941.8~1941.10)	황국정신 고양 및 시국인식	최남선(경성) 김갑순(충남) 김기수(황해) 임창수(충남) 이명구(충북) 김영무 최승렬(전북) 이희적(평북) 이은우(경남)	**윤치호 한상룡** 고원훈 민규식 김연수 **조병상** 정교원 최린 박상준 **이진호** 원덕상 김사연 이승우 이병길 한규복 김동훈 유진순 유만겸(이상 경기) 현준호(전남) 장직상 서병조(경북) 김경진 (경남) 박기양 최준집(강원) 민병덕 이기찬(평남) 이영찬(평북) 방의석(함남) 장헌근 김정석 (함북)
조선임전보국단 (1941.10~)	전쟁협력단체	이명구 한정석(충북) 임창수 민재기 이종덕 한창동(충남) 최승렬 정석모 원병회 전승수 박희옥 김영무 홍종철 박지근	김윤복 박봉진 박필병(이상 경기) 김원근 민영은 손재하(충북) 김창수 강번(충남) 인창환 강동회 문종구 전승

단체명, 존립기간	성격	중추원 참여자	
		참의 선임 전	참의선임 후
		(전북) 윤정현(전남) 이장우 (경북) 김동준 최연국 장응상 이은우 노준영 정순현(경남) 김경수 김기수 이승구 정건유 민규식 장대익(황해) 장준영(강원) 박경석 전덕용 (평남) 최창조 강이황 고일청 이영찬 이희적(평북)김하섭(함남) 양재홍 이홍재(함북)	수(전북) 현준호 김신석 차남진 (전남) 박중양 정해봉 장직상 신현구 서병조 최윤 (경북) 최지환 하준석 김경진(경남) 최형직 오세호(황해) 박보양 최준집 최양호 (강원) 이교식 이기찬 최정묵 위기철(평남) 홍치업 장용관(평북) 방의석 유태설 위정학 남백우(함남) 장헌근 김정석 황종국(함북)

범례 : 짙은 글씨는 여러 단체에 중복적으로 참여한 사람이다.

참고문헌 : 『每日新報』;『東亞日報』;『釜山日報』;『朝鮮時報』;『朝鮮日報』; 守屋榮夫, 1930.11, 「소화연맹의 본질을 말한다」, 『朝鮮地方行政』 ; 1933.01, 「소화연맹경성지부발회식」, 『朝鮮地方行政』; 守屋榮夫, 1933, 『祖國日本を護れ』, 大日本昭和聯盟京城支部 ; 1933.10.16, 「조선신궁봉찬회 창립취지서」 ; 1933.10.16, 「조선신궁봉찬회 회칙·사업계획서」 ; 임종국, 1982, 『일제침략과 친일파』, 청사 ; 임종국, 1991, 『실록친일파』, 돌베개 ; 친일인명사전편찬위원회, 2004, 『일제협력단체사전 - 국내중앙편』, 민족문제연구소에서 재인용.

다음으로 친일경제단체의 주요인물은 한상룡, 조병상, 김사연, 김연수 등을 꼽을 수 있다. 먼저 한상룡은 1932년 3월 만주 일대를 시찰하고, 조선국방비행기헌납회 고문 등의 친일단체에 가입하고, 총독부와 밀착하여 자본을 축적하는 계기로 삼았다.[80] 조병상과 김사연은 중앙진흥회라는 단체를 만들어 활동하였으며, 김연수는 1940년 화신의 취체역에 취임하고, 북선제지화학공업, 조선석유 등에 공동투자자로 참여하였다. 특히 그는 1934년 경성방직 봉천출장소, 삼양사 길림 반석농장 신설, 1937년 만주삼양사를 설립하고 남만방직, 삼척기업, 오리엔탈 비어, 삼양상회 등의 계열회사를 거느리고 있었다.[81]

---

80) 한익교 정리, 김명수 옮김, 2007, 『한상룡을 말한다』, 혜안, 334~342쪽.

지방참의 출신인 하준석(경남 창녕)은 군수회사인 朝鮮工作株式會社를 설립하고 "銃後국민으로서 堅實한 意力을 다하야 戰時體制의 整備를 다하기 위하야(중략) 戰時下에 있어서는 帝國 전투능력의 강화 확충에 공헌하며 平時에 있어서는 重大業의 진흥발전에 기여코저 한다" 며 자본축적과 전쟁협력의 두 마리 토끼를 잡고자 하였다. 이 회사에는 한상룡(취체역회장), 민규식(취체역) 등이 참여하고 있었다.[82]

만주사변 이후 만주 등지에 사업을 확장한 지방참의들은 김정호(만몽산업주식회사 설립, 자본금 50만원), 민규식(동방식산주식회사, 대주주 20만원 투자), 하준석 15만원, 김연수 30만원(추가로 100만원까지 투자 예상) 등이다. 이들은 일본의 만주침략을 계기로 시류에 따라 자본력을 무기로 자본을 확장하는 모습을 보였다.[83]

그 외 동일은행(민규식), 경상합동은행(정재학), 호남은행·鶴坡農場(현준호), 華星社(백인기) 등도 전쟁협력에 적극 동참하였다.[84]

이러한 친일자본가들에게 일제의 침략전쟁은 기업정비, 물자통제, 자금통제로 만들어진 넓고 통제된 시장에서 해외시장의 확대를 의미했고, 조선총독부의 경제통제는 시장에서의 독점이윤을 보장받을 수 있는 최대의 기회로 작용했다.[85]

그 외 지방참의들이 대거 참여한 경제단체의 대표적인 것으로 미곡통제조합(1936년~)은 미곡자치관리법에 따라 미곡의 공급과잉을 조절하

---

81) 金秊洙, 1971, 『秀堂金秊洙』, 131~181쪽.
82) 1939.4, 「國策會社에 등장한 財界巨星」『삼천리』 제11권 제4호, 43~51쪽.
83) 1937.5, 「조선인의 투자 5백만원, 支變之後 5개년 사이에 孔鎭恒·閔奎植·金秊洙 씨 등 큰 재벌 진출 투자」『三千里』 제9권 제4호, 11쪽.
84) 印貞植, 1940.10, 「半島經濟에서 占하는 朝鮮人 企業의 現勢」 『三千里』 제12권 제9호, 75쪽.
85) 문영주, 2008년 12월 5일, 「일제강점기 조선인 자본가들의 친일화 과정」 『일제강점기 조선인 유력자집단의 친일화』, 친일반민족행위진상규명위원회 2008년도 학술대회 발표 자료집, 62쪽.

기 위해 조직된 단체로서, 충북도 회장 金化俊(金海化俊, 1938.6.23. 선임) 부회장 閔泳殷(1936.11.6), 충남도 회장 兪萬兼·金雨英(1940.9.2), 전남도 회장 姜弼成(1936.11.10), 李源甫(1937.2.25), 전북도 회장 鄭然基(草木然基, 1938.6.23), 경북도 부회장 李章雨(1936.11.19), 경남도 부회장 鄭淳賢(1936.11.11), 황해도 회장 金永培(1939.5.17) 부회장 吳世皞(1936.11.6), 평남도 회장 權重植(1939.12.28) 부회장 朴箕錫(1936.11.11), 평안북도 회장 宋文華(山木文華, 1941.6.10) 부회장 高一淸(1936.11.14), 강원도 회장 洪鍾國(1936.12.3) 부회장 朴普陽(江原基陽, 1936.12.3), 함남도 부회장 金夏涉(1936.11.15) 등이 참여하고 있었다.[86]

다음으로 친일언론기관에 참의들이 포진되어 있는 양상을 보면, 조선총독부 기관지인 『每日新報』에는 1938년 4월 최린 사장, 취체역 이기찬 김기태 최준집 방의석, 상담역 최형직, 박영효 최린 윤치호 한상룡 김정호 민영은 박영철 장직상 등이 참여하였고[87], 조선방송협회에는 상무이사 방태영 한상룡 김연수, 상임감사 한익교 평의원 이기찬 조병상 김정호 현준호 등이 참여하고 있었다.[88] 또한 志願兵普及說傳隊(1941.11)는 이승우 조병상 정교원 김동훈이 참여하였고[89], 언론보국협회(1941.11~1945.8)는 최린(회장), 윤치호(고문) 등이 대표적인 인물들이다.[90]

다음은 종교단체이다. 종교단체 중 천도교의 대표적인 단체로 시중회(1934~1938)는 최린을 중심으로 천도교 신파 지도자들이 "大勢에 合流하여 실질적 향상을 도모하고 조선민중의 신생활 신문화로 신흥조선을 건설"하며 "일본 민족과 혼연일체가 되어, 어느 방면으로나 잘 일치 합작하여 나아감으로써 우리의 자립적 실력을 확충"하자는 의미로 결성되

---

86) 친일인명사전편찬위원회, 『일제협력단체사전-국내중앙편』, 468~469쪽.
87) 친일인명사전편찬위원회, 『일제협력단체사전-국내중앙편』, 509쪽.
88) 친일인명사전편찬위원회, 『일제협력단체사전-국내중앙편』, 522쪽.
89) 친일인명사전편찬위원회, 『일제협력단체사전-국내중앙편』, 545쪽.
90) 친일인명사전편찬위원회, 『일제협력단체사전-국내중앙편』, 546쪽.

었다. 1934년 11월 5일 발회식 이후 박영철·김사연·장직상·하준석·박
준영·장헌식·어담·조성근·정만조·신석린·박중양·김재환·이기승·이은
우·방의석·김기수·정석모·박희옥·성원경·민재기·방인혁·민영은·이근
우·최양호·최준집 등이 참여하고 있었다.91) 이 단체는 잡지 『時中』
(1937.3.17 제16호까지 발행)을 발행하였으며, 5대 강령을 발표하기도
하였다.92)

　　朝鮮儒敎會(1932.9월 창립)는 사회교화기관의 하나로 조직된 전국적
인 유교단체로 송지헌·민건식 등이 창설자로 나섰고, 정만조·김윤정·박
상준·장헌식(이상 法正), 정병조·이근우·진희규·현준호·전덕룡 등이 참
여하였다. 또한 1939년 10월 국민정신총동원운동에 적극 협력하기 위해
결성된 朝鮮儒道聯合會는 전덕룡(평양전조선유림대회 의안채택위원, 의
장), 정연기(전북유도연합회 부회장) 등이 참여하였다.93)

　　한말 일진회의 후신인 侍天敎를 시국단체로 재편하여 만든 大東日進
會(1938.11.28)는 중추원 참의로 있던 윤갑병이 직접 결성하였다. 이 단
체는 결성식 직후 조선신궁에 가서 결성 보고와 신사참배를 했고, 1939
년 5천여 명의 회원을 중심으로 농촌중견인물을 양성하기 위해 一進農
私塾을 건설하고, 내선일체를 도모하기 위해 영화 '동학'을 제작했으며,
1941년 11월 회장 윤갑병이 '勤勞報國의 觀念'을 10만 회원들에게 강조
하기 위해 각지의 지회와 기타 중요지역에서 강연회, 좌담회, 문서선전
등을 펼치기도 하였다.94)

---

91) 『朝鮮日報』; 친일인명사전편찬위원회, 『일제협력단체사전 – 국내중앙편』, 578쪽.
92) 시중회의 5대 강령은 신생활의 수립, 신인생관의 확립, 內鮮一家의 결성, 勤勞神
　　聖의 體行, 誠·敬·信의 실천 등이다(1934.11.6, 『朝鮮中央日報』; 1934.11.7, 『京
　　城日報』).
93) 1939.10.17, 1940.1.25, 『東亞日報』; 1939.10.17, 12.3·5·23, 1940.1.16, 1941.3.
　　2 3. 14, 10.17, 『每日新報』.
94) 1938.10.13, 11.30, 『東亞日報』; 1937.8.6, 『朝鮮日報』; 1938.9.15, 11.20, 11.29,
　　1940.11.26, 1944.10.14, 『每日新報』; 친일인명사전편찬위원회, 『일제협력단체

朝鮮戰時宗教報國會는 1944년 12월 8일 조선총독부 주도로 전 종교계의 단체들을 총망라하여 교리를 강화하여 교화실천운동을 전개하면서 전쟁협력에 나섰고, 한상룡(조선연맹사무국 총장)을 고문으로 위촉하였다.[95]

위와 같이 중추원 참여자들은 1931년 이후 1945년 8월 해방까지 조선총독부나 일본이 결성한 전쟁동원기구의 조선지부 등 다양한 친일단체에서 중요 간부로 활동하였으며, 물자, 헌금, 노무 등 전 방면을 통해 전쟁에 협력하고 민중들에게 그 정당성을 홍보하는 데 전력을 기울였다.

1931년 만주사변으로 인한 '준전시체제'에서 1937년 중일전쟁 이후 전시체제의 확립기로 이어지는 과정에서 중추원 참여자들은 '內鮮一體' 정신을 체화하고 황국신민화 정책에 적극 호응하였다. '國語常用化' 정책과 創氏改名, 지원병제와 징병제 실시의 의의를 지역 민중들에게 선전하고 다녔으며, 國防兵器 및 국방헌금 등 물자동원에 이르기까지 적극적으로 참여하는 모습을 볼 수 있다. 총독부의 강요 혹은 강제적인 정책에 '억지로 동원'되었다는 일부 참의들의 변명에도 불구하고, 중추원 참여자들은 1931년~1945년 8월 해방직전까지 자본력을 기반으로 한 전쟁협력자이자 '皇國臣民'으로서의 제 역할을 충실하게 다했다는 점을 부인하지 못할 것으로 보인다.

사전－국내중앙편』, 579~580쪽.
95) 1944.12.9, 1945.3.14, 『每日新報』.

제7장

결　　론

이 논문에서는 조선총독부 중추원의 활동과 그 구성원에 대해 살펴보았다. 중추원은 총독부 방침과 정책의 흐름에 따라 그 역할과 기능의 변화를 보이면서 강점 초부터 일제시기 끝까지 그 명맥을 유지하였다. 총독부는 식민지 지배정책을 구상하고 결정하고 집행하는 데 중추원을 다각적이고 효과적으로 활용하였고 중추원 구성원들은 이에 적극적으로 부응하였다. 중추원은 통치의 보조기관으로서 일제의 지배정책사 흐름에서 보았을 때 결코 간과해서는 안될 역할을 수행하고 있었다. 지금까지 검토한 것을 요약하면 다음과 같다.

조선총독부 중추원은 대한제국 중추원을 계승하는 조직이었으나 그 성격과 역할은 많은 차이점이 발견되었다. 대한제국 중추원은 제한적이긴 해도 법률수정이나 人民獻議 上達 등 의회로서의 기능을 어느 정도 부여받고 있었으나, 점차 일제의 식민화를 위한 자문 내지 대신들의 명예직 또는 대기직으로 변질되어갔다. 조선총독부 중추원은 대한제국 중추원의 일부 의회적 기능을 제외하고 '일한병합의 공로자와 병합으로 인해 일단 관직을 잃게 된 구한국시대의 요직에 있던 자'들을 중심으로 총독의 자문기구로 탈바꿈하였다.

1919년 3.1운동 이후 위기의식을 느낀 일제는 조선의 시정개혁에 따라 조선총독부 중추원도 함께 관제개정을 실시하였다. 1921년 관제개정 이후 의관의 명칭과 수를 고문 5명, 참의 65인으로 바꾸고 수당을 증액하고 각도별로 1명씩 도시사로부터 추천을 받아 지방참의를 임명하였다. 그러나 민중들과 언론은 중추원을 민의를 대변하는 기구라기보다는 총독의 입맛에 맞는 안건을 심의하여 제출하는 '양로원'으로 인식하고 있었다.

1933년 이후 지방참의의 정원을 증원하고 수요회와 시정연구회 등을 구성하여 조사연구를 하였으나 총독이 제시한 사항만을 연구하는데 그쳤다. 1930년대 이후 몇 차례 일본과 조선인 사회에서 중추원의 개혁문제를 놓고 갑론을박이 있었다. 결국 1944년 11월 일본 내무성관리국에서 '조선총독부 중추원 및 관제개정요강(안)'을 내놓았다. 이 요강은 의관 정원을 65명에서 80명으로 증원하고 일본인을 참여케 하고, 지방의원을 증원하고 도지사의 추천을 받아 도회에서 선거하는 방법을 제시하였으며, 특히 입법 행정 각 분야에 대한 자문뿐만 아니라 시정의 중요사항에 대한 건의권을 부여하고자 하였으나 결국 실행되지 못하였다.

중추원의 조직은 기본적으로 서기관장을 중심으로 하는 행정사무 구조와, 고문과 참의 등이 중심이 된 의사구조로 나뉘었다. 1910년대 중추원 조직 운영은 자문기관으로서의 역할을 제대로 수행하지 못하고 의관들이 각종 행사에 참여하는 정도였다. 1921년 관제개정 이후 정기회는 매년 1회, 매월 혹은 매주 例會를 개최했고, 총독으로부터 지시한 자문사항을 논의하는 수준이었다.

중추원 부의장과 고문들은 모두 조선귀족의 신분이거나 퇴직한 고등관료들이 선임되었고 대부분 일본 외유 경험을 가졌으며 친일단체 주요 간부를 겸임하고 있었다. 1910년대 찬의에 선임된 자들은 통감부 시대에 판사, 국장, 관찰사 등을 거친 인물이거나 일진회 출신자도 포함되었으며, 부찬의 역시 구한국 참서관이나 서기관들로 채워졌다. 1910년대 의관들은 30~40대 초반이 주류이고 20대 후반도 있었으며, 근대식 교육을 받은 자와 일본 유학파 또는 일본 시찰 경험자도 포함되었다.

1921년 이후 참의들의 주요 특징을 보면, 우선 1910년대 찬의와 부찬의로 활동한 인물들을 대거 등용시켰다. 1921년 관제개정 직후의 중추원 참의 정원 65명 중 1910년대 찬의·부찬의 경력자를 41명이나 중용하고 있음을 알 수 있다.

참의들의 출신배경 및 주요 경력을 살펴보면, 학력을 확인할 수 있는 222명 중 한문 수학이 제일 많았으며 대학졸업도 60명이 포함되었고, 재산규모를 보았을 때 자산가나 대지주들이 다수 포함되었다. 관료 경력을 가진 자는 213명으로 참여관 이상의 고등관은 55명(군수 역임자 36명 포함), 군수 출신자 100명(대한제국기 군수 출신자 15명, 1910년 이후 참여관 이상의 고등관 역임자 36명 포함), 판검사 15명(대한제국기 출신자 9명, 군수 역임자 1명 포함), 경찰 10명(대한제국기 출신자 6명, 군수 역임자 4명 포함), 군 출신 14명(군수 역임자 3명 포함), 읍면장 19명으로 파악되었다. 참여관 이상 고위직 19명(군수 역임자 제외) 중 고원훈, 김우영, 이계한, 장윤식 등은 1910년 이후 총독부에서 직접 충원한 자들이고 나머지는 대부분 대한제국 시기의 고위직을 이어나간 케이스였다.

한편 중추원 참여자 346명 중 행정관료 출신자 213명을 제외한 133명 중, 대한제국기의 서기관 및 국장급 18명, 부도읍면 서기 6명, 재판소 서기 1명, 임시토지조사국 서기 1명, 훈도 1명, 기수 1명 등 총 28명이 행정기관에서 근무하였다. 133명 중 28명을 제외한 105명은 관료경력이 확인되지 않거나 관력 경력이 없는 것으로 보인다. 중추원 참여자 대부분은 대한제국기에 친일단체의 간부로 활약하였다.

중추원의 기능 중 가장 중요한 것은 총독의 자문에 대한 답신이 이루어지는 중추원회의였다. 그러나 초기 중추원회의는 자문의 역할은 거의 수행하지 못하고, 총독의 시정에 관한 훈시나, 일제의 제1차 세계대전 참전에 대한 설명, 식민지에 대한 시정방침 등 일본의 식민지조선에 대한 정책을 듣고 홍보하는 자리였다. 즉 조선총독부의 시정방향과 관제개정 등 주요 정책에 변화가 있을 때 '예회'의 형식으로 회의를 개최하여 중추원 의원들에게 이를 알리고 일반 민중에게 홍보·선전하도록 독려하였다.

3.1운동이 일어나자 중추원 회의에 변화를 꾀하여, 1919년 9월 제1회 중추원회의를 시작으로 사회관습에 대한 자문사항을 회의에 부의하여 매년 회의가 개최하였다. 사회관습에 관한 자문사항은 1921~1924년에 집중적으로 부의되었고 그 후에는 시국 현황에 대한 안건으로 자문사항의 초점이 이동하였다. 1920년대 말부터 1930년대는 산업 진흥을 위해 시설이 필요한 사항이라든가 지방 민정 상황, 사회교화시설 중 강조실시를 요하는 사항 등에 대한 자문사항이 올라왔다. 참의들은 지방 민중의 입장에서 필요한 사항과 조선인 관리와 일본인 관리 평등 문제 등을 거론하기도 하였으나 조선의 '불온'한 사상적 흐름을 다잡기 위해 총독부가 실행해야 하는 방책 등에 대해서도 많은 의견을 개진하였다. 1940년 이후에는 전쟁을 위해 국민의 총력을 결집시킬 수 있는 방책과 '황민연성'의 강화를 위한 방안을 묻는 자문사항이 토의되었다. 참의들은 자신이 속한 지방에서의 국민정신총동원운동 상황을 보고하고, 국민정신총동원조선연맹 등 전쟁동원기구 조직과 활동을 강화하기 위한 각종의 아이디어를 제안하였다. 또한 전쟁동원과 관련한 물자동원 개선, 내선일체와 관련된 정신교육 강화, 교육기관 설비 및 확충을 위한 교육정책, 각종 통제기구 강화 등의 정책을 총독부에 제시하고 있었다.

또한 일부 참의들은 국민협회에서 주도하는 참정권 운동에 참여하거나 현준호 등은 중추원을 '조선의회'로 바꾸어야 한다는 주장을 펼치기도 하였다.

중추원 '지방참의'가 발탁되기 시작한 배경은, 3.1운동 이후 소위 '문화정치'가 시행됨에 따라 총독부가 1919년 9월 전국 13도에서 4명씩 지역유력자 52명을 선정하여 회의를 개최한 것에서 시작한다. 1921년 4월 각 도에서 중추원 참의로 추천한 121명 중 42명이 1921~1945년 사이에 중추원 지방참의로 활동하였다. 지방참의로 활동한 자는 1921~1933,

1939~1945년까지 97명이고, 자료가 확인되지 않는 1933~1938년의 지방참의들은 '지방의회' 경력자, 지방에 근거를 두고 있는 자본가, 지방참의가 받은 수당 등으로 추론하면 58명으로서 총 155명으로 파악되었다. 이들은 지방의회 경력자가 132명이었고, 군수·참사 등의 행정경력을 가졌으며, 각종 친일단체 등에서 활약하였다. 또한 지방참의들은 지방권력자이자 자산가로서 사립학교 설립 등의 육영사업, 도로부설이나 토지기부 등 치수·교량 사업에 앞장서기도 하였다.

이러한 지방참의에 대한 언론의 인식은 식견과 덕망이 있는 지역인사라는 이미지보다는 일제에 협력하고 경제적 부를 배경으로 지위와 영예를 탐하는 부호나 친일인사들이라는 이미지가 강했다. 지방참의들은 지역의 중소상인이나 지방 행정관료들에게는 칭송받았으나 민중들에게는 '거물 친일파'로 인식되는 존재에 불과하였다고 볼 수 있다.

1931년 만주사변 이래 중추원 참의들은 민중이 '불온한 사상'에 빠지는 것을 경계하는 사상 선도와, 농촌진흥운동을 계기로 한 생활 개선, 민풍 작흥 등 사회교화 강연을 다니기 시작했다. 1932년 이후에는 전쟁을 일으킨 일제의 입장을 선전하고 민중의 시국 인식을 촉진시키는 강연을 하였고, 1940년 이후에는 창씨제도와 징병제를 환영하고 국민정신총동원을 강조하는 강연을 전 조선에 광범위하게 다녔다. 지방참의들은 출신 지역에서 시국강연에 적극적으로 참여하였다. 또한 1931년 이후 만주사변, 중일전쟁, 태평양전쟁 등으로 이어지면서 지방참의들은 국방헌금·병기 헌납운동, 중앙·지방 자생 친일단체의 간부나 직접 조직하여 전쟁동원협력에 앞장섰다. 중추원 참의들의 이러한 전쟁협력은 총독부에 의해 동원된 것이 아니라 기본적으로 자발성에 기초되어 있었다.

이상으로 보아 조선총독부 중추원의 성격은 다음과 같이 정리할 수 있다. 첫째, 중추원은 총독의 정책에 따라 하달된 현안문제만을 다루고 있었고 자발적으로 의안을 제의하거나 부의할 수 없는 태생적 한계성을 지니고 있었다. 또한 총독의 조선 施政을 보조할 수 있는 맞춤형 인사들만 구성원으로 발탁하여 다양한 의사나 논의를 할 수 없는 폐쇄성을 지니고 있었다. 1910년대는 대한제국의 관료들을 주로 충원하여 '양로원'이라는 비판을 받아야 했으며 회의도 불규칙적으로 개최되었다. 1920년대~1945년 해방직전까지 중추원은 중앙관료 출신자와 민간유력자 등 다양한 출신성분을 가진 자들을 등용하였으나 내용적으로는 중앙참의에게 집중되는 현상을 벗어나지 못하였다. 이러한 조직구조와 형식은 역대 총독의 '구미에 맞게' 구성원이 선임되어 중추원이 유지되어 왔음을 보여주고 있다.

둘째, 1921년 이후 지방참의들을 발탁하였으나 전체 정원에 비하여 적은 인원이었다. 중추원 의관 총 346명 중 고문과 중앙참의가 191명으로 지방참의 155명보다 36명이나 많았다. 총독은 1923~1929년에 부의장과 고문을 포함한 의관 정원 71명 중 3~6명까지 결원이 있음에도 불구하고 지방참의들을 선임하지 않고 있었다. 이러한 조직 운영 형태는 중추원 구성원에 중앙관료 출신자들을 선호하고 있음을 보여주고 있으며, 정책생산이나 일제에 대한 충성 또는 '내선일체'에 대한 호응도를 보아 중앙참의를 선호하고 있음을 시사해 주고 있다. 지방참의 선발은 3.1운동 이후 민중들의 분노를 막기 위한 궁여지책이었으며 지방 민심을 수습하고 총독부 정책을 선전·선동하는데 일부 협조적인 인사들을 선별한 것이다.

셋째, 중추원은 일부 참의들을 구관제도 조사 및 역사서 편찬에 활용하였을 뿐 대체로 정해진 시정정책에 대해 문답식으로 의견을 표출하는 '단순한 구조'를 지닌 조직이었다. 일부 참의들은 중추원의 개혁과 조직 개편을 요구하였고 총독부에서도 이를 진지하게 검토하였으나 결국 실현되지 못하였다. 일본 내무성에서 중추원 관제 개정안을 기안하였으나 태평양전쟁 말기라는 시간적·물리적 한계로 현실화되지 못하였다. 결국 중추원은 총독의 施政 운영에 자문역할 혹은 침략전쟁기의 '중대한 시국'에서 선전·선동자로 활약하는 등 소모품에 지나지 않았다.

넷째, 지방참의는 지방과 중앙을 연결하는 매개체로 인식되었다. 중추원 참여자 346명 중 155명의 지방참의는 지역의 자본가·지주이자 토호세력의 수장 혹은 지역의 여론을 선도하는 '신진엘리트'들이었으며 각종 사립학교를 설립한 육영사업가, 교량·도로를 부설하는 등 생활개선 사업가, 지방 단체의 간부 등 다양한 분야에서 자본력과 명망을 두루 갖춘 인물이었다. 지방참의는 지역에서 참의로서의 영향력보다는 이미 구축된 명망가로서의 이미지와 선명성으로 민중에 대한 영향력을 가졌다. 즉 중추원 참의라는 직함은 지방참의들의 일련의 경력에서 하나 더 추가된 명예로서의 의미를 가졌다.

이 연구는 많은 한계를 가지고 있다. 첫째, 중추원 내부의 조직 운영과 활동 사례에 대해서 충분히 밝히지 못했다. 물론 중추원의 조직 운영 자체가 그다지 복잡하지 않고 단순했다는 한계를 지니고 있었다. 그러나 전체적인 회의 자료와, 金敎聲의『中樞院書類』와 같은 내부 행정 문서라든가,『中樞院通信』과 같은 내부 소식지 등이 일부가 아니라 전 시기에 걸쳐서 발굴이 된다면 중추원 조직의 운영과 활동 내용이 훨씬 더 구체적으로 밝혀지리라 생각한다.

둘째, 중추원의 운영과 중추원 개혁 논의와 관련하여 조선총독부의 정책과 일본 본국의 의견이 어떻게 충돌하고 있었는지, 그리고 총독부와 조선에 재주하는 일본인 사회에서의 중추원 개혁에 관련한 異見의 양상이 더 입체적으로 밝혀질 필요가 있다.

셋째, 참의들 중 활동이 드러나 보이는 일부분에 분석이 집중되고 전체를 조망하지 못한 점이다. 친일단체에 이름을 올리지 않았거나 관료 경력이 보이지 않는 백 명 남짓의 활동에 대해서는 자료의 한계상 제대로 규명하지 못하였다. 예를 들어 일반적으로 지역에서 활동하다 참의를 임기 3년만 채우고 그만둔 자들에 대한 분석이 제대로 되지 않았다.

넷째, 지방참의의 활동은 다양한 편차를 지니고 있으나 이를 몇몇의 사례에 국한하여 정리할 수밖에 없었고, 개개인의 자본축적 과정, 지방 토호로서의 역할을 상세히 밝히지 못하였다. 또 지방참의들의 활동은 지역에 따라 많은 차이점이 있었으리라 예상되는데 이러한 부분을 규명하지 못하였다. 각 도별로 발간된 지방신문이 발굴된다면 참의들의 지방친일단체 활동과 지역에서의 각종 활동이 더욱더 명확히 밝혀질 수 있을 것이다. 이는 중추원 지방참의뿐만 아니라 지방사 연구의 확장을 위해 반드시 필요한 작업이라 생각된다.

다섯째, 대만총독부 평의회와 조선총독부 중추원을 비교해 고찰해보는 작업이 필요하다. 이러한 부분들은 모두 필자의 능력과 자료의 한계에서 기인한 것이며 이후의 과제로 남기고자 한다.

참고문헌

1. 자료

1) 조선총독부와 중추원의 편찬자료

朝鮮總督府中樞院, 1929, 『第九回中樞院會議に於ける 訓示·挨拶及演述』, .

_____, 1930~1931, 『第10-11回中樞院會議ニ於ケル訓示·演述及答申要項』.

_____, 1932, 『第13回中樞院會議ニ於ケル訓示·演述·說明及答申要項』.

_____, 1930~1932, 『第10-13回中樞院會議參議議事錄』.

_____, 1933, 『第14回中樞院會議議事錄』.

_____, 1934, 『第15回中樞院會議議事錄』.

_____, 1935, 『第16回中樞院會議議事錄』.

_____, 1935, 『第16回中樞院會議參議書答申(其ノ一)』.

_____, 1936, 『第16回中樞院會議參議書答申(其ノ二)』.

_____, 1937, 『第18回中樞院會議參議答申書』.

_____, 1937, 『第18回中樞院會議　各局長演述』.

_____, 1938, 『第19回　中樞院會議參議答申書』.

_____, 1938~1940, 『第19-20回中樞院會議各局部長演述』.

_____, 1940, 『第21回中樞院會議參議答申書』.

_____, 1941, 『第22回　中樞院會議參議答申書』.

_____, 1942, 『第23回中樞院會議參議答申書』.

_____, 1945, 『第26回中樞院會議總督訓示要旨』.

_____, 1937, 『中樞院通信』, 1937. 1~12월호.

朝鮮總督府, 『中樞院ノ沿革調査(第十五)』.

『中樞院沿革』 1.

1921, 『各道議員推薦ノ件』.

『中樞院沿革』 2.

1933, 『中樞院官制改正ニ關スル資料』.

『間島産業調査書』.

1920, 『江原道』.

『開墾小作資料』.

『慶尙南道·慶尙北道管內 契·親族關係·財産相續ノ概況報告』, 明治44年 1月 5日.

『慶尙北道 達城郡 市場に關する慣習』, 大正9年.

『慶尙北道 市場에 關한 件(表題-'庶務綴')』, 大正9年.

『公州地方特別調査報告書』, 隆熙4年 5月.

『慣習ニ關スル照會回答綴』, 昭和13年以後.

『舊慣審査委員會會議錄』.

『舊慣審査委員會誌』, 大正8年.

『錦江及洛東江沿岸 泥生浦落慣習調査報告書』, 明治45年.

『大邱郡ニ於ケル調査報告書』, 隆熙3年.

『東萊郡 調査報告書』.

『隆熙三年韓國慣習調査報告書』 平北篇, 隆熙3年.

『隆熙二年調査報告書(安城)』, 隆熙2年 12月 30日.

『洑ニ關スル調査報告書』, 隆熙四年.

『復命書』, 昭和8年 3月.

『蔘圃ニ關スル調査報告書』(開城, 豊德, 長湍), 隆熙四年 五月.

『小作ニ關スル慣習』, 昭和5年.

『小作資料』.

『小作制度調査(慶尙南北道, 全羅南道)』, 大正2年.

『昭和九年 庶務綴』, 昭和九年.

『水利ニ關スル舊慣』, 大正2年.

『驛屯土及牧場以外國有各地種調査』, 隆熙2年 6月.

『永給田ニ關スル調査報告書』(開城, 豊德, 長湍, 坡州), 隆熙4年 5月.

『雜記及雜資料(2)-出生에서 老年까지』, 大正13年.

『葬禮ニ關スル調査報告書』.

『全羅北道』, 大正9年.

『小作制度ニ關スル件』(全羅北道 益山·沃溝郡 官內 小作制度에 關한 件), 大正
      13年 3月.

『祭禮ニ關スル慣習調査報告書』, 明治43年.

『調査報告書-法典調査局』, 隆熙3年.

『朝鮮舊慣及制度調査沿革ノ調査 第18冊』.

『朝鮮史編修會 事務報告書』, 大正14年 6月.

『朝鮮史編纂委員會 委員會議事錄』 大正11年～大正13年.

『朝鮮ノ事情ニ關スル參考的意見』.

『朝鮮社會調査綱目』, 大正9年 2月.

『朝鮮의 事情에 關한 參考意見』, 昭和6年 5月.

『朝鮮風俗集』, 1914～1918年.

『出張調査報告書』.

『特殊財産』.

『特種小作其ノ他ニ關スル件』, 大正7年.

『平安南道』, 大正9年.

『風俗調査計劃』, 昭和13年.

『風俗調査書 整理報告書』, 昭和11年.

『韓國不動産에 關한 慣例 第2級(黃海道中 12郡)』, 光武11年 6月.

『琿春及間島事情』, 昭和4年 7月.

연도미상, 『中樞院官制改正ニ關スル參考的意見書』, 미국하와이대학교 해밀튼 도서관 소장(2008,『친일반민족행위관계사료집』 IV, 친일반민족행위진 상규명위원회).

1936,『(心田開發に關する) 講演集』.

1940,『近代日鮮關係の研究』 上.下卷.

1933,『民事慣習回答彙集』 上, 中, 下.

1923,『民事慣習回答彙集』.

1933,『(舊慣制度調査書)社還米制度』.

今村鞆 著, 1937,『(朝鮮風俗資料集說)扇左繩打毬匏』, 朝鮮總督府中樞院.

1930,『小作に關する慣習調査書』.

1939,『朝鮮人名辭書索引』.

1938,『朝鮮舊慣制度調査事業概要』.

朝鮮總督府 朝鮮史編修會編, 1938,『朝鮮總督府朝鮮史編修會事業概要』.

1916,『朝鮮半島史編成ノ要旨及順序 朝鮮人名彙考編纂ノ順序』.

1937,『朝鮮人名辭書』.

1937,『朝鮮風俗資料集說』.

1940,『朝鮮の國名に因める名詞考』.

1934,『朝鮮の姓名氏族に關する研究調査』.

1937,『韓國人名辭典』.

2) 정기간행물

(1) 신문류

『東亞日報』,『朝鮮日報』,『時代日報』,『朝鮮中央日報』,『中外日報』,『新韓民報』,
『朝鮮新聞』,『每日申報』,『京城日報』,『釜山日報』,『朝鮮時報』,『滿鮮日報』,『大
坂每日新聞』,『大坂朝日新聞』,『東京日日新聞』,『神戶新聞』,『滿洲日日新聞』,『朝
鮮新聞』,『民衆新聞』.

(2) 잡지류

『大韓自强會月報』,『大韓協會會報』,『大同學會月報』,『大韓學會月報』,『기호흥
학회월보』,『서우』,『朝鮮』,『朝鮮彙報』,『半島時論』,『三千里』,『朝鮮及滿洲』,
『朝鮮行政』,『開闢』,『동광』,『별건곤』,『警務彙報』,『文教の朝鮮』,『新民』,『同
民』,『朝鮮と建築』,『月刊中央』.

(3) 관보·연감

『官報』.
『朝鮮總督府官報』.
1908,『大韓帝國職員錄』.
1910~1943,『朝鮮總督府官署及職員錄』.
『慶尙南道職員錄』昭和8·13·16·17年.
同民會本部, 1940,『創氏記念名刺交換名簿』.
1933,『朝鮮と三州人』.
1935,『朝鮮總督府始政二十五周年記念表彰者名鑑』, 同 刊行委員會.
1913,『朝鮮在住內地人 實業家人名辭典』第1編.
1935,『朝鮮人事興信錄』, 朝鮮新聞社.
1914,『朝鮮紳士寶鑑』.
1913,『朝鮮紳士大同譜』, 朝鮮紳士大同譜發行事務所.
1947, 1948년판,『朝鮮年鑑』.
1946, 1947년판,『朝鮮年鑑』.
1935,『朝鮮功勞者銘鑑』, 阿部薰 編.
1931,『全鮮府邑會議員銘鑑』, 朝鮮經世新聞社.
1917,『在朝鮮內地人 紳士名鑑』.
1917,『人物評論 眞物? 贗物?』.

1977, 『歷代國會議員總覽』.
1935, 『始政卄五年紀念 躍進之朝鮮』 附 財界人物傳.
1939, 『事業と鄕人』 第1輯.
1935, 『釜山名士錄』.
1926, 『半島官財人物評論』.
1972, 『大韓帝國官員履歷書』, 국사편찬위원회.
1960, 『大韓民國行政幹部全貌(4293年版)』.
1950, 『大韓民國人事錄』.
1967, 『大韓民國人物聯鑑』.
1956, 『大韓民國建國十年誌』.
1955, 『大韓年監』 4288.
1923, 『大陸自由評論』 事業人物號 第8.
1936, 『大京城公職者名鑑, 京城新聞社』.
1922, 『京城市民名鑑』.
1921, 『京城府町內之人物と事業案內』.
1940, 『(皇紀二千六百年記念)咸南名鑑』.
1967, 『(寫眞으로 본)國會20年』－附錄－歷代國會議員略歷.

3) 문서류

金敎聲, 1914.1～1916.12, 1919.12, 1920.12～1922.12. 『中樞院書類』.
1937, 「中樞院 會議二關スル件」, 『諸會議綴』(CJA0002472), 朝鮮總督府.
1935.10.29, 「面長經歷調査二關スル件」(CJA0003310).
「木曜例會 休會ノ件」(朝樞 제117호, 발신인 중추원서기관장, 수신인 在京城 각
　　의관, 1941.7.11), 「木曜例會休會ノ件」(발신인 중추원 서기관장, 수신인
　　농림국장, 1941.12.12), 「木曜例會 講演ノ件 通知」(朝樞 제180호, 발신
　　인 중추원 서기관장, 수신인 농림국장, 1941.11.11), 『雜書類綴』 1941년
　　2호(CJA0011568).
「印刷物寄贈方依賴ノ件」, 朝樞秘 第十六號, 발신자 중추원서기관장, 수신자 경
　　무국장, 1941.6.4, 『雜書綴』(CJA0002509), 1941년 1월～6월, 경무과.
「朝鮮總督府中樞院參議高元勳一行ノ當地二於ケル動靜二關スル件」 기밀제1137
　　호, 1940.12.20, 발신인 재남경총영사 杉原荒太, 수신인 외무대신 松岡
　　洋右, 『那人旅行者綴』(CJA0002360).
「中樞院職員出張二付 便宜供與方法依賴ノ件」(발신인 중추원서기관장, 수신인

288 참고문헌

외사부장, 발신일 1941.6.8),『邦人旅行者關係綴』(CJA0002366), (이상 국가기록원 소장).

1923.5.16, 「朝鮮總督府中樞院官制中改正ノ件」(A03033654700), 『樞密院會議文書D (會議筆記)』.

1940.3.6,「朝鮮及台湾在住民政治處遇ニ關スル質疑応答の2」(B02031288100),『本邦內政關係雜纂』, 植民地關係 第六卷.

「朝鮮及台湾ニ於ケル政治的處遇關係/3 朝鮮及台湾ニ於ケル政治的處遇關係の3」(B02031288200),『 本邦內政關係雜纂』, 植民地關係 第三卷, 昭和19年.

「朝鮮總督府事務官等ノ特別任用ニ關スル件中改正」(A03021431199), 『御署名原本』·大正十二年·勅令第十七号·大正十年勅令第二十六号.

1922.12.8,「朝鮮總督府事務官等ノ特別任用ニ關スル件中改正ノ件」大正一〇年勅令第二六号(A03033389500),『樞密院會議文書C (審査報告)』大正十一年.

「朝鮮總督府中樞院官制」(A03033354700), 明治四十三年 九月 二十三日,『樞密院會議文書C(審査報告)』, 明治四十一年～明治四十三年.

「朝鮮總督府中樞院官制中改正」(A03020929100), 『御署名原本』, 明治四十五年, 勅令第二十七号 ;『公文類聚』第三十六編 第三卷, 官職二 官制二, 明治四十五年～大正元年.

1943.11.30, 「朝鮮總督府中樞院官制中改正ノ件」(A03022878599), 『御署名原本』, 昭和十八年,·勅令第八九二号.

1921.3.5,「朝鮮總督府中樞院官制中改正ノ件」(A03033391300),『樞密院會議文書C (審査報告)』.

1923.5.9,「朝鮮總督府中樞院官制中改正ノ件」(A03033391300),『樞密院會議文書C (審査報告)』, 樞密院審査報告·大正十二年.

「朝鮮總督府中樞院通譯官李東鎭同上 (朝鮮總督府郡守李殷楫奏任文官俸給制限外下賜ノ件)」(A04018288300), 『公文雜纂』 昭和三年·第三十六卷·奏任文官俸給制限外下賜·奏任文官俸給制限外下賜).

1943.11.19,「朝鮮總督府中樞院官制中改正ノ件」(A03033478600),『樞密院會議文書C (審査報告)』, 昭和十八年.

1920.11.3,「朝鮮に於ける新施政」1책(A03034082900),『樞密院會議文書』F(결의).

「朝鮮總督府中樞院官制中ヲ改正ス」(A01200078000),『公文類聚』第四十五編 第八ノ一卷 官職七ノ一, 大正十年.

「朝鮮總督府中樞院官制中ヲ改正ス」(A01200509400),『公文類聚』第四十七 第七

卷·官職六의一·官制六의一, 大正十二年.

「朝鮮總督府中樞院官制中ヲ改正ス」(A01200523100),『公文類聚』第四十八編 第
　　八卷 官職七 官制七, 大正十三年.

「中樞院官制改正後屬及通譯生事務擔任表」(A01200194700),『公文類聚』第四十五
　　編, 第八ノ一卷, 官制七ノ一 (朝鮮總督府一), 大正十年.

1942.10.28,「行政簡素化實施ノ爲ニスル朝鮮總督府中樞院官制中改正ノ件」(A03
　　010019300),『樞密院會議文書C (審査報告)』昭和十七年.

1942.10.28,「行政簡素化實施ノ爲ニスル朝鮮總督府中樞院官制中ヲ改正ス」,『公
　　文類聚』제66편, 昭和17年, 제42권, 官職 38, 官制38(朝鮮總督府7).

內閣記錄保存部局, 內閣·總理府 太政官·內閣關係 第五類『任免裁可書』, 1910.
　　10.1～1945.7.5(이상 일본국립공문서관 소장).

「獻納兵器調弁並受領の件」(C04011567100), 1933.4.14,『陸滿普大日記』, 1933.

「獻納兵器調弁並受領の件」(C01007237700), 1934.8,「乙輯 第2類 第3冊 兵器其2」,
　　『大日記乙輯』1934,「獻納兵器調弁並受領の件」(C01002370000), 1935.1.15,
　　「乙輯 第2類 第2冊 兵器其1」,『大日記乙輯』1935(이상 방위성 방위연
　　구소 소장).

建言及陳情關係(B05014015400),『朝鮮人關係雜件建言及陳情關係』, 昭和八年 昭
　　和十六年(외무성 외교사료관 소장).

1910.9.29,『起案』<기안22>「일본정부로부터 특별 하사금을 받는 직원의 명단
　　을 보내니 살펴줄 것」.

4) 기타

1966,「騷擾先後策私見」「長谷川總督の事務引繼意見書」『現代史資料』제25권,
　　みすず書房.

1931,『國民協會運動史』『韓日中央協會·友邦協會文書』(학습원대학동양문화연
　　구소 소장).

1949,『民族正氣의 審判』, 革新出版社.

『齋藤實文書』文書の部, 103-3-1(일본국회도서관 헌정자료실 소장).

1948,『親日派群像』, 民族政經硏究所.

1936, 高山峰雄 編,『朝鮮土地改良株式會社誌』.

國民協會本部, 1921,「國民協會史第一」.

朝鮮總督府,『朝鮮總督府中樞院圖書目錄』.

한국농촌경제연구원, 1985,『농지개혁시 피분배지주 및 일제하 대지주명부』.

친일진상규명위원회, 『친일반민족행위관계사료집』 Ⅰ~Ⅶ, 2007~2008.

2. 단행본(연구서, 전기 등)

강동진, 1980, 『日帝의 韓國侵略政策史』, 한길사.

차기벽 엮음, 1985, 『일제의 한국식민통치』, 정음사.

김운태, 1986, 『일본제국주의의 한국통치』, 박영사.

손정목, 1992, 『한국지방제도.자치사연구』 상.하, 일지사.

김상태 편역, 2001, 『윤치호일기』, 역사비평사.

김연수, 1971, 『秀堂金季洙』.

김운태, 1986, 『日本帝國主義 韓國統治』, 박영사.

稻葉繼雄, 1997, 『旧韓末 日語學校の硏究』, 九州大學出版會.

박은식, 강덕상 역주, 1972, 『獨立運動之血史』, 평범당.

반민족문제연구소 엮음, 1991, 『실록 친일파』, 돌베개.

손정연, 1977, 『撫松玄俊鎬』, 전남매일신문사.

宋炳基, 朴鎔玉, 朴漢㠐 編著, 1970, 『韓末近代法令資料集』 Ⅰ·Ⅱ·ⅣⅤⅨ, 대한
    민국국회도서관.

勝田伊助, 1940, 『晋州大觀』.

宇都宮太郎關係資料硏究會編, 2008, 『日本陸軍とアジア政策—陸軍大將 宇都宮
    太郎日記』 3, 岩波書店.

윤덕한, 1999, 『이완용평전』, 중심.

이승일, 2008, 『조선총독부 법제정책』 역사비평사.

임종국, 1982, 『일제침략과 친일파』, 청사.

정운현, 1999, 『나는 황국신민이로소이다—새로 밝혀 다시 쓴 친일인물사』, 개
    마고원.

淺野豊美·松田利彦 編, 2004, 『植民地帝國日本の法的構造』, 信山社.

친일반민족행위진상규명위원회, 2007.12, 「조선총독부 중추원 관제개정과 참의
    의 활동」 『2007년도 조사보고서』 1.

한운사, 1957, 『淸巖金元根翁生涯와 業蹟』, 청주대학교.

한익교 정리, 김명수 옮김, 2007, 『한상룡을 말한다』, 혜안.

淺野豊美 松田利彦 편, 2004, 『植民地帝國日本の法的構造』, 信山社.

박은경, 1999, 『일제하 조선인관료 연구』, 학민글밭.

미야타 세쓰코 해설.감수, 정재정 번역, 2002, 『식민통치의 허상과 실상』, 혜안.

친일인명사전편찬위원회, 2004, 『일제협력단체사전』, 민족문제연구소.

윤소영 홍선영 김희정 박미경 역, 2007, 『일본잡지 모던일본과 조선 1939』, 어문
학사.

홍선영 박미경 채영님 윤소영 역, 2009, 『일본잡지 모던일본과 조선 1940』, 어문
학사.

정운현 편역, 1994, 『창씨개명』, 학민사.

3. 연구논문

동선희, 2006, 「일제하 조선인 도평의회·도회의원 연구」, 한국학중앙연구원 한
국학대학원 박사논문.

김경일, 1993.6, 「韓相龍－친일 예속자본가의 전형」 『韓國學報』 71, 일지사.

김동명, 2004.10, 「일제하 '동화형협력'운동의 논리와 전개－최린의 자치운동의
모색과 좌절」 『한일관계사연구』 21집.

김동명, 1999.12, 「조선 체험 일본인의 동화주의 지배체제 비판론」 『한일관계사
연구』 제11집.

＿＿＿, 2006, 『지배와 저항, 그리고 협력－식민지 조선에서의 일본제국주의와
조선인의 정치운동－』, 경인문화사.

김선풍, 1999.2, 「[資料篇] : 朝鮮總督府中樞院 ≪風俗調査≫(黃海道·江原道)속
의 俗謠·童謠·詩調資料」, 『韓國民謠學』 제6집.

＿＿＿, 1998.9, 「朝鮮總督府의 言語民俗調査 硏究」 『정신문화연구』 제21권 제3
호 통권 72호, 한국학중앙연구원.

김선풍, 1998.9, 「朝鮮總督府의 言語民俗調査 硏究」 『정신문화연구』 제21권 제3
호 통권 72호, 한국학중앙연구원.

김성민, 1989, 「조선사편수회의 조직과 운용」, 『한국민족운동사연구』 3.

김신재, 1991, 「독립협회의 중추원 개편운동과 그 성격」 『경주사학』 10, 경주사
학회.

김현철, 2005.12, 「20세기초기 무속조사의 의의와 한계연구」, 『한국민속학』 42.

남근우, 1998, 「식민지주의 민속학의 일고찰」 『정신문화연구』 21-3.

마츠다 도시히코(松田利彦), 2004, 『일제시기 참정권문제와 조선인』, 국학자료원.

문영주, 2008.12.5, 「일제강점기 조선인 자본가들의 친일화 과정」, 『일제강점기 조선인 유력자집단의 친일화』, 친일반민족행위진상규명위원회 2008년도 학술대회 발표 자료집.

박인준, 2007.3, 「현준호의 자본형성 과정과 친일행위」 『한국근현대사연구』 제40집, 한국근현대사학회 ; 김인호, 2004.6, 「김연수의 친일, 자발적 강제(?)」 『내일을여는역사』 제16호.

박현수, 1980, 「조선총독부 중추원의 사회.문화」 『한국문화인류학』 12, 한국문화인류학회.

_____, 「일제의 식민지 조사기구와 조사자」 『정신문화연구』 21-3, 1998.

_____, 「일제의 조선조사에 관한 연구」, 서울대 인류학과 박사학위논문, 1993.

서영희, 2005.봄, 「권중현·이지용, 개화론자·한일동맹론자의 변신과 행로」 『내일을 여는역사』 제19호, 서해문집.

여박동, 1992, 「조선총독부 중추원의 조직과 조사편찬사업에 관한 연구」 『일본학연보』 제4집.

오미일, 2005.12, 「한국자본주의 발전에서 政商의 길 : 白南信·白寅基의 자본축적과 정치사회 활동」 『역사와경계』 제57집, 부산경남사학회.

윤대성, 1992.12, 「日帝의 韓國慣習法調査事業에 관한 硏究」, 『財産法硏究』 9,1; 韓國財産法學會.

이방원, 2005, 「러일전쟁 이후 중추원의 개편과 활동 : 1904~1906」 『이화사학연구』 32, 이화사학연구소.

_____, 1998, 「한말 중추원 연구」 『이대사원』 31, 이화여대 사학회.

_____, 2003, 「중추원 '照會原本'의 사료적 가치」 『이화사학연구』 30집, 이화사학연구소.

이승렬, 2006, 「경성지역 중추원 참의들의 관계망과 식민권력의 지역 지배」 『향토서울』 제69호.

_____, 2006, 「일제하 식민통치의 구조-중추원을 통해 본 정치의 '식민지적 근대성'-」 『동양학』 39, 단국대학교 동양학연구소.

_____, 2005, 「일제하 중추원 개혁 문제와 총독정치」 『동방학지』 132, 연세대 국학연구원.

_____, 2008.7, 「중추원 중앙참의의 발탁 배경」 『친일반민족행위자재산조사위원회 출범2주년기념학술토론회』.

_____, 「한말 일제하 경성의 은행가 조진태·백완혁 연구 :전통적 상인의 부르주아지로의 전환에 관한 고찰」 『한국근현대사연구』 제36집, 2006.봄, 한울.

李昇燁,「全鮮公職者大會:1924~1930」『二十世紀研究』제4호.

이용창, 2005.12,「일제 식민잔재와 친일문제」『국학연구』제7집, 한국국학진흥원.

장신, 2008.11,「일제말기 인촌 김성수 친일 논쟁의 재검토」, 한국독립운동사연구소 제248회 월례연구발표회.

장용경·허영란, 2001.11,「일제의 식민지 調査事業'과 朝鮮總督府 中樞院 조사자료」(국사편찬위원회 한국사데이타베이스 중추원조사자료 해제).

이승일, 2002,「자료해제 : 일제 식민지 시기 관습조사사업」(국사편찬위원회 한국사데이터베이스 '중추원 조사자료' 해제).

장철수, 1998,「조선총독부 민속 조사자료의 성격과 내용」『정신문화연구』21-3.

전갑생, 2008,「1910년대 전후 부산·경남 조선인의 일제협력」『부산의 도시형성과 일본인들』.

정시구, 2004,「조선총독부 시대의 정치적 상황과 중추원의 기능적 변화에 대한 고찰」『한국행정사학지』15, 한국행정사학회, .

조범래, 1992,「조선총독부 중추원의 초기구조와 기능」『한국독립운동사연구』6.

조성운, 2006.10,「1920년대 초 日本視察團의 파견과 성격(1920~1922)」『韓日關係史研究』제25집, 한일관계사학회.

진덕규, 1987.8,「일제식민지시대의 총독부 중추원에 관한 고찰」『일본 식민지지배초기의 사회분석(1)』, 이화여자대학교 한국문화연구원.

靑野正明, 1989.9,「舊朝鮮總督府中樞院と'儀禮準則'の制定」『일본학연보』제2집, 일본연구학회.

최길성, 1989,「日本植民地統治理念の研究」『日本學年譜』2.

최석영, 1999,「식민지지배와 도리이 류우죠우鳥居龍藏의 인류학적 조사」,『일제하 무속론과 식민지 권력』, 서경문화사.

_____, 1997,「일제의 구관조사와 식민정책」『비교민속학』14, 비교민속학회.

한명근, 1994,「개화기 중추원의 활동과 성격(1894~1910)」, 숭실대학교 석사논문.

_____, 2002,「통감부기 중추원의 기능과 활동」『홍경만교수정년기념 한국사학논총』.

한철호, 2004.3,「이완용, 망국의 책임자에게 면죄부를 준 친일파의 거두」『내일을 여는 역사』제15호.

허영란, 2007.6,「식민지 구관조사의 목적과 실태-'시장조사'를 중심으로-」『史學硏究』86호, 한국사학회.

_____, 2008.7,「일제강점기 중추원 지방참의의 발탁 배경에 대한 연구」『친일반민족행위자재산조사위원회 출범2주년기념학술토론회』.

김선미, 1992,『日帝植民地時代 支配勢力의 性格에 關한 硏究 : 奏任官 以上의
　　官職者를 中心으로』, 이화여자대학교 대학원 정치외교학과 석사논문.
김은정, 2007,「일제의 한국 석탄산업 침탈 연구」, 이화여대 사학과 박사논문.
지수걸, 1999.5,「일제의 군국주의 파시즘과 '조선농촌진흥운동'」『역사비평』
　　1999년 여름호(통권 47호).
한석희,「일제하 한국의 신사참배강요」(1)(2),『기독교사상』1985년 8월·9월호
　　(제326·327호)

4. 인터넷(원문)

국사편찬위원회(http://www.history.go.kr/)
한국역사정보통합시스템(http://www.koreanhistory.or.kr/)
서울대규장각(http://e-kyujanggak.snu.ac.kr/)
일본 국회회의록(http://kokkai.ndl.go.jp/)
일본 제국의회회의록(http://teikokugikai-i.ndl.go.jp/)
일본 국립공문서관(http://www.archives.go.jp/)
일본 방위성 방위연구소(http://www.nids.go.jp/index.html)
일본 외무성 외교사료관(http://gaikokiroku.mofa.go.jp/)
일본 아시아역사자료센터(http://www.jacar.go.jp/)

〈부표1〉1910년대 중추원 참여자의 대한제국기 중추원 경력(41명)

이름	대한제국기 중추원 경력	1910년 중추원 직책	대한제국기 중추원 경력의 출전
金允植	의장(1908.4.22)	부의장	『官報』1908.4.24
李完用	의관(1897.9.28)	부의장	『대한제국관원이력서』2책, 40
李容植	의관(1898.7.8)	고문	『대한제국관원이력서』33책, 753
高永喜	의관(1902.2.20), 찬의(1905.7.29~10.13)	고문	『官報』1902.2.22, 1905.8.1, 10.17
朴齊純	고문(1907.5.31)	고문	『대한제국관원이력서』7책, 190
權重顯	고문(1905.3.20)	고문	『官報』1905.3.23
李址鎔	의관(1898.5.1), 고문(1907.5.31)	고문	『대한제국관원이력서』33책, 763
李根澤	고문(1907.5.30)	고문	『대한제국관원이력서』33책, 767
李根湘	찬의(1905.9.7), 부의장(1906.11.11), 고문(1908.12)	고문	『대한제국관원이력서』33책, 762
任善準	고문(1910.8.6)	고문	『대한제국관원이력서』33책, 768
李夏榮	의장(1898.12.23~1899.2.20), 고문(1907.5.31)	고문	『官報』1898.12.27, 1899. 2.22, / 『대한제국관원이력서』33책, 766
李載崑	의관(1895.4.1), 찬의(1905.4.11), 부의장(1906.12.27~1907.5.22)	고문	『官報』1895.4.3, 1905.4.19, 1906.12.29
姜敏熙	의관(1898.2.27~1903.10.11)	찬의	『官報』1898.3.1, 1903. 10. 14

附 록

이름	대한제국기 중추원 정력	1910년 중추원 직책	대한제국기 중추원 경력의 출전
洪鍾檍	의관(1897.2.7). 부의장(1899.2.20,사직상소)	찬의	『官報』 1897.2.9, 1899.2.22
朴慶陽	의관(1898.6.23). 찬의(1910.8.17)	찬의	『官報』 1898.6.25, 1910.8.22
閔商鎬	의관(1896.3.19). 찬의(1905.6.27)	찬의	『官報』 1896.3.21, 1905.6.28
金晩秀	찬의(1906.3.11)	찬의	『官報』 1906.3.18
金思黙	의관(1900.3.27). 찬의(1906.1.14)	찬의	『官報』 1900.3.30, 1906.1.15
金奭漢	의관(1910.9.6~10.4)	찬의	『官報』 1910.9.10, ·10.8
南奎熙	의관(1897.1.28). 찬의(1907.3.20)	찬의	『官報』 1897.2.1, 1907.3.23
鄭丙朝	부찬의(1907.7.20)	부찬의	『대한제국관원이력서』 33책, 775
朴勝鳳	의관(1901.7.6). 찬의(1907.12.23)	찬의	『官報』 1901.7.10, 1908.1.10
韓昌洙	의관(1897.10.28)	찬의	『官報』 1897.10.30
劉猛	의관(1898.11.29)	찬의	『대한제국관원이력서』 11책, 306
洪承穆	찬의(1906.12.11)	찬의	『官報』 1906.12.24
尹致旿	의관(1895.9.6)	찬의	『官報』 1895.9.8
李謙濟	의관(1898.7.8)	찬의	『官報』 1898.7.13
李在正	의관(1897.11.7~1898.6.30). 찬의(1907.8.9)	찬의	『官報』 1897.11.11, 1898.7.2, 1907.8.12
李澔相	의관(1899.10.18)	찬의	『官報』 1899.10.20
鄭寅興	의관(1896.2.22~2.24). 찬의(1907.5.30)	찬의	『官報』 1896.2.23·4.21, 1907.6.1
趙秉健	찬의(1910.7.30)	찬의	『官報』 1910.8.2
趙英熙	의관(1907.8.8~9.13)	찬의	『官報』 1907.8.12, ·9.16
李鳳魯	의관(1897.12.5). 부찬의(1910.8.8)	부찬의	『官報』 1898.4.12, 1910.8.11
宋憲斌	의관(1899.11.28). 부찬의(1910.8.8)	부찬의	『官報』 1899. 12.1, 1910.8.11
徐相勛	의관(1898.2.10~6.25, 1900.7.7~1901.5.14)	부찬의	『官報』 1898. 2.12, 6.28, 1900.7.10, 1901.5.16

이름	대한제국기 중추원 경력	1910년 중추원 직제	대한제국기 중추원경력의 출전
申泰遊	의관(1899.12.9), 부찬의(1908.8.6)	부찬의	『官報』 1899. 12.21. 1908.8.8
柳興世	의관(1901.12.31~1902.1.3)	부찬의	『官報』 1902.1. 4·7
柳正秀	찬의(1897.12.11)	찬의	『官報』 1897.12.15
李始榮	찬의(1907.8.10)	부찬의	『官報』 1907.8.12
許璡	찬의(1910.7.30)	부찬의	『官報』 1910.8.2
洪祐晳	의관(1898.7.3, 1903.10.25), 부찬의(1907.4.23)	부찬의	『官報』 1898.7.6, 1903.10.28, 1907.4.25

〈부표2〉 1920년대 이후 중추원 참여자의 대한제국기 중추원 경력(9명)

이름	대한제국기 중추원 직책	1910년대 관력	조선총독부 중추원 직책	출전(『官報』)
尹德榮	참의(1897.10.13)	자작, 李王職 贊侍	고문(26~40)	1897.12.16
閔桐植	찬의(1905.12.9)	자작	참의(24~27)	1905.12.13
金明濬	부찬의(1907.1.15)	私立五星學校專任理事, 京城矯風會評議員	참의(21~45)	1907.1.18
韓鎮昌	찬의(1907.5.28)		참의(27~35)	1907.5.30
金寬鉉	부찬의(1907.6.26)	10~18 수원군수,18~35 충남 참남 전남 참여관	참의(34~43)	1907.6.28
趙義聞	부찬의(1907.10.8)	10~19 황해도장관	참의(21~39)	1907.10.11
李軫鎬		10~15 경북도장관, 16~21 전북도장관 및 도지사	참의, 부의장. 고문(34~42)	
鄭蘭敎	부찬의(1907.11.7)	10~20 충남 참여관	참의(27~42)	1907.11.9
申應熙		10~19 함남도장관	참의(24~27)	

〈부표3〉 1905~1910년 대한제국 중추원 참여자(79명)

이름	대한제국 중추원직제	제임시기	충독부시기 경력	참고문헌
李載崑	찬의	1905.3.21 임	중추원 고문	『관보』1905.9.3
閔泳喆	찬의	1905.3.19 전임	仁漢輪船(合資) 중역, 농업	『관보』1905.3.21
沈相薰	의장	1905.3.23 임. 1905.5.8 전임		『관보』1905.3.25, 1905.5.10
李容泰	찬의	1905.3.23 임	남작	『관보』1905.3.25 : 『조선신사보감』52쪽
朴定陽	의장	1905.3.23 전임		『관보』1905.3.25
李鍾健	찬의	1905.3.26 전임. 1905.4.12 임	남작	『관보』1905.3.27, 1905.4.6 : 『조선신사보감』54쪽
閔尚鎬	찬의	1905.3.20 임	찬의, 남작	『관보』1905.4.1 : 『조선신사보감』49쪽
李根澔	부의장, 찬의	1905.4.4 전임, 1905.9.7 임. 1906.1.17 임. 1906.6.13	중추원 고문, 남작	『관보』1905.4.6, 1905.9.8, 1906.1.20, 1906. 6.16 : 『조선신사보감』45쪽
李道宰	의장	1905.4.14 전임		『관보』1905.4.15
閔種默	의장	1905.5.8 임	남작	『관보』1905.5.10 : 『조선신사보감』57쪽
李乾夏	의장, 찬의	1905.6.5 임. 1905.6.21 임	남작	『관보』1905.6.8, 1905.6.23 : 『조선신사보감』51쪽
李允用	찬의	1905.6.6 전임	남작, 중추원 고문	『관보』1905.6.8 : 『조선신사보감』41쪽
趙秉弼	찬의	1905.6.16 전임		『관보』1905.6.16
金嘉鎭	찬의,부의장	1905.6.21 임	남작	『관보』1905.6.23 : 『조선신사보감』55쪽
尹雄烈	찬의	1905.7.8 임	자작	『관보』1905.7.9 : 『朝鮮總督官報』1910. 10. 12
高永喜	찬의	1905.7.29 임	자작, 중추원 고문	『관보』1905.8.1 : 『조선신사보감』36쪽
徐正淳	찬의, 의장	1905.8.14 전임, 1906.12.31 임		『관보』1905.8.14, 1907.1.1

이름	대한제국 중추원직제	제임시기	충독부시기 경력	참고문헌
成岐運	찬의, 부의장	1905.9.5 임, 1907.5.31 임	남작	『관보』1905.9.8, 1907.6.1 : 『조선신사보감』44쪽
李容泰	찬의	1905.9.8 전임	남작	『관보』1905.9.8 : 『조선신사보감』52쪽
朴鏞和	찬의	1905.9.29 전임		『관보』1905.9.30
具承祖	찬의	1905.10.13 임		『관보』1905.10.17
閔泳奎	찬의	1905.11.16	자작	『관보』1905.11.26 : 『조선신사보감』32쪽
洪淳馨	찬의	1905.11.27	남작	『관보』1905.11.27 : 『조선신사보감』65쪽
閔衡植	찬의	1906.6.27	중추원 참의	『관보』1906.5.7
閔丙漢	찬의	1906.6.9 임		『관보』1906.6.13
閔丙漢	찬의	1906.6.13 임	단군신전봉찬회 발기인	『관보』1906.6.16 : 「思想에 關한 情報(1) 檀君神殿奉賛會 發起에 관한 건」
朱錫冕	찬의	1906.8.11 임		『관보』1906.8.16
李根洪	찬의	1906.9.5 임	朝鮮物産貿易(株) 사장	『관보』1906.9.8 : 『조선은행회사요록』1921
李根澤	부의장, 고문	1906.11.17 임, 1907.5.31 임	자작, 중추원 고문	『관보』1906. 11.17, 1907.6.1 : 『조선신사보감』37쪽
李漸在	찬의	1906.11.21 임	조선중앙기독교청년회, 신간회 발기인	『관보』1906.11.23 : 『每日申報』1913.5.10 : 『東亞日報』1927.1.20
韓圭卨	부의장	1906.12.18 임	남작返上	『관보』1906.12.20 : 『조선신사대동보』622쪽
金鶴鎭	찬의	1906.12.18 임	자작	『관보』1906.12.21 : 『조선신사보감』60쪽
金晚秀	찬의	1906.12.18 임	중추원 찬의	『관보』1906.12.21
洪承穆	찬의	1906.12.18 임	중추원 찬의	『관보』1906.12.21

이름	대한제국 중추원직책	제임시기	총독부시기 경력	참고문헌
尹致昊	찬의	1906.12.18 임	남작 파탈, 중추원 고문(1941년)	『관보』 1906.12.21 : 『朝鮮總督府官報』 1913.11.4
金在豊	찬의	1906.12.18 임		『관보』 1906.12.21
金思轍	찬의	1906.12.18 임	자작	『관보』 1906.12.21 : 『조선신사보감』 61쪽
李忠求	찬의	1906.12.18 임		『관보』 1906.12.21
鄭寅興	찬의	1906.12.18 임	중추원 찬의	『관보』 1906.12.21
黃鐵	부찬의	1906.12.24 전임		『관보』 1906.12.24
李載崑	부의장, 고문	1906.12.27 임. 1910.8.6 임	자작, 중추원 고문	『관보』 1906.12.29, 1910.8.6 : 『조선신사보감』 27쪽
金思黙	찬의	1907.1.14 전임	중추원 찬의	『관보』 1907.1.17
崔錫敏	찬의	1907.1.22 임	남작	『관보』 1907.1.25 : 『조선신사보감』 63쪽
李喆東	찬의	1907.3.18 임		『관보』 1907.3.18
南奎熙	찬의	1907.3.20 임	중추원 찬의	『관보』 1907.3.23
韓鎭昌	찬의	1907.3.20 임	중추원 참의	『관보』 1907.3.23
沈健澤	찬의	1907.4.20 임		『관보』 1907.4.24
黃誓淵	찬의	1907.5.13 임		『관보』 1907.5.16
金彰漢	찬의	1907.5.30 임	황해도 참여관, 중추원 참의	『관보』 1907.6.1 : 『朝鮮總督府官報』 1914.12.3
李健濲	찬의	1907.6.3 임	농업	『관보』 1907.6.5
李始榮	찬의	1907.6.5 임	중추원 부찬의, 임정 법무총장	『관보』 1907.6.7 : 『용의조선인명부』 296쪽
尹吉炳	찬의	1907.6.17 임		『관보』 1907.6.18
朴齊純	고문	1907.7.18	자작, 중추원 고문	『관보』 1907.7.18 : 『조선신사보감』 19쪽

이름	대한제국 중추원 직제	재임시기	총독부시기 경력	참고문헌
趙秉熙	찬의	1907.8.8 임	중추원 찬의	『관보』 1907.8.12
金奎熙	찬의	1907.9.19 임	이왕직 사무관	『관보』 1907.9.19 : 『朝鮮總督府官報』 1911.2.2
朴勝鳳	찬의	1907.12.7 임	중추원 찬의	『관보』 1907. 1212
閔泳綺	고문	1907.12.28	남작. 중추원 고문. 이왕직장관	『순종실록』 1907.12.28 : 『조선신사보감』 53쪽
李夏榮	고문	1907.12.28	자작. 중추원 고문	『순종실록』 1907.12.28 : 『조선신사보감』 39쪽
權重顯	고문	1907.12.28	자작. 중추원 고문	『순종실록』 1907.12.28 : 『조선신사보감』 25쪽
李鶴圭	찬의	1908.1.1 임	강원도참여관	『관보』 1908.1.10 : 『朝鮮總督府官報』 1914.12.3
金允植	의장	1908.4.22 임	자작. 중추원 부의장	『관보』 1908.4.24 : 『조선신사보감』 24쪽
申箕善	부의장	1908.4.22 임	자작. 중추원 고문	『관보』 1908.4.24
朴慶陽	찬의	1908.6.25 임	중추원 찬의	『관보』 1908.6.29
李址鎔	고문	1909.1.27	백작. 중추원 고문	『관보』 1909.1.29 : 『朝鮮總督府官報』 1910. 10. 12
宋秉畯	고문	1909.8.7 임	자작. 중추원 고문	『관보』 1909.8.7 : 『조선신사보감』 38쪽
任善準	고문	1910.8.6 임	자작. 중추원 고문	『관보』 1910.8.8 : 『조선신사보감』 26쪽
金達河	부찬의	1910.8.24 임		『순종실록』 1910.8.24
鄭恒謨	부찬의	1910.8.24 임		『순종실록』 1910.8.24
鄭丙朝	부찬의	1910.8.24 임	중추원 부찬의. 참의	『순종실록』 1910.8.24
高永喜	부찬의	1910.8.24 임		『순종실록』 1910.8.24

이름	대한제국 중추원직책	제임시기	총독부시기 경력	참고문헌
申泰游	부찬의	1908.8.6 임	중추원 부찬의, 참의	『관보』1908.8.8
朴基駿	부찬의	1908.7.13	大同團結宣言 참여	『관보』1908.7.16 : 「不逞團係雜件－朝鮮人의 部 －在歐米(3)」
金漑龜	부찬의	1909.2.4		『관보』1909.2.11
金重演	부찬의	1910.8.27 임		『관보』1910.8.29
李鳳魯	부찬의	1910.8.8 임	중추원 부찬의	『관보』1910.8.29
宋憲斌	부찬의	1910.8.8 임	중추원 부찬의	『관보』1910.8.29
許璡	부찬의	1910.7.30 임	중추원 부찬의	『관보』1910.7.30
趙秉健	부찬의	1910.7.30 임	중추원 부찬의	『관보』1910.7.30
趙明根	찬의	1905.3.26 임		『관보』1905.3.28

〈부표4〉중추원 관제 개정 내용

시기 / 조항	1910.10.1	1912.3.27	1915.4.30	1921.4.26	1923.5.22	1924.12.25	1942.11.1	1943.11.30
1조	조선총독부 중추원은 조선총독에 있고 조선총독의 諮詢에 응하는 바로 한다.	좌동	조선총독은 중추원으로 하여금 조선에 있어서 구관 및 제도에 관한 사항을 조사시킬 수 있다' 추가			좌동	좌동	
2조	중추원에 다음과 같은 직원을 둔다. 의장. 부의장 1인 親任대우, 고문 15인 勅任대우, 찬의 20인 勅任대우, 부찬의 35인 奏任대우, 서기관장 勅任, 서기관 2인 奏任, 통역관 3인 奏任, 속 專任3인 判任	좌동	'통역관3인'을 '통역관 2인'으로, '속'을 '속·통역생 전임 인'을, '속·통역생 전임 8인'으로 수정	중추원은 다음과 같은 직원을 둔다. 의장. 부의장 1인 親任 대우, 고문 5인 親任대우, 참의 65인 勅任대우 또는 奏任대우, 서기관장 勅任, 서기관 전임 1인 奏任, 통역관 전임 1인 奏任, 통역생 전임 10인 判任	'속·통역생 전임 10인'을 '8인'으로 수정	屬·통역생 전임 8인'을 '속·통역생 전임 7인'으로 수정	'통역관 전임 1인 주임, 속·통역생 전임7인 판임'을 '속·통역생 전임6인 판임으로 수정	
3조	중추원 의장은 조선총독부 정무총감으로 한다. 의장은 院務를 총괄하여 중추원에서 나오는 일체의 공	좌동		좌동	좌동	좌동	좌동	

시기 / 조항	1910.10.1	1912.3.27	1915.4.30	1921.4.26	1923.5.22	1924.12.25	1942.11.1	1943.11.30
	문에 서명한다. 중추원 부의장은 의장을 보좌하고 의장사고가 있을 때 그 직무를 대리한다.							
4조	고문은 院議를 審定한다.	좌동	좌동	'고문'을 '고문 및 참의'로 수정	좌동	좌동	좌동	
5조	찬의 및 부찬의는 원의에 참여한다. 단 결의에 깨함을 得하지 못한다.	좌동	좌동	삭제	좌동	좌동	좌동	
6조	부의장, 고문, 찬의, 부찬의는 조선총독의 주청에 의하여 내각에서 임명한다.	좌동	좌동	'고문, 찬의 및 부찬의'를 '고문 및 참의'로 수정하고 '부의장, 고문 및 참의의 임기는 3년으로 하고 단 필요한 경우에는 임기중 해임해도 무방하다.'를 추가	좌동	좌동	좌동	

시기 조항	1910.10.1	1912.3.27	1915.4.30	1921.4.26	1923.5.22	1924.12.25	1942.11.1	1943.11.30
7조	부의장 및 고문은 연액 2,500원 이내, 찬의는 2,200원 이내. 부찬의는 8백원 이내로 조선총독이 정하는 바에 의하여 수당을 지급한다. 단 관리로서 부의장, 고문, 찬의, 부찬의를 하는 자에게 수당을 지급하지 않는다.	좌동	좌동	'부의장'에게는 연액 4천원 이내, 고문 및 참의에게는 3천원 이내로 수당. '고문, 찬의 또는 부찬의'를 '고문 또는 참의'로 수정.	좌동	좌동	좌동	
8조	서기관장, 서기관, 통역관, 서기란 은 조선총독부 고등관 중 에서 겸한다.	'서기관장' 삭제	좌동	삭제	좌동	좌동	좌동	
9조	서기관장은 의장 감독을 받들어 원무를 掌理한다.	좌동	좌동	좌동	서기관장은 조선총독부의 국장, 부장 또는 참事官으로 하여금 이를 겸하게 하고 의장의 감독을 받들어 원무를 장리한다.	'부장, 참事官 또는 책임인 참事官으로 하여금 하고'을 삭제	좌동	'국장'을 '치임관'으로 수정

시기 / 조항	1910.10.1	1912.3.27	1915.4.30	1921.4.26	1923.5.22	1924.12.25	1942.11.1	1943.11.30
10조	서기관은 서기관장의 명을 받들어 원무를 掌한다.	'2. 통역관은 상관의 명에 따라 통역을 관장한다.' 추가	좌동	좌동	좌동	좌동	2항 삭제	
11조	屬은 상관의 지휘를 받들어 원무에 종사한다.	좌동	좌동	좌동	좌동	좌동	좌동	
12조			'12조 통역생은 상관의 지휘를 받아 통역에 종사한다' 추가	좌동	좌동	좌동	좌동	

〈부표5〉 1910년대 조선총독부중추원 부의장 및 고문의 이력

성명	생몰년(나이)	본관	중추원직위	주요 경력
高永喜	1849~1916 (61세)	濟州	고문	修信使 金綺秀의 수행원(1876), 신사유람단(1881)의 일원으로 일본의 산업시설을 위해 파견. 1895년과 1903년 두번에 걸쳐 駐日全權公使(1895, 1903) 法部協辨, 황해도 관찰사, 帝室會計審査局長, 1907년 이완용 내각의 度支部大臣. 1909년 탁지부 대신으로 경술국치에 찬동. 아들 高羲敬 역시 1926년 고문에 임명.
權重顯	1854~1934 (56세)	安東	고문 (1910~1920.5)	부산 監理署書記官(1884), 1885년 칙임으로 도일 후 귀국하여 駐日署理公使(1891), 軍務衙門協辨, 陸軍參將. 고등재판소 판사. 陸軍法院長 등을 거쳐 農商工部 大臣(1905)으로 乙巳五條約 찬성. 1907년 朴齊純 내각의 군부대신. 중추원 고문.
金允植	1835~1922 (75세)	淸風	부의장	충무관 부수찬(1874). 순천부사(1880). 영선사(1881). 김홍집내각의 외부대신(1895). 대한제국중추원의장(1908). 구장대매헌(1910).
閔商鎬	1870~1933 (48세)	驪興	찬의, 고문 (1918~1921)	도리 유하 후 外部交渉局長, 駐英·駐德 駐佛公使館 參書官, 陸軍法院長, 한병사령관. 경술국치시에 중추원 찬의, 1918년 고문에 임명.
閔泳綺	1858~1927 (53세)	驪興	고문(1911.3)	警務使, 陸軍副將, 朴齊純 내각의 度支部大臣을 역임. 東洋拓植株式會社의 부총제(1908). 1911년 3월에 중추원 고문에 임명되었다가 1923년 3월에 王職 長官으로 전보됨.
朴齊純	1858~1916 (52세)	潘南	고문	전라·충청감사(1894), 外部大臣으로 청국과 駐箚滿國公使(1902). 法部大臣(1905), 韓圭卨 내각의 외부대신. 대한제국 중추원 고문(1907). 내부대신.
宋秉畯	1858~1925 (52세)	恩津	고문	강화도조약 때 접견사 수행원으로 일본의 黑田公使 일행과 함께 입국. 一進會의 중심인물로 李容九 등과 병합청원서 제출을 주도. 1911년 8월고문 면직 후 京城商業會議

성명	생몰년 (나이)	본관	중추원지위	주요 경력
李根湘	1874~1920 (36세)	全州	고문	所 특별평의원. 경기도 참사 등 역임. 1921년 4월 중추원 개편시에 고문에 재임됨. 이근택의 동생. 日語學校 速成科를 졸업. 外部交涉局長, 韓美電氣會社 檢察長, 법관양성소장 등을 거쳐 일본대사 수행원으로 특파. 귀국 후 宮內府大臣(1908)을 역임. 경술국치후에는 중추원 고문과 植産銀行 감사를 함.
李根澤	1865~1919 (45세)	全州	고문	堂上侍講官. 兵曹參判, 憲兵司令官, 農商工部, 法部大臣 역임 후 대한제국중추원 의장(1906). 陪從武官長, 중추원 고문(1907).
李完用	1858~1926 (52세)	牛峯	고문, 부의장	주미공사관 참찬관(1888). 임시대리공사(1895). 1896년 아관파천 주도하고 친러내각의 외부대신 겸 학부·농상공부대신서리역임. 전북관찰사(1898). 궁내부특진관(1901~1904). 내각총리대신(1907).
李容植	1852~1932 (58세)	韓山	고문	刑曹參判, 成均館大司成, 學部大臣을 거쳐 1909년 이완용 내각의 하부대신. 경술국치시에 중추원 고문과 成均館大提學에 임명되었으나, 3.1운동 이후 金允植과 함께 독립청원서를 제출하여 1919년 7월 작위가 박탈.
李載崑	1859~1943 (51)	全州	고문 (1910~1920)	왕실의 종친으로 의정부 贊政, 帝室審査局長을 거쳐 1907년 이완용 내각의 學部大臣.
李址鎔	1870~1928 (40)	全州	고문(1925)	고종의 종질. 경상남도와 황해도 관찰사. 1904년 외부대신 서리로 韓日議定書 체결. 1905년 내부대신으로 의장(『조선신사대동보』, 15쪽).
李夏榮	1858~1929 (52)	慶州	고문(1910)	이항복의 10세손. 駐美公使管理 全權大臣, 宮內府 會計局長, 漢城府 觀察使, 駐日公使, 貴族院 議員을 거쳐 1905년 朴齊純 내각의 法部大臣으로 을사오적이 됨.
任善準	1860~1919 (50세)	豊川	고문(1910)	成均館學正(1906). 1907년 5월 이완용 내각의 內部大臣으로 고종이 퇴위를 강요당한 丁未7賊이 됨. 度支部大臣(1908).

성명	생몰년 (나이)	본관	중추원직위	주요 경력
張錫周	1849~1921 (61세)	仁同	고문 (1921~1921)	1883년 博文局에 들어가 《漢城旬報》주필. 法務衙門刑事參議, 金弘集 내각의 법부대신. 을미사변으로 도일·망명한 이후 1907년 귀국. 宮內府特進官. 帝室會計監査院卿.
趙民熙	1859~ (61세)	楊州	고문 (1920~1921)	李完用의 처남. 駐佛·駐日特命公使, 承寧府 總管. 경술국치 이후에 李王職贊侍. 1919년 11월에 중추원고문 될뻔. 1921년 4월 중추원관제 개편시에 勅任參議
趙重應	1860~1919 (50세)	楊州	고문	1883년 西北邊界 調査委員으로 러시아와 만주 등 거주하고 西北國防策 및 內政改革論을 주장하다가 유배. 1890년 풀려나 外部交涉局長, 法部刑事局長. 아관파천시에 도일 망명. 1906년 귀국. 이완용 내각의 법부대신(1907)으로 고종의 강제퇴위를 진동. 누상공부대신.
趙羲淵	1856~1915 (54세)	平壤	고문	練武公院 參理, 刑曹判書. 軍務衙門大臣. 아관파천시에 도일 망명. 1907년 귀국. 宮內府特進官. 長勳院總裁.
韓昌洙	1862~1933 (48세)	淸州	친임(1910). 고문(1912)	漢城裁判所 判事, 外國語學校長, 駐英·駐獨公使館 參書官. 1907년 이완용 내각의 內閣記官長. 1919년 10월 李王職贊侍. 1927년 이왕직 장관.

범례 : 나이는 임명 당시를 기준으로 함.

참고문헌 : 『조선신사보감』, 규주 17, 21, 23, 24, 25, 26, 27, 29, 36, 38, 39, 42, 43, 45, 49, 53, 63쪽 ; 『조선공로자연감』 48쪽 ; 『경성명감』 118쪽 ; 1927.4.9, 『東亞日報』.

〈부표6〉 중추원 서기관장의 주요이력

성명, 재임연도	생몰년, 출신지	학력	서기관장 전 주요경력	서기관장 후 주요경력
國分象太郎 1910~1914	1862~1921 長崎縣		外務書記生. 京城 領事館 書記生. 公使館 2等通譯官. 3等書記官. 統監府 書記官 겸 統監府 秘書官. 統監府 參與官	1910~1911 朝鮮總督府 人事局長. 1911 李王職職員懲收委員. 1913 朝鮮職員審査員. 1915 李王職事務官. 李王職大臣
小松綠 1915~1916	1865~1942 福島縣	慶應大學. 미구 예일. 프린스턴 대학 政治學	外務省 번역관. 美國公使館書記官. 暹羅代理公使. 1913년 外事局長으로서 在韓國中華民國留地 發止	1915 총독관방 사무관. 1916 총독관방 외사과 사무관
秋山雅之介 1917	1866~1937 廣島縣	東京帝國大學 법과대학	公使館 書記官. 外務省參事官. 陸軍省 參事官. 法制局 參事官. 총독관방 참사관	1917 朝鮮總督府 參事官 事務取扱. 陸軍省 參事官
關屋貞三郎 1918~1919	1875~1950 栃木縣	帝國大學 法科大學	大藏省 參事官 겸 內務大臣秘書官. 臺灣總督府와 關東都督府의 參事官 事務官. 佐賀縣 內務部長. 鹿兒島縣 事務官. 내무대신 비서관. 인천 설립위원. 朝鮮總督府 學務局長. 경성전수학교 校長事務取扱. 舊慣審査委員長	靜岡縣知事. 1921 宮內次官. 일본은행 감사. 주일은 고문관. 귀족원 의원. 1926년 大禮使次官. 1928 王公族審議會 審議官. 1934년 神武天皇御東遷記念2600年祭全國協贊會 發起人. 1939 시국대제조사회 위원. 國民精神總動員 朝鮮聯盟 顧問. 동경 中央協和會 이사
松永武吉 1920~1922	1869~ 東京市	帝國大學 佛法科. 프랑스 유학	遞信大臣 秘書官. 遞信省 參事官. 橫濱郵便電信局長. 外務省 參事官. 大阪通信管理局長. 島根縣知事. 평안남도장관. 경기도장관	1910년 10월 朝鮮總督府 平安南道長官. 1916년 3월 京畿道知事. 1920~1922 중추관방 외사과 사무관. 1922 구관급제도조사

성명, 재임연도	생몰년, 출신지	학력	서기관장 전 주요경력	서기관장 후 주요경력 / 위원회 부위원장
小田幹治郎 1922~1923	1875~1929 兵庫縣		長野地方裁判所 判事, 總督府事務官, 중추원 서기관	1922 구관급제도조사위원회 幹事, 민사령급민적법개정조사위원회 委員, 朝鮮史編纂委員會 委員
長野幹 1923~1924	1877~1963 福井縣	東京帝國大學 法科大學 法律科	神奈川縣·富山縣·佐賀縣 事務官, 廣島縣·福井縣 三重縣 內務部長, 山梨縣知事	1923~1924 학무국장. 1923~1924 교적조사위원, 구관급제도조사위원회 부위원장. 조선사편찬위원회 위원. 1925 日本 秋田縣知事
大塚常三郎 1925	1880~ 栃木縣	東京帝國大學 法科大學 英法科	沖繩縣 警視 겸 沖繩縣 內部, 農商工部 書記官 및 韓國 統監府 書記官·參事官, 朝鮮總督府 內務局長, 제생원 院長	1917년 조선총독부 참사관, 1925 조선사편찬위원회 委員
生田淸三郎 1926~1929	1884~ 德島縣	日本 中央大學	農商工部 書記官, 수신과·商工課 事務官, 문관보통 징계위원회 광인북도 委員長, 平安北道知事	1926~1927 內務局長, 1925~1929 朝鮮史編修委員, 1927 제생원 院長, 1928~1929 조선귀족에 관한 심사위원회 委員, 1935 多獅島鐵道(株) 사장, 1945 京畿道知事
今村武志 1929~1931	1880~1960 宮城縣	東京帝國大學 法科大學 法律科	統監府書記官, 중독부 인사국 事務官, 내무부 지방국 事務官, 경상남도·경기도 事務官, 충독관방 참사관, 黃海道 知事, 財務局 事務局, 總督府 殖産局長	1930~1931 總督府 內務局長.., 1932~1938 樺太長官

성명, 제임연도	생몰년, 출신지	학력	서기관장 전 주요경력	서기관장 후 주요경력
牛島省三 1933~1935	1883~ 鹿兒島市	東京帝國大學 法科大學 獨逸法科	兵庫縣 警視, 鳥取縣 理事官, 山口縣・熊本縣・兵庫縣 警察部長, 石川縣・長野・石川・大阪 內務部長, 警視廳 警務部長, 조선총독부 學務局長	1932~1935 朝鮮總督府 內務局長, 濟生院長, 林野調査委員, 1933 조선신궁조선 이사, 朝鮮總督府 寶物古蹟名勝天然記念物保存會 委員, 1937~1939 京春鐵道(株) 사장, 1937 朝鮮國産自動車(株) 이사, 대주, 1939 漢江水力電氣(株), 朝鮮重工業(株), 國産自動車工業(株) 이사
大竹十郎 1936~1940	1888~ 靜岡縣	東京帝國大學 法科	山口縣 都護郡長, 神奈川縣 學務部長, 警務部長, 警視廳 警務部長, 慶尚北道 內務部長, 平安北道 知事	1937~1940 내무국장
上瀧基 1941	1894~ 福岡縣	東京帝國大學 법학부 佛法科	함경남도 道事務官, 전북 제2부장, 전매국 사업과장, 朝鮮總督府 본부 광무과장, 충독관방인사과장, 중추원 서기관, 慶尚北道 知事	1941 내무국장, 鮮滿鴨綠江共同技術委員會 委員長, 1942 식무국장, 企劃部長 事務取扱
鈴川壽男 1942	1896~ 山口縣	東京大學	愛知縣 保인과장, 石川縣 상공과장, 兵庫縣 노무과장, 岐阜縣 山形縣 경무부장, 전라남도・충청북도 내무부장, 농공국 임업과장, 朝鮮總督官房 文書課長 兼 臨時國勢調査課長, 朝鮮總督府 資料局長, 경기도지사	1942 朝鮮火災海上保險(株) 사장, 1942 司政局長

성명, 제임연도	생몰년, 출신지	학력	서기관장 전 주요경력	서기관장 후 주요경력
新貝肇 1943	1896~ 大分縣	東京帝國大學 法學部 政治科	조선총독부 체신국 서무과장, 황해도 경찰부장, 강원도 내무부장, 충주원 서기관, 전라남도 경찰부장, 함경남도 지사 兼 朝鮮總督府 高等海員審判所長	1943 司政局長, 厚生局長事務取扱
武本憲樹 (嚴昌燮) 1944	1890~ 平南		李王職屬, 평안남도 道書記, 社會課長, 安州郡守, 中樞院 書記官, 통역관, 내무국 속무국 事務官, 慶尚南道 參與官, 産業部長, 咸鏡南道 參與官·內務部長, 全羅南道知事, 慶北道知事	1941~1945 학무국장, 1945 大和同盟 조직 지시)

참고문헌 : 1923.3.2, 1925.6.20, 1925.7.29, 1945.5.3, 『朝鮮總督府官報』; 1945.6.19, 『毎日新報』; 『朝鮮功勞者銘鑑』, 19·21·25·27·26·33·45·48·80·81·412 ; 『在朝鮮內地人 紳士名鑑』, 449·564·587 ; 『京城市民名鑑』, 19·88·226 ; 1923~1945, 『朝鮮總督府及所屬官署職員錄』; 『大陸自由評論』事業人物號 제8, 496 ; 『事業と郷人』제1집, 197·230·279·356·680 ; 『朝鮮と三州人』, 180 ; 『朝鮮人事興信錄』, 84·179·234·246 ; 『咸南銘鑑』, 72·84쪽.

〈부표7〉중추원 서기관의 주요 이력

성명, 재임기간	생년, 출신지	학력	서기관 전 주요경력	서기관 후 주요경력
今村武志 1910~1914	1880 宮城縣	東京帝國大學 法科大學	統監府 書記官, 총독부 인사국 事務官	내무부 지방국 事務官, 경상남도·경기도 道事務官, 財務局 事務課長, 충독관방 참사관, 黃海道知事, 1929~1931 總督府 殖産局長, 1930~1931 總督府 內務局長, 1932~1938 樺太長官
小田幹治郎 1916~1922	1875 兵庫縣		長野地方裁判所 判事, 總督府事務官	1922 중추원 서기관장, 구관급제도조사위원회 幹事, 민사령급민적법개정조사위원회 委員, 朝鮮史編纂委員會 委員
金東準 1923~1925	1886 平北	東京法政大學 法律科	광양군수, 전주군수, 동박수, 구례군수, 전남이사관	경남 내무부 산업과장, 조선사편수회 간사, 부산경방단 부단장, 부산교화연맹 부회장, 국민총력부산연맹 부이사장, 중추원참의
深川傳次郎 1924	1876 佐賀縣	東京帝國大學 법과	東京地方裁判所 판사, 州府尹, 木浦府尹, 仁川府尹	중추원 조사과장
山崎眞雄 1925~1927	1882 熊本縣	東京帝國大學 법과 대학 정치과	總督府 道書記, 함경북도 總督府 事務官, 警務局 保安課長	조선사편수회 위원, 대구부윤
鄭僑源	1887	경성	거창군수, 경남 시학관	탁지부 주사, 거창군수, 전북 참여관, 황해도지사

성명, 재임기간	생년, 출신지	학력	서기관 전 주요경력	서기관 후 주요경력
1926~1927				사. 중추원 참의
李東鎭 1927~1928		함북	함북 재무부 도서기, 강원도 철원군서기, 강원도 인제·원주 군수, 중추원 통역관 겸 총독부 사무관	
高武公美 1928~1929			전남도서기관, 전매국 사무관	조선사편수회 委員, 충남도 사무관, 강원도 내무부장, 福岡市 助役
孫永穆 1929	1888 慶南 密陽	私立進成學校 高等科	固城郡守, 東萊郡守, 蔚山郡守	江原道參與官, 慶尙南道參與官, 江原道知事, 전북지사
嚴昌燮 1930~1935	1890 平壤		李王職屬, 평안남도 道書記, 社會課長, 安州郡守	慶尙南道 參與官·産業部長, 咸鏡南道務部長, 全羅南道知事, 慶北道知事
張間原四郎 1930~1931	1886 青森縣	東京帝國大學 法科大學	奈良縣 理事官, 朝鮮總督府 參事官, 事務官, 理事官	내무국 이사관, 조선사편수회 간사
松本伊織 1931~1934	1887 愛媛縣	中央大學 法科	경기도 학무과장, 임야조사위원회 서기관, 전라남도 내무부장, 總督府 수산과장, 總督府 사회과장	경남 내무부장, 전남지사
上瀧基 1934~1935	1894 福岡縣	東京帝大 法科	함경남도 道事務官, 전북 재무부장, 전매국 사무과장, 조선총독부 본부 광무과장, 인사과장	慶尙北道 知事, 1941 중추원 서기관장, 총독부 내무국장, 鮮滿鴨綠江共同技術委員會委員, 식산국장, 企劃部長事務取扱
金大羽 1934~1935	1900 平南	九州帝大 地質學科	박천군수, 학무국 사무관	1939 전라남도 참여관 겸 내무부장, 1941 경남 참여관 겸 산업부장

성명. 재임기간	생년. 출신지	학력	서기관 전 주요경력	서기관 후 주요경력
	강등			
野世溪閑丁 1935~1938	1897 滋賀縣	東京帝國大學 法學部	江原道 警察部 警務課長, 江原道 理事官, 總督府 事務官, 忠清北道 警察部長	朝鮮史編修會 幹事, 平安南道 內務部 地方課長, 朝鮮敎學圖書(株) 이사
新貝肇 1936~1937	1896 大分縣	東京帝大 法學部 政治科	조선충독부 제신국 서무과장, 황해도 경찰부 장, 강원도 내무부장	全羅南道知事, 咸鏡南道知事, 遞信局長 兼 朝鮮總 督府 高等海員審判所長, 司政局長, 厚生局長事務 取扱
金秉旭 (永田種秀) 1936~1942	1895 京城	京城高等普通學校	朝鮮公立普通學校 訓導, 봉화군수, 청도군수, 道理事官, 慶尙北道 産業課長	조선사편수회 간사, 중추원참의(1945)
小泉弘 1939			전라남도 이사관	식산국 서기관, 조선중앙임금위원회 간사
柳生繁雄 1939~1940	1897 名古屋市	東京帝國大學 법학부	總督府 理事官, 平安南道 地方課長, 京畿道 학 무과장, 忠清北道 財務部長, 平壤 專賣支局長, 總督府 道事務官, 全羅南道 警察部長, 警務局 圖 書課長	강원도지사
筒井竹雄 1941	1902 和歌山市	東京帝國大學 法學部 政治科	함경남도 내무부 지방과장, 경기도 학무과장, 함경북도 경찰부 이사관	황해도지사
朴宿陽 1942~1943	1905 京畿	경성제1고등보통 학교	전북 임실군수, 금산군수, 漢城銀行 대주주	조선사편수회 간사(1942), 子爵

성명, 제임기간	생년, 출신지	학력	서기관 전 주요경력	서기관 후 주요경력
渡部肆郎 1943	高陽 1903 愛媛縣	東京帝國大學	平安北道 地方課屬, 江原道 學務課長, 江原道 地方課長, 京畿道 地方課長, 咸鏡北道 財務部長, 大邱稅務監督局 經理部長, 제신국 서무과장	조선사편수회 간사, 함경북도지사

참고문헌 : 1912.10.29, 1916.9.5, 1923.1.9, 1923.2.14·20, 1925.7.29, 1927.9.9, 1928.3.3, 1934.2.20, 『朝鮮總督府官報』, 『朝鮮功勞者銘鑑』, 26·80·317 ; 『在朝鮮內地人 紳士名鑑』, 382·587 ; 『大陸自由評論』 사엄인물호 제8, 505 ; 『事業と鄕人』 제1집, 482 ; 『朝鮮人事興信錄』, 151·360·380·420·484·543 ; 『朝鮮總督府始政二十五周年記念表彰者名鑑』, 346·731 ; 1937~1945, 『朝鮮總督府及所屬官署職員錄』 ; 1938.10.21, 1939.4.25, 1940.2.14, 1940.3.12, 1942.5.11, 1942.5.17, 『釜山日報』 ; 1935.12.14, 『東亞日報』 ; 『朝鮮總督府中樞院通譯官李東鎭同上 (朝鮮總督府郡守李胺精奏任文官俸給制限外下賜) 奏任文官俸給制限外下賜』 昭和三年·第三十六卷·奏任文官俸給制限外下賜 (朝鮮總督府郡守李胺精奏任文官俸給制限外下賜), 『公文雜纂』8288300), (A0401

〈부표8〉 중추원 통역관 및 촉속

성명	재임기간	생년	출신지	직제	학력	주요경력
大浦常造	1910~1917			屬		내각주사, 토지조사국 주사(1910)
佐佐木志賀二	1910~1911	1882	岡山市	屬	東京帝國大學	탁지부 세무관, 경기도 사무관
仁木義家	1910~1917			屬		총독부 인사과 屬
陶山武一郎	1910~1924	1871	奈良市	통역관		탁지부 통역관,총독부 통역관, 조선정보위원
野澤覽一	1912~1915			屬		수원군서기, 신의주부 屬
渡邊業志	1915~1930		岡山縣	屬		통영부 순사, 순사부장, 중추원 조사과 촉탁
中里伊十郎	1915~1916			屬		총독부 참사관실 屬
馬場是一郎	1915~1916			屬		충남 도서기, 함흥군수
有賀啓太郎	1915~1920			屬		취조국 屬, 김천군수(1922)
葛城末治	1916~1937		岡山市	屬		조선사편수회 서기 및 修史官
米內山襄作	1917~1920			屬		중추원 判任官見習
今井三喜治	1919~1924			屬		중추원 判任官見習
小坂部溫	1917~1929			屬		내각 사무관보(1908), 군서기 출신
岩谷武市	1919~1929			屬		내각 법전조사국 사무관보(1908), 군서기 출신
菅野銀八	1919~1939			屬		부평군서기
陣內喜三	1920~1922			屬		총독부 외사국 屬, 영일군수(1924)
金子正潔	1921~1928			屬		총독부 참사관실 屬, 조선사편수회 서기
寺澤德三郎	1921~1924			屬		광주군서기, 구급제도조사위원회 서기
米倉可笑人	1922			屬		총독부관방 외사과 屬, 광주군 屬
嶺生武龜	1922~1929			屬		임시토지조사국 서기, 중추원 조사과 촉탁
金容迪	1923~1931	1887	경성	통역생,屬, 통역관	漢文受學	조선사편찬위원회 서기(1923~1925), 조선사편수회 서기(1931), 가정군지방교화주사(1934~1937), 경남도 촉탁(1938~1939)

성명	재임기간	생년	출신지	직제	학력	주요경력
玄陽燮	1927~1934			屬		조선사편수회 서기(1927~1934)
可知清太郎	1930~1941			屬		조선사편수회 서기
正木薰	1930~1941			屬		임시토지조사국 기수
金東燦	1932~1940			통역생.屬		학무국 사회교육과 屬(1941)
秦原俟夫	1932~1934			屬		
鈴里太平	1934~1938		下關市	屬		충북도 권업과 屬, 조선지방대우직원록조선인장대시험 서기
玉地龜太郎	1934~1941			屬		
申頌鍋 (寺谷修三)	1937	1904	경북 봉화	屬	京城帝大 法文學部 史學科	조선사편수회 修史官補(1930~1937), 修史官(1938~1943). 성대교수, 고려대교수
田川孝三	1937~1939			屬		경성제대 문학부 조수, 조선사편수회 촉탁 및 修史官
野知傳三	1939~1940			屬		남해군 산업기수, 경북도屬, 경기도 이사관
桑村博	1941			屬		
平島洋三	1941			屬		
尾崎速夫	1941			屬		충북부 토목과 屬, 철도국 서기

참고문헌 : 1910~1945, 『朝鮮總督府及所屬官署職員錄』 ; 『在朝鮮內地人紳士名鑑』, 455 ; 『京城市民名鑑』, 379 ; 『朝鮮總督府始政二十五周年記念表彰者名鑑』, 11·41 ; 『朝鮮人事興信錄』, 315 ; 『大韓民國行政幹部全貌』, 146 ; 『大韓民國人物聯鑑』 제1권, 232쪽.

〈부표9〉 중추원 및 구관급제도조사위원회 촉탁

성명	취조국·참사관실 및 이전		중추원 촉탁		촉탁이후
	직제	인기	직제	인기	
韓永源	조선어사전 심사위원	1918.1.7~12.31	중추원 촉탁	1917~1918	중추원 참의(1922~1933)
朴宗烈	취조국 위원 및 풍습조사 및 조선어사전심사위원	1910~1912 / 1918.1.7~12.31	편집과 촉탁	1919~1921	舊慣 及 제도조사위(1922~1924). 중추원 참의(1924~1935)
朴彝陽	취조국 위원 / 조선어사전 편찬	1910~1912 / 1911~1920	중추원 촉탁 / 편집과 촉탁	1916~1918 / 1919~1921	舊慣급제도조사사위 및 중추원참의(1922~1923)
沈鍾舜	통진군수	1910~1913	중추원 촉탁 / 편집과 촉탁	1918 / 1919~1933	명륜학원 강사 겸임
尹喜求	이왕직 사무관 / 朝鮮語辭典審査委員	1911 / 1918	중추원 촉탁 / 편집과 촉탁	1917~1918 / 1920~1928	경학원 부제학 겸임(1925)
金敦熙 (金枝亭)	취조국 위원 / 조선어사전편찬위원	1910~1911 / 1911	중추원 촉탁 / 편집과 촉탁	1916~1918 / 1919~1936	舊慣제도조사사위(1925) 및 중추원 참의(1945)
朴正銑	토목국 촉탁	1914~1917	편집과 촉탁	1918~1934	
金漢睦 (平野漢睦)	취조국 위원 / 조선어사전 심사위원	1910~1911 / 1918	중추원 촉탁 / 편집과 촉탁	1917~1918 / 1919~1921	舊慣급제도조사사위(1925) 및 중추원참의(1921~1927). 참의관(1928~1931). 참의(1932~1941)
宋榮大	중추원 부찬의 / 취조국 위원	1907 / 1911	중추원 촉탁 / 편집과 촉탁	1916~1918 / 1919~1922	

성명	취조국·참사편실 및 이전		중추원 촉탁		촉탁이후
	직책	임기	직책	임기	
玄檗	조선어사전편찬사무담임	1917	편집과 촉탁	1918~1921	
荒浪平治郞	취조국 위원 촉탁	1911~1912	편집과 촉탁	1918~1921	
	조선도서해제 사무담임	1917~1919			
瀨野馬熊			중추원 촉탁	1917~1918	조선사편수회 촉탁(1926~1934)
			편집/조사과	1919~1925	
荻山秀雄			중추원 촉탁	1917~1918	조선총독부도서관장(1924~1943)
			편집과 촉탁	1920~1921	
小田省吾	학무과 사무관	1910~1924	편집과 촉탁	1919~1922	조선사편수회 위원
杉木正介			편집·조사과 촉탁	1919~1923	
移生政之助			편집과 촉탁	1919~1921	
村山智順			편집·조사과 촉탁	1920~1923	중독관방 문서과 촉탁(1924~1940)
李能和			편집과 촉탁	1920~1921	조선사편수회 위원(1926~1942)
鵜生武龜			조사과 촉탁	1921~1939	
金聖睦			편집·조사과 촉탁	1921~1939	
朴承章			편집·조사과 촉탁	1921~1928	함안군수(1929~1930)
洪憙	조선사편권위원회 위원	1923~1925	편집·조사과 촉탁	1921~1925	조선사편수회 修史官(1926~1934)
洪奭鉉			편집·조사과 촉탁	1922~1929	
沈鍾舞			편집·조사과 촉탁	1922~1926	
大原利武	구관급제도조사위원회 위원	1922~1924	편집·조사과 촉탁	1922~1933	

성명	취조국·참사관실 및 이전 직제		중추원 촉탁		촉탁이후
	직제	임기	직제	임기	
小田內通敏	촉탁 고적조사위원	1922~1933			
新貝鎭太	舊관습제도조사위원회 위원	1922~1924	편집·조사과 촉탁	1922~1924	
岩谷武市	총독부 문서과 屬 중추원 조사과 屬	1921~1922 1919~1922	조사과 촉탁	1923	
柳猛棟	舊관습제도조사위원회 서기	19222	조사과 촉탁	1923~1929	
松井等	조선사편찬위원회 위원	1923	조사과 촉탁	1923~1926	고적군수(1927~1928)
栢原昌三	조선사편찬위원회 위원	1923	조사과 촉탁	1923	
稻葉岩吉	舊관습제도조사위원회 조선사편찬위원회 위원	1923~1924 1923~1925	조사과 촉탁	1923~1925	조선사편수회 위원·간사·수사관·촉탁 (1925~1938)
江原善槌	참사관실 屬	1922	조사과 촉탁	1923~1929	
金明秀	중추원 부찬의	1911~1912	조사과 촉탁	1923~1939	
鄭鳳時			조사과 촉탁	1924~1937	경학원 대제학
金定鉉			조사과 촉탁	1924~1934	
趙漢克			조사과 촉탁	1924~1934	
李寅洙			조사과 촉탁	1924~1929	高泉面長(1935~1940)
張行遠			조사과 촉탁	1924~1939	
齊藤利三郎			조사과 촉탁	1924	
趙範夏			조사과 촉탁	1924~1937	

성명	취조국·참사관실 및 이전 직책		중추원 촉탁		촉탁이후
	직책	임기	직책	임기	
金澤基			조사과 촉탁	1925	
高橋琢二			조사과 촉탁	1925	조선사편수회 修史官補(1926~1933)
洪錫鉉			조사과 촉탁	1925	
崔晶圭			조사과 촉탁	1925~1929	
池錫永	조선어사전편찬위원회 위원	1929	조사과 촉탁	1926~1934	
趙南稷	중추원 부찬의	1910	조사과 촉탁	1926~1927	
鄭萬朝	취조국 委員囑託 조선사편찬위원회 위원 조선도서해제 사무담임	1911~1912 1923~1925 1917~1919	조사과 촉탁	1926~1929	조선사편수회 위원(1930~1935)
吳台煥			조사과 촉탁	1926~1927	중추원 참의(1928~1935)
郭漢倬			조사과 촉탁	1927~1933	
李喬永			조사과 촉탁	1927~1929	
飫斌兼	중추원 참의	1922~1924	조사과 촉탁	1928~1932	
金英洙			조사과 촉탁	1928~1929	
趙漢稷			조사과 촉탁	1928~1933	
飫纘贊			조사과 촉탁	1929~1939	경학원 부제학(1929~1939)
李之鎬			조사과 촉탁	1928~1936	
柳來頑			조사과 촉탁	1928~1929	男爵
金德漢			조사과 촉탁	1928~1929	중추원 부찬의·참의(1914~1927)
鄭丙朝	취조국 위원 參事官室 조선도서해제 사무담임	1910~1912 1917~1919	조사과 촉탁	1928~1939	

성명	취조국·참사관실 및 이전 직제		중추원 촉탁		촉탁이후
	직제	임기	직제	임기	
梁在根	조선어사전 심사위원(중추원 부찬의)	1918		1929	
李文夏	이천·양양군수	1911~1922	조사과 촉탁	1930~1932	
貝原書			조사과 촉탁	1930~1932	조선사편수회 촉탁(1933~1935)
李翼鎬			조사과 촉탁	1930~1939	
申泰建	사천·동래·울산군수	1913~1922	조사과 촉탁	1930~1932	황해도 지방과 촉탁
趙漢鏞			조사과 촉탁	1930	
趙重國			조사과 촉탁	1930~1932	
金鉻濟	이천·진천·괴산군수	1919~1924	조사과 촉탁	1930~1932	
	학무국 社會敎化事務囑託	1925			
菅野銀八	중추원 편집 조사과 屬	1919~1929	조사과 촉탁	1930~1939	
渡邊業志	참사관실 편이관건습	1913~1914	조사과 屬	1920~1930	
	중추원 屬	1915~1918			
陸鍾允	경시	1910~1916	조사과 촉탁	1931~1932	
今村鞆	조선사편수회 촉탁	1931	조사과 촉탁	1931~1939	
朴駿榮	학무국 사회과 촉탁	1933~1934	조사과 촉탁	1935~1936	
盧開院			조사과 촉탁	1938~1939	

참고문헌 : 1910~1945, 『朝鮮總督府及所屬官署職員錄』, 11·41 ; 『在朝鮮內地人紳士名鑑』, 455 ; 『京城市民名鑑』, 379 ; 『朝鮮總督府始政二十五周年記念表彰者名鑑』 ; 『朝鮮人事興信錄』, 315.

〈부표10〉 1921~1930년 중추원 의관

회계연도	부의장	고문	직임	참의	주임
1921	이완용	박영효 송병준 이하영 민영기	김영한 김준희 남규희 민상호 민영찬 박승봉 박제빈 이하영 서상훈 신응희 어윤적 염중모 유맹 유정수 우상현 유혁로 이건춘 이겸제 정진홍 조민희 조영희 조희문	권태환 김교성 김명규 김명수 김상설 김준영 김병희 김필희 김한목 김한수 송종헌 승지헌 신태유 오제영 나수연 민건식 박이양 이만규 방인혁(충북) 김갑순(충남) 신석우(전북) 방봉주(전남) 이범하(경북) 전석영(황해) 선우순(평남) 김기태(경남) 조영희(평북) 최석하(강원) 유기호(강원) 이택현(함남) 허명훈(함북)	권태환 김교성 김명규 김명수 김상설 김준영 김평희 김준영 김병희 김필희 김한목 김한수 송종헌 승지헌 신태유 오제영 나수연 민건식 박이양 이만규 방인혁(충북) 김갑순(충남) 신석우(전북) 방봉주(전남) 이범하(경북) 전석영(황해) 선우순(평남) 김기태(경남) 조영희(평북) 최석하(강원) 유기호(강원) 이택현(함남) 허명훈(함북)
1924	이완용	박영효 송병준 이하영	김영한 김준희 남규희 민상호 민영찬 서상훈 신응희 박승봉 염중모 유맹 유정수 우상현 유혁로 이건춘 이겸제 정진홍 조민희 조영희	고원훈 권태환 김교성 김명규 김명수 김한목 김한수 송종헌 승지헌 신태유 오제영 유기호(경기) 민영소(중북) 이동우 이향조 정병조 한영원 현 은 한상봉(중북) 유지소(충남) 김명부(전북) 김정태(전남) 김기태(경북) 서병조(경북) 정순현(경남) 전석영(황해) 강병옥(평남) 노창안(황해) 선우순(평남) 이근우(강원) 이택현(함남) 피성호(함북)	고원훈 권태환 김교성 김명규 김명수 김한목 김한수 오제영 유기호(경기) 민영소(중북) 이동우 이향조 정병조 한영원 현 은 한상봉(중북) 유지소(충남) 김명부(전북) 김정태(전남) 김기태(경북) 서병조(경북) 정순현(경남) 전석영(황해) 강병옥(평남) 김제하(평북) 이근우(강원) 이택현(함남) 피성호(함북)
1927	박영효	이하영 민병석 윤덕영 이진호 고희경	민상호 민영찬 박이병 배인기 상호 신응희 엄준원 염중모 유맹 유정수 조민희 조희문 한상룡	권태환 김명규 김명준 김상설 민건식 박이양 이동우 이병렬 이향조 이희덕 정란교 한영원 한익상(경기) 신창주(중북) 김갑순(중남) 한창남(충남) 이강원(전북) 박종구(전북) 김선의(전남) 윤정현(전남) 장상철(경북) 안병길(경북) 정순현(경남) 장태관(경남) 노창안(황해) 정건유(황해) 강병옥(평남) 김호연(평남) 김화식(평남) 정호봉(강원) 홍성연(함남) 선우순(함남) 이중제(함북)	권태환 김명규 김명준 김상설 민건식 박이양 이동우 이병렬 이향조 이희덕 정란교 한영원 한익상(경기) 신창주(중북) 김갑순(중남) 한창남(충남) 이강원(전북) 박종구(전북) 김선의(전남) 윤정현(전남) 장상철(경북) 안병길(경북) 정순현(경남) 장태관(경남) 노창안(황해) 정건유(황해) 강병옥(평남) 김호연(평남) 김화식(평남) 정호봉(강원) 홍성연(함남) 선우순(함남) 이중제(함북)

직제 연도	부의장	고문	취임	참의
				주임
1930	박영효	민병석 윤덕영 이완용 권중현	민상호 민영찬 박승봉 상 호 서상훈 엄 준원 염중모 유정수 유혁로 이경직 조진 태 조희문 한상룡 한진창	김명규 김명준 김상설 민건식 박종렬 송종헌 송지헌 오태환 오재 붕 유중세 이동우 이범익 이택규 이항직 이희덕 장헌근 한영원 (경기) 이경식 이기승(중남) 김병원(중남) 유익환(전북) 중중철 (전북) 이경직(전남) 김성섭(전남) 현준호(전남) 유익환(경북) 정순현 (경남) 김경준(경남) 장직상(경남) 신우순(경남) 박기양 (경남) 김제하(황해) 장대익(황해) 신우순(평남) 박기양 (평남) 김서규(평북) 장평성(강원) 강필성(함남) 양제홍(함북)
1933	박영효	권중현 이윤용 고희준 민병석 윤덕영	김영진 민상호 박승봉 박영철 상 호 서상훈 어윤적 엄 준원 염중모 서상언 신석린 엄준원 염중 모 유성준 유혁로 이경직 이겸제 조진 태 조희문 최 린 한규복 한상룡 조희문 한규복 한상룡 한진창	김명준 김상설 김한규 박종렬 석명선 오태환 이동우 이병렬 이태 규 정란교 최정순 한영원 원덕상(경기) 이경식(중남) 이명구(중북) 이 기승(중남) 김종흡(중남) 정석모(전북) 바회옥(전북) 현준호(전남) 이 희덕(전남) 장직상(경북) 서병조(경북) 김두찬(경남) 최연국(경남) 최 양호(강원) 이근수(강원) 선우순(평남) 정란조(평남) 장대익(평북) 김 병규(함북) 유태설(함남) 신희련(함남)
1936 ~ 1937	박영효	민병석 윤덕영 이윤용	김관현 김명준 김영진 박상준 박영철 박 용구 유정수 유혁로 이겸제 이진호 조성근 조희문 최 린 한규복 한상룡	강 번 김기수 노영환 방태영 서병조 석명선 성원경 손조봉 안종철 원덕 상 유태설 이경식 이근수 이기찬 정석용 정란교 정석용 장대익 장석원 장직상 정태석 정란교 정석용 주영환 최남선 최 윤 최창조 최지환 한상 룡 홍종국 현준호 한상룡

참고문헌 : 1921년 5월 3일, 1924년 5월 3일, 1927년 6월 8일, 1930년 6월 9일, 1933년 6월 9일, 1934년 4월 23일, 1936년 6월 8일, 1937년 5월 25일 등, 『朝鮮總督府官報』.

〈부표11〉1921~1945년 중추원 참여자 중 1910년대 중추원 참여자

임명시기	1921~1923	1924~1926	1927~1929
1910년대 중추원 참여자	민태환 김교성 김명규 김영무 김준용 김필희 김한규 나수연 남규희 민상호 박승봉 박제빈 박제환 서상훈 송지헌 이건춘 이윤종 염중모 오재풍 유맹 유정수 유혁로 윤충세 이도익 이만규 이항직 정동식 정병조 정진홍 조영희 조희문 강경희 박중양 윤치오 한치유 허진 홍운표 (41명)	민상호 유혁로 김춘희 김상설 김필희 남규희 조영희 유맹 박승봉 유정수 김영한 염중모 이겸제 정진홍 서상훈 이윤종 김한규 박제빈 권태환 김명규 오재풍 나수연 송지헌 민건식 유충세 이항직 이만규 (27명)	민상호 유맹 유정수 염중모 서상훈 권태환 민건식 송지헌 김명규 오재풍 유충세 이항직 (12명)

임명시기	1930~1932	1933~1935	1936~1938	1939~ 1945
1910년대 중추원 참여자	민상호 염중모 박승봉 유혁로 민건식 오재풍 김명규 유충세 이항직 (12명)	민상호 염중모 유정수 서상훈 박승봉 이겸제 유혁로 박중양 송지헌 김한규 (10명)	유정수 서상훈 박중양 이겸제 유혁로 (6명)	이겸제 (1명)

〈부표12〉 중추원 참여자의 경제단체 참가 현황

이름	경제단체	경제활동
한상룡	33년 조선금융조합연합회 설립 참여, 20년 경성상업회의소 상의원, 28년 부회두, 경성상공회의소 특별의원	은행·취두, 보험회사
원덕상	종로금융조합장, 금조련 이사	금융조합
방인혁	29년 上業·예산금조장, 明岩堤水利組合 조합장, 충북금조련감사	
민재기	금조장, 36년 조선금조련	
서병조	조선금조련	
김제하	21년 광복금조연합회 감사	
정호봉	07년 금조평의원, 15년 황성금조장, 18년 강원도금조연합회 감사	
金漢奎	15~19 경성상업회의소 의원, 경성상의 부회두	은행, 보험회사
백인기	12 경성상업회의소 임원	은행,지주
현기봉	16 목포상업회의소 상무위원, 22년 상무위원	지주
장직상	27 대구상공협회, 27 경제연구회, 28년 대구상업회의소 회두, 대구상공회의소회두, 44 경부상공경제회 설립위원	지주·은행
박경석	19 평양상업회의소 부회두, 33 평양상의 의원, 36 평양상공진흥회 대표	금융조합장 등
김상섭	목포상업회의소 특별의원	무역상 양조
손조봉	21 원산상업회의소 상무위원	무역
김연수	41 경성상의 의원	백화점
김사연	경성상의 특별위원	백화점
차남진	목포상의 부회두	
위정학	원산상의 의원, 부회두	
황종국	청진상의 평의원	

참고문헌 : 민족문제연구소, 2004, 『일제협력단체사전』.

〈부표13〉 중추원 참여자 중 참의관 이상 고위직(군수경력 제외)경력자

성명(나이)	학력 및 이전 경력	이후 경력	중추원 경력
金潤晶(41)	미국캘리포니아대학, 08인천부윤	10~20 전북참여관, 21~24 경기도참여관, 25 중북지사	27~45
朴重陽(36)	일본 靑山學院, 08경북관찰사	10~14 중남도장관, 21~22 황해도지사, 23~24 충북지사	16~20 친의, 27~39 참의, 41 고문, 43부의장
曲義聞(52)	무과급제, 08황해도 관찰사	10~18 황해도장관	18~39
申應熙(51)	일본육군戶山학교, 08전남관찰사	10~18 함남도장관, 19~20 황해도장관 및 지사	26
元應常(42)	慶應義塾, 02 타지부주사, 의정부참사관	10 전남참여관, 18 강원도지사, 21 전남도지사	24~33
兪星濬(50)	慶應義塾, 08법제국장	10~16 충북참여관, 17~21 경기도참여관, 27~29 강원도지사	21~34
柳赫魯(57)	무과급제, 08평북관찰사	10~16 경기도참여관, 17 충북도장관	21~39
尹甲炳(49)	08평북관찰사	10~21 평북참여관, 22~24 강원도지사	24~43
張憲植(41)	東京帝大, 08함성부윤	10~17 평남참여관, 18~20 충북도장관 겸 지사	26~44
高元勳	明治大, 10보성전문강사, 11경무, 13보 성전문교수, 11~16경무	25~26 전남참여관, 27~28 경부참여관, 29~32 평북참여관, 33 전북지사	15~24
金雨英	京都帝大, 19경성 변호사	32~40 전남이사관, 41~43 중남도이사관	42~44
朴勝鳳	08중추원 찬의, 10 중추원 찬의	28~29 함남참여관	21~33
朴容九	官立日語學校, 08탁지부비서관	10~19 탁지부 사무관, 20~24 제무국사무관, 25~27 경기참 여관, 28~29 전남참여관, 30~31 전북참여관	33~43
魚允迪	早稻田 전문학교, 08함부국장	28~29 경기도참여관	10~20부참의, 21~ 27, 30~32
柳基浩	官立日語學校, 중추원 참의	25~26 강원참여관, 27~29 황해참여관, 30~33 평남참여관	21~24
李溪漢	경성고보	41~42 강원도참여관, 43 경기도이사관	43

성명(나이)	학력 및 이전 경력	이후 경력	중추원 경력
鄭蘭敎	일본육군 戶山학교, 08부천의	10~20 충남참여관	27~43
張潤植	京都帝大 대학원, 27고등시험 행정과 합격	30 경기도이사관, 32 식산국 농무과 사무관, 36~40 평양세무 감독국 사무관	45
玄櫶	관립일어학교, 08한성외국어학교 일어 교수, 21~32충부시학관, 중추원	31 강원도참여관	34~39

참고문헌 : 1908, 『大韓帝國職員錄』 ; 1910~1937, 『朝鮮總督府及所屬官署職員錄』.

〈부표14〉중추원 참여자 중 군수 이후 군수 이후 고위직 경력자

이름		군수 이전과 이후의 관직	중추원 경력
金東準	군수이전	07평북관도통역관보	45
	군수	12광양/20무안/27진주. 28동래. 29구례군수	
	군수이후	21전남이사관. 22중추원 서무과장. 25경남도이사관. 25경남도 내무부 학무과장. 25~27 서화관. 27경남도내무부 산업과장	
崔志煥	군수이전	04전주순검. 08목포정부	35~42
	군수	21음성/23영동/27중추군수	
	군수이후	32경북참여관. 35~36중남참여관	
姜弼成	군수이전	10함남도서기	30~32
	군수	14풍산/17정평/22~24안변군수	
	군수이후	32~33함남참여관. 33전남참여관 겸 사무관(신업부장). 37황해도지사	
權重植	군수이전	14 판임관견습. 15 고령군서기. 21 충독부속 학무국 근무	32.
	군수	1925~28 전남영광군수	42~43
	군수이후	29~35 중남. 경기도. 경성부 이사관. 36~37 개성부 부윤	
金寬鉉	군수이전	06 육군보병정위	34~43
	군수	10~17 수원군수	
	군수이후	18~20 함북 전남 참여관. 21~35중남 함남지사	
金東勳	군수이전	04함부주사, 10 충독부 군서기	45
	군수	17 홍천군수	
	군수이후	21~24 강원도이사관. 24~ 함북 이사관. 30~34 경기도 사무관. 35~38 충독지사	
金東旭	군수이전	순천공보 훈도, 25~29 경북시학관	45
	군수	30~33 봉화 청도군수	

이름		군수 이전과 이후의 편직	중추원 경력
金瑞圭	군수이후	34~35 경북 선임과 이사관, 36~40 함무국 사무관, 중추원 통역관 서기관	35
	군수이전	08함북사무관	
金永培	군수	11영흥/12~22인변군수	
	군수이후	22~27함북도참여관, 27~29평남참여관, 29~33 전남 전북 경북도지사	43
	군수이전	11광인관시험합격, 20 경북도경찰 고등과, 23 경무과장, 25 경시	
	군수	26 경북운산/34용천/36~38 의주	
	군수이후	39 황해도 참여관	
金英鎭	군수이전	04평남관찰도 참서관	
	군수	07진위/10배령/11아산/14논산	33~45
	군수이후	21함북도/22경남도/23경북도/24경북도 참여관	
金彰漢	군수이전	동래부윤, 10황해도참여관	
	군수	23정읍/24옥구군수	10~27
	군수이후	26강원도 참여관	
金泰錫	군수이전	08광양공립보통학교훈도, 12응기경찰서 통역[8]13 경기도 경부, 20 경시, 22 경기도 형사과장	
	군수	25~26가평/27~29여천/30~33부천군수	44
	군수이후	33~37 함남 참여관, 38~40 경남참여관	
金漢睦	군수이전	농상공부 광신주사, 08내부참서관	21~24
	군수	시흥군수	
	군수이후	경기참서관, 도사무관 27충북참여관	32~39
金化俊	군수이전	08임업과기수,10~20평남도서기	41~45
	군수		

이름	구분	군수 이전과 이후의 관직	증추원 경력
	군수이후	21~23맹산/24양덕/25~27성천/28~30평원/31중화/32인주/33~36순천/37대동군수	
南宮營	군수이전	38~39중추원 참의관 사무관	35~38
	군수	14總督府屬	
	군수이후	17珍島/19歲平郡守;	
朴榮喆	군수이전	21總督府 學務局 事務官, 26忠南道 參與官, 29慶南道 參與官, 30産業部長, 31忠北道 知事	33~39
	군수이전	08기병참영	
	군수	12~18익산군수	
朴晶熙	군수이후	19~24전남도 참여관, 25~26 강원도지사, 27함북도지사	34~40
	군수이전	08영암제무서 제무관	
	군수	11~13피q/14~17우구/18전주/19~20금산/21~22참군수	
尙灝	군수이후	23~26충북도/27전북도참여관	27~33
	군수이전	06농상공부 참서관	
	군수	12~15성진/16~18 경성군수	
石明瑄	군수이후	21~22충북 참여관, 23~26 경남참여관, 27함남 참여관	33~39
	군수이전	84內部主事. 04內部技師.	
	군수	06년 군수겸 사립학교장. 10~15 강릉/16~17 인제/18~20영월/21철원/23~26횡성군수.	
	군수이후	27 강원도 참여관	
宋文華	군수이전	21경기도속, 22~24경기도 하부과 속	42~45
	군수	25~26강화/27~30평주/31~35양주/36~37수원군수	
	군수이후	38~39개성부윤, 41평북도참여관 겸 사무관, 산업부장	
申錫麟	군수이전	시종원 시종	23~27

이름		군수 이전과 이후의 관직	중추원 경력
	군수	06응천군수	32~45
	군수이후	10경남/13경북 참여관, 22강원지사, 28~30충남지사	
沈院鎭	군수이전	08밀양제무서 제무관	27~33
	군수	12문경/13하양/14~22상주/23~24칠곡	
	군수이후	25황해도/26~27경남도참여관	
安鍾哲	군수이전	07度支部 主事, 10본부 通譯生	36~45
	군수	13長興/23羅州/29順天군수	
	군수이후	32~35忠北參與官	
劉鎭淳	군수이전	09 제무주사	32~38
	군수	11곡산/14벽동/17선천군수	
	군수이후	21평북 참여관, 28 강원참여관, 29 충남지사	
李範益	군수이전	04육군군통위, 07농상공부 서기관	37~45
	군수	1~12춘천/14~15달성/16~19예천/20대구군수	
	군수이후	21충독부 이사관, 24 황해도 내무부장, 27 경남 참여관, 29 강원도지사, 35 충남지사	
李源甫	군수이전	09영흥경찰서 번역관보, 10장녕경찰서 통역생, 12~19충원 원산 경부, 20 종로 도경부, 22~24 평남경시, 25~29 경기도 경시	43
	군수	30~31 진위군수	
	군수이후	32~34 경성부 이사관, 35~39 전남 참여관	
李宅珪	군수이전	08원주군수	27~36
	군수	10~13원주/14~18울진/19~23창원/24등천군수	
	군수이후	25~27충북참여관	

이름		군수 이전과 이후의 관직	중추원 경력
張錫元	군수이전	06內藏司 主事, 07內藏司書記郎, 11李王職屬,	36~42
	군수	14鏡城/16慶興/20城津/21吉州/24慶興/26鏡城郡守	
	군수이후	29함경남도 參與官, 32황해도 參與官.	
張憲根	군수이전	08 육군무관학교교관. 10~16 경부. 17~22 경남도경시	38~44
	군수	23통천/24간성/25~28고성/29~32춘천/33~34 원주군수	
	군수이후	35~37 함북도 참여관	
鄭喬源	군수이전	06탁지부 주사. 08제무감리국 주사. 09탁지부 임시재산정리국총무과 주사. 11~16 임시토지과 서기)	39~43
	군수	18~20 거창군수	
	군수이후	21~25 경남도이사관. 26~27 중추원 통역관,조선사편수회 간사. 28~33 전남참여관. 34~36 황해도지사. 37~38 충남도지사	
鄭然基	군수이전	19~23 충독부 산림과 기수 통역생	41~45
	군수	24~29 삼척/30~31원주/33~34고성/35~37강원군수	
	군수이후	38~39 전북 참여관	
趙鏡夏	군수이전	12~13통주/14경성/15고양/16~20경성부서기)	40
	군수	23봉화/24~27청도/28~31성주/32~33달성/34~38성군군수	
	군수이후	39 충남도 참여관	
朱榮煥	군수이전	08~10한성고 교수	37~43
	군수	12~13이천/14~19용인/20~22진위/23~26양주/27~30고양군수	
	군수이후	31~34충남/35경남/36~37평남참여관	
韓圭復	군수이전	08탁지부과장. 10~12토지국 감사관	33~45
	군수	13~18진주/19~20동래군수	
	군수이후	21~24경남/25~26경북참여관. 27~29 충북/30~33황해도지사	

이름		군수 이전과 이후의 관직	증추원 경력
洪鍾國	군수이전	08명북권참부주사, 11경기도서기	37~44
	군수	14연천/15~18시흥/20용인/21~22양평/23부천/24강화/25안성/27양주/31고양군수	
	군수이후	34~37강원도 참여관	
兪萬兼	군수이전	동경제대, 18총독부 속, 19농상공부 속	40~44
	군수	20 문경군수	
	군수이후	21~24경북/25~27하무국 사무관, 28경북/30경북/34경남/36충남참여관, 39충북지사	

참고문헌 : 1908, 『大韓帝國職員錄』 ; 1910~1937, 『朝鮮總督府及所屬官署職員錄』 참조.

〈부표15〉 중추원 참여자 중 1910년 전의 군수로서 1910년 이후 군수 역임자

이름	병합전 군수경력	병합후의 경력 중 군수
申昌休	청주군수	10청주/18충주군수, 충북토조위
金昌洙	09신신군수	10기장/11회덕/14대전/18부여/22~23서신군수, 충남토조위
張敦相	신녕군수	10신녕/11비안/12하양/13~16선신군수, 경북토조위
田德龍	08용강군수	10용강/14영원/20맹산군수/16평남토조위
李興載	09경원군수	10경원/11명천/20길주/21은성/23~24부령군수
權泰煥	06연일군수	10~12 연일군수, 권중현의 아들(습자)
金珠尙	08중화군수	10~13숙실, 18개성, 19~21연천군수
金英鑽	07진위군	10제령/11~13아산, 14~15논산, 충남토조위, 16~20보평군수
金禎泰	09영광군수	10~12영광/13~18광주/19~23순천군수, 전남토조위
朴箕錫	07성천군수	10~13강서/14~19대동군수, 평남토조위
朴相駿	08강동군수	10~17순천/18~19평원군수, 20순천군수, 평남토조위
徐晦輔	06~07영동군수	10~17 중주군수, 16~17 충북토조위
石明瑄	08이천군수	10~15강릉/16~17인제/18~20영월/21철원/22평창/2~26화성군수
李宅珏	08원주군수	10~13원주/14~18울진/19~23등/24등천군수
張寅源	08전의군수	10전의/11~13중산/14~20청양/25~27청성/28보성군수, 충남토조위

참고문헌 : 1910~1927, 『朝鮮總督府及所屬官署職員錄』.

〈부표16〉 중추원 참여자 중 한말 판검사 경력자

이름	학력	병합후 주요 경력
張燾	경응의숙, 동경법학원, 법부법률기초위, 1906 한성사시험위, 변호사시험위, 법부참사관, 법관양성소장, 형법검정관, 1908 검사퇴직	변호사
김낙헌	1901 평리원 검사, 1902 평리원 판사, 1905 법부 형사국주사, 통감부제판소 판사	1911년 고등법원 판사
김상섭	1900전남관찰부주사, 1905/1907칠곡군수, 1908검사, 1909부신제판소판사, 1910 광주지방제판국검사	1920 목포부 참사, 1911년 변호사 개업, 미곡상, 은행
신창휴	군법회의판사	청녕군수, 1918~23 중주군수, 중북토위
정인흥	1906~1907 중추원 찬의, 1907 경기도 선유사, 1908 내심원 부장판사, 1909 통감부 판사 겸 고등법원 판사	
홍성연	1909 검사,통감부 판사	1912 함흥지법 변호사회
홍우석	순칠시, 평양공부원판사, 고3, 통감부판사	공주변호사 등록
홍종억	대심원판사, 검사, 제판장, 통감부검사	
한동리	1907 平理院檢事, 08 진주지국 검사	변호사

참고문헌 : 1908, 『大韓帝國官員職員錄』; 1910~1920, 『朝鮮總督府所屬官署職員錄』; 1972, 『大韓帝國官員履歷書』, 국사편찬위원회.

〈부표17〉종추원 참여자 중 1910년 이후 판검사 경력자

이름	학력 및 주요 경력
劉泰尙	경성전수학교, 16 홍성지청 판사, 18 함흥지법 판사·청진지청 판사, 22 함흥지법 원산지청 판사, 평양지법 판사, 41 국방보안법변호사
李基燦	법관양성소, 평양지법판사, 12~13 경성복심 판사, 평남소득심사, 경제안정대책위, 41 국방보안법 변호사
李熙迪	명치대 법과, 18 경주지청 판사, 19 이주지청판사, 19 백신상회 담당 판사, 구방보안법 지정변호사, 신의주보호관찰심사위원
崔昌朝	중앙대, 14 제관소서기겸 통역생, 17 평양지법 진남포지청 판사, 해주판사
元炳喜	23신의주 지법검사, 23~29전주지법검사, 전주변호사등록
崔晉默	24~28 평양지방법원 검사, 41국방보안법지정변호사

참고문헌 : 1910~1941, 『朝鮮總督府及所屬官署職員錄』.

〈부표18〉 중추원 참여자 중 1910년 이전 경찰 경력자

중추원 경력	이름	합병 전의 경찰 경력	합병 후의 경찰경력
44.9.13~	金允福	08 인천서 경부	10 인천서/18~22 영등포서경부, 22경시로 퇴임
36~42	崔志煥	04 전주순검, 08무포경부	삼랑진/동래/진주서, 17 평남경부, 도경시, 20 충북제3위생과장, 도순사교습소장, 21 충북보안과장
10~12	權鳳洙	05 경무청 경무관, 07 내무 경무국장	
27~30	李秉戩	05 경무서충순, 07 함북도경부	
23~25	具然壽	08 경시청 부감	10~17 경무총감부 경무관, 18~22 경무국 사무관
45	姜利璜	09 평남순사	16~19 경부, 20~23 평남도경부

참고문헌 : 1910~1923, 『朝鮮總督府及所屬官署職員錄』.

〈부표19〉중추원 참여자 중 1910년 이후 경찰 고위 경력자

이름	경찰경력	경찰 이후 경력
姜利璜	1917순안서 경부/18~19중화서 경부/ 20~23 평남도경부	23~34 의주 광성/대동강면장
金永培	20평북경찰 고등과, 23경무과장, 25경시	26운산/34운천/36~38위주군수, 39황해도 참여관
李源甫	12~19평양 중위 원산 경부, 20 충로 도경부, 22~24 평남경시, 25~29 경기도 경시	30~31진위군수, 32~34 경성부 이사관, 35~39 전남 참여관
韓定錫	경부,21 중북경시,22 중북보인과 순사교습소장,24 중북보인과장	34~41청주 西州面長(주임대우)
張憲根	10~16 충독부경부, 17~21 경남도경시, 22 강원도 경시(위생과)	23~34통천/강릉/고성/증천군수, 참여관 등

참고문헌 : 1910~1939, 『朝鮮總督府及所屬官署職員錄』.

〈부표20〉중추원 참여자 중 1910년 전후 군 경력자

이름	한력 및 한말 경력	병합 이후 경력
金寬鉉	육군사관학교(11기), 1906년 육군보병정위	1910~17 수원군수, 18~20년 함북 전남 참여관, 21~1935년 중남 함남지사
金相高	육군사관학교(특별과정), 1900 육군보병참위, 06육군보병부위 및 경무청 경무관	중추원 참의
朴斗榮	육군사관학교(15기), 04.2~7 일본 근위야전포병연대 견습사관으로 터일전쟁에 종근, 04.3.12 육군포병참위, 05.10.17 육군 포병정위, 06.6 대구진위대 소속 토벌대장으로 경북임대서 활동, 07.10~08 토벌대를 이끌고교 중 청장기 임인에서 이용을 공격	20.4 육군포병중좌, 30.12 육군포병 대좌
朴義秉	육군사관학교(15기), 04.2.16 터일전쟁 참전, 육군기병참위, 05.3.29 육군부위, 侍衛旅團 參謀官, 軍部大臣, 侍從武官	익산군수, 함경북도 참여관, 전라북도 참여관, 강원도지사, 함경북도지사
白寅基	한문수학, 04.10 육군보병 참위	06 한성농공은행 감사, 07~15 한일은행 전무, 09~11 경성상업회의소 상의원, 18~37 식산은행 상담역, 경기도평의원
申昌休	무관학교, 육군보병참위, 군벌회의 판사	청주군수, 18~23 중주군수, 중부토위, 충북도평의원
魚潭	육군사관학교(11기), 04 터일전쟁시 일본군대 접대위원, 포병부위, 05 시종무관	20 육군포병대좌, 22육군소장, 26 이왕부 무관, 30~31 육군중장
嚴俊源	시수, 02陸軍步兵副領/陸軍參將, 05憲兵司令官	사립신명학교장
林昌夏	日本土官學校(27기)	陸軍騎兵少尉/중위
鄭觀朝	무과, 西營隊 副領官, 平安道禦海鎭兵馬節度使, 群原郡守, 西營領官, 육군보병正尉, 平壤鎭衛隊 참령, 鎭衛隊 제3연대장	20~33 관선 平安南道評議會員
鄭蘭敎	육군유년학교, 前營軍司馬(1884.8), 갑신정변 돌격대, 동학란 돌학대 진입자 중정.	중추원 부참의(1907), 중추원 부찬의(1909), 중남 참여관

이름	학력 및 한말 경력	병합 이후 경력
	전라도 출동(1894.6), 군무아문 참의(1895), 육군부령·군부대신판방장(1895.6)	(1910)
鄭錫溶	무관학교, 02 육군참위, 육군헌병부위, 군법회의판사	충북토조위, 충북도평의원
趙性根	육군사관학교(특별과장), 04 러일전쟁시 일본군대 접대위원, 보병참령, 05 보병 부령, 07 육군 참장, 군부 참모국장	20 육군소장,28 육군중장
韓相鳳	육군참위/정위, 06 한성은행수원지점지배인	17 수원면 상담역, 경기도평의원

참고문헌 : 1908, 『大韓帝國職員錄』; 1910～1937, 『朝鮮總督府及所屬官署職員錄』.

〈부표21〉 중추원 참여자 중 면장·읍장·읍장 경력자

참의시기	이름	지역	학력 및 경력	읍면장 경력
35~35	高一淸	의주	범장대, 평북도회의원	30~33의주읍장
36~39	李恩雨	하동	중앙대, 09군내무시종원 사무촉탁, 이왕직찬시	31~32하동읍장
45	姜利璜	대동강	16~19 경부, 20~23 평남도경부	24~33 평성.대동강면장
39~42	金慶鎭	김해	북경협화대중퇴, 경남도평의원	23~28 김해읍장
36~39	盧泳奐	창녕	창녕공보 하무위원, 창녕군소작위원, 경남도평의원	21~35 고암면장
45	盧俊泳	함양	와세다대, 32 농촌지도위원, 하무위원, 29 산림회평의원, 경남도회의원	34 함양면장
27~30	朴興奎	정읍	23 동아일보 정읍지구 고문, 23~38 전북 조선금융조성, 27 정읍 사립유아원 설립. 31.5 정읍군 제육협회 고문, 34.11 정읍 소작위원회 정위원	25~27 전북 정읍면장
42~45	李鍾悳	예산	보성전문, 학교비평의원, 37 충남도의원	33 예산면장
38~42	李鍾燮	덕산	33~37평남도회의원, 23~43 진남포부의	31~32 덕산면장
32~35	李忠健	만전	한학수학, 1892 황해도 관찰부주사	08 만전면장
41~43	張龍官	방원	대둥학원, 구성공보 훈도, 구성소득조사위원	23 방원면장 31~38방원면장 (주임대우)
30~33	張鷹相	삼천포	사천군참사, 경남도의원	19~20 삼천포면장
25~32	鄭健裕	제령	한문사숙, 07 제령군주사, 10~19 군주사, 20~27황해도평의원	32~36 제령면장 (주임대우)
27~30	鄭鏑鳳	횡성	中橋義塾, 14회성군참사, 16 회성군조성임위원 및 조합장, 20~24 강원도평의원	20~27 횡성면장
45	韓定錫	청주	경성일어하다당, 21 중부경사, 22 중부보인과 순사교습소장, 24 중부보인과장	34~41 사주면장 (주임대우)
27~30	韓昌東	서산	보통학교 하무위원, 20~24충남도평의원	19 부석면장
21~25	許命勳	성진	사립성진중화중, 09~11 성진중화중교교사, 11등속시설, 19~20성진군참사, 18감진금	25~32 학동면장

30~33	洪鍾轍	부인	조 감사, 함북지방사무	
			동명학교, 07 궁내부 효릉참사, 전북토조위, 19~20고창군참사, 24~37전북도회의원	44 부인면장

참고문헌 : 1908, 『大韓帝國職員錄』; 1910~1937, 『朝鮮總督府及所屬官署職員錄』.

〈부표22〉 1910년대 중추원 모임의 내용

일자	내용	참석자	회의성격	장소
1910.10.10	중추원의관 사령서 교부	고문, 찬의, 부찬의		중독관저
1912.6.5	부부심득 서명식	고문, 찬의, 부찬의		
1913.1.6	관리복무규율 낭독식	서기관장, 고문, 찬의 부찬의, 기타 직원 전원	중추원 공식 행사	
1913.2.13	식민지에 대한 시정방침과 富源개발 등 설명	고문, 찬의, 부찬의		중독관저
1914.2.11	기원절 축하			중독관저
1914.4.3	신무천황 祭日 기념식수			장충단
1914.5.24	昭憲 황태후 大喪儀 遙拜式			용산연병장
1914.6.16	유군대하교교 민주전적 시찰여행 봉송영			용산역
1914.9.7	종독훈시, 일제의 1차세계대전 참전에 대한 설명 및 1913년에 실시한 지방제도 개혁 결과보고	고문, 찬의, 부찬의		중독관저
1914.10.11	추계세병연합연습 관병식 참관			경기도 의정부
1914.11.9	청도함락 축하회			경희궁
1915.1.4	부부심득 송독식			종추원
1915.4.3	신무천황 제일 기념식수			남산구유림지
1915.4.11	황태후 1개년 요배식			용산연병장
1915.5.18	중추원 관제개정(1915.4.30) 의 배경설명 및 중추원 서기관장의 이취임식	의장, 고문, 찬의, 부찬의		중추원회의실
1915.5.21	北白川宮 內鮮 봉영송			남대문
1915.9.28	閑院宮, 同妃 내선 봉영			용산역
1915.10.4	閑院宮, 同妃가 종독부에 온 것에 대해 참집			종독부 제2회 의실

일자	내용	참석자	회의성격	장소
1915.10.5	開院式, 同廷 귀경 봉송			용산역
1915.10.31	천장절 축하			총독관저
1915.11. 10	대례 축하			총독관저
1915.11. 16	즉위례 및 大상제후 대경식			총독관저
1916.1.1	신년 축하			총독관저
1916.1.4	부무 심두 총독식			
1916.2.3	총독시답 ~ 총독부 제반시설의 要領		예회	중주원회의실
1916.2.11	기원절 축하			총독관저
1916.4.28	朝鮮人名辭書編纂事業 提議		예회	
1916.6.30	총독의 시정에 관한 훈시	부의장, 고문, 찬의, 부찬의, 서기관장	예회	중주원회의실
1916.10. 30	총독시답	의장, 고문, 찬의, 부찬의, 서기관장	예회	
1917.1.1	신년축하			총독관저
1917.1.4	부무심두 총독식			중주원
1917.2.11	기원절 축하			총독관저
1917.2.24	문묘춘계석존			경학원
1917.9.20	문묘추계석존			경학원
1917.10. 26	천장절 축하			총독관저
1918.1.4	부무심두 총독식			중주원
1918.2.11	기원절 축하			총독관저
1918.3.19	문묘춘계석존			경학원
1918. 4. 3	신무천황제일 기념식수			서대문 임업시험장
1918.4.18,	해군중장 東伏見宮 來鮮 봉영송			남대문

21

일자	내용	참석자	회의성격	장소
1918.9.7	문묘주계석존			경학원
1918.10. 12	경학원 정기강연회			
1918.10. 31	천장절 축하			총독관저
1918.11. 16	경학원 정기강연회			
1919.1.1	신년 축하			총독부
1919.1.4	부무심득 송독식			
1919.2.11	기원절 축하			총독관저
1919.3.31	총독훈시~시구에 관한 주의사항			중추원
1919.4.2	신무천황제일 기념식수			서대문 임업시험장
1919.5.7	황태자 성년식 축하			총독관저
1919.9.15	〈묘지화장장매장 및 화장취체규칙〉 개정건	의장, 부의장, 고문6명, 찬의 부찬의 34명	제1회 중추원회의	중추원회의실
1920.1.1	신년 축하			총독관저
1920.1.4	부무심득 송독식			
1920.4.3	신무천황제일 기념식수			서대문 아현리
1920.4.5	학교제도의 개정	부의장, 고문, 찬의, 부찬의, 학무과장	주례회의	
1920.4.12	1920년도 조선총독부의 시설대요와 예산관계 및 세무에 관한 건	의장, 부의장, 고문, 찬의, 부찬의, 세무과장	주례회의	
1920.4.19	소년심판소 설치에 관한 전과 문제청소년 구제제에 대한 시찰 설명	부의장, 고문, 찬의 부찬의, 법무과장	주례회의	

일자	내용	참석자	회의성격	장소
1920.4.26	통신사업, 저금 및 海事에 관한 건	부의장, 고문, 찬의 부찬의, 체신국장	주례회의	
1920.5.10	1920년도 지방행정과 그 비용에 관한 건	부의장, 고문, 찬의 부찬의, 내무국 제1과장	주례회의	
1920.5.17	산림과장 구미지역 시찰담	부의장, 고문, 찬의 부찬의, 식산국 산림과장	주례회의	
1920.5.24	국내의 철도건설에 관한 건~국내의 철도 현상 및 계획, 국유철도의 건설과 개량상황, 사유철도의 개설과 개량상황과 계획	부의장, 고문, 찬의 부찬의, 철도부 감리과장	주례회의	
1920.5.31	산업에 관한 건	부의장, 고문, 찬의 부찬의, 식산국장	주례회의	
1920.6.14	토목사업에 관한 건	부의장, 고문, 찬의 부찬의, 토목과장	주례회의	
1920.6.21	지방자문기관설치에 관한 계획과 요령 및 총독부 의원 와타나베(渡邊)의 구미시찰담	의장, 부의장, 고문, 찬의 부찬의	주례회의	

참고문헌 : 『每日申報』, 『東亞日報』, 『中樞院書類』(金秋聲) 등

〈부표23〉 중추원 회의 자문사항

회수	일자	자문사항
제1회	1919.9.15	묘지화장장·매장 및 화장 취체규칙 개정의 건
2	1921.5.6~8	민법상 능력에 관한 규정. 성년, 처의능력, 금치산, 준금치산에 관한 규정을 설치하고 친권자, 후견인, 보좌인, 친족회 등의 제도를 정함
3	1921.12.15~17	1. 남자는 만 17년, 여자는 만 15년에 이르지 않으면 혼인할 수 없다는 규정을 설할 일 2. 부부는 그 협의로써 이혼할 수 있도록 하고 또 민법 제813조의 원인 있는 경우에 한하여 그 일방으로부터 이혼의 소를 제기할 수 있게 하자에 제한에 의하여 이혼케 하는 규정을 설할 일
4	1923.7.25부터 3일	개정민사령 설명. 지방상황보고
5	1924.9.21~22	1.남자가 없고 여자만 있는 자는 그 여자에게 타성 남자를 婚養子로 할 수 있는 건. 그리고 養家의 성을 칭호하게 하는 제도를 설정하는 문제 2.家의 칭호를 붙이게 하는 제도를 설정하는 문제 3.지방문묘 각식에는 상당한 각식이 있는 자에 祠成을 설치하는 문제 4.시설개선에 관하여 특히 필요하다고 인정하는 사항
6	1926.1.11부터 2일	자문사항없고 민정 기타 지방상황청취
7	1927.8.25부터 3일	1.구유임야 冒耕. 火田의 정리 및 화전민 구제에 관한 방책 2.지방제도에 관한 개선 여하(참의답안 중 지방자치제 실시에 대하여 참정권 부여 주장)
8	1928.1.10부터 2일	자문사항 없음 / 충독·충감이 모두 경질된 뒤 처회함. 지방상황보고. 통치에관한 의견. 생활안정위한 방침강구. 현행 소작관행 개선요망. 조선인 징兵관리 등용 요망, 중등교육에는 좀더 조선어 교수에 치중하고 중등 이상은 일선공학제도 실시 요망.
9	1929.5.2~4	1.산업 진흥에 관하여 장래 충독부에서 시설이 필요하다고 생각되는 사항 2.최근 지방민정 중 특히 주의해야 할 사항과 이에 대한 의견
10	1930.9.25~27	지방의 실정에 비추어 특히 시설이 필요하다고 생각되는 사항
11	1931.9.7~9	1.현재 상황에 비추어 민중 생활 안정을 위해 시설이 필요하다고 생각되는 사항 2.소작관행 개선과 소작입법에 관한 의견

회수	일자	자문사항
12	1932.3.3~4	자문사항 없음
13	1932.9.19~20	지방 실정에 비추어 사상 선도 및 민력함양상 특히 시설을 요하는 사항
14	1933.7.18~19	1.지방 상황에 농산어촌진흥상 특히 시설을 요한다고 생각되는 사항 2.이데준리 제정에 관한 사항
15	1934.4.26, 28	1.농가경제갱 실시상황에 비추어, 장래 본계획 관철에 필요한 방책 2.도시에서 민심 작흥을 도모할 구체적 방책
16	1935.4.26~27	1.반도의 상황에 비추어 민중에게 안심입명을 무여함 가장 적당한 신앙심의 부흥책 2.각지에서 민심의 주향과 이의 선도에 관한 의견은 무엇인가
17	1936.10.9~10	자문사항 없음
18	1937.6.7~8	1.사회교화시설증 조선의 현상에 비추어 강조신시를 요한다고 생각되는 사항 및 이를 일반민중에게 철저하 하는 적절유효한 방책 2.동포부성 상훈금지제도는 여전하 이를 인정해 하는가.
19	1938.5.20~21	1.시구에 비추어 농산어촌진흥운동을 활용하고 강화하는 데 가장 적절한 방책은 무엇인가 2.내선일체정신을 일반 국민의 일상생활에 실전 구현하는 방책은 무엇인가 3.隱品제도를 마련할 필요가 없는가
임시회	1939.5.29	자문사항 없음
20	1939.6.28~29	1. 지방의 실정에 비추어 시정상 특히 주의를 요함 사항 및 그 대책 2. 遺言이 방식에 관하여 특별규정을 발할 필요가 없는가
21	1940.10.24	1.국민정신총동원운동 상황과 이의 강화철저를 기하기 위해 금후 제대해야 할 방책 2.납경 주정 호주상속인 폐제적 제도를 설치하는 것의 필요 여하
22	1941.6.10~11	1.시구하의 민정에 대해 시정상 특히 유의해야 하는 사항 2.남자의 법정 주정 호주 상속인이 없는 경우 여자로서 호주 상속을 하게 하려는 제도의 가부
임시회	1941.12.10	총독훈시
23	1942.6.29	시구하 민정에 비추어 정례 시정 상 고려해야 할 여러 사항
24	1943.7.19~20	1. 황민연성 특히 청년지도에 관하여 가장 유효하다고 인정하는 방책 여하 2.시국아 주이에 비추어 생산 전력 증강에 관하

회수	일자	자문사항
		여 대중으로 하여금 흥덕을 결심시킬 방책 여하
25	1944.7.4~5	반도민중으로 하여금 임응 그 戰意를 앙성하게 함과 함께 皇國勤勞觀을 확립시키기 위해 특히 급무 시책을 요한다고 생각되는 사항 여하
26	1945.7.30	현하 시국에 비추어 전의 앙양, 생산전력 증강에 관해 가장 유효적절하다고 생각되는 대책 여하

참고문헌 : 金教鵬, 『中樞院書類』 531~535, 547~548쪽 ; 『中樞院會議ニ關スル件』(朝樞秘) 제10호, 발신인 중추원서기관장, 수신인 경무국장, 발신일 1937.3.17)『諸會議綴』 1937(CJA0002472) ; 1930.9, 『第10回中樞院會議ニ於ケル訓示.挨拶.演述及答申要項』 ; 1931.9, 『第11回中樞院會議ニ於ケル訓示.挨拶.演述及答申要項』 ; 1932.9, 『중추원 역적조사』 15, 제4권 조선총독부 시대, 제3장 중추원 회의, 제13절 제13회 회의 ; 1933, 『第14回中樞院會議事錄』 ; 1934, 『第15回中樞院會議事錄』 ; 1935, 『第16回中樞院會議事錄』 ; 1937, 『第18回中樞院會議答申書』 ; 1938, 『第19回中樞院會議答申書』 ; 1940, 『第21回中樞院會議參議答申書』 ; 1941, 『第22回中樞院會議參議答申書』 ; 1942, 『第23回中樞院會議參議答申書』 ; 1944. 8, 『彙報·第二十五回中樞院會議開さる』, 『朝鮮』 제351호 ; 1927.9.27 석(1), 『朝鮮日報』 ; 1929.5.3(2), 1939.6.29(1), 『東亞日報』 ; 1943.7.20(1), 1944.7.4(1), 1944.7.5(1), 1945.7.31(1), 『每日新報』.

〈부표24〉1921년 중추원 의원 각도추천자 현황

도명	성명	생년	출신/거주	중추원 참의 이전 경력	중추원 참의 임기
경기도	張錫佑	1871	仁川府	상업회의소 부회두, 公益社 인천지점장, 府協議會員, 府하교평의회원	
	丁致國	1865	仁川府	中樞院議官, 府參事, 道評議會員, 府하교평의회원	
	朴宇鉉	1869	開城郡	군수, 面面誠役, 금융조합장, 道評議會員, 府하교평의회원	
	金謹鏞	1870	開城郡	道參事, 면상담역, 面協의회원	
	金元培	1882	開城郡	開城郡參社, 면상담역, 면협의회원	
	韓相鳳	1876	水原郡	陸軍參尉, 면상담역, 한성은행 수원지점지배인	24~27
	韓相龍	1880	京城府	漢城銀行事務, 京城府協議會員, 道評議會員	27~44
	趙鎭泰	1851	同	京城商業會議所 副會頭, 조선상업은행장, 大正친목회 부회장	
	金漢奎	1876	同	中樞院副贊議, 군수, 道評議會員, 한일은행전무, 경성부협의회원	30~33
	張燾	1877	同	관립유학생, 私立慶應義塾, 사립동경범하원, 변호사, 조선인변호사회장, 道評議會員	21~24
	元悳常	1884	同	干業의하전문학교졸업, 이사, 경성부협의회원, 도평의회원	27~45
	嚴柱益	1872	同	陸軍參將부部協贊補, 한성부윤, 양정고등보통학교교장, 경성부하교평의회원	
	白完爀	1856	同	경성부협의원, 漢城銀行取締役, 경성부하교평의회원	
	芮宗錫	1872	同	京城商業會議所副會頭, 경성부협의원	
	高源植	1876	同	일본 각 관청 사무시찰, 議政府參官, 내각서기관, 中樞院副贊議, 경기도 군수	10~11
	金明濬	1870	同	宮內府秘書函, 군수, 국민협회부회장	21~45
충청북도	李源國	59세	忠州郡	군수, 판사, 변호사	
	龐寅鐫	44세	淸州郡	郡參事, 道評議會員	21~24
	李載益	45세	槐山郡	군수, 道評議會員	

도명	성명	생년	출신/거주	중추원 참의 이전 경력	중추원 참의 임기
	閔泳殷	52세	淸州郡	군수, 도참사, 道評議員	24~27
	金容求	27세	永同郡	학무위원	
	權道相	55세	堤川郡	군수, 도참사	
	申圧熙	54세	鎭川郡	군수, 도참사, 학무위원	
	鄭蘭敎	1864	公州郡	東京戶山학교 졸업, 충남 참여관	27~42
	金鍾翁	1869	大餘郡	內地視察단원, 鴻山郡참사, 제국재향군인회 부여분회 고문	33~36
	李基詳	1869	瑞山郡	內部主事, 서산군수	
충청남도	沈相冕	1879	天安郡	靖陵 참봉, 육군무관학교	
	金炳鶴	1880	洪城郡	여산군수, 홍성군참사, 道評議會員	30~33
	金甲淳	1872	公州郡	魯城군수, 공주군수, 도참사, 道評議會員	21~30
	林東勳	1863	燕岐郡	연기군수, 조치원지방금융조합 조합장	
	宋憲舜	1878	大田郡	대전면장, 지방토지조사위원회 임시위원	
	金光洙	1874	論山郡	豆磨面長	
	尹致昆	1877	牙山郡	경응의숙, 일본육사, 러일전쟁 참전, 騎兵中佐	
	鄭石謨	1871	全州郡	전주군 참사, 도참사, 道評議會員	
	李完植	1884	沃溝郡	임피·옥구군 군참사, 경찰서용지 기부	
	朴基順	1857	金山郡	中樞院의관, 전주농공은행장, 여산군수, 전주면협의원	24~27
전라북도	朴永根	1871	全州郡	전주농공은행장, 도참사, 조선식산은행 상담역	
	殷成河	1888	井邑郡	早稻田大 정치과, 三南은행 감사역, 용북면협의회원	
	柳斗煥	1883	全州郡	府州面의원, 도참사, 전주면협의원	
	金相熙	1864	沃溝郡	도참사, 각종 기부 및 표창	
	鄭鍾振	1865	茂朱郡	무안학교 주사, 익산군수, 무주군축산조합장, 애부 전주지부 협찬위원	

도명	성명	생년	출신/거주	중추원 참의 이전 경력	중추원 참의 임기
전라남도	金英武	1891	淳昌郡	재판소 서기 겸 통역생, 학무위원, 道評議會員	24~27
	李康元	1863	全州郡	학무위원, 군참사, 도참사, 전주면협의원	27~30
	千章郁		高敞郡	中樞院 부참의, 군수 11년간	21~23
	玄基奉	1855	木浦府	靈岩郡民議員, 光州農工銀行 取締役, 도참사, 道評議會員	24
	尹定鉉	1882	海南郡	해남郡教育회 부회장, 도참사, 道評議會員	26~29
	李玟相	1884	光州郡	羅州區제판소 판사, 長興支廳 판사, 변호사	
	曺喜璟	1876	靈光郡	영광군子女회 부회장, 道評議會員	
	丁秀泰	1890	谷城郡	곡성면장, 호남은행 취체역, 道評議會員	
	金衡玉	1867	光州郡	동양척식회사 창립위원, 昌平군수, 농공은행장, 식산은행 상담역, 道評議會員	
	朴鳳柱	1868	光州郡	내장원경, 군대부 특진관, 12년 일본시찰	21~24
	張相轍	1870	谷山郡	廣文社 사장, 自制圖, 광의원 촉탁, 中樞院 講演會議 경부대표자 참석	27~30
	金龜鉉	1867	善山郡	鎭衛步兵제3대대 중대장, 경시, 星州군수, 도참사, 道議會員	
경상북도	李丙學		大邱郡	大邱手形組合所評議員	21~24
	李稱學				
	鄭在學	1858	大邱府	順興군수, 도참사, 조선식산은행 상담역, 대구부협의원	24~27
	李尙鎬	1868	安東郡	학무위원, 禮安文廟直員	
	柳時萬	59세	安東郡	秘書官, 안동지방음용조합장	
	趙東錫	1778	英陽郡	私立英興學校 교장, 英陽郡參事, 道評議會員	
	金承源	1855	聞慶郡	경남觀察道 主事, 草溪군수, 延日郡守, 聞慶面長, 도評議의회원	
	尹弼五	1861	大邱府	英陽郡守, 國民協會 大邱支會 회장	
	申鳳均	1878	軍威郡	金溥財務官員, 軍威郡參事, 古老面協議員, 도評議의회원	
경상남도	李恩雨	1881	河東郡	李王職賛, 河東郡 南一음신주식회사사장	36~39

도명	성명	생년	출신/거주	중추원 참의 이전 경력	중추원 참의 임기
	金弘祚	1868	蔚山郡	蔚山郡 民議所 의장, 경남일보사 사장, 도평의원	
	文尚宇	1880	釜山府	東京 正則豫備學校, 釜山府 參事	
	孫之鉉	1867	密陽郡	晋州·밀양·청원군수, 道參事	
	金洪正	1908	統營郡	판사. 변호사. 統營電氣株式會社 取締役	
	鄭泰均		居昌郡	恭陵參奉, 秘書監丞, 渭北普通學校長	27~30
	崔演國	1886	泗川郡	慶南銀行 取締役, 도평의원	33~36
	姜元魯	1859	晋州郡	比仁군수. 晋州郡參事	
	金惠在	1868	金海郡	金海郡 左部面長, 金海郡 參事	
	河在鳩	1864	昌寧郡	昆陽군수	
황해도	吳國東	1875	海州郡	海州郡지주회 부회장. 道評議會員	
	金泳澤	48세	海州郡	郡參事, 해주 實業家, 有力者, 도평의원	35
	張再植	45세	平山郡	寶山面長, 도평의원	
	劉鳳榮	1881	海州郡	海州郡지주회장. 면장	
	盧春領	1879	甕津郡	군서기. 도평의원	24~30
	全錫泳	1893	殷栗郡	황해도 은율군 長運面長	21~25
	李台健	1876	鳳山郡	鳳山郡參事, 도참사, 도평의원	
	申宗均	1868	延白郡	鳳北面長, 지주회장, 도평의원	
	李達元	51세	鳳山郡	郡參事, 지주회 부회장, 도평의원	
	柳宅熙	1882	金川郡	郡參事, 도평의원	
평안남도	鮮于笀 (金+筍)	1880	平壤府	中樞員議官, 平壤學校평의회원	21~33
	康秉鈺	1880	平壤府	중추원의원, 한국청심득과 유학생, 平壤學校평의회원	24~32

도명	성명	생년	출신/거주	중추원 참의 이전 경력	중추원 참의 임기
	林鼎教	1857	龍岡郡	三和港紳商會長, 道參事, 진남포부협의회원	
	蔡洙玟	1879	平壤府	陽德郡守, 平原郡守	42
	田德龍	1874	平壤府	寧遠郡守, 孟山郡守	
	金志侃	1881	龍岡郡	觀察府 主事, 郡수게배	
	金淵穆	1883	平原郡	早稻田大 정외科, 民風改善記念貯蓄組合長	
	黃中鶴	1862	江西郡	沙津面長	
	金商俊	1881	江東郡	군참사, 강동면장, 강동면협의회원	
	李喜信	1869	順天郡	구장, 順天郡參事	
평안북도	崔錫夏	1866	義州郡	道參事, 道評議會員	21~22
	金濟河	1873	定州郡	도참사, 道評議會員	22~31
	崔熙淳	1878	義州郡	義州面長	
	柳世渾	40세	博州郡	郡參事	
	姜時協	1876	昌城郡	郡參事	
	金昌永	1891	江界郡	普通學校 訓導, 면장	
	李熙柱		熙川郡	郡參事	
	車頑夏	1870	寧邊郡	觀察道主事, 면장	
	朴元祚	1874	宣川郡	면장 및 학무위원 겸직, 郡參事, 道評議員	
	吳熙源	56세	鐵山郡	郡參事	
	柳基浩	1887	地方費	촉탁	21~24
강원도	嚴達煥	1866	寧越郡	岡山縣 閼谷학교 조선어 교수, 군내무 주사, 경성부협의회원, 道議會員	24~36
	李根宇	1877	江陵郡	강원도참사, 明治天皇御大葬式 강원도 대표, 도평의회원	
	朴普陽	1888	鐵原郡	私立 師範習所 교사, 철원공립보통학교 학무위원, 철원군참사, 道評議會員	39~42

도명	성명	생년	출신/거주	중추원 참의 이전 경력	중추원 참의 임기
	李起鍾	1874	春川郡	陸軍步兵參尉, 侍衛步兵第1聯隊 第1大隊附, 春川郡 참사, 道評議員	
	梁在韶	1884	原州郡	度支部 세무주사, 高城財務署長, 道評議員	
	安植	1865	京城/楊口郡	한성부제국소주사, 楊口郡주사, 楊口郡참사, 도평의원	27~30
	鄭鎬鳳	1879	橫城郡	中橋義塾 日夜學校, 횡성군 참사, 강원도금융조합연합회 감사, 道評議員	
	金翼濟	1878	通川郡	通川郡 參事, 도평의원	
	金基玉	1877	金化郡	청일전쟁후 역, 러일전쟁 第48聯隊 第大隊 소속 통익 및 의병토벌임역, 金化消防組 副組頭, 金化郡 참사, 道評議員	
	金昇煥	1855	咸興郡	北鮮商業銀行 取締役頭取	
	洪聖淵	1881	咸興郡	경성지방제국소 서기, 蔚山區제국소 판사, 道評議員	27~30
	金翰經	1873	北青郡	北靑敎育會 총무, 道 참사	
함경남도	金寧秀	1867	高原郡	義禁府都事, 江原道鑛務監理, 忠淸南道槐山郡守, 高原公立農業補習학교교장, 高原郡參事, 道評議員	
	韓淳錫	1877	洪興郡	咸興郡 西退潮面長, 도 평의회원	
	李澤鉉	1866	元山	咸興군원산부 주사, 19~20원산부 참사	21~27
함경북도	許命勳	1877	城津郡	私立 城津 中化중학교 교사, 성진군 참사, 臨溪금융조합 감사	21~25
	黃鍾國	1891	富寧郡	私立 博明학교 교감, 청진부위생회 이사, 청진부협의회원	36~39.
	全應奎	1880	穩城郡	穩城郡 文爾養土有司, 穩城郡 周原面長, 美浦面長	42~45
	李熙馥	1876	鏡城郡	경성북도 군참부 주사, 경성군 참사, 경성학교교의회원	

참고문헌 : 1924.4, 『各道議員推薦ノ件』.

〈부표25〉1921~1932, 1939~1945년 지방참의 명단

출신도	이름(창씨명)	참의 임기	출전	비고	이름(창씨명)	참의 임기	출전	비고
경기	張燕	1921~1924	①		金泰洙(金井泰洙)	1942~1945	②	
	韓相鳳	1924~1927	①		韓相龍	27~37참의, 41~44 고문	③	
	元悳常(元村肇)	1927~1945	①		金季洙	1941	③	
	朴淵秉(松井英治)	1941~	②		朴鳳巘(木山鳳巘)	1938~1941	④	
충북	龐寅絲	1921~1924	①	35 사망	李致植(南田致植)	1930~1942	①	
	閔泳殷	1924~1927	①		金海元(金海元根)	1942~1945	②	
	申昌休	1924~1930	①	32 사망	李敏植	1930~1945	⑥	
충남	金甲淳(金井甲淳)	1921~1930	①	59 사망	金炳鷁	1930~1933	①	
	尹致昭	1924~1927	①	44 사망	姜藩(豊田藩)	1936~1944	②	44 사망
	韓昌東	1927~1930	①		李鍾惠(江本鍾惠)	1942~1945	②	
	李基升	1930~1936	①					
전북	申錫雨	1921~1924	①		柳翼煥	1930~1933	①	
	朴基順	1924~1927	①		洪鍾轍(洪海鍾轍)	1930~1933	①	
	李康元	1927~1930	①		朴智根(松山淸)	1942	②	
	朴興奎(山田演植)	1927~1930	①	57 사망	元炳喜(元村炳喜)	1942~1945	②	
전남	金英武(金田英武)	1924~1927	①		金尙燮	1929~1932	①	
	金禎泰	1924~1927	①		玄俊鎬	1930~1945	①	50 사망
	朴鳳柱	1921~1924	①	36 사망	金漢昇	1932~1935	①	

출신도	이름(창씨명)	참의 임기	출전	비고	이름(창씨명)	참의 임기	출전	비고
	尹定鉉	1926~1929	①		金信錫	1939~1945	②	
	沈璿澤	1927~1930	①	50 사망	車南鎭(德山南鎭)	1941~1944	②	
	李柄學	1921~1924	①		張稷相(張元稷相)	1930~1945	①	
	鄭在學	1924~1927	①	40 사망	鄭海鵬(日鄭海鵬)	1940~1943	②	
경북	徐丙朝(大峯丙朝)	24~27, 33~43	①	52 사망	申鉉求(申鈺)	1941~1944	②	
	張相轍	1927~1930	①		崔潤(山佳潤)	36~39, 43	③	
	安柄吉	1927~1930	①		文明琦(文明琦一郎)	1941~1944	③	
	秦喜葵	1930~1933	①		李彦鎬	1935~1936	⑤	36 사망
경남	金琪邰(金澤鍾昌)	1921~1927	①	41 사망	張膺相(德山張膺 德山應常)	1930~1933	①	42 사망
	鄭淳賢	1924~1933	①		金慶鎭(金子慶鎭)	1939~1942	②	
	鄭泰均(桐本秦均)	1927~1930	①		李甲用(大田一夫)	1942~1945	②	
	全錫泳(松田圭生)	1921~1925	①		張大翼(張村大翼)	1930~1936	①	
황해	盧蒼顔(富山蒼顔)	1924~1930	①	40 사망	崔炯稙(佳山定義)	1941	②	
	鄭健裕(金浦健裕)	1925~1932	①		李承九(三島承一)	1942~1945	②	
	李忠健	1933~1935	①		吳世煥(松川正德)	1938~1941	④	
	鮮于笋	1921~1933	①	33 사망	韋基喆(白石基喆)	1941	②	
평남	康秉鈺	1924~1928	①	28 사망	田德龍(田原德龍)	1942~1945	②	
	朴經錫(山本經錫)	1928~1931	①		李基燦(安城基)	1936~1945	③	
	朴箕錫	1931~1934	①		李鍾燮(松谷平雄)	1938~1941	④	
평북	崔鋌夏	1921~1924, 1929	①	29 사망	張龍官(安本龍官)	1941	②	

출신도	이름(창씨명)	참의 임기	출전	비고	이름(창씨명)	참의 임기	출전	비고
	金濟河	24~27, 29~31	①		趙尙鈺(古山尙鈺)	1942~1945	②	
	金熙綽	1926~1929	①		金基鴻(金川基鴻)	1938~1941	④	
	金成圭	1931~1934	①		朴起東(朴昌寔)	1930~1933	①	
강원	柳基浩	1921~1924	①	24 참의관	崔準集(丸山隆準)	1936~1945	②	
	李根宇	24~27, 33~36	①		張俊英(張永俊英)	1942~1945	②	
	鄭鬝鳳	1927~1930	①		魏梢柏(三山鶴市)	1942~1945	②	
	李澤鉉	1921~1927	①	29 사망	李翊華(西原翊華)	1942~1945	②	
함남	洪聖淵	1927~1930	①	34 사망				
	姜弼成	1930~1931	①	32 참의관, 39 사망	方義錫	1939~1945	③	
	許命勳	1921~1924	①		梁在鴻	1930~1933	①	
함북	皮性鎬	1924~1927	①		黃鍾國(中山富雄)	1936~1945	②	
	李興載(廣川正海)	1927~1930	①					

범례 : ① 『中樞院官制改正ニ關スル參考資料』중 『副議長, 顧問, 參議選任ノ內規, 慣例選任事由(貴族, 官吏出身, 有職者ニ區別レ設置當ヨリノ變遷ヲ示スコ)』

② 조선총독 쿠니유키, 1942, 『第23回中樞院會議答申書』.

③ 1943, 『朝鮮及臺灣ニ於ケル政治的的處遇關係の3』『朝鮮總督府中樞院議官表』.

④ 1941.4.25, 『每日申報』; 1941.4.30, 『朝鮮總督府官報』.

⑤ 1935.7.27, 12.16, 『每日申報』.

⑥ 警務局 警務課, 1932, 『中樞院議官官表(JA0002443~0027127301); 1930.9.1현재, 『中樞院議官略歷調』, 『齋藤實文書』 第2卷.

<부표26> 1933~1938년 지방참의 추정 명단

출신도	이름	중추원 임기	참의 전 경력 및 지역 경제·사회적 기반
경기	金元福 (松本清)	1944	1916~19 영등포정경찰서 경부, 1919~22 도경부 경시, 인천부협의원(23·39), 경기도평의원(27·33·35). 인천자선회 부회장. 인천수산회 부회장. 구방의회 부회장
	金正浩 (青木正浩)	1935~1938	개성商工會議所 회대 회장. 府會議員, 道會議員, 開城電氣株式會社 사장
	金漢奎 (金子漢奎)	1933~1936	1910 부천의, 京城商業會議所 부회장, 京畿道 評議員
	梁在昶 (梁川在昶)	1945	10~16 경성부 서기, 17~19 경기도서기, 20~21 부천 용인군수, 27.4.1 경성하의원(동아, 27.4.3). 1944.9 京畿道 各 地域에서 勤勞動員의 指導啓蒙(每日新報 1944.9.8)
	曹秉相 (夏山茂)	1939~1945	京城府 學校評議會員, 京城府會議員, 片倉生命保險會社 朝鮮 支社長, 南大門商業學校 간사
	崔在燁 (高山在燁)	1941	水原邑 출신, 경기도회의원(33, 37, 35, 39, 수원), 경성부회(26, 29, 31, 35, 39), 京畿産業(株) 상무이사, 華城興産(株) 이사, 수원금융조합 및 수원금융조합 役員, 보통학교 주원회 부회장41년 사망
충북	孫在廈 (廣原平成)	1939~1942	영동주조사장, 22 영동반영회평의원, 영동금조조사, 영동상공회의, 임천보주단 받기인, 에구중부조 1천인, 비행기기금 1만원, 救世軍支營金에 坐世百餘拜附(1924), 영동中學校期成會에 五百百 秋收土地 提供(1934), 永同實業校期成會(1935), 5백석의 토지기부 영동농도실합학교 설립기여(1935)
	李明求 (牧山慶定/牧原廣定)	1933~1936	충남도림의원, 청주상업학교교이사, 금조평의원, 임천보주단 충북청주부장, 충덕중부연맹 이사, 청주청년단장. 충북군사주원회연맹 상담역, 충북구방의회연합회, 충이보주단, 39 청주군유도회, 충북도평의원(30, 33, 청주), 청주면협의원(23, 26). 清州柴町國民學校·清州壽町國民學校·清州中學校·清州商業學校·清州石橋國民學校·清州女子中學校 주원회장. 清州高等普通學校 獎學會 설립, 段成獎學會 이사장
	鄭鎬洛	1936~1939	12~33 옥천금조장, 명륜학원 사설강습회 개최, 19~20옥천군참사, 충북도평의원(24, 27, 30, 33, 옥천)

출신도	이름	중추원 임기	참의 전 경력 및 지역 경제·사회적 기반
	韓定錫(大原定錫)	1945	경무, 21 충북 경시, 22 충북 보안과 순사교습소장, 24 충북 보안과장, 청주 사립면장, 충북 피복공업조합 이사, 44 충북 상공경제회 설립위, 청주상공조합, 충북도회의원(41, 청주)
	金鍾翕	1933~1936	1909 사립한흥학교장, 19~20 부여군참사, 부여군 학평, 1911 동척사원단이원, 군자포조합장, 농회부회장, 수조장, 부여군수회장, 부여군기주회장, 충남도평의원(20, 청양)
	金昌洙(金山敬)	1939~1942	1911~13 회덕군수, 14~18 대전군수, 19~22 부여군수, 충남도평의원(24, 27, 대전). 소득조사위원
	閔藏馣(芝山載馣)	1944	천안참사, 군서리산계 주사, 학평, 천안진흥회장, 천안농회 평의원, 금조장, 공려조합장, 임전보국단 충남지부, 충남유도연합회이사, 소방조장, 百濟商事(株) 전무이사, 충남도회의원(33, 37, 41, 천안). 1942 소득조사위원
충남	成元慶(星元朗秀/成元萬基)	1936~1939	天安湖西銀行頭目(1920). 예산 호서은행 지배인, 天安電燈(株) 이사, 동이입보 이사, 이사지배인, 東一銀行(株) 상무이사, 중앙입보 간부, 농회입평의원, 에루부인회 충남지부 고문, 1937황군위문 北支까지 日兵 懇問行, 충남도평의원(24, 27, 30, 33, 예산), 24 천안면협의회, 39 경성부회
	林昌洙	1945	忠南勸業(株) 감사, 儒城溫泉(株) 감사, 忠淸南道評議會員(24, 공주), 국가보안법 및 치안유지법 지정변호, 공주금조의원, 공주공부보 하무위원 및 주임회장, 1924년 대전이전반대운동, 1938년 조선농회부회장, 1940년 참정원, 홍아보국단 충남의원, 임전보국단, 1941 國民總力朝鮮聯盟理事 중남
	池喜烈(中原健)	1939~1941	충남도회의원, 10 직산군수, 15 공주군수, 18 서산군수, 22~23 부여군수, 도평의원(27, 33, 37(부의장, 부여)) 31 홍아보국단 간부, 정동조선연맹 간부, 41년 사망
	姜東曦	1939~1942	萬頃金融組合(33.2), 東津水利組合 평의원, 임전보국단 전북지부, 전북유도연합회 부회장, 군농회 통상의원, 김제어업조합장, 김제엽군조합, 임전보국단 임시위원, 전북보국단 발기인(군산), 정동조선연맹 이사, 민공공보, 전라북도평의회원(1920~33, 김제)
전북	文鍾龜(平文鍾龜)	1939~1942	16.3.1 전북토지조사위원 임시위원, 19~20 옥구군참사, 군산수리조합, 34 군산소득조사위원, 21 군산흥농회 이사, 41 임전보국단 발기인(군산), 정동조선연맹 상임이사, 전북도평의원(20, 옥구)
	朴禧沃	1933~1939	남원군 참사, 전북토지조사위원회 임사위원, 남원군위생조합장, 남원금조장, 남원금조장, 조선박람평의원, 시중회, 제국재

출신도	이름	중추원 임기	참의 전 경력 및 지역 경제·사회적 기반
			향군인회 남원지회 특별회원, 일본적십자사 특별회원, 전북도평의원(24, 27, 남원), 雲峰女子義塾 1만원기부(23년), 雲峰公普及阿英公普 六千餘圓기부(25년), 社會館기부(29), 南原農蠶校 1만원기부(33년)
	印昌桓 (高木昌桓)	1936~1939	산남은행 이사, 全州無盡(株) 이사, 전주금조장, 삼공정미소(전주), 1937년 新興 紀全 兩學校 10만원 기부(동아1937.9.13), 全州幼稚園 매월 1백원씩 기부(23년), 貧民百餘名 新製白布袋에 入한 白米二斗式 분배(24년), 全州崇德學院 경영(33년), 全州사범학교七千五百所寄附(35년), 孤兒園創立의 기부금(36년), 전주면협의(23~30), 전부협의(35)
	全承洙 (三宅勝秀)	1945	금산군수 감사, 남전임업 이사, 전북도무물 이사, 전라산업 감사, 진안금조장, 진안산조장, 진안경방단장, 31 진안 동이읍보지국장, 전북도평의원(27, 33, 37, 진안)
	鄭槙謨 (楓川領謨)	1933~1936	09 전주보 하무위원, 15 전주군감사,19 전북내무부사회과, 23 전북내무부사회과, 25 지방과 축탁, 34 소작관실 시족진회 실행위원,시공회, 36~39 경하임 감사, 임진보두단, 전북도평의원(20, 전주), 全州第二公立普通學校用 建物 6棟 및 風琴 1臺 外 204點 및 同校 敎育費로 備 24千洛巴 田 7斗洛을 기부(1915), 南鮮圖書印刷株式會社, 전북도평의원(20, 전주)
전남	崔昇烈 (德山昇烈)	1891~	16 전주군 관선관련습.17~18 전주군서기, 19 임실군서기, 경성상업.운수업사장. 44 전북상공경제위원설립.중이보두단 전북위원,임진보두단 광의원
	金相亨 (金子相亨)	1935~1941	고흥군서기(20년), 1933. 4. 15조선나예방협회 이사, 전남도회의원(33 민선, 고흥), 全南道是製絲(株) 감사, 保顧社(合名, 고흥) 사장, 救貧 및 敎育基金으로 1萬圓기부(東亞日報 1935.4.13), 一만一천三백 원 소작인에게(33년), 高興 東小校 擴張에 二千圓(39년)
	玄基奉	1924(사망)	10 靈岩郡 私立 鳩林學校 校長, 10년 務安蝟邑 蠶業所長, 11년 木浦府 蠶業 添事. 20 전남도참사. 산업조사위 위원, 인민대회기성회 광주군지방부 집행위원장. 16.9.17 목포상의의원(관보, 16.9.11). 16.6.30 明治神宮奉賛會 朝鮮支部 全南道府위원 19.5.3-4일 木浦府 溫錦洞 보통학교에서 발생한 소요사건에 대해 說諭, 전남도평의원(20, 목포)
경북	金在煥	1944	경북도 서기, 1911~25 창녕·선천·이성·달성군수, 대구은행제의 역,조선주앙조화사 취체역, 대구정니구라

출신도	이름	중추원 임기	참의 전 경력 및 지역 경제·사회적 기반
	徐炳柱	1939~1940	부, 시중회, 대구구방의회 부회장, 경북도회의원(27, 30, 33, 37, 41, 대구)
	李章雨(岩村章雨)	1943	朝陽無盡(株)이사 및 대구주, 慶北商工(株)이사, 慶北興産(株)이사, 連湖堤 水利組合 조합장, 경북도회의원(33, 37, 대구), 23 대구부협의회
	金東準	1945	34 경북도농회 부회장, 조선농회 통상의원, 23대구농회 특의원(18), 경북도협 의(26), 大邱酒造(株)이사, 慶一銀行(株)감사, 1919년 大邱商業會議所 상의원.
	金斗贊(龜岡斗贊)	1933~1936	부산경방단 부단장, 부산교화연맹 부회장, 구방의회부회장, 총리부신연맹 부이사장, 1938년 지원병계환영 담화, 1939년 부산특별지원병후원회 부회장, 임선보국단, 경남도회의원(40~41(란))
	盧泳奐(大原大元郎 大元太郎)	1936~1939	금융조합 감사, 군농회 부회장·수리조합 평의원·신림회 부회장·축산동업조합 부조두·소방조 부조두(副組頭)·연조경삭조합장, 1933년 진주 남강수조사위원, 1935년 전주 사립일신여고교 학급증설위원회 상무이사, 경남도평의원(20, 24, 27(란), 30(란, 진주))
경남	盧俊泳(豊川一清)	1945	1919 창녕군 고암면장(18년간), 창녕공보 학무위원, 창녕금소조사위원, 1932 창녕금소조장·향촌의숙설립, 1938 조선국방협회 창녕지부회원, 경남도회의원(27, 41, 창녕)
	李恩雨(贊特)	1936~1939	1912년 4월 이왕직 찬시(贊侍), 1920년 진주 사립일신고보통학교 받기위원, 1920년 7월 하동군 남일물산 주식회사 사장, 1926년 섬진수리조합 설립기성회장, 하동수리조합장, 하동산업조합 설립기성회장, 1935년 전주 사립일신여고교 학급증설위원회, 하동읍장, 임선보국단(좋아보국단 경남위원) 받기인 및 경남 위원, 경남도평의원(20, 24, 27, 33)
	崔演國(朝日昇)	1933~1936	사천보통학교 학무위원, 1914년 9월 10일 동산장려회 평의원, 1915년 7월 22일 사천화평의 원, 사천금융조합장, 사천항교의 문묘직원, 계림농림주식회사장, 경남은행 취체역, 전주 사립일신고등보통 하교 받기인, 1927년 임자(壬子)신보수식회사장, 1930년 4월 경남도평의원·사천수리조합장에 취임했고,

출신도	이름	중추원 임기	참의 전 경력 및 지역 경제·사회적 기반
			경남교풍회지부 고문·사천면협의원·조선소방협회황해진조원·조선소방협회 사천면영회장·조선소방협회 사천신읍회 부회장·구암수리조합장·사천수리조합장. 경남교풍회지부 고문. 1944년 2월 사천군 국민총력동맹 고문. 경남도평의원(20, 30, 사친). 33사천면협의원
	河駿錫 (河本駿錫)	1939~1942	소자관개선 조사위원. 소득세조사위원. 제신국축단. 임전보국단. 조선사회사업협회 평의원. 구방교육회 부이사장. 시중회 정총연맹. 배영동지회 이사. 시중회. 경남도평의원(30, 33, 37, 장남). 영남자동차회사(合資)사장. 慶南自動車(合資)사장
	金基秀 (金田基秀)	1936~1939	(사리원) 공립보통학교(1912.4.1). 조선농담회평의원. 중아보국단황해도회원. 임전보국단. 1941.2.26 국민총력조선연맹이사(메신 41.2.27). 시중회 간사, 황해도평의원(민) [군27.4.14.21)]. 興産貿易社(株) 이사
황해	金景壽 (金岡宮源)	1944~1945	임전보국단받기인(해주,1941). 황해도회의원(41, 벽성)
	金冰澤	1935~1938	1913.1~1920 해주군참사. 14~17 황해도지방토지조사위 임사위원. 1908년 동직실업위원. 을산공진회 평의원. 조선박담 평의원. 1921~27 조선농회 황해평의원. 26년 선산수조장. 1933 황해도 농회 부회장. 34해주금조장. 황해도평의원(20, 24, 27, 30, 해주)
	閔丙德 (鉢山丙德)	1939~1942	12 임시도국주 서기. 제물운수창고 제평상사 사장. 군농회 평의원. 수리조합장. 하무위원. 식산조합 훼체역 중농회 받기, 신간회 제영지회 부회장. 30네 신간회 검행위원. 임전보국단 황해지부, 중아보국단 위원. 황해도회의원(33, 37)
	金音沐 (松宮音沐)	1939~1942	眞咸自動車商會(合名) 사장. 江西自動車運輸(株) 사장. 평남도평의원(30, 강서.란보 1924.4.5), 강서면협의원. 1928년 동아일보 강서지구 고문. 1940년 동아일보 강서지구 고문. 德興小校增築費 5백원 기부
평남	鄭觀朝	1933~1936	평양부학평. 평양유린회 부회장. 조선불교단. 평남도평의원(20, 24, 27, 30, 평양). 崇仁校 2천원기부(25년)
	蔡昌鏞 (山本昌鏞)	1944~1945	평양부 무제통제조합 감사(1943.10.26, 란보 1944.2.26). 평안남도제생산출식조합 감사(1944.2.29, 란보 1944.5.10)
	崔珊默	1945	39 평양변호사회장. 평양보호관실심사회 예비위원. 임전보국단 평의원(42 정병제선전). 대화동맹 심의원.

출신도	이름	증추원 임기	참의 전 경력 및 지역 경제·사회적 기반
평북	(大山晃)	1945	대아당원, 평남도회의원(33, 37, 41, 평양), 평양부의(29, 31, 35, 39, 43), 大陸運輸(株) 이사
	姜利璜(岡利晃)	1945	1916~19 경무, 20~23 경무, 24~33 광성.대동강변장, 09평남순사(이평토벌), 화의금융조합 간사, 의주군농회 특별의원, 광성수조장(29~39), 대동서림 유한책임사원, 임전보국단 평북지부 이사, 평북도평의원(27, 30, 33, 37(관), 41(관 의주), 43(신의주), 37년 貧民救濟金義捐
	高峯-清(高峯-清)	1935~1938	1930~33 평북의주읍장, 조선임보사 이사 및 고문(동이1933.4.9), 義州金融組合組合長, 松縣水利組合長組合, 국민총려조선연맹 위원, 조선임전보국단, 평북도의원(33.5.10)
	李泳賛(安川泳賛)	1944~1945	22 선천신소조합장, 선천군농회 부회장, 신의주 주조장, 조선신문기자운동, 민립대학기성준, 선천읍정비행기 한남 중이임전국단, 임전보국단평북지부, 평북도회의원(34, 37, 41, 선치), 선천읍의원(31, 35, 39)
	李熙迪(平居熙迪)	1936~1939	19 백산상회 담당 판사, 구방보안볍 지정볍호사, 신의주보호관결심사위원, 44 평북상공회의회 설립위원, 조선임보평북지부 고문, 민립대학기성운동, 조선불교교단, 임전보국단 평북지부, 평북도회의원(33, 신의주), 신의주(26, 29, 31, 35, 39, 43)
	崔昌朝	1933~1939	14 재관소서기기금 통우생, 17 평양장지볍 진남포경지청 판사, 해주군사, 鴨綠江土地改良(株) 이사, 평북도평의원(30, 의주)
	洪致羹(南陽致羹)	1939~1942	충독부의원 조주, 평북 공의,선천소득조사위원, 34 조선임보 청진지구 고문, 매신신보 받기인,민립대하기성 운동, 시동회, 임전보국단 함북지부, 평북도회의원(33, 37, 선치), 선천면의(23, 31)
강원	朴普陽(江原基陽)	1939~1942	평신군사립사범강습소 교사, 철원공보교 하무위원, 20 철원군참사, 14.3.2 철원소방조합 평의원, 철원위생조합 부장, 철원금조 감사, 40.41 참정청원, 임전보국단 받기인, 33 조선신구봉산회, 정동연맹, 강원도평의원(20, 27, 33, 37(부의장), 철원), 江原繩以(株) 이사재배인, 鐵原酒造(株)사장
	崔養浩(武山養浩)	1933~1936	10~12 영월군수, 춘천소득세조사위원, 울신조군진회 평의원, 춘천금조장, 시중회, 임전보국단, 춘천연영회, 대동민우회, 35 참정청원, 강원도평의원(31, 33, 37, 춘전)
함남	金夏涉(金本安民)	1945	고원주사, 1909 고읍보통학교장, 함주수리조합장, 함흥소조(15.6.13), 함흥소조, 함남도총부녀회장, 조선농회 통상의원, 매신지거구장, 1931 국민협회 함남지부, 임전보국단 함남지부, 함남도조(관)[군20.12.20(21.1.8], 상동(관)[군27.4.1(4.22], 함남도평(관)[군30.4.1(4.19], 20, 27, 30, 41(함흥), 23, 31, 35, 39, 43(함흥부의), 咸

출신도	이름	중추원 임기	참의 전 경력 및 지역 경제·사회적 기반
			興舘(株) 감사, 咸興市 태인시(株) 이사, 朝日택시(株) 사장.
	南百祐	1939~1942	원산시번영회, 원산시민협회, 조선일보 원산지국 고문, 원산부 여 지배인, 北鮮倉庫(株) 본점지배인, 원산상공협의회 평의원, 원산청년회 간부, 임전보국단 원산지구 등, 함남도 평의원(27, 30, 37, 원산), 29,31,35,39,43(원산부협의원), 元山肝油(株) 이사, 元山勞務供給組合
	孫祚鳳 (湖山祚鳳)	1945	함남재무서기 및 도서기(20~21), 43.9.1 비행기구입비 40만원 헌금, 함남도회의원(33), 思想保國朝鮮聯盟 元山支部 支部長, 方面委員, 肥料賣買業
	申熙璉	1933~1936	20 경원군수, 24~29 단성군수, 안변우편소장, 산림보호조합, 39 참정청원, 국민협회간부, 33 안변구방위의회 평의원, 함남도회의원(33, 안변)
	劉泰卨 (邦本泰尙)	1933~1942	16 홍성지청 판사, 18 함흥지법 청진지청 판사, 22 함흥지법 원산지청 판사, 평양지법 판사, 41 구방보인법변호사, 41 참정청원, 임전보국단, 함흥보호관찰심사위원, 함남도회의원(33, 함흥), 함흥부의(35, 39, 43), 咸興舘(株) 이사,
함북	金炳奎	1933~1936	함교평의원, 죽산동조합부장, 군농회의원, 도농회 의원, 32~33 함북 축타으로 몽수개항 강임, 함북도평의원(24, 민신), 金炳奎綿行(合資) 사장, 咸北印刷(株) 사장.
	金定錫 (金山詔能)	1939~1942	21~23함부사학, 경원공보교, 매일신보 나남지사장, 1941년 참정청원, 임전보국단 종이보국단 함북의원, 함북도회의원(33, 37, 41, 경성), 咸北印刷(株) 이사

참고문헌 : 『朝鮮總督府官報』; 『朝鮮日報』; 『東亞日報』; 『每日申報』(『每日新報』); 『朝鮮時報』; 1935, 『朝鮮人事興信錄』; 1935, 『朝鮮總督府始政二十五周年記念表彰名鑑』, 同 刊行委員會 ; 1935, 『朝鮮功勞者銘鑑』, 阿部薰 編 ; 1940, 『皇紀二千六百年記念咸南名鑑』, 朝鮮新聞社 ; 1931, 『全鮮府邑會議員銘鑑』, 朝鮮經世新聞社.

〈부표27〉 1910~1945년 중추원 참의의 '지방의회' 경력

지역	1910~20년대		1930년대		1940년대	
	성명, 중추원임기	지방의회임기	성명, 중추원임기	지방의회임기	성명, 중추원임기	지방의회임기
경기	金漢奎(경성) 부참의 10~11 참의 33~36	도평20, 24(민), 경성부협 16, 18, 20	金正浩(개성) 35~38	도평27, 30, 33(민), 개성부협31, 35, 39, 43, 송도면협23, 26	金泰濬(시흥) 42~45	도평27·30(민), 도회33·37·41(관)
	韓相龍 참의 27~40 고문 41~44	도평20·24·30(관), 도회33·37·41(관), 경성부협 14~20	金思演(개성) 34~45	도회33·37·41(관), 경성부협의원26·29·31	金季洙(경성) 41~45	30(도)
	張燾(경성) 21~24	도평20·24(관)	曹秉相(경성) 39~45	도회33·37(민),41(관), 경성부회26, 29, 31, 39, 43	崔在燁(수원) 41	도회33·37·39(민), 경성부회26, 29, 31, 35, 39, 41
	韓相鳳(수원) 24~27	도평20·24(민), 수원면협23	朴鳳鎭(개성) 38~42	31~39(부), 20~29(면)	朴弼秉(안성) 41~44	도평27·30(민), 도회33·41(관)
	元悳常(경성) 27~45	도평20(민), 27·30(관), 도회33·37·41(관), 경성부협20	李升雨(경성) 36~45	26, 29, 31, 35(부)	金九福(인천) 44	도회30(관),33(민)·37·41(관), 인천부회의원23·39
	白寅基(경성) 27~30	도평27(관), 경성부협16, 18, 20, 26				
	閔泳綺(경성) 고문11~23	도평20(관)				
충북	龐漢赫(청주) 21~24, 고문36~39	도평20·24·27(관), 도회33(관)	鄭錫溶(옥천) 36~39	도평24·27·30(민), 도회33(민)	金元根(청주) 42~45	도회37·41(관)

지역	1910~20년대 성명, 중추원임기	1910~20년대 지방의회임기	1930년대 성명, 중추원임기	1930년대 지방의회임기	1940년대 성명, 중추원임기	1940년대 지방의회임기
	閔泳殷(청주) 24~27	도평20·24·27(환), 도회33·37(부의장)·41(환)	孫在廈(영동) 39~42	도회33·37(민), 옥천면협	韓定錫(청주) 45	도회41(민)
	申昌休(충주) 27~30	도평24·30(환)	李明求(청주) 33~36	도평30(민), 도회33(민), 청주면협23, 26		
	金甲淳(공주) 21~30	도평20·24(환)	金炳翊(홍성) 30~33	도평20(민), 24·30(환), 도회33(환)	林昌洙(연기) 45	도평24·26·30(민). 도회33·33·37·41(민)
	韓昌東(서산) 27~30	도평20·24(환)	金昌洙(대전) 39~42	도회24·27(민)	閔載祺(천안) 44	도회33·37(민),41(환)
충남			成元慶(예산) 36~39	도평24·27·30(민) 천안면협24, 정성부39 / 도회33	李鍾惠(예산) 42~45	도회37(민)
			池喜烈(서산/부여) 39~41	도평27·33(환), 도회37(환, 부의장)		
			金鍾翕(청양) 33~36	도평20(민)		
전북	李英武(순창) 24~27	도평20·24(환), 도회33·37·41(환)	鄭碩謨(전주) 33~36	도평20(민)		
	朴興奎(정읍) 27~37	도평24(환)	文鍾龜(옥구) 39~42	도평20(민)	朴智根(이산) 42~45	도평30(민)도회33(민). 항등면협.41(환). 도평27(민)
	李漢元(전주) 27~30	도평30(환), 전주면의20	姜東義(김제) 39~42	도평20, 33(민) 37(환)	全承洙(진안) 45	도평27(민). 도회33·37(민)
			朴喜沃(남원)	도회24·27(민)	元炳喜 42~45	35, 39(부)

지역	1910~20년대		1930년대		1940년대	
	성명, 중추원임기	지방의회임기	성명, 중추원임기	지방의회임기	성명, 중추원임기	지방의회임기
			33~39		崔昇烈(전주) 45	35(부)
			洪鍾轍(진안) 30~33	도평24·27·30(민). 도회33·37(민)		
			印昌桓(전주) 36~39	전주면협의(23~30). 전부협의(35)		
전남	尹定鉉(해남) 26~29	도평20(관)	金漢昇(여수) 32~35	도평20·24·27(민) 37(민) 여수면협23	車南鎭(목포) 41~44	도회33·37(관) 목포부의26, 29, 31, 35, 39, 43
	金商燮(목포) 29~32	도평24·27(관). 도회30(민). 목포부협20, 23, 26, 29, 31	金相亨(고흥) 35~38	도회33(민)		
	玄基奉(목포) 24	도평20(관)	玄俊鎬(광주) 30~45	도평24·27(민). 광주면협 23		
			金信錫(광주) 39~45	도평30(관). 도회33·37(관,부의장)		
경북	徐丙朝(대구) 24~27, 33~45	도평20·24·27·30(관). 도회33·37(부의장)·41(관). 대구부협14, 16, 18, 20, 23	李宣鎬(안동) 35~36	도평24·27·30(민). 도회33(민)	文明琦(영덕) 41~44	도평20·24·27·30(관). 도회33·37(관)
	安炳吉(경산) 27~30	도평25·30(관)	張稷相(대구) 칙묵30~45	도평20·24(민)	鄭海鵬(대구) 40	도평24(관), 대구부협14, 16, 18, 20
	鄭在學 24~27	부협(20)	徐丙杜(대구) 39~40	33·37(관), 대구부의	申鉉求(대구) 41~44	도회41(관)

지역	1910~20년대 성명, 중추원임기	1910~20년대 지방의회임기	1930년대 성명, 중추원임기	1930년대 지방의회임기	1940년대 성명, 중추원임기	1940년대 지방의회임기
경남			崔潤(경주) 36~39, 43	도평27·30(민)	金在煥(대구) 44	도평27·30(관). 도회33·37(관)
			秦喜葵(달성) 30~33	도평24·27(관)	李章雨(대구) 43	도평26(민). 대구부협18
	鄭淳賢(거창) 24~33	20(관) 24(민)	李恩雨(하동) 36~39	도평20·24·27(관). 도회33(관)	盧俊泳(함양) 45	도평20·24·27·30(관). 도회37·41(관)
	金琪郜(진주) 21~27	도평20·24(관), 진주면협20	崔演國(사천) 33~36	도평20·30(관)	李甲用(고성) 42~45	33·37(민), 고성읍의39
	鄭泰均(거창) 27~30	도평20·30(관). 도회33(관)	金慶鎭(김해) 39~42	도평24·27·30(관), 도회33·37(부의장)·41(관)	金東準(부산) 45	도회41(관)
			張鷹相(사천) 30~33	도평37(관)		
			盧冰煥(창녕) 36~39	도평27(관). 도회41(관)		
			金斗賢(창녕) 33~36	도평20·24·27·30(관)		
			河駿錫(창녕) 39~42	도평30(관). 도회33·37(관)		
황해	全錫泳(은율) 21~25	도평20(관), 도평24(민)	張大翼(서흥) 30~36	도평20·24·27(민). 도회33·37(관). 서흥면의	崔炯機(해주) 41~43	도회33(관)
	盧奮顗(옹진) 24~30	도평20·24·27·30(관).	金冰澤(해주)	도평20·24·27·30(관).	李承九(금천)	도회37(민)

지역	1910~20년대		1930년대		1940년대	
	성명, 중추원임기	지방의회임기	성명, 중추원임기	지방의회임기	성명, 중추원임기	지방의회임기
	鄭鍵裕(제령) 25~32	도회33(민)	35~37	해주면협23	42~45	
		도평20·24·27(란)	金基秀(제령) 36~39	도평27(민)	金富源(벽성) 44	도회41(민)
			吳世暉(해주) 38~41	도평30(란)	閔奎植(신천) 45	도평24·30(민), 도회33(민)
			閔丙德(제령) 39~42	도회33·37(민), 제평읍회43		
	金濟河(정주) 22~31	도평20·24(민)	金成圭(용천) 31~34	도평27(민)	張龍官(구성) 41~43	도평24(란), 도평27(민)
평북	金凞綽(선천) 25	도평20·24·26(민)	崔昌朝(신의주) 33~36	도회30(란)	姜利璜(의주) 45	도평27·30(란), 도회33·37·41·43(란)
	崔燦夏(의주) 21~22, 29	도평20·24·27(란)	高一淸(삭주) 29~35	도회33(란)	李泳贊(선천) 44~45	도회34·37·41(란), 선천읍의31, 35, 39
			洪致業(선천) 39~42	선천면 도회33·37(민), 의23, 31	趙尙珏(신의주) 42~45	도회41(민), 신의주부의35, 39, 43
			李熙迪(신의) 36~39	신의주부의 도회33(란), 26.29.31.35.39.43		
평남	朴經錫(평양) 28~31	도평24·27(란), 37(부의장, 란), 평양부협14~15	李敎植(대동) 35~42	도회33(란)	韋基喆(평원) 41~43	도평27(민), 도회33(민)
	康秉鈺(평양) 24~27	도평24(민)	鄭觀朝(평양)	도평20·24·27·30(란)	崔鼎黙(평양)	도회33·37·41(민), 평

지역	성명. 중추원임기 (1910~20년대)	지방의회임기 (1910~20년대)	성명. 중추원임기 (1930년대)	지방의회임기 (1930년대)	성명. 중추원임기 (1940년대)	지방의회임기 (1940년대)
		평양부협20~26	金晉洙(강서) 39~42	도평30(민). 강서면협	40~45	양부의29, 31, 35, 39, 43
			李基燦(평양) 36~45	도회33(관). 평양부의23, 26, 29, 31, 35, 39, 43	田德龍(대동) 42~45	도회41(민)
			李鍾燮(진남포) 38~42	도회33·37(민). 진남포부의23, 31, 35, 39, 43		
	鮮于荀 21~33	평양부의 20~26				
강원	李根宇(강릉) 24~27, 33~36	도평20·27·30(관), 도회33(관)	朴普陽(철원) 39~42	도평20·27(관), 도회33·37(관. 부의장)	張俊英(영원) 42~45	도회33·37·41(관)
	鄭錫鳳(횡성) 27~30	도평20·24(민)	朴起東(강릉) 30~33	도평24(민)		
			崔養浩(춘천) 33~36	도회33·37(관)		
			崔準集(강릉) 36~45	도회33·37(민). 강릉면의31		
함북	李興載(회령) 27~30	도평27(민), 도평30(민). 도회33(관)	梁在鴻(김주) 30~33	도평24(민)		
			黃鍾國(청진) 36~39, 42~45	도평24·27(민), 도회33·37·41(민)		
			金定錫(경성)	도회33·37·41(민)		

지역	1910~20년대		1930년대		1940년대	
	성명, 중추원임기	지방의회임기	성명, 중추원임기	지방의회임기	성명, 중추원임기	지방의회임기
			39~42			
	洪聖淵(함흥) 27~30	도평20·30(민)	金炳奎(경성) 33~36	도평24(민)		
	李澤鉉(원산) 21~27	도평20·24(관)	南百祐(원산) 33~36	도평27·30(관). 원산부29, 31, 35, 39, 43	金夏涉(함흥) 45	도평20·27·30(관). 도회41(관). 함흥23, 31, 35, 39, 43
함남			姜弼成(덕원) 30~31	도평30(민)	魏傅鶴(원산) 42~45	도회41(관) 원산부의42
			方羲錫(북청) 39~45	도평30(관) · 도회33·37·41(관) 북청31.35		
			劉泰卨(함흥) 33~42	도회33(관) 함흥35, 39, 43		
			孫祚鳳(원산) 36~39	도회33(관)		
			申熙璉(안변) 33~36	도회33(관)		

범례 : 도평－도평의원(1933년 이전), 도회－도회의원(1933년 이후), 부협－부협의회의원, 부회－부회의회의원(1931년 이전), 부의－부의회의원(1931년 이후), 읍회－읍회의원, 면협－면협의회의원, 민－민선, 관－관선

참고문헌 : 『每日申報』, 『每日新報』, 『東亞日報』, 『時代日報』, 『中外日報』, 『朝鮮中央日報』, 『釜山日報』, 『朝鮮時報』 ; 1931.12, 藤村德一 編, 『全鮮府邑會議員名鑑』, 朝鮮經世新聞社 ; 동선희, 2005, 『일제하 조선인 도평의회.도회의원 연구』, 한국학중앙연구원 박사논문.

〈부표28〉 중추원 참여자 중 지방농회 간부

도명(지역)	이름	직제	농업관련 주요 경력
전북(김제)	강동희	통상의원	동진수리조합 평의원, 김제농사조합 이사
평북(의주)	강이황	특별의원	29~39광정수리조합장
충남	김갑순	조선농회 통상의원, 도농회 부회장(26)	27우성수리조합장
경남(진주)	김기태	21~27경남농회평의원	협성상회 해체 역
경남(창녕)	김두찬	군농회 부회장	수리조합 평의원, 축산동업조합 부회장, 연초경작조합장
함북	김명규	군농회/도농회 이원	축산공조합부장
황해(해주)	김영택	21~27 조선농회 황해평의원, 33도농회 부회장	26선신수리조합장
함남(함흥)	김하섭	35도농회 부회장, 36조선농회통상의원	32함중수리조합장
평북(선천)	김희작	25군농회 특별의원	조림사업
경북(영덕)	문명기	조선농회 평의원	제지업, 광산업
황해(세평)	민병덕	군농회 평의원	수리조합장, 홍농회 발기, 식산조합 취제 역
충북(청주)	민영은	도농회 부회장	대지주
충남(천안)	민재기	군농회 평의원	천안전중회
평남(평양)	박기서	35도농회 부회장	
전북(전주)	박기순	26~34도농회 부회장, 31조선농회도상임의원	대지주
경북(대구)	서병조	도농회 부회장, 31조선농회 중앙간부	대구권업전습소장
충남(예산)	성원경	농회 특별의원	예당수리조합장
함북(길주)	양제충	26~34도농회 부회장	33도향야장
강원(강릉)	이근우	군농회 평의원	강릉산림회 평의원
충남(태안)	이기승	도농회 부회장	위생조합 부조장, 서산신림부조합장
평북(선천)	이영찬	군농회 부회장	22식산조합장, 신의주 주조장
경북(대구)	이장우	34도농회 부회장, 조선농회 통상의원	大邱商業會議所 特別評議員

도명(지역)	이름	직책	농업관련 주요 경력
충남(예산)	이종덕	군농회의원	예산상공회장, 양조장
함북(온성)	이종제	34도농회 부회장, 조선농회 통상의원	온성수리조합 이사
황해(서흥)	장매익	도농회 부회장, 군농회장	치수조사위원
경북(대구)	장직상	조선농회 정부평의원	대구상업회의소 회두
황해(제령)	정진유	도농회 특별의원	제령농업보습학교장, 신제수리조합장
경남(함양)	정순현	도/군/조선농회 의원	지곡수리조합장
경남(거창)	정태균	21조선농회 평의원	잠업전습소, 지주
경북(대구)	정해붕	21~27조선농회 평의원	慶北糧穀會社 取締役
경북(이주)	최석하	09중앙농회 상의원	물산공진회 평의원
경남(사천)	최연국	군농회장	사천/구암수리조합장, 산림회 부회장
경남(진주)	최지환	충북도농회 평의원	중주수리조합장

참고문헌 : 2004, 민족문제연구소, 『일제협력단체사전』.

〈부표29〉중추원 지방참의의 지역경제기반

출신도	이름	중추원 임기	기업활동	지역경제단체	중앙단체 지방지부
경기	金思演	1934~1945	1918~24년 韓一銀行 부지배인, 朝鮮公論社 사장, 東亞電報通信 사장, 朝鮮農業株式會社 理事, 朝鮮公論社 사장		産業調査委員, 財源調査委員, 風救委員, 敎化委員
	金九淵	1944	大鐘商事(株)감사, 仁川券番(株)사장		인천수산회 부회장
	金正浩	1935~1938	開城電氣株式會社 사장	개성商工會議所 조대 회장	
	金漢奎	1933~1936	韓一銀行(株)전무이사, 廣藏(株)사장, 朝鮮美術品製作所(株)이사, 京城家畜(株)이사, 朝鮮信託(株)이사, 金保(合名)사장	京城商業會議所 부회장	
	白寅基	1927~1930	朝鮮火災海上保險(株)이사, 京城電氣(株)감사, 朝鮮農業(株)감사, 朝鮮物産貿易(株)대주주, 高麗窯業(株)부사장, 京城興産(株)대주주, 朝鮮無煙炭(株)이사		臨時朝鮮人産業大會 준위원
	梁在洪	1945	朝鮮生命保險(株)이사, 鮮滿土地鑛山뢰로키(株)사장	京城商工會議所議員, 富平水利組合副組合長	
	曹秉相	1939~1945	片倉生命保險會社 朝鮮支社長		
	崔在鶴	1941	京畿産業(株) 상무이사, 華城興産(株) 이사	수원금융조합및 등 實業協會 役員	
	張憲	1921~1924	1924년 忠淸北道 忠州郡 壹隱面 砂金鑛 所在 漢浦川 沿延長2里 鑛山, 26년 忠北 忠州郡 老穩面 27년 忠南 扶餘郡 窺岩面金鑛, 京城織組주식회사 감사역		
	韓相鳳	1924~1927	06 한성은행수원지점지배인, 조선생명보험감사, 水原電氣(株)감사 및 대주주, 水原印刷(株)감사, 水原殖林種苗(株)사장, 漢城銀行(株)대주주		

출신도	이름	중추원 임기	기업활동	지역경제단체	중앙단체 지방지부
	元憙常	1927~1945	朝鮮生命保險(株) 전무이사 및 대주주(각400), 朝鮮工營(株)감사	京城鐘路金融組合 조합장(29~33), 경성상공회의소 부회두	朝鮮金融組合聯合會 감사
	朴晦秉	1941~1944	안성상사회사 이사(19년), 성남전등(주) 사장, 안성철물제조조합 받기인, 안성유기제조(주) 이사, 안성양조(주) 감사역, 경기흥업(주) 이사, 평택조주 사장, 안성주조 사장, 조선국자(주) 이사, 안성읍 전의자동차운수(주) 부사장, 삼익사 사장, 경기운송(주) 이사, 중앙주조(주) 이사, 죽산주조 조합장(37년), 평택조선주조 조합장, 공도산흥(주) 사장, 안성물산(주) 이사	안성농사장려회 부회장, 안성농사장려회(18년), 경남철도 안성선 속성동맹회 평의원(23년), 진천가도 속성운동 안성변영회 실행위원(30년), 안성변영회 영사장(37년), 안성변영회 부회장(40년)	안성군회의 특별의원(26년), 안성소작위원(40년)
	金泰準	1942~1945	京忠버스(株) 이사, 豐林鐵工所(株, 경성) 이사, 中央酒造(株) 이사		郡會通常委員 및 농총진 중앙위원,소작위원,세무조사원
	韓相龍	1927~1937 1941~1944 (고문)	漢城銀行(株) 전무이사, 朝鮮森林鐵道(株)감사, 朝鮮紡織(株) 상담역 및 대주주(1000), 朝鮮生命保險(株) 부사장 및 대주주, 朝鮮火災海上保險(株) 이사, 和信商事(株) 감사	경성상업회의소 회두(07년), 경성상업회의소 상의원(19년), 京城都市計劃硏究會 經濟部長, 實業俱樂部 理事長	農會 副會長
	金季洙	1941	京城紡織(株)·京城商工(株) 전무이사, 海東銀行(株) 取締役, 中央商工(株) 이사, 朝鮮貯蓄銀行(株)감사, 朝鮮信託(株) 이사, 朝鮮生命保險(株) 대주주(300), 조선항공공업 받기인, 和信商事(株), 朝鮮紡績工業組合 사		

출신도	이름	중추원 임기	기업활동	지역경제단체	중앙단체	지방지부
	朴鳳鎭	1938~9141	장, 利信(株) 이사, 三菱商事(株) 사장, 京春鐵道株式會社 대주주(5000)			
	孫在廈	1939~1942	永信社(合資) 대주주(16500), 開城電氣(株) 감사, 朝鮮農業(合資) 이사, 朝鮮中央無盡(合名) 사장, 開城蔘業(株) 이사겸배인, 新溪貿易社(合名) 사장	松都金融組合 조합장, 豊德수리조합 副長		
	李明求	1933~1936	영동주조사장	22 영동면협의원, 영동군조사, 영동상공회장, 永同實業校期成會(1935)		
	鄭錫瑢	1936~1939		청주금조평의원. 옥천금조장(12~33년)		
	韓定錫	1945	충북 괴산공업조합 이사	44년 충북상공경제회 설립위, 청주상공금조장		
충북	孟黃燮	1921~1924	朝鮮運輸倉庫(株) 감사 및 대주주(500), 忠淸興業(株) 이사 및 대주주(170), 淸州土地物(株) 감사, 朝鮮陸運(株) 중북감사	上業金融組合 조합장(27~33), 明岩堤水利組合(29~39), 淸州郡 畜産組合長(1912년)		
	閔泳殷	1924~1927	충주농공은행설립위원(05년), 朝鮮運輸倉庫(株) 이사 및 대주주(500), 忠淸興業(株) 사장, 淸州土地建物(株) 이사 및 대주주(100), 忠北無盡(株) 감사, 朝鮮陸運(株) 이사 및 대주주(500), 忠北自動車運輸(株) 이사, 每日新報社(株) 감사, 忠淸北道糧穀(株) 이사	청주금조장(11년)	도농회부회장	
	李敎植	1930~1942	平壤繁榮(株) 이사	大同金融組合(27~40년), 平安水利組合(29~39)		

출신도	이름	중추원 임기	기업활동	지역경제단체	중앙단체 지방지부
	金元根	1942~1945	朝鮮運輸倉庫(株) 이사 및 대주주(300), 大東商事(株) 이사, 中央商會 대주주, 長春商事(株) 사장, 忠北商事(株) 이사, 忠北倉庫(株) 이사, 忠清北道産業(株) 이사, 江原道 平昌面 所在 金·銀·銅鑛 966,100坪에 광산, 忠北 陰城郡 遠南面 소재 金銀鑛 983,270坪	금융조합평의원, 忠清北道 民有林原木生産出資組合 조합장(43년)	
	金鍾翕	1933~1936		군山포조합장, 수조장, 부여군조합장	농산공진회평의원, 농회 부회장, 부여군농회장.
	金昌洙	1939~1942			천안군농회 평의원
	閔載祺	1944	百濟商事(株) 전무이사	천안진흥회장, 금조장, 려조합장	
충남	成元慶	1936~1939	天安湖西銀行長(1920), 예산 호서은행 지배인, 天安電燈(株) 이사, 忠南製絲(株) 이사지배인, 東一銀行(株) 상무이사		동아일보 이사, 중앙일보 간부, 농회특별의원
	林昌洙	1945	忠南勸業(株) 감사, 儒城温泉(株) 감사		1938년 조선농회부회장
	池喜烈	1939~1941		공주금조평의원	31 충산수조 이사
	金甲淳	1921~1930	海東銀行(株) 대주주(1795), 公州電氣(株) 대주주(50) 이사, 公州殖産(株) 이사, 大田温泉(株) 전무이사 대주주(100), 儒城温泉(株) 대주주(200), 朝鮮美術品製作所(株) 대주주, 朝鮮新聞社(株) 사장, 忠南旅客自動車株式會社 감사역	牛城水利組合 조합장 (29~39년)	도농회부회장
	尹致昭	1924~1927	경성엽유 사장, 大韓天一銀行 대주주, 廣長社 감사역, 廣業(株) 취체역, 汾院磁器(株) 감사역, 京城織紐(株)		

출신도	이름	중추원 임기	기업활동	지역경제단체	중앙단체 지방지부
			취체역		
	韓昌東	1927~1930		瑞山金融組合 조합장(27~33년)	
	李基升	1930~1936	高城商會(株) 이사, 華林農場 경영, 株式會社湖南銀行 監査役	泰安消防組合 副組合長, 泰安地方金融組合 副組合長, 泰安衛生組合 副組合長	忠南道 水産會 副會長, 忠淸南道 農會 副會長, 忠淸 瑞山郡 森林組合副組合長
	金炳鵠	1930~1933	忠南興業(株) 사장, 湖西銀行(株) 감사, 三和釀造(株) 사장	洪州金融組合 조합장(27년), 高道金融組合 조합장(29~33년)	
	姜藩	1936~1944	北鮮倉庫(株) 대주주(900), 韓一銀行(株) 이사, 南昌社(株) 감사, 鮮南倉庫(株) 사장, 慶尙合同銀行(株) 대주주(2040), 桂成(株) 이사		
	李鍾悳	1942~1945	忠南商業(株) 상무이사, 忠南電氣(株) 이사, 禮山釀造(株) 사장, 忠南製絲(株) 감사		
전북	姜東曦	1939~1942		萬頃金融組合(33.2), 東津水利組合 評議員, 金堤농사조합 이사	김제어업조합장, 군농회 통상의원
	文鍾龜	1939~1942	21 군산흥농회사 이사	군산수리조합	34 군산소득조사위원
	朴禧沃	1933~1939		南원군위생조합장, 남원 금조장	조선박람경의원
	印昌桓	1936~1939	삼남은행 이사, 全州無盡(株) 이사, 삼공정미소(전주)	전주금조장	
	全承洙	1945	금산운수 감사, 남선임업 이사	진안금조장, 진안신조장	전라산업 감사, 전북도곡물 이사

출신도	이름	중추원 임기	기업활동	지역경제단체	중앙단체 지방지부
	鄭碩謨	1933~1936	南鮮圖書印刷株式會社 사장		34 소작령실시촉진회 설립위원
	申錫雨	1921~1924	湖南邑신주식회사 取締役	군산상업회의소 특별평의원(17년), 군산금융조합 감사(18년), 群山府客主 조합장(20년)	
	朴基順	1924~1927	三南銀行(株) 사장. 전주농공은행 설립 위원. 전주농공은행장. 식산은행 상담역. 三南銀行 頭取. 三南輕便鐵道(株) 이사 및 대주주(336). 全北輕便鐵道 畜産(株) 이사. 全北鐵道(株) 이사 및 대주주(336). 朝鮮商業銀行(株) 대주주(2750)	전주지방금융조합 설립위원(07년). 전주어음(手形)조합장(07년). 全州種苗場 창립 준비위원. 전주도시금융조합장(18년)	
	李康元	1927~1930	朝鮮企業(株) 이사, 전주농공은행 취체역	府東府西府南府北面저축조합장(11년), 전주어음(手形)조합장(12년), 전주위생조합장(13년), 전주지방금융조합 조합장(17~19년)	
	朴興奎	1927~1930	井邑電氣(株) 사장	楚城金融組合(27~33)	
	洪鍾轍	1930~1933	井邑麴子(株) 이사, 洪海製鹽公司 사장, 洪海農場 경영	高敞沿海漁業組合 설립 및 조합장(24), 高敞繁榮會 회장	
	朴智根	1942	南鮮麴子(株) 사장, 黃登産業(株) 이사, 黃登釀造場 사장, 黃登酒造場 사장	금융조합 감사	소득세 조사위원, 소작료 조사위원, 군농회의원.

출신도	이름	중추원 임기	기업활동	지역경제단체	중앙단체 지방지부
	元炳喜	1942~1945			
	金相亨	1935~1941	全南道足製絲(株) 감사. 保額社(合名, 고문) 사장		
	玄基奉	1924(사망)	木浦倉庫金融(株) 감사. 海東物産(株) 사장. 全南印刷(株) 감사, 朝鮮生命保險(株) 이사	10년 務安蟾邑 蚕業所長, 16.9.17 목포상의원(관보, 16.9.11). 20년 木浦消費 組合理事長	22~24 중추부 신업조 사위 위원
	金英武	1924~1927	湖南銀行(株) 대주주(1000). 江界釀造(株) 이사. 鮮光商事(株) 감사. 共和自動車運輸(株) 감사, 朝鮮紙業(株) 감사 및 대주주(1000)	淳昌郡畜産同業組合 副會長, 郡森林組合 副組合長	道會 議員. 郡農會 副會長, 道農會 副會長, 朝鮮農會 通常議員
	金禎泰	1924~1927	保額社(合名) 대주주(50000)		
	朴鳳柱	1921~1924	湖南物産(株) 이사, 朝鮮企業(株)감사, 全南繁榮會(株) 사장		
전남	尹定鉉	1926~1929	海南興産(株) 감사, 南鮮商工(株) 감사	海南金融組合 조합장 (27~33)	
	金尙燮	1929~1932	湖南銀行(株) 사장		
	玄俊鎬	1930~1945	湖南銀行(株) 전무이사 및 대주주(1200). 東亞日報社(株) 감사		
	金信錫	1939~1945	湖南銀行 목포지점장, 湖南銀行(株) 이사 및 전무이사, 東一銀行(株) 상임이사	全羅南道道路協會 부회장 全羅南道山林會 광의원. 光州繁榮會, 光州商工會, 光州商工業會 등의 고문	
	車南鎭	1941~1944	湖南銀行(株) 이사, 木浦倉庫金融(株) 감사, 全南信託(株) 이사, 木浦釀酒(株) 이사, 全南百貨店(株) 이사,		

출신도	이름	중추원 임기	기업활동	지역경제단체	중앙단체 지방지부
경북	金在煥	1944	東亞護謨工業(株) 이사, 木浦糖子合同(株) 이사, 湖南製炭業(株) 사장, 東亞藥業(株) 이사 대구은행취체역,조선주양조회사 취체역		
	徐丙柱	1939~1940	朝陽無盡(株)이사 및 대구주, 慶北商工(株) 이사, 慶北興産(株) 이사.	解顔水利組合 조합장, 連湖堤水利組合 조합장	
	李章雨	1943	大邱酒造(株) 이사, 慶一銀行(株) 감사	1919년 大邱商業會議所 상의원	34 경북도농회 부회장, 조선농회 통상의원
	李柄學	1921~1924	鮮南銀行(株) 이사 및 대주주(262)	大邱手形組合所評議員	
	徐丙朝	1924~1927 1933~1943	朝鮮殖産銀行(株) 대주주(3450), 慶南銀行(株) 대주주, 大東社(株) 대주주(450), 朝陽無盡(株) 사장, 朝鮮火災海上保險(株) 감사, 大邱製絲(株) 감사, 邱一不動産(株) 이사 대주주(4000), 每日新報社(株) 감사	대구상업회의소 특별의원, 大邱衛生組合 이사	경상북도농회 부회장, 朝鮮中央農會 간사, 慶北支部
	安柄吉	1927~1930	慶一銀行(株) 감사, 大邱商工銀行(株) 감사	慶山金融組合 조합장(27), 慶山水利組合 조합장 (31~35)	
	秦喜葵	1930~1933	大東社(株) 이사 및 대주주(210), 大邱銀行(株) 대주주(1640), 慶一銀行(株) 이사 및 대주주(480), 大邱商工銀行(株) 이사	達城東部金融組合 조합장 (31)	
	張稷相	1930~1945	大邱銀行 取締役, 鮮南銀行 取締役, 慶一銀行 取締役, 大邱倉庫株式會社長, 倭舘金融組合長, 南鮮釀造(株) 이사, 南鮮合同電氣(株) 이사, 每日新報社(株) 감사	大邱商工會議所 會頭, 大邱商館金融組合組合長, 大邱商業會議所 특별의원	
	鄭海鵬	1940~1943	大邱銀行(株) 대주주(400), 慶尙合同銀行(株) 대주주	大邱西部金融組合 조합장	

출신도	이름	중추원 임기	기업활동	지역경제단체	중앙단체 지방지부
			(2325), 大邱日日新聞社(株) 監事, 慶尙北道糧穀(株) 이사, 片倉工業株式會社 大邱製糸所 代表	(27~31), 琴湖水利組合 組合長(33~39), 大邱手形組合評議員	
	申鉉求	1941~1944	慶北貨物自動車(株) 상임감사 및 대주(500)		
	崔潤	1936~1939 1943	慶州電氣(株) 이사, 慶州自動車(株) 이사.	慶州金融組合 組合長(29~33)	
	文明琦	1941~1944	韓文洋行自動車(株) 사장, 盈德産業(株) 감사, 共榮自動車(株) 이사, 盈德電氣(株) 상무이사, 浦項醸造(株) 이사, 江口酒造(合資) 사장, 順川自動車(合資) 사장, 文明酒造(株) 사장, 朝鮮新聞社 社長	盈德産業組合 組合長(35), 廣済會	
	李邑鎬	1935~1936	慶一銀行(株) 전무이사, 山ノ内武金庫製造會社 사장		
	金斗贊	1933~1936		金融組合 감사, 수리조합 평의원, 축산동업조합 부회장, 연초경작조합장	군농회 부회장
	盧泳俊	1936~1939		1932 장녕금조합	장녕군소작위원
	盧俊泳	1945		함양금조합	
경남	李恩雨	1936~1939	1920년 7월 하동군 남일물산주식회사 사장	1926년 섬진강수리조합 설립기성회장, 하동수리조합장, 하동금융조합장, 하동신업조합 설립기성회장	
	崔演國	1933~1936	계림농림주식회사사장, 경남은행 취체역, 1927년 임자(壬子)신탁주식회사사장	사천금융조합장, 1930년 4월 경남도평의원·사천수리조합장	1914년 9월 10일 등산 장려회 평의원, 1915년

출신도	이름	중추원 임기	기업활동	지역경제단체	중앙단체·지방지부
	河駿錫	1939~1942	嶺南自動車部(合資) 사장, 慶南自動車(株) 이사	리조합장, 구암수리조합장·사천수리조합장	7월 22일 시정5년 기념 공진회평의원
	金琪邰	1921~1927	경남일보 부사장, 경상농공은행 감사역 및 취체역 역, 조선식산은행 상설역, 합상상회 취체역, 진주식산은행 감사역, 영호중동부주식회사 취체역, 晉州電氣(株) 이사	汾陽吟社 사장	
	鄭淳賢	1924~1933	慶南自動車(株) 사장, 居昌自動車(株) 이사	池谷水利組合 조합장(31~39), 금융조합 조합장	郡農會, 道會 의원
	鄭泰均	1927~1930	慶南銀行 取締役, 農林機械會社(株) 사장, 東成商會(株) 이사 및 대주주(500), 鮮南自動車 취체역, 居昌自動車(株) 사장	昌南金融組合(29~33)	
	張鷹相	1930~1933		三千浦金融組合(27~33)	
	金慶黌	1939~1942	極光工業(合資) 대주주(1000), 迫間농장 지배인, 忠北 槐山郡 소재 金銀重石鑛 970,000坪과 同地 重石 水銀鑛 979,000坪		
	李甲用	1942~1945	固城自動車(株) 감사, 固城酒造(株) 사장, 統營藥酒製造(株) 이사	고성면영화장, 고성금융조합감사, 통영주조조합장, 고성수리조합 평의원	고성군 소작위원, 고성군 농촌회 부회장
	崔圭煥	1936~1942	진주권번 사장	중북수리조합장(29년)	
	金基秀	1936~1939	興産貿易社(株) 이사		
황해	金泳澤	1935~1938		26년 선산수조장, 34 해주금조장	물산공진회 평의원, 1921~27 조선농회 향해평의원, 1933 황해도

출신도	이름	중추원 임기	기업활동	지역경제단체	중앙단체 지방지부
	閔奎植	1945		신천군산림조합 부회장, 신천군 온천금융조합 감사, 신천수리조합장·온천금융조합 감사	농회 부회장
	閔丙德	1939~1942	재령운수창고 재령상사 사장	식산조합 혜제역, 중농회 딸기, 수리조합장	군농회 평의원
	盧蒼顔	1924~1930		康翎金融組合 조합장 (27~31)	
	鄭健紹	1925~1932	西鮮電氣(株) 이사, 載寧運輸倉庫(株) 사장	載信水利組合 조합장, 載寧金融組合長 (29~37)	
	張大翼	1930~1936	三共釀造場(合資) 사장	瑞興産業組合 조합장	
	吳世碑	1938~1941	海州電氣(株) 감사, 興産貿易社(株) 이사, 黃海興業(株) 감사		
	金益洙	1939~1942	眞咸自動車商會(合名) 사장, 江西自動車運輸(株) 사장		
	鄭觀朝	1933~1936	大陸運輸(株) 이사		
	崔鼎默	1945		평양유린회 부회장	
	康秉鈺	1924~1928	朝鮮無煙炭業(株) 감사		
평남	朴經錫	1928~1931	平壤醬油釀造(株) 이사 및 대주주(200), 平安貿易(株) 사장, 平壤魚市場(株) 이사, 平安漁業(株) 이사, 鎭南浦 生牛移出(株) 감사, 平安고무工業(株) 이사	平壤北金融組合 조합장 (27~33), 長水院水利組合 조합장(35~39), 平壤商工會議所 평의원 및 부회장	

출신도	이름	중추원 임기	기업활동	지역경제단체	중앙단체	지방지부
	李基燦	1936~1945	朝鮮製絲(株) 감사, 每日新報社(株) 이사			
	李鍾燮	1938~1941	加藤精米所(合資) 대주주(7500), 鎭南浦新報社(株) 이사, 大同銀行(株) 감사, 信一(合名) 사장, 朝鮮平安鐵道(株) 이사 및 대주주(1700), 三成農場(合名) 대주주(125000), 朝鮮타임일(株) 이사	鎭南浦府상공회의소 회장, 진남포상공회의소 특별위원		
	姜利璜	1945		화의금융조합 간사, 광성수조장(29~39)	의주군농회 특별의원	
	高一淸	1935~1938		義州金融組合組合長, 松縣水利組合長組合		
	李泳贊	1944~1945		22 선천식산조합장, 신의주조장	선천군농회 부회장.	
	李熙迪	1936~1939		44 평북상공경제회 설립위원		
	崔昌朝	1933~1939	鴨綠江土地改良(株) 이사			
	洪致業	1939~1942	평북 공의			
평북	崔錫夏	1921~1924 1929	西鮮通産(株) 사장, 朝鮮肥料(株) 감사			
	金濟河	1924~1927 1929~1931		평안북도 정주지방금융조합 설립위원, 평안북도 정주지방금융조합 평의원, 정주군지주조합 부조합장, 정주금융조합 조합장, 同仁水利組合 조합장		

출신도	이름	중추원 임기	기업활동	지역경제단체	중앙단체 지방지부
강원	金成圭	1931~1934	鴨綠江土地改良(株) 이사		
	張龍官	1941		龜城水利組合 조합장. 方峴金融組合 설립위원	평안북도농회특별의원
	趙尙鈺	1942~1945	國境通運(株) 감사 및 대주주(60), 新義州酒造(株) 이사		
	金基鴻	1938~1941	西鮮通産(株) 이사. 鴨綠江土地改良(株) 사장		
	朴普陽	1939~1942	江原繩叺(株) 이사지베인, 鐵原酒造(株) 사장	철원위생조합 부장. 철원금조 감사	
	崔養浩	1933~1936	春川酒造(株) 이사	춘천번영회, 춘천금조조장	춘천공진회평의원
	李根宇	1924~1927 1933~1936	東亞實業(株) 사장	강릉금융조합 평의원	
	鄭錫鳳	1927~1930	大東蠶業所長	금융조합 평의원. 황성군 축산조합 부조합장. 횡성 지방금융조합 설립준비위 원 및 조합장	
	朴起東	1930~1933	江陵電氣(株) 이사. 泰昌工業(株) 이사		
	崔準集	1936~1945	東海自動車運輸(株) 사장. 江陵電氣(株) 이사 및 대주주(200), 江陵商事(株) 이사, 江陵合同酒造(株) 사장, 中央酒造(株) 이사, 朝鮮麴子(株) 이사, 每日新報社(株) 이사. 昭和水産(合資) 대표지베인	東海서수조합장	
	張俊英	1942~1945	關東運輸(株) 이사, 原州自動車商會(合資) 사장		
함남	金夏涉	1945	咸興舘(株) 감사. 咸興택시(株) 이사, 朝日택시(株) 사장.	함흥수리조합장. 함흥소조(15. 6. 13). 함흥소조	함남도농회부회장. 조선 농회통상의원
	南百祐	1939~1942	원산무역 지베인, 北鮮倉庫(株) 본점지베인, 元山肝油	원산상공회의소 평의원. 원	원산상공회의소 평의원

출신도	이름	중추원 임기	기업활동	지역경제단체	중앙단체 지방지부
	孫祚鳳	1945	(株) 이사, 元山勞務供給(株) 이사	신시민영회, 원산시민협회	
	申熈建	1933~1936	肥料賣買業 사장		
	劉泰高	1933~1942	산림보호회장		
	李澤鉉	1921~1927	咸興館(株) 이사		
			北鮮倉庫(株) 대주주(250), 合成釀酒所(株) 사장		
	洪聖淵	1927~1930	北鮮商業銀行(株) 이사 및 대주주(125), 咸興製炭(株) 사장	咸興水利組合 조합장 (31년)	
	姜弼成	1930~1931		德源金融組合 조합장 (27~31)	
	魏楨鶴	1942~1945	원산 제魚市場 경영. 朝鮮第二區機船底曳網漁業水産組合 지정판매인. 元山商業(株) 감사. 元山每日新聞社(株) 감사. 國泰館(株) 감사. 咸南鹽魚製造(株) 이사 및 대주주(210)	元山商工會議所 議員	咸鏡南道道水産會 議員
	方義錫	1939~1945	共興(株) 사장 및 대주주(105). 北靑電燈(株) 대주주(384). 咸興택시(株) 사장. 朝鮮信託(株) 대주주(1000). 咸南合同電氣(合名) 사장. 北鮮自動車運輸(合名) 사장 및 대주주(2747). 北鮮每日新聞社(株) 이사, 每日新聞社 取締役, 牛島水産(株) 이사	良德水利組合 조합장	
함북	金炳奎	1933~1936	金炳奎綿行(合資) 사장. 咸北印刷(株) 사장	축산공동조합부장	도농회 이원, 군농회의원
	金定錫	1939~1942	咸北印刷(株) 이사		
	許命勳	1921~1924		城津郡勸業會 대의원·咸	

출신도	이름	중추원 임기	기업활동	지역경제단체	중앙단체 지방지부
	皮住鎬	1924~1927		鏡北道 臨溟금융조합 설립 준비위원(18년), 臨溟금융조합 감사(19년)	북선연탄지방물산공진회 출품인 추대
	李熙載	1927~1930		繁山金融組合(27~31년), 穩城水利組合(33~35년)	咸鏡北道會議員 同副議長, 穩城郡農會 特別議員, 咸鏡北道 農會 副議員, 朝鮮農會 通常議員
	梁在鴻	1930~1933		吉州金融組合(27~35년)	道農會 부회장
	黃鍾國	1936~1945	極東商會(合名) 대주(3000), 共昌公司(合資) 대주(1만주가), 北朝鮮産業(株) 이사지배인, 北鮮日報社(株) 이사, 北鮮土地興業(株) 감사, 海陸物産貿易商, 三合洋行 사장	청진실업협회 평의원(21년), 商工會議所評議員	

참고문헌 : 中村資郎, 1921·1923·1925년판, 『朝鮮銀行會社組合要錄』, 東亞經濟時報社 ; 中村資郎, 1927·1929·1931·1933·1935·1937·1939·1942년판, 『朝鮮銀行會社組合要錄』, 東亞經濟時報社.

〈부표30〉지방참의의 육영사업

출신도	이름	증주원 임기	학교설립	교육단체	교사건축 등
경기	金思演 (松本淸)	1934~1945		仁川體育會 회장. 仁川公立普通學校 評議員	屯浦公普校에 밭70평기부(동아. 1929.4.25)
	金漢奎 (金子漢奎)	1944		朝鮮飛行學校 創立委員會 회계위원. 官立漢城學校長	만주 조선인 자녀교육자금 학무국에 10만원 기부 (東亞日報 1935.4.11)
	白貢基	1933~1936		京城幼稚園 설립자 대표자회	
	梁在昶 (梁川在昶)	1927~1930		京城府 學校評議員	
	曺秉相 (夏山茂)	1945	昭義商業學校 창설	京城府 學校評議員	
	崔在燁 (高山在燁)	1939~1945		보통학교 후원회 부회장	
	朴弼秉 (松井英治)	1941~1944		안성교육회(22). 민립대학기성회 안성군 지방부 회금보관위원(23). 안청학원 후원회 부회장(26). 사립 안청학교이사장(40). 안성읍 내 소하교 부형회 고문(40)	20년 안성청년야학회 찬조금(40원). 안성공립보통학교 교사증축 기부금(100원). 삼죽면 보통학교 설립기부금(50원). 안평학교 기부금(150원)
	金季洙	1941		財團法人 多山育英會	満洲 奉天의 東光學校 財團法人 설립기금 2만원기부. 廣州公普校 2천원 기부. 財團法人 東光學校 財團法人 설립기금 2만원기부 (東亞日報 1939.2.18)

출신도	이름	증주원 임기	학교설립	교육단체	교사건축 등
	朴鳳鎭 (木山鳳鎭)	1938~9141		개성여자보통학교 학무위원	在支那 朝鮮人 子弟 敎育費 十萬圓(동아, 1940.2.4)
	孫在夏 (廣原平成)	1939~1942			中等學校期成會에 五百石 秋收土地 提供(동아, 1934. 4.20). 永同實業期成會 500원기부(동아, 35.2.22). 농업교 설립비 五萬 원 기부(동아, 35.8. 2)
	龐黃蘇	1921~1924		忠北敎育進展期成會 실행위원	청주상업학교 2천원기부(동아, 1934.09.28)
	閔泳殷	1924~1927		사립보성여학교장, 忠北敎育 進展期成會 실행위원	민서 3회제 商校 期成會에 萬圓기부(동아, 1934. 09.28). 無産兒童 獎學費 三萬圓기부(동아, 1939. 08.01)
충북	李敎植 (南田敎植)	1930~1942	대동군 남형제산면 공보 발기설립자		私立彰德學校 1천원기부(동아, 1920.08.28). 남형 제산면 계명학교 2백원기부(동아, 21.4.14). 神成 學校 매월 100원씩기부(동아, 1928.04.10). 各私立 校 40원기부(동아, 1932.12.14)
	金元根 (金海元根)	1942~1945	淸州商業學校 설립, 청주대성학원 경영, 대성보통학교 대성중 학교 대성여상 대성 상고 설립, 청주대학 설립		永雲學術講習所 校舍基地 二千坪을 寄附 (동아, 1935.01.23)
	李敏植	1930~1945		홍산공립보통학교 학무위원	홍산공립보통학교 全員寄附에 의해 木杯1개 받음.
충남	金鍾翕	1933~1936		私立鴻山公立輪圖학교장, 홍	홍산공립보통학교 全員寄附에 의해 木杯1개받음.

출신도	이름	중추원 임기	학교설립	교육단체	교사건축 등
	尹致昭	1924~1927		신공립보통학교 학무위원 이사, 朝鮮教育會創立總會 齋洞公普後援會 이사	
	李基升	1930~1936	華陽義塾 설립, 농사 실습학교 설립		農業講習設立에 1만여원 기부(동아,1926.11.06)
	朴禧沃	1933~1939			雲峰女子義塾 1만원 기부(동아, 1923.1.26). 雲峰公普 阿英公普 6천원기부(동아, 1925.04.18). 아영공보 아동들에 하비3백원기부 및 운봉공보 건축비 3천3백원기부(동아, 26.9.14). 南原農蠶校 1만원기부(동아, 33.9.26)
전북	印昌桓 (高木昌桓)	1936~1939	전주숭덕학원 경영		新興·紀全 兩學校 10만원기부(東亞日報, 1937.9.13). 全州幼稚園설립비 100원(동아, 1923.04.09). 호남師範校 7천5백평 토지기부(동아, 35.12.21)
	鄭碩謨 (欄川碩謨)	1933~1936	1906년 사립 全州語 育普通學校 설립	全州郡 公立普通學校 學務委員, 全州郡 公立農林學校 商議員, 全州郡 私立農英學校 校長	全州第二公立普通校用으로 建物 6棟 및 風琴 1臺外 204點 및 同校 教育費 充用을 위하여 畓 247斗落田 7斗落을 기부한 공로로, 日本天皇으로부터 金杯 1組받아(朝鮮總督府官報 1915.7.10)
	申錫雨	1921~1924		사립군산청년야학교 교장, 군산부 학교평의원	
	朴基順	1924~1927		전주유학교 商議員, 전주여자공립보통학교 학무위원	全州養英學校 설립시 배엔을 기부, 전주고등보통학교 설립에 3백엔을 기부
	李康元	1927~1930	전주사립養英학교설립위원회	전주공립보통학교 학무위원, 전주공립보통학교 商議員	전주공립보통학교 校舍增築金을 기부하였기에 목배 한성과 상장 13장받음

출신도	이름	종즉원 임기	학교설립	교육단체	교사건축 등
				사립양영학교장, 진주제일 공립보통학교 학무위원	
	洪鍾轍(洪海鍾轍)	1930~1933			私立高敞高普設置 1만6천여원 기부(동아, 1922. 05.03). 한성여자중·고등학교 재단 기금 6천여만원의 상당 토지 50만평 기부(동아, 1948.12.19)
	金相亭(金子相亭)	1935~1941			敎育基金 1만원기부(동아35.4.13). 高興 東小校 착공 2천원기부(동아39.11.12)
	玄基奉	1924(사망)		靈岩郡 사립鳩林학교장	
	金英武(金田英武)	1924~1927		1920년 순창공립보통학교 학무위원	淳昌中學校設立基金 50만원기부(每日新報 1941. 8.28·9.1). 高敞高普에 五百圓喜捨(동아36.4.12).
	金禎泰	1924~1927			財團成立 2만원기부(동아35.3.16)
전남	尹定鉉	1926~1929		해남사립보통학교 賛成員, 해남교육회 부회장	
	車南籲(德山南籲)	1941~1944	木浦中學院 설립운동	木浦工學院에서 中等學校期成會 회장	목포공보60원, 목포여자공보, 목포교육회, 무안삼화공보 각 10원, 사립영보, 사립정명, 사립회성유치원 등 30원기부(동아, 24.11.30)
	李柄學	1921~1924			대구공보 2천원기부(동아20.6.26)
경북	徐丙朝(大峯丙朝)	1924~1927 1933~1943		대구공립여자고등보통학교 설립기성회를 조직하고 활동	1926년 여자고등보통학교 건축비 1천 8백원. 私立曉星女子普通學校 유지비로서 매년 3백원을 기부. 1927년에 9만 6천여 원(민간기부금 5만 9백 4원)을 투자해서 신축 교사
	安柄吉	1927~1930			大邱女高 천원기부(동아26.3.1)

출신도	이름	증주원 임기	학교설립	교육단체	교사건축 등
	張援相(張元援相)	1930~1945			大邱醫學專門學校 설립에 1천 5백여원, 女子高等普通學校 설립에 2천 8백원
	金斗贊(龜岡斗贊)	1933~1936		1935년 진주 사립일신여고보 학급증설위원회 상무위원. 1938년 재단법인 일신교육재단 상무이사	
	盧俊泳(豊川一清)	1945		학무위원	
	李恩雨	1936~1939		1920년 진주 사립일신고등보통학교 발기인, 1935년 진주 사립일신여고보 학급증설위원	
경남	崔演國(朝日昇)	1933~1936		사립 明達보통학교장, 泗川 공립보통학교 학무위원	
	金琪部(金澤輝目)	1921~1927	일어야학회 감독	진주보통학교 학무위원(09~20), 사립진주鳳陽학교 교장(15~18년)	僑員泰安 및 鳳梁 1대 설치 감사장 받음(09), 진주 공립보통학교 교사용 건물 1동 기부 은폐 1개하사(10)
	鄭淳賢	1924~1933	私立咸德學校를 설립하고 校舍 건축비 약 3천원 및 학교의 유지경비 중당을 위하여는 약 5町步를 기부		
	鄭泰均	1927~1930	渭北普通學校를 설립		1925년 晉州의 私立一新女子高等學校에 대하여 일

출신도	이름	종추원 임기	학교설립	교육단체	교사건축 등
	(桐本泰均)		하고 교장, 私立古北學校(渭川公立普通學校의 전신)를 설립하고		금 3천원을 기부
	張膺相 (德山張膺德山應常)	1930~1933	1905년 日語學校 설립, 1917년 삼천포공립보통학교 설립에 즈음하여 학교 전부를 郡에	學父兄會 회장	
	李甲用 (大田一夫)	1942~1945		교성하무위원	
황해	閔奎植	1945		신천군하교평의회원, 온천 공립보통학교 하무위원	재동공보 아동교육비 매월50원씩기부(동아, 34.3.7)
	閔丙德 (鉢山丙德)	1939~1942	명신여고 설립		私立戴蜜明新學校 5만원기부(東亞日報, 1937.7.4.), 明新學校 5만원기부(東亞日報, 1938.3.1), 明新中學校 30만원 기부(每日新報, 1942.3.23)
	李忠健	1933~1935	朝陽學校 설립		朝陽農士學院 3천만원 상당 토지기부 (동아, 1933.11.18)
	金晉洙 (松宮晉洙)	1939~1942			德黌小校增築費 5백원기부(동아, 39.3.31)
평남	鄭觀朝	1933~1936			崇仁校 2천원기부(동아, 25.6.14)
	朴經錫 (山本經錫)	1928~1931	平壤商業學校 설립	崇事·崇中·崇義 등 3個校 受繼後援會 회장	中央幼稚園 100원기부(동아, 21.11.14)
	田德龍	1942~1945		공립 평양보통학교장	

출신도	이름	중추원 임기	학교설립	교육단체	교사건축 등
	(田原德龍)	1936~1945		普成專門學校 대표이사, 財團法人 大東學院 이사	
평북	李基燦 (安城基)	1938~1941			得信學校 교원 1명 봉급 자부담(동아, 22.7.1, 1).
	李鍾燮 (松谷平雄)	1931~1934			得信學校 매월5백원기부(동아, 25.4.15)
	金成圭				龍岩浦公普에 蓄音機及音樂普贈―蓄音機―臺寄贈(동아, 25.8.26)
	張龍官 (安本龍官)	1941		龜城공립보통학교 학무위원	
	金基鴻 (金川基鴻)	1938~1941		五山高普復興會 등 및 이사	
	朴普陽 (江原基陽)	1939~1942		철원공립보통학교 학무위원	
강원	李根宇	1924~1927 1933~1936	東進學校 설립		
함남	崔準集 (丸山隆準)	1936~1945			商業學校設立期成會 2만원 기부 (東亞日報 1936.4.16)
	金夏涉 (金本安民)	1945		1919년 咸興公立普通學校 학무위원, 학교평의회원	
	姜弼成	1930~1931			德成學校이 校舍 增築을 협찬(동아, 25.4.11)
	方義錫	1939~1945		財團法人 多山育英會	
함북	金炳奎	1933~1936	1910년 私立雲谷學校		

출신도	이름	중추원 임기	학교설립		교육단체	교사건축 등
			설립			
	金定錫 (金山詔能)	1939~1942			1919년 慶源公立普通學校 교장, 咸鏡北道 視學	
	黃鍾國 (中山富雄)	1936~1945			私立 博明學校 교감, 청진공립보통학교 학무위원	

참고문헌 : 『東亞日報』, 『朝鮮日報』

〈부표31〉지방참의의 지역 생활개선사업

출신도	이름	중추원 임기	생활개선사업	자선사업	사회사업
경기	金九鼎	1944			朝鮮慈善會 長
	金正浩	1935~1938			財團法人 中京文庫 사제27만원을 기부 설립함, 고문 화연구서적 제공
	金漢奎	1933~1936		경성고아구제회 100원 기부(동아 1921.3.18)	
	白黃基	1927~1930		孤兒救濟會 2백원기부(동아 1921.3.18)	고양군 숭인면 등외도로계축비1천원기부. 정읍정읍 서청사신축비1천원기부
	梁在昶	1945			全朝鮮水災救濟會 위인
	朴弼秉	1941~1944		과세군란 군민에게 현금 5백원, 백미20석(동아 1936.1.14)	도립의원설립비 1만원기부(동아 1935.1.30). 도로 부설로 밭315평. 논34평 기부. 경기도립수원의원인 성흥출소 건설자금 7350원 기부. 안성면소방기구정 비자금 2천원기부
	韓相龍	1927~1937 41~44(고문)	중앙진흥회 발기인 (소비절약운동)		
	金季洙	1941	경춘철도 부설운동	수해구제금 3백원 동아일보에 기타(동아 1936.8.28). 가뭄제 해주민들에게 자주자금무이자대부(동아, 1939.10.26). 가뭄제해 도 소작인2백명에게 배서금(3 두)석 무료배급, 일반 소작인 3 백명 부업자금 10원씩 무이자로	도로개설로 논570평 기부. 전북산업장대건신축비]천원 기부. 시정25주년기념박람관신설비]1만원 기부

출신도	이름	중추원 임기	생활개선사업	자선사업	사회사업
				대부	
충북	朴鳳鎭	1938~9141			개성상공회의소사무소 건립비 3천원기부(동아, 1939.8.30)
	孫在厦	1939~1942			구세군지역사에 대지100여평기부(동아, 24.1.8). 병원기지대 1천원기부(동아,1935.8.2)
	李斅植	1930~1942			대동군 사개면 극빈자 백미분배(동아, 1926.2.16). 빈민2백명 구호금품제공(동아, 1932.2.3). 사립학교 및 교당비 40원기부(동아1932.12.14). 평양 장현리등 이도로교당가설금1만2천5백원기부, 紺綬褒章下賜(관보, 1928.11.1)
	金元根	1942~1945			빈민 2백호에 충쌀五十俵제공(동아, 1925.4.14). 하천개간(동아,1930.3.16). 극빈소작인 소작료면제(동아, 1932.12.28)
	李敏植	1930~1945			함주 동네수십명 3천원 제구으로 제무탕감(동아, 1933.2.14)
충남	金甲淳	1921~1930		公州구제원장	돈산 극장, 목욕탕 신축(동아, 1926.11.25). 대전극장, 공주극장, 국일관 설립
전북	朴禧沃	1933~1939		1933년 賴像防協會 基金助成 2천원기부, 紺綬褒章下賜(관보, 33.11.10)	운봉소방조 2백원, 임선근농회 2백원(동아, 1929.1.27). 南原郡 蓼川倫 1만원 기부로 紺綬褒章下賜(관보 1928.11.1). 조혜공민구제비2천원기부로 紺綬褒章下賜(관보, 1937.6.21). 산업장려관선축비2천원기부 紺綬褒章下賜(관보, 1937.10.29)
	印昌桓	1936~1939			빈민100여명 신제 白布袋모집에 백미2두식 제공

출신도	이름	종주원 임기	생활개선사업	자선사업	사회사업
	朴基順	1924~1927			(동아,1924.6.7) 빈민구제금 1만원기부(동아, 1924.9.18)
	洪鍾轍	1930~1933			고창 신원면 조해 이재민에게 正租20석 기부(조선중앙,1936.3.6). 고창 교장면과 잠산면 일반빈민구제로 시혜물병레진립(동아, 1927.3.24)
	金相亨	1935~1941		조선나예방협회 2만2천원기부 (동아, 32.12.10)	빈민 및 교육기금 1만원기부(동아, 1935.4.13)
	玄基奉	1924(사망)			1916년 2월 도로용 토지, 1917년 11월 도로용토지, 1918년 2월 도로비 등을 기부
전남	金英武	1924~1927			조해구제기금 1천원(동아, 1925.2.20), 호세 80원 대납(동아, 1926.6.23). 4백원 순창청년동맹에 기부 (동아, 1927.10.22)
	金禎泰	1924~1927			순천 빈민117명에게 백미2석1두7승 분배(동아, 1922.10.22)
	朴鳳柱	1921~1924			송정노주수양회 회관건축제공(동아,1920.6.24)
	玄俊鎬	1930~1945		조선나예방협회기금1천원기부	하선공보신축비 1400원기부. 시청25주년기물관건설비 1천원기부
	車南轍	1941~1944			목포소방조, 목포반성사. 목포체육협회. 목포미술관 각 30원기부 (동아, 1924.11.30)
경북	李章雨	1943		조선나예방협회기금6천원기부	도로부설로 산田55평기부. 도로부설로 토지219평기부. 36년 5월 재단법인대일본무덕회조선지방본부무덕전설비 1만원기부, 동경지방지진의연금 5백원기부(동아, 1923.9.14). 가창가조민의 소작인 소

출신도	이름	종추원 임기	생활개선사업	자선사업	사회사업
	李柄學	1921~1924			작료 800여석 중 200여석을 면해줌 (동아, 1927.12.24)
	鄭在學	1924~1927			대구공보(1천원), 대구소방조(300원), 대구청년회(100원)기부(동아, 1920.6.26)
	徐丙朝	1924~1927		조선나예방협회기금1천원기부	칠곡군 왜관부근도로부지로 택지117평기부
		1933~1943		조선나예방협회기금1천5백원기부	시정25주년기념물관건설비기부. 소작인 85명에게 쌀1두와 매5승씩 분배(동아, 1925.4.1). 함천 덕유면 충주로 소작인 배여명에게 3원씩 주고, 야하개설정비도 기부(동아 1934.8.23)
	安炳吉	1927~1930			경산면서무소건축비 2천5백원, 隔離病院 建築 2천5백원기부(동아 1920.7.31), 성주군 수백의 소작인 지세를 目備(동아 1931.2.10)
	秦喜葵	1930~1933			도로부설로 논368평기부, 시정25주년기념물관건설비 1천원기부
	張稷相	1930~1945			도로부지로 논58평기부, 도로부지로 논300평기부
	鄭海鵬	1940~1943			부의금으로 교남학교2백원, 대성학원2백원, 경북구제회 1백원, 달성유치원 1백원, 대구운동협회1백원, 대구노동공제회1백원(동아 1925.11.1)
	申鉉求	1941~1944			상주청년회 10원기부(동아 1926.10.30)
	文明琦	1941~1944			영덕군 논20여마지기 소작료 15석을 전부 동군 빈민구제에 기부(동아 1927.11.23), 고령자 2명에게 은패 1개식, 효자열부 2명에게 은패와 작물, 보교졸업한 청년에게 참고도서기증(동아 1928.1.19)

출신도	이름	종주원 임기	생활개선사업	자선사업	사회사업
경남	金斗贊	1933~1936			아하에 석탄공급(동아 1939.2.7)
	李恩雨	1936~1939			도로개설로 밭152평 논836평기부
	金琪邵	1921~1927			진주면사무소 시설비 2천원기부(동아 1927.2.27)
	張膺相	1930~1933			삼천포방파제 및 잔교건설. 시구개정 수도부설(동아 1931.1.23)
	李甲用	1942~1945			극빈자 120여호에 1원씩의 곡식분배(동아 1937.9.22), 공설운동장기금 3천원기부(동아 1940.2.20)
황해	閔奎植	1945			한해구제금 1만원기부(동아, 1939.11.25)
	全錫氷	1921~1925			장연구락부에 운동용기기부(동아, 1923.8.6)
	李忠健	1933~1935			빈민 호세9,10등 345명의 금액을 전액부담(동아, 1920.5.14)
평남	朴經錫	1928~1931		평양고아원 1923.4.20	물품기부(동아 대동군 저족면 성문리빈민 27호 매호 糖米3두, 小米2두식 분배(동아 1920.8.10)
	李基燦	1936~1945			전기궤도의 複線 연장, 水道 확장(기념표창장, 1049)
	李鍾燮	1938~1941			진남포 築港문제, 미곡거래소 설치. 平元鐵道 건설(조선공로자, 513)
평북	姜利璜	1945			빈민구제로 30원기부(동아 1937.12.21)
	高一淸	1935~1938			압록강 통군정계수 5천원기부(동아 1935.2.17)
	李泳賚	1944~1945			平安北道 東林瀑布 유원지개발(인사흥신, 517)
	金成圭	1931~1934			수해구제금 1천원기부(동아, 1923.8.27)
강원	崔養浩	1933~1936			소양강교, 신영강교 등 가설(동아 1936.7.31)

출신도	이름	중추원 임기	생활개선사업	자선사업	사회사업
함남	南百祐	1939~1942		元山漁港및 鐵道引込線期成會員	교육기관 및 사회단체에 6백여원기부 (동아 1933.12.27)
	洪聖淵	1927~1930			정평청년회와 정평흥하회에 금일봉 (동아 1922.6.14)
	姜弼成	1930~1931			
	方羲錫	1939~1945			서리빈민에게 백미[두석 배급(동아, 34.2.14), 학교 및 각종단체 1백원기부(동아, 1936.5.23)

참고문헌 : 『朝鮮總督府官報』, 『東亞日報』, 『시정25주년기념표창자명감』, 『조선공로자명감』, 『조선인사흥신록』.

〈부표32〉지방참여의 기부와 관련한 포상

출신도	이름	중추원임기	褒賞
	金漢奎	1933~1936	시정25주년기념박물관건립비1천원기부포상(관보 1920.2.26)
	白黃基	1927~1930	고양군 숭인면 등외도로개수비1천원기부, 정읍경찰서청사신축비1천원기부(관보 1939.3.10)
경기	朴弼秉	1941~1944	밭315평, 논34평기부 목배1개(관보 1915.1.9), 경기도립수원의원안성출장소건설사금7350원기부 紺綬褒章下賜(관보 1943.10.27), 안성면소방구기구장비자금2천원기부포상하사(관보 1943.11.4)
	韓相龍	1927~1937 41~44(고문)	경성거류민단교육기본금50만원기부 목배1개(관보 1913.3.20)
	金季洙	1941	논570평 기부 목배1개(관보 1915.9.14), 전북신엄장태관신축비1천원기부 포상하사(관보 1937. 10.29), 시정25주년기념박물관건설비1만원기부 紺綬褒章下賜(관보 1942.5.14), 조선향직 및 남선향직 화사설립으로 祿綬褒章下賜(관보 1943.12.14)
	孫在夏	1939~1942	충북도청新사신축비13천원기부 褒賞 紺綬褒章下賜(관보 1939.3.10), 충북영동공립농업전수학교교건설비1만4천원기부 紺綬褒章下賜(관보 1937.8.25)
	龐黃赫	1921~1924	충북청주읍내 도로신축지 택지 및 가옥기부 목배1개(관보 1913.4.5), 15년 4월 빈민구제 30원기부 목배1개(관보 1915.7.13)
충북	閔泳殷	1924~1927	尚齒恩典 30원(관보 1910. 11.3). 청주 제성건도로개수용부지로 택지46평, 밭22평기부 목배1개 하사(관보 1912.9. 6), 명치45년 4월 강경논산간도로부지로 도지기부헌 1914, 5,18), 도로교량용 40원기부 목배1개(관보 1914.7.14), 밭에4식두 균민구제로 목배1개 (관보 1914.7.16), 택지25평기부 목배1개(관보 1915.4.6), 소방조합비도 2백원기부 목배1개(관보 1915.7.13), 청주신畓조에자2천5백원기부포장(관보 1936.10.12), 충북도청사신축비1만6천원기부 포상하사(관보 1942.5.9), 41년 2월 제주제愛군신화건축비3천원기부포상하사(관보 1937.8.18)

출신도	이름	증주원임기	褒賞
충남	李秋植	1930~1942	15년 1월 지방비토목비 23원기부 목배1개(관보 1915.2.6), 평양장현간등외도로교량가설비1만원2천5백원기부補接褒章下賜(관보 1928.11.1), 술선교육사업금 및 개성 도로개선 노태하고 산업진흥에 노태하고 자선구제 사업에 노태하여 特例銀杯下賜(관보 1928.12.7), 평남홍산농림중등농민교신축비 기원기부 表彰(관보 1938.9.17)
	金元根	1942~1945	畑115평기부 목배1개(관보 1913.9.23), 논136평기부 목배1개(관보 1915.2.17), 35년 8월 제국제향군인회 청주분회 관건축비 2천원기부褒狀下賜(관보 1942.5.12), 36년 6월 청주읍사회사업비 천원기부 褒狀下賜(관보 1942.6.27)
	閔載祺	1944	괴산공보비품으로 총도은전화 6매 외 1점기부 목배1개(관보 1913.10.20), 도로부지도 밭 및 논348평기부 목배1개(관보 1913.12.2)
	池喜烈	1939~1941	임양삼상소학교설립비 10원기부 목배1개(관보 1914.2.19)
	金甲淳	1921~1930	공주읍내 共用井戸柵 및 소방기구구입비 87원기부 목배1개(관보 1913.3.10), 도로부지로 밭300평기부 목배1개(관보 1914.5.14), 경천연산 및 이인논산도로부지도 밭162평기부 목배1(관보 1914.12.3), 부여공주 및 논산간도로부지 및 제민천화양부지로 논27두락 밭4두5승락지기 부 은배1개(관보 1915.12.15), 도로용지도 논 및 밭 65평기부 목배1개(관보 1915.12.25), 공주공보강당건축비1762 원기부 褒狀下賜(관보 1934.3.22), 공주고등보교건축비 4,356원기부 褒賞下賜(관보 1937.6.21)
	尹致昭	1924~1927	도로부지로 논704평기부 목배1개(관보 1914.1.22), 경성거류민단교육기금20원기부 목배1개(관보 1914.6.10)
	李基升	1930~1936	화양의숙창립, 청소년교양, 기타 설의 개량제럼의 보호, 양잠제작물 등 발달 등으로 藍綬褒章下賜 (관보 1928.11.28)
	金柄鶴	1930~1933	도로부지도 논1두락기부 목배1개(관보 1913.10.22)
	李鍾德	1942~1945	도로부지도 논 및 밭 116평기부 목배1개(관보 1913.11.24)
전북	文鍾龜	1939~	군산실업학교사이전개축공사 補足 大工6인분 기부 목배1개(관보 1911.7.15), 군산부 두면 봉이리교량가설비 20

출신도	이름	증주원임기	褒賞
		1942	원기부 목배1개(관보 1914.12.5), 전북 면리원 독행자 표창(관보 1915.6.24), 도로용지로 논150평기부 목배1개(관보 1915.9.10)
	朴禧沃	1933~1939	빈민구흘 미곡29석두4승기부 목배1개(관보 1928.11.1), 조선나예방협회기금 1원기부 가설비 운봉교 가설비1만원기부 紺綬褒章下賜(관보 1937.6.21), 전북산업장려관신축비2원기부 褒狀下賜(관보 1937.10.29), 남원공립농업학교건설비1만원기부 紺綬褒章飾版下賜(관보 1939.6.6)
	印晶栢	1936~1939	전주공립보습학교기축중비3천원기부 褒狀下賜(관보 1938.12.15), 전주사범학교용지로 토지2정2단기부 紺綬褒章下賜(관보 1940.6.14)
	全承洙	1945	전북진안공보 학무위원으로 敎育實績者選獎 금배1개(관보 1937.2.11)
	鄭碩謨	1933~1936	전주읍내교교사부지 5반16보 및 가옥1동기부 목배1개(관보 1911.10.31), 전주공보사충축비 50원기부 목배1개(관보 1913.1.31), 전주제2보교의 건물6동 및 동급1대, 204점, 동교교육회충용 논247두락 발두락기부 급배1개(관보 1915.7.10), 社會敎化功績者表彰(관보 1942.2.12)
	申錫雨	1921~1924	도로부지로 논4두9승타기부 목배1개(관보 1913.11.29), 가교제료로 송무91본기부 목배1개(관보 1913.12.2)
	朴基順	1924~1927	전주소방조비로 16원기부 목배1개(관보 1914.10.26), 도로용지로 논92평기부 목배1개(관보 1915.9.10), 도로부지로 논231평기부 목배1개(관보 1915.10.2), 전주읍 덕진공원기부도로계수비2천9백원기부(박기순족 박영철, 褒狀, 전주읍교향신설2천원기부(박기순족) 褒狀下賜, 관보 1938.4.23)
	洪鍾轍	1930~1933	빈민구조로 백22석 및 37원기부 목배1개(관보 1914.12.15), 고창소방조설비 10원 및 金員기부 목배1개(관보 1915.1.25), 도로부설로 논90평기부 목배1개(관보 1915.3.23), 전북도에서 독행자표창(관보 1915.6.24), 도로부설 논375평기부 목배1개(관보 1915.9.14), 지방공공사업으로 特例銀杯下賜(관보 1928.12.7)
전남	金相亨	1935~1941	35년 4월 재단법인 조선나예방협회기금 1천원기부 紺綬褒章下賜(관보 1936.5.12), 시정25주년박물관건설비1천원기부 褒狀下賜(관보 1940.5.20)

출신도	이름	증주원 임기	褒賞
	玄基奉	1924(사망)	목포공보수리증축비로 30원기부 목배1개(관보 1914.12.23), 빈민구조 10원기부 목배1개(관보 1915.2.20)
	金英武	1924~1927	조선나예방협회기금1천원기부 褒狀下賜(관보 1933.11.10), 순창군조해구제비1천원기부 褒賞下賜(관보 1937.6.21)
	金禎泰	1924~1927	영광학교조합 심상소학교설립비 30원기부 목배1개(관보 1911.10.31), 영광면성포간보조도로공사비 10원기부 목조1개(관보 1912.11.9), 학교건축비기부 목배1개(관보 1913.7.9), 학교설비 金員기부 목배1개(관보 1913.7.10), 도로공사비 90원기부 목배1개(관보 1914.2.27), 제혜민구조로 金員기부 목배1개(관보 1915.2.20)
	朴鳳柱	1921~1924	광주군농사개량시설비로 金員기부 목배1개(관보 1915.2.20)
	玄俊鎬	1930~1945	조선나예방협회기금1천원기부 褒狀下賜(관보 1933.11.10), 하신공보신축비1400원기부 褒賞(관보 1937.6.21), 社會敎化功勞者表彰(관보 1938.2.12), 시정25주년박물관건설비1천원기부 褒狀下賜(관보 1940.2.26)
경북	李章雨	1943	도로부설로 坐田55평기부 목배1개(관보 1914.10.29), 도로부설로 土지219평기부 목배1개(관보 1915.9.8), 조선나예방협회기금6천원기부 褒章(관보 1933.11.10), 36년 5월 개단법인대일본무덕회조선지방본부 무덕전건설비 1만원기부 褒彰褒章下賜(관보 1937.2.5), 대구공립여자고등보교설립비4,816원기부 褒狀下賜(관보 1938.8.17)
	鄭在學	1924~1927	칠곡군 왜관부근도로부지로 坧지117평, 畓전1,372평, 화전82평기부 은폐1개(관보 1914.7.17) 조선나예방협회기금1천원기부 褒狀下賜(관보 1933.11.10), 대구공립여자고등보교설립비5천원기부 褒狀下賜(관보 1938.8.17)
	徐丙朝	1924~1927 1933~1943	조선나예방협회기금1천5백원기부 褒狀下賜(관보 1933.11.10), 대구공립여자고등보교설립비4,806원기부 褒狀下賜(관보 1940.2.11), 시정25주년박물관건설비1천원기부 褒狀下賜(관보 1940.7.1) 社會敎化功勞者表彰(관보 1938.8.17)
	秦喜葵	1930~1933	도로부설로 논368평기부 목배1(15.12.27), 시정25주년박물관건설비1천원기부 褒賞下賜(37.8.25), 대구공립여자고등보교설립비1천원기부 褒狀下賜(38.8.17)

출신도	이름	증주원 임기	褒賞
	張稷相	1930~1945	도로부자도 논58평기부 목배1개(관보 1915.12.10), 도로부자도 논300평기부 목배1개(관보 1915.12.27), 대구공립 여자고등보교설립비1천5백원기부 褒狀下賜(관보 1938.8.17)
	文明琦	1941~1944	교육의 진작, 산업의 발달, 학교건립 등이 공로로 공로로 特例銀杯로(관보 1935.10.9), 만주사변 때 국방충실비로 육군성에 2만원 및 화예기술장려로 해군성에 4만원기부 紺綬褒章 下賜(관보 1939.3.10), 육군성에 4만원기부 紺綬褒章飾版 下賜(관보 1939.9.6)
	金東準	1945	제목31원기부 목배1개(관보 1914.11.10), 14년10월 광양심상소학교설립비 10원기부 목배1개(관보 1915.3.9)
	李恩雨	1936~1939	밭152평 논836평기부 목배1개(관보 1915.11.26)
	崔演國	1933~1936	사천 주남면빈민진출비41석 및 48원기부 목배1개(관보 1911.10.19), 사천공보건축비도 金員기부 金員기부 목배1개(관보 1914.11.12), 재단법인조선나예방협회기금2천원기부 褒狀下賜(관보 1935.1.14), 사천25주년박물관건설비 1천원기부 褒章飾版下賜(관보 1940.2.26)
	河駿錫	1939~1942	조선나예방협회기금2천원기부 목배1개(관보, 35.1.14), 사천25주년박물관건설비2천원기부(관보 1937.8.25)
경남	金琪部	1921~1927	진주읍병사천보대부자도 도지와 金員기부 목배1개(관보 1915.9.10), 진공보이전용지도 1천원기부 褒狀下賜(관보 1938.3.15), 진주제1공보건축비2천130원기부 褒狀下賜(관보 1938.3.18), 재단법인조선나예방협회기금1만원기부 紺綬褒章飾版下賜(관보 1938.4.4)
	鄭淳賢	1924~1933	함양공보수리비20원기부 목배1개(관보 1913.2.10), 함양공중통행행사근교교양동산 100원기부 목배1개(관보 1914.9.11), 도로용지도 논165평기부 목배1개(관보 1915.10.2)
	張騰相	1930~1933	삼천포사립보교설립, 빈민구제와 내선융화에 노력하여 교육공로자도 금배1개(관보 1937.2.11), 삼천포신사건립(관보 1935.8.29)
	李甲用	1942~1945	고성공립농실수학교건축비2천원기부 褒狀下賜(관보 1936.12.7), 사회교화사업공적현저해 社會功績著表彰(관보 1943.2.12), 경남도황민연성도장신건설비자금1만2천5백원기부 褒狀下賜(관보 1944.5.27)

출신도	이름	중추원 임기	褒賞
황해	金富源	1944~1945	황해도 해주 행정공립고등여학교설립비1천8백원기부褒狀下賜 (관보 1941.8.11)
	金泳澤	1935~1938	중남 강경논산간도로부지로 논14두락기부목배1개(관보 1914.4.16), 도로용지로 논1두락 목배1개(관보 1941.4.18)
	李忠健	1933~1935	신환포안약진도로계수부지로 대지235평, 염전615평기부 목배1개(관보 1915.2.8), 동광의숙창설, 조양보교경영, 조양동사하원설립 등 농촌개발지방·진흥에 현저 教育效績省選奬 시계1개(관보 1938.2.12)
	崔炯稷	1941	해주행정공립고등여학교증축비1천5백원기부 褒狀下賜 (관보 1941.8.11)
	李承九	1942~1945	도로용지로 밭84평기부 목배1개(관보 1913.12.2), 신계시벤리간도로부지로 화전238평기부 목배1개 (관보 1915.5.4)
평남	金鼎沐	1939~1942	평남도에서 産業精勵者表彰 (관보 1914.1.19), 서천군도임면사무소건축비 10원기부 목배1개(관보 1914.7.31)
	崔鼎默	1945	사회교화공적자표창(관보 1945.2.12)
	朴經錫	1928~1931	도로용지로 밭78평, 논18평기부 목배1개(관보 1913.7.29), 지방토목비로 26원기부 목배1개(관보 1915.2.6)
	韋基喆	1941	학교교사수리비로 10원기부 목배1개(관보 1913.7.26), 평남도에서 산업정려자표창(관보 1914.1.19)
	姜利璜	1945	신의주고등여교증축비1천원기부紺綬褒章下賜 (관보 1943.10.27)
평북	高　淸	1935~1938	신의주통군정도로신설공사비1천원기부褒狀下賜 (관보 1937.3.23), 지방진흥·국제관남의 명의에 정신승조 등으로 생활개선축전 등 사회교화사업으로 현저 社會教化功績表彰 (관보 1938.2.12)
	李熙迪	1936~1939	평북 신의주공립여자고등보교설립자금1천원기부褒狀下賜 (관보 1937.9.3), 신의주남공립고등여학교증축자금2천원기부紺綬褒章下賜 (관보 1943.10.27)
	金濟河	1924~1927 1929~1931	도로부지로 밭206평기부 목배1개(관보 1915.5.25)

출신도	이름	증주원 임기	褒賞
	趙尙鈺	1942~1945	평북 신의주공립여자고등보교설립지금1천원기부褒狀下賜(관보 1937.9.3), 신의주남공립고등여학교교증축자금2천원기부紳綬褒章下賜(관보 1943.10.27)
	金基鴻	1938~1941	평북 신의주공립여자고등보교설립지금1천원기부褒狀下賜(관보 1937.9.3), 신의주남공립고등여학교교증축자금2천원기부紳綬褒章下賜(관보 1943.10.27)
	朴晋陽	1939~1942	강원장신설공사비 60원기부 목배1개(관보 1914.2.27)
	崔養浩	1933~1936	춘천군도로용지로 밭164평기부 목배1개(관보 1913.6.2). 도로용지로 논75평. 밭200평기부 목배1개(관보 1915.1.14). 춘천군보통학교증축비 100원기부 목배1개(관보 1915.12.10). 춘천경찰서연무장건축비1천원기부褒狀下賜(관보 1938.3.15)
강원	李根宇	1924~1927 1933~1936	강릉건소건간13등도로 및 양양·정주건2등도로건축 논3천692평. 밭10평기부 목배1개(관보 1914.10.6), 강릉자혜의원병사용으로 木造平家建1동 외 2점기부 목배1개(관보 1915.3.1)
	朴起東	1930~1933	도로개수로 95평기부 목배1개(관보 1914.7.8)
함남	方義錫	1939~1945	경성제1고등보교교축비5천원기부褒狀下賜(관보 1937.3.23). 북청공보비품으로 피아노1대기부褒狀下賜(관보 1938. 8.17). 1939년 1월 유군병지원자의조건소환자운송용 자동차1대기부褒狀下賜(관보 1940.5.30). 경기증설비5천원기부褒狀下賜(관보 1941.11.19)
함북	金柄奎	1933~1936	평남 광양만진남포간도로부지 화천426평 기부 목배1개(관보 1912.2.17), 도로개축 인부320명지원 목배1개(13.8.9). 도로건설 밭63평기부 목배1개(관보 1915.9.23), 민중교화 및 성인교육강습회 개설, 신사건축, 주목공보 내 이읍국비 건립 등 사회교화공로로 社會敎化功績者表彰(관보 1938.2.12)
	金定錫	1939~1942	다년 사회교화사업 공로로 사회교화공적자표창(관보 1943.2.12)

찾아보기

ㄱ

가즈키 기요시(香月淸司) 260
가토 후사조(加藤房藏) 201
각파유지연맹 114, 115, 116
갑자구락부 115, 116, 183
강번 94, 220
강병옥 94, 117, 188
강이황 107, 108, 110
강필성 87, 94, 104, 104, 105, 106,
　141, 257, 270
고마츠 미도리(小松綠) 77, 125, 189
고영희 72, 73, 74
고원훈 102, 205, 244, 245, 247, 248,
　261, 263, 264
고이소 구니아키(小磯國昭) 172, 175
고일청 234, 246, 256, 257, 270
고쿠부 쇼타로(國分象太郎) 31, 77
고희경 85, 86, 89
고희준 111
공립한성은행 113
공자교회 114
구관급제도조사위원회 38, 80
구관심사위원회 38
구희서 110
국민동원총진회 264
국민신보사 113
국민연설회 112
국민정신총동원운동 166

국민정신총동원조선연맹 87, 169, 264
국민총력조선연맹 169, 264
국민협회 114, 116, 178
권봉수 76
권중식 103, 270
권중현 8, 72, 73, 74, 83, 86, 89
권태환 76, 105
김갑순 85, 86, 99, 117, 182, 226, 232,
　236
김경수 232
김경진 99, 256, 265
김관현 28, 105, 106, 108, 259, 263
김교성 110
김규희 29
김기수 271
김기태 86, 117, 205, 222, 231, 232,
　234, 235, 236, 256, 256, 270
김기홍 220, 222, 232
김대우 79
김돈희 106
김동준 37, 79, 104, 106, 232
김동찬 80
김동훈(金原邦光) 105, 248, 264, 267,
　270
김두찬 110, 149, 153, 206, 227
김명규 110
김명수 110

김명준 28, 93, 116, 142, 145, 149,
   150, 153, 156, 170, 182, 184, 185,
   244, 246, 264
김병규 236
김병욱 79, 80, 103
김병완(金秉玩) 210
김병원(金炳鵷) 105, 106, 234
김사연 146, 149, 153, 244, 247, 248,
   264, 268, 270
김상근 210
김상설 116, 144, 258
김상섭 105, 106, 107, 108, 190, 210
김상형 235
김서규 153
김성규 235
김성수 8, 267
김시권 248, 267
김신석 185, 213, 254
김연수 8, 99, 100, 234, 235, 236, 253,
   264, 268, 269, 270
김영무 111, 235
김영배 103, 105, 106, 270
김영택 99
김영한 76
김용적 80
김우영 102, 270
김원근 99, 227, 235, 236
김윤복 107, 108, 210, 232
김윤식 28, 71, 74
김윤정 92, 93, 103, 185, 271
김재환 246, 271
김정석 111
김정호 99, 153, 255, 269, 270
김정태 87, 117, 220, 232, 235, 236

김제하 85, 111, 202
김준용 110
김진수 210
김창수 113
김춘희 111
김하섭 270
김한규 76, 99
김한목 57, 91, 104
김한승 145
김현수 57
김화준(金海化俊) 269
김희작 87

나수연 105
남궁영 103, 105, 245, 246
남백우 171, 190
노무라 기치사부로(野村吉三郎) 200
노영환 109, 110, 210, 256, 257, 265
노준영 206
노창안 110
농촌진흥운동 147
니시무라 야수기치(西村保吉) 201

다나카 다케오(田中武雄) 172
대동구락부 111
대동일보사 113

대동일진회   271
대동학회   111, 112
대만총독부 평의회   50
대정친목회   114, 115
대한실업장려회   113
대화동맹   264
데라우치 마사다케(寺內正毅)   59, 77,
　　122, 125
도리이 류조(鳥居龍藏)   154
도시민심작흥위원회   153
독립협회   26
동민회   114, 115, 116
동양척식주식회사   112, 113
동양협회   111

ㅁ

마츠나가 다케요시(松永武吉)   134
마츠모토(松本)   42
마츠야마 츠네지로(池田長次郎)   192
만민공동회   26
목요예회   65, 161, 243
문명기   174, 190, 232, 235, 236, 254,
　　262, 263
문원태   210
문종구   99, 210, 232, 234, 236
미나미 지로(南次郎)   44, 157, 158,
　　245
미즈노 렌타로(水野鍊太郎)   128, 133
민건식   76, 144, 145, 191, 271
민규식   99, 100, 205, 235, 248, 253,
　　264, 269

민병덕   111
민병석   71, 85, 89, 90, 92, 99, 111
민상호   72, 74, 83, 111
민영기   72, 73, 74, 83, 111, 136
민영은   99, 105, 106, 117, 226, 236,
　　270, 271
민원식   76, 113, 116
민재기   271
민형식   28

ㅂ

박경석   99, 141
박경양   76
박기동   87, 141, 145
박기석   99, 149, 270
박기순   211, 220, 235, 236
박기양   57, 87, 141, 145, 220
박두영   108, 248
박보양   202, 270
박봉주   135, 182, 220
박봉진   99
박부양   79, 80
박상준   145, 148, 149, 153, 245, 247,
　　271
박상희   187
박승봉   57, 76, 151
박승직   115
박영근   116
박영철   99, 100, 105, 106, 108, 149,
　　150, 153, 211, 245, 246, 256, 257,
　　259, 264, 270

박영효 *71, 83, 85, 86, 89, 90, 92, 99,*
  117, 136, 264, 270
박용구 *149, 151, 153, 156*
박윤창 *212*
박이양 *105*
박제빈 *111, 114*
박제순 *72, 73, 74*
박재연 *114*
박종열 *57, 141, 144, 145, 150, 190,*
  259
박준영 *270*
박중양 *72, 90, 91, 92, 103, 175, 248,*
  264, 271
박지근 *111*
박철희 *146*
박춘금 *192*
박필병 *13, 99, 222, 235*
박홍수 *267*
박홍식 *248*
박희도 *248*
박희양 *110*
박희옥 *212, 232, 235, 236, 265, 271*
방규환 *183*
방의석 *99, 213, 222, 232, 236, 248,*
  256, 257, 261, 263, 264, 270, 271
방인혁 *85, 87, 99, 271*
방태영 *248, 270*
백인기 *8, 86, 99, 108, 269*
법전조사국 *32*
服部豊吉 *183*
부동산법조사회 *32*

사이토 마코토(齋藤實) *129*
산업조사위원회 *115, 116*
상호 *105, 259*
生田淸三郎 *77*
서광설 *264*
서병조 *87, 94, 99, 202, 212, 222, 232,*
  235, 236, 259, 261, 263
서병주 *99*
서상훈 *57, 91, 93, 112, 114*
선우순 *87, 94, 135, 139, 141, 142,*
  144, 145, 146, 183, 200
성낙헌 *210*
성원경 *185, 190, 210, 260, 271*
성하국 *110*
손영목 *79*
손재하 *255*
손조봉 *111*
송문화 *103, 270*
송병준 *72, 73, 83, 85, 113, 136*
松本伊織 *79*
松山常次郎 *192*
송종헌 *145*
송지헌 *57, 76, 110, 150, 271*
송헌빈 *105*
수양단 *115*
수요회 *40, 41, 144*
시국대동단 *114*
시모오카(下岡) *136*
시바다 센사부로(柴田善三郎) *201*
시사신문 *113*
시오바라(鹽原) *165*

시정5주년기념조선물산공진회   경
    성협찬회 115
시정연구회 40, 41, 65, 148, 150
시중회 270
신사회 112
신석린 93, 104, 141, 145, 244, 259,
    263, 271
신석우 216, 220
신석호(寺谷修三) 80
신우선 76
신응희 28, 103
신일본주의 178
신창휴 87, 107, 108
신카이 하지메(新貝肇) 79, 175
신희련 156
심선택 87, 220
심전개발운동 154
深川傳次郎 79
심환진 145

아리요시 주이치(有吉忠一) 136
아카이케 아츠시(赤池濃) 200
아키야마 마사노스케(秋山雅之介) 125
안병길 87
안종철(廣安鍾哲) 244, 248, 264
야마가타 이사부로(山縣伊三郎) 59,
    123
야마가타 이소오(山縣五十雄) 201
야마나시 한조(山梨半造) 139
양재홍 87, 144, 145

어담 103, 108, 271
어윤적 57, 76
언론보국협회 270
엄준원 113
엄창섭(武永憲樹) 47, 78, 79
엄태영 110
염중모 76, 150
예종석 183
예종호 183
예회 64
오가키 다케오(大垣丈夫) 183
오노 로쿠이치로(大野綠一郎)   157,
    162, 244
오다 미키지로(小田幹治郎) 79
오다케 주우로(大竹十郎) 248
오무라 햐쿠조(大村百藏) 187
오세호 270
오오다케(大竹) 44
오재풍 57, 110
오츠카 쓰네사부로(大塚常三郎) 201
오태환 141, 145, 151, 184, 185
요시다 히로시(吉田弘) 260
우가키 가즈시게(宇垣一成)   41, 42,
    43, 88, 141, 142, 145, 147
우시지마(牛島) 192
우츠노미야 타로(宇都宮太郎) 183,
    259
원덕상(元村肇)   87, 94, 141, 149,
    150, 153, 156, 207, 212, 247, 248,
    259, 263
원병희 108, 112
원응상 99, 150, 259
위기철 232
유기호 57, 87, 94, 220

유길준 205
유만겸 264, 267, 270
유맹 57, 76, 106
유민회 116
유성준 103
유승흠 189
유익환 220
유정수 57, 93, 151
유진순 145, 244, 263, 267
유진순 259
유태설 108
유혁로 76, 91, 94, 103, 145
유홍세 141
윤갑병 90, 94, 103, 145, 184, 190,
    271
윤덕영 28, 71, 85, 86, 89, 92, 99,
    111, 114, 163, 167, 260
윤정현 202, 265
윤치소 87, 99, 220, 232, 234
윤치오 74, 76
윤치호 8, 90, 92, 99, 172, 175, 203,
    205, 244, 245, 248, 264, 270
이갑용 232, 235
이건춘 76
이겸제 91, 93, 111, 190
이경식 87, 141, 145, 148, 150, 220,
    253, 260
이계한 102
이교식 110, 234, 235, 236, 254
이근상 72, 73
이근수 106
이근우 87, 117, 150, 202, 271
이근택 72, 73, 106
이기승 86, 145, 220, 232, 271

이기찬(安城基) 99, 108, 205, 213,
    234, 248, 260, 263, 270
이도익 110
이동우 145, 185, 203
이동진 79
이마무라 다케시(今村武志) 79
이마이다 기요노리(今井田淸德) 157
이만규 57, 76, 110
이명구 185
이범익 92
이병길 253, 264
이병렬 116, 145, 151, 184, 207
이병학 85, 112, 116, 117, 220
이선호 94
이승우(梧村升雨) 99, 205, 247, 248,
    262, 263, 264, 265, 270
이영찬 246
이완용 8, 28, 71, 72, 83, 136
이용구 113
이용직 72, 73, 111, 114
이원보 106, 248, 270
이원용 110
이윤용 89, 150
이윤종 114
이은우 206, 234, 271
이장우 232, 234, 235, 236, 270
이재곤 72, 73, 83
이종건 29
이종린 267
이종섭 99
이준상 76
이지용 8, 72, 73, 74, 85
이진호 28, 72, 78, 90, 91, 92, 103,
    144, 151, 153, 172, 175, 258, 263,

264, 267
이충건 220
이케가미 시로(池上四郎) 140
이케다 나가지로(池田長次郎) 183
이택규 150, 184, 190, 259
이택현 87
이토 히로부미(伊藤博文) 77
이하영 72, 74, 83, 85, 86, 136
이학규 29
이항직 57, 76
이환직 76
이회구 111
이홍재 87, 106
이희덕 141, 145
이희적 108, 232, 246
인창환 111, 232, 235
일진회 111
임선준 72, 73

자위단원호회 111
자제단 114, 115
張間源四郎 79
장대익 141, 145
장도 85, 87, 205
장상철 202, 220
장석주 72, 74, 83
장영근 106
장용관 109
장윤식 102
장응상 86, 145, 232, 234, 242, 253

장준영 254
장직상 94, 144, 145, 149, 153, 168,
205, 212, 222, 232, 234, 246, 248,
259, 263, 270
장헌근 105, 174
장헌식 144, 145, 149, 153, 156, 190,
245, 248, 253, 258, 263, 271
전덕룡 187, 271
전석영 85, 87
전선공직자대회 186
전승수 232
정건유 87, 109, 210
정관조 99, 106, 210
정광조 205
정교원 79, 248, 256, 264, 270
정난교 28, 185
정대현 149, 153, 156
정덕유 210
정동식 76, 106, 110
정란교 103, 141, 145
정만조 114, 271
정병조 57, 114, 253, 271
정석모 202, 236, 271
정석용 108
정선홍 114
정순현 202, 206, 232, 256, 265, 270
정연기 103, 105, 270, 271
정인하 111, 210
정인홍 107, 111
정재학 87, 99, 235, 269
정진홍 76, 114, 116
정창하 246
정태균 87, 202, 206
정해붕 99, 112

제국실업회 112, 113
조경하 103
조민희 74, 83, 111
조병상 183, 244, 245, 247, 255, 264, 268, 270
조상옥 232
조선교화단체연합회 244
조선구락부 115
조선국방의회연합회 263
조선농회 115
조선민사령 127
조선방송협회 270
조선사편수회 90, 253
조선사편찬위원회 38
조선사회사업협회 115
조선소작인상조회 116
조선식산은행 115, 116
조선유교회 271
조선유도연합회 271
조선임전보국단 264
조선총독부 시정심의회 47, 50
조선총독부 중추원 사무분장규정 32
조선총독부 취조국 32
조선토지개량주식회사 117
조성근 108, 185, 264, 271
조원성 110
조제환 110
조중응 72, 73, 74, 111, 114
조진태 8, 86, 111, 112, 114, 115, 116
조희문 28, 57, 76, 103, 145, 151
조희연 72, 73, 74
주영환(本城秀通) 248
진희규 87, 232, 234, 271

차남진 205
참정권 청원운동 87, 178
창씨개명 167, 247
채창호 210, 220
천장욱 85
총독관방 참사관실 32
최남선 8, 90
최린 8, 90, 162, 244, 245, 254, 264, 267, 270
최석민 111
최석하 85, 87, 94
최승렬 111
최양호 232, 234, 236, 271
최연국 206, 210, 212, 232, 235, 236, 265
최연무 210
최윤 90, 246, 265
최익하 246
최정묵 108
최준집 9, 270, 271
최지환 104, 106, 107, 108, 247, 265
최창조 90, 108, 147, 149, 246
최창학 99, 100
최형직 232, 270
추밀원 35

코우다키 모토이(上瀧基) 79

ㅍ

피성호 216, 220

ㅎ

하세가와 요시미치(長谷川好道) 125
하준석 210, 227, 235, 269, 270
한국평화협회 112
한규복 105, 149, 150, 153, 174, 243,
　　244, 245, 247, 248, 262, 263, 264
한규설 29
한상룡 8, 86, 90, 91, 92, 112, 113,
　　115, 116, 117, 149, 150, 153, 172,
　　244, 248, 252, 260, 264, 268, 269,
　　270, 272
한상봉 108
한성부민회 111, 112
한영원 57, 145, 151, 184, 259, 263
한익교 270
한일동지회 111
한정석 109
한진창 28
한창동 87
한창수 72, 74, 99, 111
행정간소화 45
허명훈 85, 109, 216, 220
허진 111
현기봉 86, 94, 202, 207, 210, 222,
　　232
현양섭 80

현은 57
현준호 8, 86, 94, 99, 149, 150, 153,
　　168, 191, 205, 207, 210, 212, 222,
　　235, 236, 254, 264, 269, 270, 271
현헌 149, 153, 155, 244
협성구락부 115
홍성연 87, 99, 108
홍승목 112, 114
홍우석 114
홍재하 110
홍종국 270
홍종억 76
홍종철 87, 109, 110, 235, 236
황도선양회 262
회동구락부 112
후루시오 바이케이(古城梅溪) 187
흥아보국단 264
히로다(廣田)내각 44

경인한국학연구총서

1	高麗時代의 檀君傳承과 認識	金成煥 / 372쪽 / 20,000원
2	대한제국기 야학운동*	김형목 / 438쪽 / 22,000원
3	韓國中世史學史(Ⅱ) -朝鮮前期篇-*	鄭求福 / 472쪽 /25,000원
4	박은식과 신채호 사상의 비교연구	배용일 / 372쪽 / 20,000원
5	重慶 大韓民國臨時政府史	황묘희 / 546쪽 / 30,000원
6	韓國 古地名 借字表記 硏究	李正龍 / 456쪽 / 25,000원
7	高麗 武人政權과 地方社會**	申安湜 / 350쪽 / 20,000원
8	韓國 古小說批評 硏究**	簡鎬允 / 468쪽 / 25,000원
9	韓國 近代史와 萬國公法	김세민 / 240쪽 / 15,000원
10	朝鮮前期 性理學 硏究	이애희 / 316쪽 / 18,000원
11	한국 중·근세 정치사회사	이상배 / 280쪽 / 17,000원
12	고려 무신정권시대 文人知識層의 현실대응*	金晧東 / 416쪽 / 20,000원
13	韓國 委巷文學作家 硏究*	차용주 / 408쪽 / 20,000원
14	茶山의 『周易』 解釋體系	金麟哲 / 304쪽 / 18,000원
15	新羅 下代 王位繼承 硏究	金昌謙 / 496쪽 / 28,000원
16	한국 고시가의 새로운 인식*	이영태 / 362쪽 / 20,000원
17	일제시대 농촌통제정책 연구**	김영희 / 596쪽 / 32,000원
18	高麗 睿宗代 政治勢力 硏究	金秉仁 / 260쪽 / 15,000원
19	高麗社會와 門閥貴族家門	朴龍雲 / 402쪽 / 23,000원
20	崔南善의 歷史學	李英華 / 300쪽 / 17,000원
21	韓國近現代史의 探究*	趙東杰 / 672쪽 / 30,000원
22	일제말기 조선인 강제연행의 역사	정혜경 / 418쪽 / 23,000원
23	韓國 中世築城史 硏究	柳在春 / 648쪽 / 33,000원
24	丁若鏞의 上帝思想	金榮一 / 296쪽 / 16,000원

25 麗末鮮初 性理學의 受容과 學脈　　　　　　申千湜 / 756쪽 / 35,000원

26 19세기말 서양선교사와 한국사회*　　　　유영렬·윤정란 / 412쪽 / 20,000원

27 植民地 시기의 歷史學과 歷史認識　　　　박걸순 / 500쪽 / 25,000원

28 고려시대 시가의 탐색　　　　　　　　　金相喆 / 364쪽 / 18,000원

29 朝鮮中期 經學思想硏究　　　　　　　　이영호 / 264쪽 / 15,000원

30 高麗後期 新興士族의 硏究　　　　　　　李楠福 / 272쪽 / 14,000원

31 조선시대 재산상속과 가족**　　　　　　文淑子 / 344쪽 / 17,000원

32 朝鮮時代 冠帽工藝史 硏究*　　　　　　張慶嬉 / 464쪽 / 23,000원

33 韓國傳統思想의 探究와 展望　　　　　　최문형 / 456쪽 / 23,000원

34 동학의 정치사회운동*　　　　　　　　　장영민 / 664쪽 / 33,000원

35 高麗의 後三國 統一過程 硏究　　　　　　류영철 / 340쪽 / 17,000원

36 韓國 漢文學의 理解　　　　　　　　　　車溶柱 / 416쪽 / 20,000원

37 일제하 식민지 지배권력과 언론의 경향　　황민호 / 344쪽 / 17,000원

38 企齋記異 硏究　　　　　　　　　　　　柳正一 / 352쪽 / 17,000원

39 茶山 倫理思想 硏究*　　　　　　　　　장승희 / 408쪽 / 20,000원

40 朝鮮時代 記上田畓의 所有主 硏究*　　　朴魯昱 / 296쪽 / 15,000원

41 한국근대사의 탐구　　　　　　　　　　유영렬 / 528쪽 / 26,000원

42 한국 항일독립운동사연구**　　　　　　　신용하 / 628쪽 / 33,000원

43 한국의 독도영유권 연구　　　　　　　　신용하 / 640쪽 / 33,000원

44 沙溪 金長生의 禮學思想*　　　　　　　張世浩 / 330쪽 / 17,000원

45 高麗大藏經 硏究　　　　　　　　　　　崔然柱 / 352쪽 / 18,000원

46 朝鮮時代 政治權力과 宦官　　　　　　　張熙興 / 360쪽 / 18,000원

47 조선후기 牛禁 酒禁 松禁 연구*　　　　김대길 / 334쪽 / 17,000원

48 조선후기 불교와 寺刹契　　　　　　　　韓相吉 / 408쪽 / 20,000원

49 식민지 조선의 사회 경제와 금융조합　　최재성 / 488쪽 / 24,000원

50 민족주의의 시대 - 일제하의 한국 민족주의 - **　박찬승 / 448쪽 / 22,000원

51 한국 근현대사를 수놓은 인물들(1)**	오영섭 / 554쪽 / 27,000원	
52 農巖 金昌協 硏究	차용주 / 314쪽 / 16,000원	
53 조선전기 지방사족과 국가*	최선혜 / 332쪽 / 17,000원	
54 江華京板 『高麗大藏經』의 판각사업 연구**	최영호 / 288쪽 / 15,000원	
55 羅末麗初 禪宗山門 開創 硏究*	조범환 / 256쪽 / 15,000원	
56 조선전기 私奴婢의 사회 경제적 성격**	安承俊 / 340쪽 / 17,000원	
57 고전서사문학의 사상과 미학*	허원기 / 320쪽 / 16,000원	
58 新羅中古政治史硏究	金德原 / 304쪽 / 15,000원	
59 근대이행기 민중운동의 사회사	박찬승 / 472쪽 / 25,000원	
60 朝鮮後期 門中書院 硏究**	이해준 / 274쪽 / 14,000원	
61 崔松雪堂 文學 硏究	金鍾順 / 320쪽 / 16,000원	
62 高麗後期 寺院經濟 硏究*	李炳熙 / 520쪽 / 26,000원	
63 고려 무인정권기 문사 연구	황병성 / 262쪽 / 14,000원	
64 韓國古代史學史	정구복 / 376쪽 / 19,000원	
65 韓國中世史學史(Ⅰ)	정구복 / 근간	
66 韓國近世史學史**	정구복 / 436쪽 / 22,000원	
67 근대 부산의 민족운동	강대민 / 444쪽 / 22,000원	
68 大加耶의 形成과 發展 硏究	李炯基 / 264쪽 / 16,000원	
69 일제강점기 고적조사사업 연구*	이순자 / 584쪽 / 35,000원	
70 淸平寺와 韓國佛敎	洪性益 / 360쪽 / 25,000원	
71 高麗時期 寺院經濟 硏究*	李炳熙 / 640쪽 / 45,000원	
72 한국사회사의 탐구	최재석 / 528쪽 / 32,000원	
73 조선시대 農本主義思想과 經濟改革論	吳浩成 / 364쪽 / 25,000원	
74 한국의 가족과 사회*	최재석 / 440쪽 / 31,000원	
75 朝鮮時代 檀君墓 認識	金成煥 / 272쪽 / 19,000원	
76 日帝强占期 檀君陵修築運動	金成煥 / 500쪽 / 35,000원	

77 고려전기 중앙관제의 성립   김대식 / 300쪽 / 21,000원

78 혁명과 의열-한국독립운동의 내면-*   김영범 / 624쪽 / 42,000원

79 조선후기 천주교사 연구의 기초   조 광 / 364쪽 / 25,000원

80 한국 근현대 천주교사 연구   조 광 / 408쪽 / 28,000원

81 韓國 古小說 研究*   오오타니 모리시게 / 504쪽 / 35,000원

82 高麗時代 田莊의 構造와 經營   신은제 / 256쪽 / 18,000원

83 일제강점기 조선어 교육과 조선어 말살정책 연구*   김성준 / 442쪽 / 30,000원

84 조선후기 사상계의 전환기적 특성   조 광 / 584쪽 / 40,000원

85 조선후기 사회의 이해   조 광 / 456쪽 / 32,000원

86 한국사학사의 인식과 과제   조 광 / 420쪽 / 30,000원

87 高麗 建國期 社會動向 研究*   이재범 / 312쪽 / 22,000원

88 조선시대 향리와 지방사회*   권기중 / 302쪽 / 21,000원

89 근대 재조선 일본인의 한국사 왜곡과 식민통치론*   최혜주 / 404쪽 / 29,000원

90 식민지 근대관광과 일본시찰   조성운 / 496쪽 / 34,000원

91 개화기의 윤치호 연구   유영렬 / 366쪽 / 25,000원

92 고려 양반과 兩班田 연구   윤한택 / 288쪽 / 20,000원

93 高句麗의 遼西進出 研究   尹秉模 / 262쪽 / 18,000원

94 高麗時代 松商往來 研究   李鎭漢 / 358쪽 / 25,000원

95 조선전기 수직여진인 연구   한성주 / 368쪽 / 25,000원

96 蒙古侵入에 대한 崔氏政權의 外交的 對應   姜在光 / 564쪽 / 40,000원

97 高句麗歷史諸問題   朴眞奭 / 628쪽 / 44,000원

98 삼국사기의 종합적 연구   신형식 / 742쪽 / 51,000원

99 조선후기 彫刻僧과 佛像 研究   崔宣一 / 근간

100 한국독립운동의 시대인식 연구   한상도 / 514쪽 / 36,000원

*대한민국학술원 우수학술 도서   **문화체육관광부 우수학술 도서